Über den Herausgeber

Klaus R. Scherpe, geb. 1939, Professor für Neuere deutsche Literaturwissenschaft an der Freien Universität Berlin, Studium und Lehrtätigkeit in Berlin, Heidelberg, Hamburg, Stanford und Princeton, USA.

Veröffentlichungen u. a.: Gattungspoetik im 18. Jahrhundert. Stuttgart 1968; Demokratisch-revolutionäre Literatur in Deutschland: Jakobinismus, Vormärz (mit Gert Mattenklott). 2 Bde. Kronberg/Ts. 1975; Werther und Wertherwirkung. 3. Aufl. Wiesbaden 1980; Poesie der Demokratie. Literarische Widersprüche zur deutschen Wirklichkeit. Köln 1980; In Deutschland unterwegs. Reportagen, Skizzen, Berichte 1945–49 (Hg.). Stuttgart 1982; Die «Ästhetik des Widerstands» lesen (mit Karl-Heinz Götze). Berlin 1981; Nachkriegsliteratur in Westdeutschland (mit Helmut Peitsch und Jost Hermand). 2 Bde. Berlin 1982/84; Postmoderne. Zeichen eines kulturellen Wandels (mit Andreas Huyssen). Reinbek bei Hamburg 1986; Ist eine Modernisierung der Germanistik möglich? (1988 i. E.); Frühe DDR-Literatur (mit Lutz Winckler). Berlin/Hamburg 1988. – Zahlreiche Aufsätze zur Literaturgeschichte des 18. bis 20. Jahrhunderts, zur Literaturtheorie, Gegenwartsliteratur und Großstadtliteratur; Mitbegründer und Herausgeber der Reihe «Literatur im historischen Prozeß».

Klaus R. Scherpe (Hg.)

Die Unwirklichkeit der Städte

Großstadtdarstellungen zwischen Moderne und Postmoderne

rororo

rowohlts enzyklopädie

rowohlts enzyklopädie
Herausgegeben von Burghard König

Originalausgabe
Veröffentlicht im Rowohlt Taschenbuch Verlag GmbH,
Reinbek bei Hamburg, Juni 1988

Umschlaggestaltung Werner Rebhuhn
(Foto Till Bartels, Neon Skyline der Skyline von Manhattan
im Aufzugskorridor des Empire State Building, NYC)
Satz Times (Linotron 202)
Gesamtherstellung Clausen & Bosse, Leck
Printed in Germany
1980-ISBN 3 499 55471 2

Inhalt

Klaus R. Scherpe

Zur Einführung – Die Großstadt aktuell und historisch

«Honorio, der indessen durch das Sehrohr nach der Stadt geschaut hatte, rief: ‹Seht hin! Seht hin! auf dem Markte fängt es an zu brennen!›»
J. W. Goethe, *Novelle*

Manche Titel sind unvermeidlich, weil der Zeitgeist sie schon ausgerufen hat und zur Kritik animiert. Die Rede von der «Unwirklichkeit der Städte» oder der «Wirklichkeit der unsichtbaren Stadt» soll annoncieren, daß Begriff und Vorstellung der Großstadt neuerdings in Anführungszeichen zu setzen sind. Umberto Ecos semiotischer Spürsinn findet die typisch amerikanische Stadt in Disneyland und in den zur Schau gestellten Ghosttowns; Paul Virilio nennt die Flughäfen von Dallas und New York als neue urbane Orte, da hier der Umschlag von Bevölkerung am größten ist; Alexander Kluge kann nur noch in der permanenten Umproduktion des Städtischen die «Großstadt» ausmachen; ähnliches gilt für Ridley Scotts Film «Blade Runner», in dem die realen Stadt-Charakteristika von Tokio bis Los Angeles zur Un-Stadt zusammenmontiert werden; aus Robert Venturis postmoderner Ikonographie von Las Vegas läßt sich lernen, daß die Illusion der Städte auf das römisch drapierte Supermotel mit Spielbank übergewechselt ist; Italo Calvinos Märchen von den «Unsichtbaren Städten» faßt all dies zusammen im Filigranwerk einer Erzählung, die durch die Abwesenheit der «Großstadt» deren imaginäre Realität hervorbringt: die vorerst letzte Rechtfertigung der großen Stadt – als ästhetisches Phänomen.

Ist die Rede von der «Unwirklichkeit der Städte», die der Zeitgeist hervorbringt, nur modisch und marktgerecht, ein intellektuelles Spiel theoriefreudiger Urbanisten? Auf dem Spiel steht einiges mehr, so wie in der Rede von der ‹Immaterialität›, hinter der die Analyse einer technologischen Entwicklung steht, die zur radikalen Entmaterialisierung der Körper- und Dingwelt führt. Theoretiker der Moderne wie Walter Benjamin haben doch stets den Begriff und die Vorstellung einer organisierten Komplexität (von kapitalistischer Gesellschaft, von moderner Großstadt) in Beziehung gesetzt zu den Phantasmagorien, die durch sie hervorgebracht werden. Auch die Städtebewohner selbst zeichnen die ‹mental maps› ihrer Stadt nach den imaginären Beziehungen, die sie zu ihrer realen Lebenswelt herstellen oder herstellen müssen.

Es geht also um die Erkundung einer durchaus bestimmbaren Wirklichkeit in der «Unwirklichkeit der Städte», die heutzutage, in der absoluten Gegenwart der postmodernen Zeitläufe, als Großstadtinszenierung und -illusionierung, als Neo-Erlebnisstadt und ‹Dream City› von sich reden macht. Entgegen dem an den neuen Fassaden angebrachten historischen Dekor ist das historische *Argument* in Erinnerung zu rufen, auch das zur ‹Unsichtbarkeit der Stadt›.

Alfred Döblin, Spezialist für «Tatsachenphantasien» im Stadtgebiet, notierte 1928 im Geleitwort zu einem Bildband: «Berlin ist größtenteils unsichtbar. Eine merkwürdige Sache: bei Frankfurt am Main, München ist es nicht so, oder doch? Sollten vielleicht sämtliche modernen Städte eigentlich unsichtbar sein – und was sichtbar an ihnen ist, ist bloß die Nachlaßgarderobe? Das wäre eine tolle Sache. Aber es wäre ein gutes Symbol für alles Geistige von heute.» Döblins «Alexanderplatz»-Roman zeigt dann die vollendete Gleichzeitigkeit alles früheren, gegenwärtigen und auch künftigen Großstadtgeschehens, und er zeigt es nicht nur als das mit bloßem Auge Wahrnehmbare, sondern als das abstrakte Funktionssystem, in dem Franz Biberkopf gefangen ist, wenn er auf der Realisierung einer ‹eigenen› Lebensgeschichte besteht. Was hier erzählerisch aufs Spiel gesetzt wird, hat Ernst Bloch auf den Begriff gebracht: «Berlin, Funktionen im Hohlraum». Bloch meint damit den unsichtbaren «Schwung des Großkapitals»: die durch und durch abstrakte und daher unsichtbare «Navigation im Up-to-date-Meer» der Großstadt. Bis zum Beweis des Gegenteils ist wohl anzunehmen, daß auch die neuere, mitunter faszinierende «Unwirklichkeit der Städte» derselben Steuerung unterliegt, wenn auch metaphorisch anders dekoriert. Großstadt und Moderne werden in der Theorie, sofern sie gesellschaftlich interessiert ist, wie selbstverständlich in eins gesetzt. Dennoch ist zu fragen: Wie wurde die Großstadt ‹modern›? Und was heißt es, daß sie nunmehr ‹postmodern› geworden sein soll?

Über die moderne Kartographie der Großstadt herrscht ein gewisser Konsens, weniger über die mentalen und halluzinatorischen Bedeutungen, die sie hervorbringt und die als imaginärer Stadtplan oft gar nicht mehr rückzuvermitteln sind an den real-empirischen Stadtbezirk. Kartographisch fixierbar ist das moderne Großstadt-Ensemble aus den Waren-, Verkehrs- und Informationsströmen, aus der Regelhaftigkeit der metropolitanen Diskurse von Politik, Justiz und Verwaltung, von Religion, Sexualität und Kultur: aus dem materiellen Großstadtgeschehen also, das von den Autoren der Moderne in Literatur, Film und bildender Kunst zusammengeschnitten wird, um die Großstadt auf neue, dem Stand der Vergesellschaftung und der Technik angemessene Weise erzählbar zu machen.

Was demgegenüber als *postmodern* zu begreifen ist, läßt sich immer noch am besten im Verhältnis zu jenem gewissen Grundkonsens der Moderne ermitteln, dessen weitere Gültigkeit umstritten ist. Für die Großstadtthematik ist hier der Ermittlungsspielraum recht genau auszumessen, auch wenn Trendmeldungen dabei den Ton angeben: Die Stadt als Produktionsstätte (der Industrie, der wissenschaftlichen Innovation, von Gesellschaft aus Geselligkeit) erscheint verwandelt in eine Stätte der Umproduktion und Reproduktion in Permanenz. Es scheint, als gehe es nicht mehr darum (wie in unzähligen Großstadtfiktionen der Moderne), in der Metropole Fuß zu fassen, sondern darum, das *Transitorische* mit Leib und Seele als das ‹Eigentliche› zu begreifen. Das in den zwanziger Jahren entdeckte ‹Funktionable› im Aufriß der Stadt (ästhetisch faszinierend als geometrisches Muster in Literatur und Film) erscheint nunmehr als kalt und diktatorisch. Dagegen steht das postmoderne Stadtdesign im Yuppiezuschnitt oder die verquere Sehnsucht nach Unmittelbarkeit im selbstbesorgten Großstadtkiez. Die Trias im klassischen Denkbild der Großstadtmoderne – Universalität, Komplexität, Virtualität – erscheint nunmehr verkürzt auf die ‹urban eccentrics›, die von Fall zu Fall als ästhetischer Reiz angeboten werden. Das in Literatur und Kunst der Moderne so großartig wirksame Motiv der Gefährdung in der Stadt (die «gräßliche Bescherung») wird ersetzt durch das mehr oder weniger indifferente Laisser-faire in der Gefahrenzone, wenn nicht gar durch Fahrlässigkeit als reizvollem Bewegungsfaktor, hier oder dort. Entstehung, Erklärung und Aussicht im Stadtgebiet werden zurückgenommen auf Stadtansichten, Beschreibungen mehr als Charakteristiken. Hierzu gehört auch, daß gegenüber dem ‹Projekt der Moderne›, das in Architektur und Städtebau so kenntlich war wie nirgends sonst, die Vorliebe für den ziellosen Entwurf und mehr noch für das Entwerfen an sich in Mode kommt. Das Ausstellen von Architektur wird gelegentlich wichtiger als das Bauen. Die Selbstdarstellung der Städte gewinnt an Gewicht gegenüber dem, was realiter in ihnen darzustellen ist. Sind die Darstellungen der modernen Großstadt zu erfassen als Bauplatz, so sind die der Postmoderne vorstellbar als Schauplatz und Spielplatz, vielleicht auch als Parkplatz für eine nicht mehr aussagekräftige und nur noch für das Remake taugliche Symbolik. Wahrzeichen der Stadt gibt es noch, aber nur im integrierten Angebot, das die Stadt aus sich macht. Immer mehr Städtebilder überlagern die Städte, machen sie unübersichtlich. Moderne Vielfalt der Stadt (ihre Multifunktionalität) geht auf in unendlicher Vervielfältigung. Am Ende steht, wie oft bemerkt und mit apokalyptischem Nachruf bedacht, die Einfalt in der Vielfalt, die technisch hergestellte oder herstellbare Gleichheit, egal welche Stadt beim Namen gerufen wird.

Postmoderne ‹city matters› lassen sich mühelos aufrechnen. Doch wo plazieren wir in den Impressionen und Assoziationen das Argument?

Die Eindrücke, die sich oberflächlich abzeichnen, haben ihren Grund wohl immer noch im Wirtschaftsgeschehen, das im Zeitalter der Computerisierung der Arbeit und der Vorherrschaft der Informations- und Medienverbundsysteme die moderne Großstadt als Zentrum längst nicht mehr braucht, aber sehr wohl nutzt als Anlagebereich profitabler Freizeitindustrien und als Ausstellungsgelände einer postmodernen Bauwelt. Ist es so, nur so oder auch noch anders?

Mit der Rede von der «Unwirklichkeit der Städte» ist Alexander Mitscherlichs Pamphlet gegen die «Unwirtlichkeit unserer Städte» von 1965 keineswegs überholt. «Die hochgradig integrierte alte Stadt hat sich funktionell entmischt», schreibt Mitscherlich, unsere Städte und Wohnungen seien Produkte der Phantasie wie der Phantasielosigkeit, in keinem Fall helfe der bloße Affekt gegen die Großstadt, der im deutschen Kulturräsonnement eine verhängnisvolle Tradition hat. Wenn Mitscherlich dennoch Urbanisierung und moderne Verelendung gleichsetzt, so geschieht dies im Zeichen einer Kultur- und Gesellschaftskritik, die sich in den achtziger Jahren nicht schon deshalb von selbst erledigt, weil das ‹Antlitz der Städte› sich verändert hat, unkenntlich geworden ist oder auch nur neu geschminkt.

Standorte der Kritik sind in der postmodernen Kultur der Indifferenz schwer auszumachen und noch schwerer zu behaupten, schon gar nicht moralisch oder mit aufklärerischer Besserwisserei. Im Großstadtgebiet sind jedoch Konfliktgebiete und Standpunkte durchaus nachweisbar, mitunter hart an der Barrikade. Die Gettoisierung sozialer und rassischer Minderheiten und der Aufruhr in bestimmten Vierteln der großen Städte sind mit Sicherheit kein Thema von gestern. Der Export westlicher Großstadt-Vorbilder in die Dritte Welt und die damit verbundene hochmoderne Verelendung sind in vollem Gange. In diesen Vorgängen manifestiert sich eine andere Symbolkraft, auch eine des Widerstands, anders als im Großstadtgefühl einer vom Choc zum Chic umgebildeten bürgerlichen Intelligenz.

Die neuen Medien und Informationssysteme bewirken die Gleichschaltung der Bedürfnisse. Jedoch sind die Städtebewohner und ihre Bedürfnisse durchaus noch unterscheidbar. Wenn man die Großstädter befragt nach den kognitiven und imaginären Wunschbildern ihrer Stadt, die sie im Kopf tragen (so die amerikanische City-in-Mind-Forschung), so werden soziale Antagonismen und Klassenschranken erschreckend deutlich sichtbar (im Stadtbild von New York, Paris und London, im Verhältnis von Peripherie und Zentrum, oder auch nur Block zu Block). Der neuen intellektuellen Lust am Text der Stadt, die sich vom Krisengebiet der Großstadt lossagt und sich ganz der Ästhetisierung der Phänomene (dem zwanglosen Umgang mit der Ortlosigkeit, dem ureigensten Begehren und der Selbststilisierung) überläßt, widerspricht ganz sicher und nach wie vor ein anderes Bedürfnis: das nach Orientierung und Kommunikation, das in den Köpfen und Körpern doch stets gegenwärtig ist (auch wenn es nicht gleich zur Sprache kommt), überlagert und irritiert durch den technologischen Transfer, der gegenwärtig mit unseren fünf Sinnen veranstaltet wird.

Die Beiträge zur Frage der Darstellung und Selbstdarstellung der Großstadt, die in diesem Band versammelt sind, setzen durchweg historisch an, bei den Voraussetzungen und Grunderfahrungen der Moderne, auch wenn sie von der Gegenwart handeln bzw. im Horizont einer Gegenwart geschrieben sind, für die der Begriff Postmoderne immer gewöhnlicher wird. Gegen den inflationären Gebrauch des Begriffs für alle möglichen kulturellen Manöver (von der Wendepolitik in einer Veröffentlichung des Bundeskanzleramtes bis zur Ästhetik des Verschwindens und der Geschwindigkeit) ist derzeit kaum aufzukommen (vgl. die kritischen Versuche in Andreas Huyssen/Klaus R. Scherpe: Postmoderne. Zeichen eines kulturellen Wandels. Reinbek bei Hamburg 1986, rowohlts enzyklopädie 427). Offenbar schafft sich der Begriff der Postmoderne gerade durch seine Unbestimmtheit immer neue Wirklichkeiten (statt daß die Wirklichkeit nach begrifflicher Klärung verlangt). Also auch im Methodischen eine verkehrte Welt, und vielleicht ist diese bemerkenswerte Verkehrung das einzige Phänomen, das mit Sicherheit als postmodern zu bezeichnen ist.

Der Begriff ist wohl entbehrlich; unverzichtbar ist das Nachdenken über das, was er eigentlich bezeichnen sollte: den gesellschaftlichen Strukturwandel im Zeitalter der neuen Informationssysteme und Technologien, deren großkapitalistische ‹Steuerung› (im Sinne Ernst Blochs) so unwirklich und unsichtbar zu sein scheint wie nie zuvor. Die hier versammelten Beiträge, die mit ihrem Thema auch eine kritische Gesellschaftstheorie entwickeln, können und wollen bei der Historisierung der Phänomene nicht hinter die gegenwärtige Problemlage zurück.

Lothar Müller rekonstruiert bei Georg Simmel die Trias von Geld, Modernität und Großstadt als «Ort der Moderne». Bereits hier versagt die Anschauung vor der ‹funktionellen Größe› der Stadt, schon hier kommt der zur «Kultur der Indifferenz» führende ästhetische Charakter der Wahrnehmung und Theoriebildung zum Tragen. *Dietmar Voss* entwirft eine Transformationsgeschichte des großstädtischen Flaneurs, die auf eine unwirkliche Realisierung der modernen (kapitalistischen) Ratio hinausläuft: den Rausch der Warenwelt, die Schwindel erregende Funktionalisierung von Raum und Zeit, die technisch prämierten Simulationsräume für die Großstadtimagination. *Jost Hermand* beobachtet die negativen Großstadtvisionen der Expressionisten und versucht, ihr destruktives Potential mit den Mitteln der Ideologiekritik einzugrenzen. *Karl Prümm* untersucht das journalistische Rollenfach des Großstadtfeuilletons bei Siegfried Kracauer, Joseph Roth und Bernard von Brentano. Die institutionelle Bindung, die Entwicklung neuer Techniken und Medien (Film) und die Selbstreflexion in der Schreibweise ergeben ein für die Moderne der zwanziger Jahre charakteristisches Bedeutungspotential der Großstadtdarstellung. *Philip Fisher* erstellt eine kleine Poetik der mentalen und sinnlichen Darstellung der Großstadt in der Literatur der Moderne seit dem 19. Jahrhundert. Die literarische Großstadtwirklichkeit wird gefaßt als sekundärer Akt der Besetzung der Stadt mit Bedeutungen (Strukturierung der Erfahrung, Reflexion der Wahrnehmung). *Klaus Scherpe* stellt die Frage nach der Darstellbarkeit/Erzählbarkeit der Stadt unter den Bedingungen gesellschaftlicher Modernisierung/Technologisierung. Die Wahr-Zeichen der Symbolisierung sowie die Phänomenologie und der Zeichencharakter des Wahrgenommenen verwandeln sich derart, daß das Stadtgebiet als Sachgebiet fragwürdig wird. *Günter Samuel* sieht in den Rom-Erzählungen von Wolfgang Koeppen, Paul Nizon und Rolf Dieter Brinkmann eine Archäologie der ewigen Stadt am Werke. Die Abgründe des Triebgeschehens sollen auf der Oberfläche der Schrift entzifferbar sein. *Sigrid Weigel* erkundet am Beispiel von Texten Walter Benjamins, Italo Calvinos, Paul Nizons und von Ginka Steinwachs den «imaginären Charakter der Weiblichkeit der Stadt». An die Stelle der herkömmlichen Analogisierung von Frau und Stadt tritt eine «Semiotik weiblicher Orte» in der Schrift der Moderne. *Heinz Ickstadt* stellt die postmodernen Großstadtfiktionen in der amerikanischen Literatur vor, wobei die Grenzüberschreitungen von Realität und Fiktion und das Übergreifen eines performativen und «selbstreferentiellen Realismus» der Darstellung in den Blick kommen.

Hat sich derart das Unwirkliche als das Wirkliche in der Literatur der Moderne fest etabliert, so ist die literarische Strategie gar nicht so weit entfernt von den Praktiken der städtischen Imagewerbung, die *Harald Jähner* in der aktuellen Kultur- und Tourismusbranche inspiziert. Was die Reiseführer uns von der Großstadt erzählen, hat *Hermann Schlösser* nachgezeichnet. Den Marathonlauf als höchstmodernen Lebensstil der Großstadt haben *Helmut Berking* und *Sighard Neckel* auf den Begriff gebracht. An den in diesen Aufsätzen zur Sprache kommenden Phänomenen läßt sich besonders markant die allerneueste «Unwirklichkeit der Städte» und die aktuell behauptete ‹Selbstverwirklichung› in der Großstadt ablesen. An die Stelle des Schauders und des Unbehagens an der ‹ville panique› tritt die perfekte Inszenierung eines ‹Ja› zur neuen Erlebnis-, Ereignis- und Entertainment-Metropole schlechthin. *Eike Gebhardt* veranstaltet eine sozio-psychologische Gegenlesung zum eingebürgerten Topos der kranken und kaputten Stadt. Den Psychopathologien wird durch das sozialanalytische Argument aller ästhetischer Reiz genommen, ebenso wird die pathetische politische Ausrede von der ‹Unregierbarkeit der Stadt› entzaubert. *Walter Prigge* und *Frank Herterich* machen die angebliche Verfügbarkeit über jederlei Erfahrung und Erinnerung im Namen eines postmodernen Zeitgeistes zum Gegenstand ihrer Kritik. Im filmischen und im neuesten städtebaulichen Zuschnitt des Großstadtdesigns entdecken sie die alten, im postmodernen Dekor keineswegs zum Verschwinden gebrachten oder widerrufenen Profitinteressen. – Bleibt mit Bedauern zu vermerken, daß einige wichtige Beiträge nicht geschrieben wurden. Es fehlen die Aufsätze zur verfilmten Stadt, zum Großstadtsexismus und -exotismus; zu bedenken wären weiterhin der Aufenthalt am anderen Ort, Freudenhaus und Spielsalon, Liegewiese, Kiez-Markt und die Orte ewiger Ruhe.

Im Januar 1988 *Klaus R. Scherpe*

Lothar Müller

Die Großstadt als Ort der Moderne
Über Georg Simmel

Jede Mythologie ist Topographie. Wenn es eine Mythologie der Moderne gibt, so ist der Ort, von dem sie erzählt und an den sie gebunden ist, die Großstadt. Das gilt nicht nur für den Roman, der sie als ein Terrain entdeckt, in dem die antike Stammheit des Epischen, das Meer, ein modernes Äquivalent findet und das Erzählen selbst zum Abenteuer wird, in dem er sich zu bewähren hat; für die Malerei, die seit dem Impressionismus in der Großstadt nicht nur einen neuen Kontinent von Motiven findet, sondern eine Herausforderung des Augensinns, auf die sie mit der Revolutionierung der eigenen Formensprache antwortet; und erst recht für genuin moderne ästhetische Gebilde wie den Film, der in der Großstadt zu Hause ist und ihre von Beginn an ambivalente Erfahrung in Chiffren der Faszination wie des Schreckens übersetzt. Topographie ist auch die theoretische Reflexion der ästhetischen wie der technisch-zivilisatorischen Moderne, wenn sie in deren Epochenbegriff das virtuelle Bild der Großstadt einzeichnet und zur Raumvorstellung macht, auf die alle Zeitbestimmungen zu beziehen sind.

Die Überblendung von Theorie der Moderne und Bild der Großstadt wird im folgenden im Gang durch die einschlägigen Schriften Georg Simmels erläutert. Denn sie markieren, so die These, einen bedeutsamen Umschlagpunkt der Großstadtreflexion in mehrfacher Hinsicht. Zunächst wird in ihnen die Perspektive einer Physiologie des modernen Lebens, wie sie im zeitdiagnostischen Räsonnement des 19. Jahrhunderts die diskursive Vorherrschaft hatte, abgelöst und in diejenige einer Soziologie überführt, deren Blick im ‹Körper› der Stadt die Feinstruktur der immateriellen Vergesellschaftungsprozesse als seine ‹Seele› entdeckt. Sodann wird hier den einflußreichen Pathographien der Moderne, die um die Schwelle der Jahrhundertwende herum entstehen, ein strukurell ambivalenter Reflexionstyp entgegengesetzt, der die polare Spannung von Kulturkritik und Apologie der Großstadt in sich aufnimmt und doch zugleich auf ihre Auflösung verzichtet. Schließlich ist in ihrer nicht nur thematischen, sondern auch formalen Affinität zum Ästhetischen sowie in ihrer Kultivierung der Aufmerksamkeit aufs Detail Simmels Theorie der Moderne eine wichtige Station auf dem Weg der Ausprägung des essayistischen Denkens als Reflexionsorgan der Erfahrung in der Großstadt.

Das abstrakte Labyrinth

Die Metaphorik der modernen Großstadt entsteht nicht zuletzt aus dem Versuch, ihre Erfahrung als eines Neuen im Rückgang auf die überlieferten Erfahrungen an der Natur zu bewältigen. Das Häusermeer und die Steinwüste, der Urwald, Dschungel oder das Dickicht der Städte sind solche Rückversicherungen, mit denen das hochgradig komplizierte Artefakt Großstadt vor allem in seinen als monströs erscheinenden Zügen an die Natur und nicht selten mehr oder weniger untergründig an die Erfahrungsform des Erhabenen gebunden wird, wie sie dort, angesichts drohender Felsen, am Himmel sich auftürmender Donnerwolken, zerstörender Vulkane und des von Orkanen aufgepeitschten grenzenlosen Ozeans, bereits theoretisiert worden war. Die Rückverwandlung der Stadt in Natur, der Umschlag von höchster Zivilisation in tiefste Wildnis und Öde ist als Schreckbild in der naturbezogenen Metaphorik stets gegenwärtig, sein literarischer ‹locus classicus› ist Maupassants Novelle «La Nuit, Un Cauchemar», in der ein Liebhaber der großstädtischen Nacht zu ihrem Opfer wird. Das künstliche Gaslicht wird irgendwann gelöscht, am Ende bleibt die Taschenuhr des nächtlich-einsamen Gegenbildes zum Flaneur stehen, und dem umherirrenden Wanderer, dem so nach der Orientierung im Raum die in der Zeit und mit ihr die letzte Verbindung zur funktionierenden Zivilisation genommen ist, erscheint die schlafende Stadt als verlassen und ausgestorben, die Seine als Ort des Schreckens der menschenleeren Natur, an dem ein archaischer, elementarer Tod auf den Großstädter wartet: aus Hunger – Müdigkeit – und Kälte.

Maupassants Alptraum von Paris als leerer Todeslandschaft, die ins Stumm-Anorganische erstarrt, ist das schwarze Nachtstück zur metaphorischen Verknüpfung von Großstadt und Natur, in deren Zentrum die Übersetzung der technischen Dimension des großstädtischen Lebens in die Vorstellung eines riesigen Organismus steht. Die Physiologie avanciert zum diskursiven Leitsektor und zur terminologischen Ressource, die im Bewußtsein der Zeitgenossen nicht nur das Bild der Stadt, sondern das der modernen Zivilisation insgesamt prägt. Als populäres Gegenstück zur Anatomie der bürgerlichen Gesellschaft wird sie zur Gegenwartswissenschaft, die es erlaubt, alle neuen Erfahrungen unter der vereinheitlichenden Perspektive der Großkategorie ‹Natur› zu integrieren. Vor allem die reflexive Verarbeitung der Beschleunigungsschübe, von denen sich im Zuge der Industrialisierung von Zeit und Raum die Individuen in ihrem Lebensrhythmus erfaßt sehen, wird in der anschaulichen Vorstellung vom Stadtkörper erleichtert, in dem die technisch-mechanische Dynamik und Bewegung die Stelle des Blutkreislaufs oder die Funktionen des Stoffwechsels zwischen Organismus und Außenwelt einnehmen. Als Adern oder Aufnahmeorgane erscheinen die Straßen, Schienen und Kanäle, die ins Zentrum der Stadt führen. Zur Chiffre für das Bündnis von Modernität und Elektrizität werden die Kommunikationsdrähte, elektrischen Leitungen und Apparaturen, die als Nervenstränge der Großstadt ihr Klima der Attraktion, Intensität und des ständigen Reizes aufnehmen und ausstrahlen. Wenn durch die Beschleunigung der Zirkulation des Verkehrs und der Waren der Blutdruck des Stadtkörpers steigt, geraten die Menschen im bewegten Möglichkeitsmeer der Sozialkontakte und dynamischen Getriebe der feinstrukturierten Raum-Zeit-Koordinierungen in die Risikozonen der Nervosität.

In seinem Essay über «Die Großstädte und das Geistesleben» (1903) nähert sich Georg Simmel zunächst dem Schauplatz der unermüdlichen Diskussionen, die seine Zeitgenossen über «Neurasthenie» und «Nervosität» als Zivilisationskrankheiten der Moderne führten. Denn die «Steigerung des Nervenlebens»[1] diskutiert er als die erste Quelle, aus der die Herausbildung der «Verstandesmäßigkeit» entspringt. Diese gilt ihm als «Präservativ des subjektiven Lebens gegen die Vergewaltigungen der Großstadt», als Schutzpanzer, der wie die physische Außenhaut den Körper die Seele des Großstädters umschließt. Die im Vergleich zur kulturellen Tradition mit ungewohnter und unerwarteter Schnelligkeit aufeinanderfolgenden «Impressionen» des beschleunigten Lebens, die Simmel ganz im Sinne des Nervositäts-Diskurses am Gang des Passanten über eine belebte Straße erläutert, verbrauchen ein Vielfaches desjenigen Bewußtseinsquantums, das die Bewegung in vormodernen Räumen erforderte.[2] So wird der Choc zur Grundform der unmittelbar-sinnlichen Erfahrung der Großstadt und treibt als überlebensnotwendige Antwort der Subjekte die Ausbildung des Intellekts als Reizschutz und Distanzorgan hervor. Die «sinnlichen Fundamente des Seelenlebens» würden wehrlos der «Erschütterung» und «Entwurzelung» ausgesetzt, käme nicht dem leicht erregbaren, chronisch überforderten Gemüt der beweglichere, anpassungsfähigere und unempfindlichere Verstand zu Hilfe. Mit dieser Reizschutztheorie, die an jene Funktionsbestimmung des Gedächtnisses durch Freud erinnert, an die Benjamin in seinen Baudelaire-Studien anknüpfte, unterläuft Simmel die beliebte Gleichung, der zufolge die Beschleunigung der Lebensrhythmen unmittelbar und unvermeidlich das Anwachsen der Nervosität nach sich zieht.[3] Nicht die Nervosität des Großstädters ist das Objekt seiner physiologischen Diagnose, sondern die intellektualistische Verfassung seines Seelenlebens, die *Vermeidung* des inneren Tumults durch die habituelle Distanzierung vom äußeren. Erst mit der Rückführung der großstädtischen Verstandesmäßigkeit auf ihre zweite Quelle, die Entfaltung der Geldwirtschaft und den von ihr beförderten Geist der «reinen Sachlichkeit», erreicht Simmel sein eigentliches Thema, und es fällt auf, wie sehr das Bild der Großstadt sich im Zuge der soziologischen Wendung der physiologischen Argumentationsfiguren verändert. Erschien sie zunächst als undurchschaubare, verwirrend-verworrene Welt der äußeren Bewegung und plötzlichen Eindrücke, so nun als diffiziles Gewebe äußerst fein abgestimmter und auf Berechenbarkeit angelegter «Wechselwirkungen» zwischen den Individuen, die zwar noch Sinnenwesen sind, ihre wesentlichen Bestimmungen jedoch als Kreuzungspunkte der immateriellen, unsichtbaren Vergesellschaftungsformen erfahren.

Großstadt und Großstädter treten nun nicht mehr nach dem Modell des Chocs zueinander in Beziehung, sondern als subjektives und objektives Produkt eines langfristigen Prozesses, in dessen Verlauf die Individuen vom sozialen Klima der «Verstandesmäßigkeit» eher in unmerklich-chromatischer Steigerung imprägniert als einmalig geimpft werden. Als Reizschutz war die Intellektualität des Großstädters defensiver Panzer; nun wird sie zum positiv bestimmbaren subjektiven Niederschlag der Herausbildung der Moderne insgesamt, als deren ebenso farblosen wie mächtigen Agenten Simmel das Geld diagnostiziert. Von der Nervosität behauptete nur eine Fraktion ihrer Interpreten, sie sei ein Phänomen der Dekadenz und des unvermeidlichen Verfalls der Kultur. Im Einspruch gegen ihre Stilisierung zum Zentrum antizivilisatorischer Pathographien der Moderne wurde sie zugleich als temporäres Phänomen und Übergangskrankheit ausgelegt, die sich beim Abklingen der zunächst unvermeidlichen Chocerfahrungen zugunsten einer höheren Gesundheit in hygienischen, von ihren anfänglichen Mängeln befreiten Großstädten der Zukunft verflüchtigen würde. Als Komplementäreffekt der Nervosität könnte Simmels «Verstandesmäßigkeit» wie diese selbst im Prozeß der evolutionären Anpassung der Individuen an die neuen Lebensrhythmen verschwinden oder sich zurückbilden. Dieser möglichen Relativierung seiner Diagnose entgeht Simmel durch ihre Einfügung in eine allgemeine Theorie der Moderne, die vom physiologischen Diskurs weitgehend unabhängig ist. Der Ort, an dem er sie entfaltet, ist seine «Philosophie des Geldes» (1900); der Essay über die Großstadt ist, worauf in einer Fußnote eigens verwiesen wird, ein Extrakt dieses Buchs, von dem sein Autor gleich im Vorwort warnend sagt, es sei darin «keine Zeile nationalökonomisch gemeint».[4] Was es statt dessen enthält, ist die materialreiche Synthese dreier wesentlicher Schichten im Denken Simmels: der Soziologie, insoweit es gesellschaftstheoretisch den Begriff der «Wechselwirkung» auf dem Terrain der im Geld sich kristallisierenden Tauschfunktion erprobt; der zeitdiagnostischen Kulturkritik, indem es die These vom Übergewicht der objektiven über die subjektive Kultur als Entwicklungstendenz der Moderne entfaltet; und der Lebensphilosophie, weil sich im Blick auf die Polaritäten (Erstarrung und Bewegung, Gestalt und Auflösung, Nivellierung und Individualität etc.), die Simmel mit ihm verknüpft, das Geld als «Protometapher» des späteren Lebensbegriffs ausdeuten läßt.[5]

Distanz wahrend zur konkret historischen Analyse der modernen Geldwirtschaft als Kapitalismus, entwickelt Simmel seine eigene, relativistische Werttheorie in Kritik an Marx' Arbeitswertlehre konsequent aus der Kategorie des Tausches. Dieser wird dabei nicht nur zur autonomen Wertquelle, sondern durch seine Tendenz zur reinen Funktionalität zugleich zum Grundelement eines Typs von Vergesellschaftung, der auf Objektivierung, Rationalisierung und Versachlichung der Beziehungen zwischen den Individuen zielt. Er ist die Keimform, aus der die für Simmel charakteristische Trias Geld – Moderne – Großstadt entsteht. Deren Bild, wie es von der «Philosophie des Geldes» nahegelegt wird, verzichtet auf die anschauliche Verschränkung von moderner Technik und physiologischer Metaphorik. Erschien im Horizont der Physiologie die Stadt als Körper und Organismus, so wird sie bei Simmel zum Ort der Abstraktion. Dem entspricht, daß die Beschleunigung der Bewegungssphäre hier nicht als Motorik des Großstadtverkehrs und Funktion der Technik diskutiert wird, sondern in ihren äußeren, sichtbaren Formen als Oberfläche und Epiphänomen der an wahrnehmbare Substanzen kaum gebundenen Zirkulation des Geldes erscheint.

Bewegung ist auch für Simmel das Signum der Moderne, doch wird sie hier im Vergleich zu einer im Kontext der Physiologie des 19. Jahrhunderts durchaus denkbaren ‹Philosophie der Lokomotive› (oder der Dampfmaschine) gewissermaßen entmaterialisiert. Das Kursieren des Geldes – abstrakten Gesetzen folgend, relativ unscheinbar und kein Spektakel für die Sinne – wird zur funktional bedeutendsten Form der Bewegung, die den Lebensrhythmus insgesamt dynamisiert und die Techniken der äußeren Bewegung als materiell-räumlicher Fortbewegung aus sich heraustreibt. Überschneidet sich der Assoziationskreis der Lokomotive mit dem der Revolution, so betreibt Simmels Geld sein Geschäft der Vernichtung aller Tradition nicht an Kulminationspunkten und im Epochenbruch, sondern als Erosion und innere Zersetzung aller überlieferten Formen des Statischen und Festen: seien es vormalige Immobilien wie Grund und Boden, soziale Bindungskräfte und Regeln oder auch feste Gewißheiten religiöser oder metaphysischer Natur.

So wird das Bild allmählicher Verflüssigung zur zentralen Metaphorik in der «Philosophie des Geldes», in ihr wird der Prozeß der Auflösung alles Substantiellen ins Relationale und Funktionale beschrieben. Die Moderne erscheint so als Ort, an dem das Geld sich seinem «Begriff des abstrakten, von jeder Spezialform gelösten Wertes» gemäß entfaltet, während es im Mittelalter noch starr war, «den Fluktuationen des Lebens unverbunden»[6]. Liquidierung im Doppelsinn von Verflüssigung aller Kultursphären einerseits, fortlaufender Vernichtung der Tradition andererseits ist das Geschäft des Geldes. Datierbar ist aus dieser Perspektive kaum der Beginn der Moderne, wohl aber das Stadium ihrer höchsten

Entfaltung. Es beginnt mit der Epoche der Großstädte, die als «Drehpunkte» der Zirkulation die technische Revolutionierung des Verkehrs herausfordern und zu Konzentrationspunkten werden, an denen die Geldfunktion des ungehemmten Fließens ideale Schauplätze der Realisierung ebensosehr erzeugt wie findet.

Vom Bild der Stadt als gebautem Raum, schon gar von dem des Stadtkörpers löst sich Simmel vollends, indem er seinen Begriff der Großstadt ausdrücklich nicht im Blick auf ihre anschauliche Physis, sondern auf ihre abstrakten Funktionen definiert:

> «Das bedeutsamste Wesen der Großstadt liegt in dieser funktionellen Größe jenseits ihrer physischen Grenzen: und diese Wirksamkeit wirkt wieder zurück und gibt ihrem Leben Gewicht, Erheblichkeit, Verantwortung. Wie ein Mensch nicht zu Ende ist mit den Grenzen seines Körpers oder des Bezirkes, den er mit seiner Tätigkeit unmittelbar erfüllt, sondern erst mit der Summe der Wirkungen, die sich von ihm aus zeitlich oder räumlich erstrecken: so besteht auch eine Stadt erst aus der Gesamtheit der über ihre Unmittelbarkeit hinausreichenden Wirkungen. Dies erst ist ihr wirklicher Umfang, in dem sich ihr Sein ausspricht.»[7]

Seinen Begriff der Grenze hat Simmel in einem Aufsatz zur «Soziologie des Raumes» (1903) mit einem Satz erläutert, der auch für die funktional definierte Großstadt gilt: Sie ist «nicht eine räumliche Tatsache mit soziologischen Wirkungen, sondern eine soziologische Tatsache, die sich räumlich formt».[8] Es muß hier nicht im einzelnen interessieren, wie Simmel in seiner «Philosophie des Geldes» die Großstadt als Ort der Abstraktion, Entgrenzung des Stadtkörpers und Auflösung der Raumbindung aus der Analyse des Geldes als «substanzgewordene Sozialfunktion» hervorgehen läßt. Festzuhalten bleibt freilich die Relativierung des Gegensatzes von Stadt und Land, die darin implizit vorgenommen wird. Es gibt in Simmels Vorstellung der Moderne kein ‹Jenseits› der Großstadt, keinen Ort, der ihr als das ganz Andere gegenüberzustellen wäre. Wie eine kleine Stadt, ohne daß sich in ihr selbst viel verändert hätte, zur Kleinstadt und Provinz im eigentlichen Sinne erst dadurch wird, daß die Großstadt entsteht, so ist in Simmels Moderne jeder Ort relational zur Großstadt bestimmt. Durch die Abstraktion von den physischen Stadtgrenzen gilt: Die Moderne insgesamt ist Großstadt, auch dort, wo sie Land ist.

Verlängerung der teleologischen Reihen, Vergrößerung der sozialen Kreise und Differenzierung der elementaren Wechselwirkung sind Effekte, die Simmel im Prozeß der Universalisierung der Geldfunktionen analysiert. Mit ihnen einher geht die Verflüssigung und das Beweglichwerden der einstmals starren Opposition von Nähe und Ferne. In der Großstadt ist sie nicht mehr allein im Blick auf räumliche Distanzen beschreibbar, sondern wird in die abstrakte Erreichbarkeit und Verfügbarkeit aller Orte und Dinge überführt. Komplizierung der Beziehung zum

Nahen und Vereinfachung der Erreichbarkeit des Fernen analysiert Simmel als komplementäre Bestimmungen der Soziologie von Nähe und Ferne in der Moderne.

«Das Geld steht vermöge der Abstraktheit seiner Form jenseits aller bestimmten Beziehungen zum Raum: es kann seine Wirkungen in die weitesten Fernen erstrekken, ja es ist gewissermaßen in jedem Augenblick der Mittelpunkt eines Kreises potentieller Wirkungen... Die Verhältnisse des modernen Menschen zu seinen Umgebungen entwickeln sich im ganzen so, daß er seinen nächsten Kreisen ferner rückt, um sich den ferneren mehr zu nähern.»[9]

Aus der Geldfunktion der Distanzüberwindung entwickelt Simmel eine Psychologie der Erreichbarkeit, in der die räumliche Ferne zugunsten der virtuellen Anwesenheit aller Dinge schwindet. Wie dem modernen Verkehrsteilnehmer die Orte, so rücken dem Konsumenten die Waren durch ihre potentielle Erreichbarkeit immer näher. Wesentliche Bestimmungen der Figur des Großstädters entwickelt Simmel auf diese Weise aus der Psychologie des Kunden. Er ist mit dem Passanten verwandt, doch ist er anders als dieser nicht unbedingt Teil einer großstädtischen Menge im physischen Sinn. Vielmehr entspricht der Entmaterialisierung der Bewegungssphäre in der «Philosophie des Geldes» die Abstraktion von der klassischen Menge, die bei Poe, Engels und Baudelaire stets physisch bedrängende Erfahrung ist, zugunsten ihrer Fiktionalisierung zu einer statistisch-virtuellen Vernetzung räumlich isolierter Individuen. Indem er die Formationen der «Interessenverknüpfung» und der «Gedankengemeinschaft mit Kreisen, deren Verbindungen alle räumliche Nähe ersetzen», analysiert, läßt Simmel die Vision einer abstrakten Menge ahnbar werden, deren Einzelglieder nur durch die gemeinsame Teilhabe an allgemeinen Vernetzungssystemen miteinander verbunden sind.[10] So entwickelt er im Blick auf die Zirkulation des Geldes eine Soziologie von Nähe und Ferne, die für die Großstadt des 20. Jahrhunderts – zumal für die Analyse des Verhältnisses von traditionellem Stadtraum und den modernen elektronischen Vernetzungen – von nicht geringerer Bedeutung sein könnte als das Passantenmeer, die physisch konzentrierte Menge für die Stadt des 19. Jahrhunderts.[11]

Immer wieder haben die Leser Simmels von Karl Joël, dem kongenialen Rezensenten der «Philosophie des Geldes», über Georg Lukács bis hin zu Siegfried Kracauer das Labyrinth als Raumvorstellung zu Simmels Theorie der Moderne assoziiert und nicht selten die Ausweglosigkeit seines Relativismus beklagt.[12] Simmel selbst hat an einer Stelle seines Aufsatzes über «Das Geld in der modernen Kultur» (1896) das Bild vom Labyrinth zur Erläuterung des «Gefühls von Spannung, Erwartung und ungelöstem Drängen» herangezogen, das er als Hauptcharakteristikum der «modernen Zeit» hervorhebt. Deren geheime Angst sei es, «im Labyrinth von Mitteln stecken zu bleiben und über sie den Endzweck zu vergessen».[13] Nicht eine moderne Realisierung mythischer Topographie ist so das Labyrinth, sondern Chiffre für die Wanderungen des modernen Subjekts durch die immanente Unendlichkeit der vom Geld gestifteten Zweckreihen. Ausweglosigkeit heißt hier Ziellosigkeit, Ort des Verirrens ist nicht das Straßengeflecht, sondern die Großstadt als abstraktes, von Potentialität durchtränktes und virtuell grenzenloses Netz sozialer Kreise und Beziehungen, als Ort, an dem sich das Geld vom reinen Mittel zum absoluten Zweck emanzipiert. In der Differenzierung der Einzelzwecke sieht Simmel den Gesamtsinn des Lebens sich verflüchtigen. Der Großstädter, in einem Raum lebend, den keine Transzendenz mehr überwölbt, weil zu den vom Geld aufgelösten und verflüssigten Beständen auch die religiösen oder metaphysischen Gewißheiten gehören, sucht den «Mangel an Definitivem im Zentrum der Seele» durch die «Reisemanie», die «wilde Jagd der Konkurrenz» oder im «Tumult der Großstadt» auszugleichen. Doch ist er nicht nur Irrender im Labyrinth, sondern zugleich Tantalus, moderner Nachfahre der Figur stets unerlöster Sehnsucht. Es ist, schreibt Simmel am Ende der «Philosophie des Geldes»,

«als läge der ganze Sinn unserer Existenz in einer so weiten Ferne, daß wir ihn gar nicht lokalisieren können und so immer in Gefahr sind, uns von ihm fort, statt auf ihn hin zu bewegen – und dann wieder, als läge er vor unseren Augen, mit einem Ausstrecken der Hand würden wir ihn greifen, wenn nicht immer gerade ein Geringes von Mut, von Kraft oder von innerer Sicherheit uns fehlte».[14]

Die Kultur der Indifferenz

Die «Philosophie des Geldes» sollte ursprünglich «Psychologie des Geldes» heißen. In der Tat untersucht sie in Fortschreibung und Entfaltung von Simmels früher Theorie der sozialen Differenzierung[189] (1890) die Herausbildung der Moderne nicht nur als Weg vom Einfachen zum Komplizierten im Sinne der Vervielfältigung und Feinstrukturierung der elementaren «Wechselwirkungen» sowie der zunehmenden Komplexität der Vergesellschaftungsformen, sondern zugleich als nuancenreichen Prozeß der psychischen Komplizierung der Individuen, als Weg der «subjektiven Kultur» vom «Rohen» zum «Verfeinerten». Durch diese Nachzeichnung der «inneren Geschichte der Menschheit»[15] integriert Simmel den Prozeß der Zivilisation ins Blickfeld seiner angeblich ‹formalen› Soziologie. So gerät seine Theorie der Moderne in die Nähe von Untersuchungsperspektiven, wie sie heute unter den Stichworten ‹Historische Anthropologie› oder ‹Geschichte der Mentalitäten› diskutiert werden.[16] Die ersten Leser der «Philosophie des Geldes» wie die des unmittelbar zeitdiagnostisch verknappten Großstadt-Essays sahen in Simmels Schriften vor allem dies: das theoretische Röntgenbild der «modernen Kultur», die unmittelbare Gegenwart der Jahrhundertwende in Gedanken gefaßt. Berlin, das damals als Frontstadt des technisch-zivilisatorischen Fortschritts galt, ja als Chiffre für konzentrierte Modernität und industrielle Sachlichkeit schlechthin, schien in Simmels Geldphilosophie porträtiert zu werden, obwohl es doch darin nirgends geschildert wird. In der «Neuen Rundschau» schrieb Karl Joël:

«Dieses Buch konnte nur in dieser Zeit und nur in Berlin geschrieben werden. Wie Richard Wagner einmal im Philadelphia-Marsch den Rhythmus des Amerikanismus zu fassen suchte, so hat dies Werk mit feinstem Ohr den innersten Ton des modernen Lebens aus dem Stimmengewirr des großen Marktes erlauscht, den Ton, den man nicht hört, wie nach den Pythagoreern die Sphärenharmonie, weil er immer tönt. ... Es ist das scheinbar Unmögliche und doch Notwendige des Buches, daß es zugleich in und über der Zeit steht, daß es, als Produkt an einen Ort und eine Zeit gebunden, doch frei ist, daß es die Seele des modernen Berlin projiziert auf einen universalen Horizont.»[17]

Unter den Zeitgenossen Simmels war es vor allem der Leipziger Historiker Karl Lamprecht, der sich in seinem Projekt einer sozialpsychologisch ausgerichteten Geschichtsschreibung den Fragestellungen einer historischen Anthropologie näherte. In den Ergänzungsbänden seiner «Deutschen Geschichte», die 1903 erschienen und bis an die unmittelbare Vergangenheit der Jahrhundertwende heranreichten, fand er für diese Zeit die einprägsame und erfolgreiche Formel «Kultur der Reizsamkeit» und beschrieb die modernen Großstädte als deren verstärkenden «Resonanzboden».[18] Wie Lamprecht diskutiert auch Simmel die Veränderung der Zeit- und Raumerfahrung in der Moderne; doch wo der Historiker die spezifisch moderne Eile und Pünktlichkeit aus den technischen Imperativen des modernen Verkehrs ableitet, bleibt der Soziologe der Perspektive seiner immateriellen Imprägnierung treu und entwickelt am Symptom der allgemeinen Verbreitung der Taschenuhren die Tendenz zur Feinabstimmung und Präzisierung der modernen, abstrakten Zeit aus dem Geist der Berechenbarkeit, den die Geldwirtschaft zur Ausprägung bringt.[19]

Wollte man Lamprechts physiologisch gefärbter Formel, in der das populäre «Zeitalter der Nervosität» unüberhörbar mitschwingt, eine ähnlich prägnante Kurzfassung der Simmelschen Zeitdiagnostik gegenüberstellen, so wäre von einer «Kultur der Indifferenz» zu sprechen. Denn «Indifferenz» ist die Schlüsselkategorie in Simmels «Philosophie des Geldes» wie in seinem Essay über die Großstädte und das Geistesleben. Als beiden gemeinsame Bestimmung verklammert sie die subjektive und die objektive Sphäre der modernen Kultur, sie ist das ‹tertium comparationis› der Begriffe «Geldwirtschaft» und «Geistesleben der Großstadt». Zum einen ist die Indifferenz des Geldes der Vereinigungs- und Konzentrationspunkt aller Umschreibungen, die Simmel für seinen reinen Funktionscharakter findet. Sie ist das qualitätslose und leere Zentrum seines absoluten Relativismus und seiner Freiheit von allen substantiellen Bindungen, seiner Charakter- und Eigenschaftslosigkeit, Abstraktheit und Berechenbarkeit, Objektivität und Sachlichkeit. Zugleich ist sie, subjektiv gewendet als Niederschlag des modernen Vergesellschaftungsprozesses in den Sphären der Individualität, der gemeinsame Nenner, auf den sich alle Facetten in der Physiognomie des Großstädters als der Inkarnation des modernen Subjekts zurückführen lassen: seine Verstandesmäßigkeit und sein Zynismus, seine Blasiertheit und Reserviertheit, aber auch seine Rücksichtslosigkeit und Treulosigkeit bis hinab zur Käuflichkeit und als Sachlichkeit maskierten skrupellosen Schlauheit. Vor allem in den abschließenden Kapiteln seiner «Philosophie des Geldes», die dem «Geldäquivalent personaler Werte» und dem «Stil des Lebens» gewidmet sind, wird der Prozeß der sozialen Differenzierung als Herausbildung der modernen Kultur der Indifferenz akzentuiert.[20] Unverkennbar ist dabei, etwa in den Passagen über Prostitution und Korruption, die Diagnose der Indifferenz in eine kulturkritische Theorie der Nivellierung integriert, in der das Geld, die «Weltseele des sachlichen Interessenkosmos», den unvermeidlichen Verfall und die Aushöhlung der «Vornehmheit» nach sich zieht.[21]

Nicht nur das Verhältnis der Personen untereinander, sondern auch das der Dinge und damit zugleich die Beziehung der Menschen zu den Dingen wird von diesem Verfall der Vornehmheit betroffen. Bei den Menschen wie bei den Dingen ist das Verschwinden von Distanz und Unvergleichlichkeit der Kern dieses Vorgangs. Die Distanz erläutert Simmel gern an der Ferne, in der jedes Kunstwerk zur Unmittelbarkeit der Dinge steht: «sie läßt die Konkretheit der Reize zurücktreten und spannt einen Schleier zwischen uns und sie, gleich dem feinen bläulichen Duft, der sich um ferne Berge legt».[22] Nicht nur in dieser Metaphorik zeigt die Vornehmheit als diejenige Qualität der Dinge, die in der entfalteten Geldwirtschaft an ihnen verfällt, eine gewisse Verwandtschaft mit der «Aura», wie sie Benjamin im Kunstwerk-Aufsatz umschreibt. Käuflichkeit und Austauschbarkeit haben bei Simmel einen ähnlichen argumentativen Status wie die Reproduzierbarkeit in Benjamins Theorie des modernen Kunstwerks. Freilich gilt dies nur für die Beobachtung, nicht für den indigniert-kulturkritischen Tonfall, in dem Simmel sie vorträgt:

«Die herabstimmende Wirkung des Geldäquivalents tritt unzweideutig hervor, sobald man mit einem schönen und eigenartigen, aber käuflichen Objekt ein an sich ungefähr gleich bedeutsames vergleicht, das aber für Geld nicht zu haben ist; dieses hat von vornherein für unser Gefühl eine Reserve, ein Auf-sich-ruhen, ein Recht, nur an dem sachlichen Ideal seiner selbst gemessen zu werden, kurz: eine Vornehmheit, die dem anderen versagt bleibt. Der Zug in seinem Bilde, daß es für Geld zu haben ist, ist auch für das Beste und Erlesenste ein locus minoris resistentiae...»[23]

Simmels Nivellierungstheorie, der zufolge alle «Vornehmheitswerte» im Sog der nihilistischen Indifferenz des Geldes und seiner Vergleichgültigungstendenz zersetzt werden, ist eine bewußte Fortschreibung von Nietzsches kulturkritischer Klage über den Verfall des aristokratischen «Pathos der Distanz».[24] Doch ist das Geld im Vergleich zu Nietzsches «Sklavenaufstand in der Moral» nicht nur ein relativ undramatischer Agent der Nivellierung, es ist in Simmels Theorie *zugleich* Hauptfigur im Niedergangsszenario der Kultur *und* im Prozeß der Höherentwicklung und Ausdifferenzierung von Individualität und Freiheit. Aus der «Versachlichung» der Sozialbeziehungen durch das Geld, der das Zurücktreten des Individuellen hinter die Schutzmaske der Indifferenz entspricht, leitet Simmel in einem eigenen Kapitel der «Philosophie des Geldes» nichts weniger ab als die soziologischen Bedingungen der Möglichkeit «individueller Freiheit».[25] Der Verfall der Vornehmheit ist daher nicht durch eine künftige kritische Rück-Umwertung der Werte gegen das Geld revidierbar. Denn weil der Zugewinn an Chancen der Entfaltung individueller Freiheit und die Nivellierungstendenz der Moderne zwei Seiten eines Prozesses sind, rufen die «Prediger des äußersten Individualismus», als die Simmel im Großstadt-Essay Nietzsche und Ruskin zitiert, gewissermaßen zur Rebellion des Individualismus gegen sich selbst auf. So kompliziert Simmel zum einen die Position der kulturkritischen Ankläger der Großstadt als bindungs- und blutfernen Tempeln des Götzen Geldes, wie sie in Oswald Spenglers «Untergang des Abendlandes» (1918/22) ihre einflußreichste Formulierung finden sollte, und zum anderen – trotz seiner Entdeckung der funktionalen Stadt, seiner Würdigung des «ästhetischen Reizes, wie ihn die Maschine auszuüben vermag» und der «eigenartigen Schönheit» der Organisation einer Fabrik – jede neusachliche Verklärung der großstädtischen Kultur.[26] Die Spannung zwischen Verfall der Vornehmheit und Zugewinn an Freiheit nicht nur im negativen Sinn des Wegfalls von Bewegungshemmungen, sondern zugleich im positiven als Chance der Gestaltung des eigenen Lebens wird weder in der «Philosophie des Geldes» noch im Essay über die Großstädte aufgelöst. Wenn Simmel diese als Schauplätze der «Atrophie der individuellen durch die Hypertrophie der objektiven Kultur» bezeichnet, ist nicht an die Vernichtung des Individuellen zu denken. Vielmehr ist die Großstadt für Simmel der Ort, an dem mit der drohenden Übermacht des Objektiven sich zugleich die historisch differenziertesten Formen der Kultivierung und «Aufgipfelung» des Individuellen herausbilden. In zahlreichen Essays ist er diesem Zusammenhang nachgegangen, der für die Großstadt als Ort der Moderne erhellendste ist der über die Mode.

Die Mode galt schon Baudelaire als schillernde Außenhaut der Moderne, als Inbegriff ihrer Flüchtigkeit und Vergänglichkeit, ihrer Privilegierung des Transitorischen und der Gegenwart. Für Simmel entfaltet sie ihre Macht in ähnlicher Perspektive gerade dort, wo die überlieferten und unfraglichen Überzeugungen brüchig werden und an Kraft verlieren. Der historische Ort der Mode ist deshalb die Moderne als Erosion und Liquidierung alles Substantiellen, ihr Schauplatz und ihre Bühne ist die Großstadt. Hier beschleunigt sich der Rhythmus, in dem die flüchtige Mode als reizende Dienerin des Neuen die Vergangenheit entwertet, zum atemlosen Veralten der eben noch frischen Gegenwart. Zum einen ist diese Beschleunigung Symptom der Nervosität des großstädtischen Lebens, zum anderen Effekt der Nivellierung des einstmals exklusiven Modischen durch das Geld, dem die Ständeordnung gleichgültig ist. Der immer schnellere Wechsel der Moden, einhergehend mit dem Billigwerden und der Konfektionierung modischer Kleidung, nimmt der Mode ihre soziale Exklusivität und macht sie zu einem Symptom für die «Aufwärtsbewegung der unteren Schichten».[27]

In der Mode erscheint die Vergänglichkeit als Schönheit getarnt, kommt der Tod in der Verkleidung des ewigen Lebens daher. Aus diesem Widerspruch zwischen dem Auftritt der Mode, «als ob sie ewig leben wollte», und ihrer schnellen und gründlichen Vergänglichkeit ergibt sich, daß die Subjekte ihr gegenüber das «Recht auf Treulosigkeit» geltend machen dürfen. Es korrespondiert einem Zug des modernen Lebens, den Simmel immer wieder als Effekt des Wechselspiels von Geldwirtschaft und weltanschaulichem Relativismus hervorhebt: der Wandelbarkeit der Überzeugungen. Die Großstädte sind in diesem Sinn nicht nur Orte der Mode, sondern des Modischen. Die flüchtige Meinung, die Saison eines Künstlers oder Kunststils, die soziale Attraktivität bestimmter Gesten der Sprache oder des Benehmens sind in dieser verallgemeinernden Perspektive ebensosehr Mode wie die aktuelle Form der Kleidung. Die diagnostische Rückführung der Konjunktur des Modischen auf die Erosion alles Substantiellen endet jedoch bei Simmel nicht in der Auslöschung alles Individuellen im standardisierten Allgemeinen. Die Pointe seines Essays ist vielmehr umgekehrt die These von der Mode als Maske des Individuellen gerade der «feinen und eigenartigen Menschen».

«Der blinde Gehorsam gegen die Normen der Allgemeinheit in allem Äußerlichen ist ihnen gerade das bewußte und gewollte Mittel, ihr persönliches Empfinden und ihren Geschmack zu reservieren, den sie eben ganz für sich haben wollen, so für sich, daß sie ihn nicht in die Erscheinung treten lassen wollen, die allen zugänglich wäre. So ist es gerade eine feine Scham und Scheu, durch die Besonderheit des äußeren Auftretens vielleicht eine Besonderheit des innerlichsten Wesens zu verraten, was manche Naturen in das verhüllende Nivellement der Mode flüchten laßt.»[28]

Anonymisierung, nicht Auslöschung der Individualität wird so zum Balance- und Indifferenzpunkt der Polarität von subjektiver und objektiver Kultur. Der Gedanke vom Inkognito des Individuellen im Modischen, der an Adolf Loos' Gleichsetzung des gut angezogenen mit dem in guter Gesellschaft *unauffälligen* Mann denken läßt, zeichnet en miniature die Argumentation nach, mit der die «Philosophie des Geldes» die «Entwicklungschancen unserer Innerlichkeit» gerade in der «abstrakten Existenz» des modernen Menschen zu lokalisieren sucht: daß

«aller Sachgehalt des Lebens immer sachlicher und unpersönlicher wird, damit der nicht zu verdinglichende Rest desselben um so persönlicher, ein um so unbestreitbareres Eigen des Ich werde... Indem das Geld ebenso Symbol wie Ursache der Vergleichgültigung und Veräußerlichung alles dessen ist, was sich überhaupt vergleichgültigen und veräußerlichen läßt, wird es doch auch zum Torhüter des Innerlichsten, das sich nun in eigensten Grenzen ausbauen kann.»[29]

Die illusionären und apologetischen Züge dieser Schrankentheorie der nicht zu verdinglichenden Individualität sind von der nachfolgenden Generation überscharf gesehen und kritisiert worden. Georg Lukács hat Simmel in «Geschichte und Klassenbewußtsein» (1923) seine marxistische Verdinglichungstheorie als Antwort auf die «Philosophie des Geldes» entgegengesetzt, und Siegfried Kracauers Schrift «Die Angestellten» (1929/30) ist implizit eine Kritik an Simmels Akzentuierung von «Versachlichung» und «Rationalisierung» als Befreiung von personalen Bindungen und Zugewinn an kultivierter Individualität. Doch ist damit das letzte Wort über Simmels Theorien zu Großstadt und Moderne nicht gesprochen. Denn auch, wo seine Grundannahmen kritisiert werden, wird von seinem scharfen Blick aufs Detail profitiert.[30]

Großstädtische Intelligenz und Essayismus

In seiner bereits erwähnten Rezension der «Philosophie des Geldes» analogisiert Karl Joël den approximativen Stil von Simmels Sprache und die Tendenz der Verflüssigung alles Festen im «Stil des Lebens» der vom liquiden Element Geld durchdrungenen Moderne:

«Die Fäden laufen nach allen Seiten, die Zeit ist eine einzige in sich verschlungene Wirrnis, unlöslich, unfaßbar – das Buch hat sie gefaßt. Es zeigt eine erstaunliche, fast unheimliche Kunst, die groben Knoten der Tatsachen in feine Netze von Beziehungen aufzuklären, einen merkwürdigen Scharfblick auch für die Kehrseiten, die Seitenaspekte, die schillernden Strahlenbrechungen, die imponderablen Medien der Dinge und zeigt so das Bekannteste in neuem Licht... Diese Sprache ist dem naiven Sinn fast verschlossen, dem trägen kaum erträglich, dem spannungslustigen beinahe ein Genuß, wie eben jede eigene Sprache, die dem Gedanken glatt ansitzt als eine Haut, die er sich selbst erschaffen. Diese Sprache ist nicht auf den Rhythmus gebaut, dem man glaubt, auch wo man ihn nicht versteht, nicht auf Bilder, die oft berauschen und sättigen, ohne zu nähren, nicht auf Accente, Leitworte als Notanker des bequemen Verstehens, überhaupt nicht auf Einzelnes, sondern auf die tonlose Gesamtbeziehung des Satzes, auf das fließende Medium der Begriffe, aus dem ein glänzend Neues aufleuchtet in weißer, abstrakter Plastik. Das Buch treibt sozusagen in der Sprache auch Geldwirtschaft, die Worte nur in ihrem Beziehungswert, in ihrer gegenseitigen Blutzufuhr nehmend, während noch die Meisten heute in der Naturalwirtschaft ihrer Sprache stehen und vom Einzelwort concrete Saftigkeit, Nährwert fordern.»[31]

In Joëls Versuch einer Nachzeichnung der intellektuellen Physiognomie Simmels klingt, in noch wohlwollender Formulierung, ein Motiv an, das in der Folgezeit zum Kern der publizistischen wie philosophischen Kritik an dem durch Simmel repräsentierten Typ von Intellektualität werden wird. Zum Verdacht der Schwerelosigkeit und haltlosen Zirkulation des Denkens gewendet wird die Beobachtung Joëls, daß Simmel «Geldwirtschaft» in der Sphäre der Sprache betreibe. Damit wird ein von Simmel selbst analysierter Zusammenhang gegen ihn gekehrt: die Affinität von Geld und Intellekt als objektivem und subjektivem Organ der «Indifferenz». Daß der Großstadt-Essay sich über weite Strecken als Selbstporträt der großstädtischen Intelligenz lesen läßt, ist ebenso Ausdruck dieses Zusammenhangs wie die systematische Aufmerksamkeit der «Philosophie des Geldes» auf die intellektuelle Dimension etwa der Korruption, der Treulosigkeit oder der Eigenschaftslosigkeit. Sie bewirkt, daß in Simmels Soziologie des Großstädters auch jenes Heer von undurchsichtigen Gestalten der Charakterlosigkeit im analytischen Umriß Gestalt gewinnt, das im französischen Roman von Balzac bis Maupassant literarische Karriere macht und eine seiner Hauptfiguren im intellektuell korrupten, zynischen Journalisten findet:

«In den modernen Großstädten gibt es eine große Anzahl von Berufen, die keine objektive Form und Entschiedenheit der Betätigung aufweisen: gewisse Kategorien von Agenten, Kommissionäre, all die unbestimmten Existenzen der Großstädte, die von den verschiedenartigsten, zufällig sich bietenden Gelegenheiten, etwas zu verdienen, leben. Bei diesen hat das ökonomische Leben, das Gewebe ihrer teleologischen Reihen überhaupt keinen sicher anzugebenden Inhalt, außer dem Geldverdienen, das Geld, das absolut Unfixierte, ist ihnen der feste Punkt, um den ihre Tätigkeit mit unbegrenzter Latitüde schwingt... Jene großstädtischen Existenzen, die nur auf irgendeine völlig unpräjudizierte Weise Geld verdienen wollen und dazu um so mehr des Intellekts als allgemeiner Funktion bedürfen, weil spezielle Sachkenntnis für sie nicht in Frage kommt – stellen ein Hauptkontingent zu jenem Typus unsichrer Persönlichkeiten, die man nicht recht greifen und ‹stellen› kann, weil ihre Beweglichkeit und Vielseitigkeit es ihnen erspart, sich sozusagen in irgendeiner Situation festzulegen. Daß das Geld und die Intellektualität den Zug der Unpräjudizierbarkeit oder Charakterlosigkeit gemeinsam haben, das ist die Voraussetzung dieser Erscheinungen, die auf einem anderen Boden als auf der Berührungsfläche jener beiden Mächte nicht wachsen könnten.»[32]

Natürlich wurde Georg Simmel nicht diesen Niederungen der Modellierung des Intellekts nach dem Bilde des Geldes zugerechnet, wohl aber galt er als «unsichere Existenz» innerhalb der Sphäre des Geistes, als philosophischer Repräsentant der großstädtischen Kultur der Indifferenz. Die rigoros anti-urbane, nicht selten antisemitisch gefärbte Variante solcher Kritik, der Simmel als die leibhaftige Inkarnation des «berlinisch-jüdischen Geistes» der Großstadt galt, muß hier nicht interessieren.[33] Bedeutsamer ist die Kritik an Simmel als Figur theoretischer Indifferenz, wie sie von seinen ehemaligen Schülern Georg Lukács und Ernst Bloch über Siegfried Kracauer bis hin zu Theodor W. Adorno mit gelegentlich schneidender Schärfe formuliert wurde. Sie hat vor allem zwei Kristallisationspunkte. Als Anklagepunkt formuliert lauten sie: Ausverkauf der Philosophie an den Geist des Relativismus und Entsubstantialisierung des Denkens zugunsten leer-formaler Virtuosität des Intellekts, in der das philosophische Bedürfnis des Verschwindens im Objekt «sich verzerrt zur prompten Fähigkeit und Bereitschaft, über alles und jedes zu philosophieren» (Adorno).

Simmels eigene Definition der Koketterie als Geste des intransigenten Zugleich von Ja und Nein schlägt ihm in Blochs «Geist der Utopie» (1918) als Philippika entgegen:

«. . . völlig leer, ein zielloser Mann, der alles will, nur nicht die Wahrheit, ein Sammler seiner vielen Standpunkte um die Wahrheit herum, ohne sie jemals besitzen zu wollen und zu können, kurz abbrennend und nur von Fall zu Fall, zumeist nichts als geistreich, nichts als stets wiederholter methodischer Schaum und Eiertanz und darum rasch zur Langeweile umschlagend, kokett, ohne jemals Farbe zu bekennen . . .»[34]

Im Nachruf, den Georg Lukács im Herbst 1918 auf Simmel verfaßt hat, erhält dessen Kultivierung des chromatischen Denkens und der Nuance, sein polyperspektivisches Umspielen des Gegenstandes in immer neuen Beleuchtungen und seine Aufmerksamkeit auf die unmerklichen Übergänge und Zwischenräume den Stempel der Zugehörigkeit zu einer überwundenen Epoche:

«von einem Mangel an Zentrum, von einer Unfähigkeit zu letzthinnigen, übergangslosen Entscheidungen muß man sprechen, wenn man die Grenzen seines Wesens genau bezeichnen will. Simmel ist der größte Übergangsphilosoph unseres Zeitalters, um Größe und Grenze in einem Satz zusammenzufassen: er ist der wahre Philosoph des Impressionismus ... er war ein Monet der Philosophie, auf den bis jetzt noch kein Cézanne gefolgt ist.»[35]

Eine einflußreiche Deutungskonvention des Werks von Simmel nimmt hier ihren Ausgang: die Verbindung der Diagnose seiner «Indifferenz» mit derjenigen des im Kern ästhetischen Charakters seiner Wahrnehmung und Theoriebildung, für die in der offenkundigen Prägung seiner Philosophie durch die Form des Essays ein Symptom leicht namhaft gemacht werden kann.[36] Aus zwei Gründen ist an diesem Punkt Vorsicht geboten. Zum einen, weil die nicht nur bei Lukács anzutreffende Akzentuierung des «Impressionistischen» bei Simmel stets in Gefahr ist, sowohl das Bild des historischen Impressionismus wie die Physiognomie Simmels zu vereindeutigen. Zum anderen, weil die Vorliebe Simmels für den Essay sich nicht umstandslos mit seiner Affinität zur «impressionistischen Weltanschauung» (Lukács) in eins setzen und als für seine historische Epoche typisches Dekadenzsymptom begreifen und verabschieden läßt. Denn weder war das «Impressionistische» in Simmels Denken jenes Sich-Überantworten an das Chaos der kontingenten und beliebigen Augenblickseindrücke, wie es die seit der Jahrhundertwende sich intensivierende Kritik des Impressionismus als dessen Gehalt behauptete. Noch war das Ästhetischwerden seiner Theorie und seine Privilegierung des Essays als Ausdrucksform mit der Abdankung von Erkenntnisansprüchen verbunden. Umgekehrt impliziert der Essayismus Simmels den Anspruch, Form der Erkenntnis der Moderne unter der in der in der «Philosophie des Geldes» wie im Großstadt-Essay formulierten Prämisse zu sein, «daß sich von jedem Punkt an der Oberfläche des Daseins, so sehr er nur in und aus dieser zu erwachsen scheint, ein Senkblei in die Tiefe der Seele schicken läßt, daß alle banalsten Äußerlichkeiten schließlich durch Richtungslinien mit den letzten Entscheidungen über den Sinn und Stil des Lebens verbunden sind».[37]

Die theoretische Aufwertung der Oberfläche hängt aufs engste mit Simmels Generalthese vom Schwinden alles Substantiellen in der Moderne zusammen. So wie jene Doppelfunktion der Verbindung sozialer Kreise nach innen und Unterscheidung nach außen vormodern von der tief in Innerlichkeit verwurzelten Ehre, modern von der flüchtigen Mode als reiner Oberfläche geleistet wird, kann in der Moderne generell das scheinbar Unwesentliche und Triviale zum Ort werden, an dem sich Erkenntnisse über ihr Wesen gewinnen lassen. Vom «Impressionistischen» im landläufigen Sinn des Zufällig-Kontingenten ist die Lektüre und Entzifferung der Oberfläche, wie sie Simmel betreibt, dadurch unterschieden, daß unter ihrem Blick die Konturen der Gegenstände sich gerade nicht auflösen, sondern kristallisieren. Simmels Essayismus ist daher der Vorläufer jener synthetischen *Konstruktion* der Oberfläche, deren Programm Siegfried Kracauer in den einleitenden Bemerkungen zum «Ornament der Masse» (1927) formulieren wird.[38] Die Bedeutung Simmels für die Ausprägung der Form des Essays als Organ der Großstadtreflexion in den 20er Jahren ist die andere Seite der kritischen Abgrenzung, wie sie oben am Beispiel Ernst Blochs kurz skizziert wurde. Adorno konzediert ihm im Rückblick immerhin die «Rückwendung der Philosophie auf konkrete Gegenstände», und Blochs Abrechnung mit der «geborenen Kernlosigkeit» seines Denkens ist vom Respekt vor der «nervösen Seelennähe» und der «Temperaturerhöhung» seiner Gedanken gemildert.[39]

In seiner Monographie über Simmel, deren erstes Kapitel 1920 im «Logos» erschien, hat Kracauer ihn als philosophisch unbefriedigenden Relativisten porträtiert, der aus dem unendlich komplizierten Labyrinth seiner Analogien und Detailbeobachtungen nicht mehr herausfindet und die elementare Frage nach dem Lebenssinn unbeantwortet lassen muß. Zugleich kündigt sich hier, in der Auseinandersetzung mit Simmels Lektüre der «Oberfläche» und in der detaillierten Nachzeichnung des Essays über die Mode, die Herausbildung der Methode seiner späteren gesellschaftskritischen Essayistik an, in der Paris und Berlin – voll lebendiger Vergangenheit die eine, «leer» und «erinnerungslos» die andere – als kontrastive Orte der Moderne eine Hauptrolle spielen.[40]

Walter Benjamin schließlich, der 1917 Simmels Studie über «Das Problem der historischen Zeit» als «ein ganz jämmerliches Elaborat» aburteilte, hat gleichwohl in seiner Abhandlung über Baudelaire wie in den Aufzeichnungen zum «Passagen-Werk» auf die «Philosophie des Geldes» wie auf Simmels Essayistik zurückgegriffen, wenn auch in ausdrücklicher Distanzierung von deren «Grundgedanken».[41] An Simmels Überführung der Physiologie des Großstädters in eine Soziologie der Sinne knüpft Benjamin an, indem er dessen Beobachtung der Prädominanz des Distanzorgans Auge in der großstädtischen Wahrnehmung für sein Flaneur-Kapitel übernimmt; an das Zusammenspiel von Detailblick auf die gesellschaftliche Oberfläche und konstruierender Analyse nicht nur im extensiven Zitat des Essays über Mode, sondern zugleich in seiner eigenen Methode der Rettung des Unscheinbaren und Ephemeren in der durchdringenden Reflexion.[42] Wo freilich Simmel, der in seinem Rodin-Essay die Erlösung vom reinen Bewegungscharakter der Moderne im Paradox der «zeitlosen Impression» erhofft, «Momentbilder sub specie aeternitatis» intendiert und so das Detail an den klassischen Ideenhimmel projiziert, sieht Benjamin im Detail nicht die Scherbe, in der sich das Ganze spiegelt, sondern sprengt umgekehrt aus der Perspektive des Ephemeren und Fragmentarischen den überlieferten Begriffshorizont des Ewigen selbst auf. Zu seiner Konzeption des «dialektischen Bildes» notiert er die Formulierung, «daß das Ewige jedenfalls eher eine Rüsche am Kleid ist, als eine Idee».[43]

Ausblick

Fragt man jenseits der Kategorien Einfluß und Rezeption nach dem Ort Simmels in einer noch zu schreibenden Geschichte der literarischen und intellektuellen Reflexion der Großstadt als Ort der Moderne, so wäre der Kontext etwa wie folgt zu skizzieren.

Zunächst ist der bei Simmel geprägte Aufmerksamkeitstyp, sein analytischer Blick auf die immateriellen Vergesellschaftungsformen Teil der nichtmarxistischen Vorgeschichte von Brechts einflußreichem Diktum, die moderne Realität sei in die Funktionale gerutscht. Die Einsicht, daß eine Photographie der Kruppwerke oder der AEG über diese Institutionen beinahe nichts aussage, ist mit Simmels theoretischer Relativierung des physischen Stadtraums verwandt. Beide lassen sich als Diagnose einer Krise der Sichtbarkeit umschreiben. Freilich spricht Simmel nicht vom ‹Unsichtbaren› Brechts, den Produktionsverhältnissen. Doch sind trotz dieses blinden Flecks seine Überlegungen gerade mit Blick auf die Differenzen zwischen der Großstadt des 19. und des 20. Jahrhunderts anregend. Wenn Max Weber gelegentlich bemerkte, die Sphäre der Sichtbarkeit sei in der modernen Großstadt im wesentlichen von der modernen Technik geprägt, so spielte das nicht nur auf den Verkehr an, sondern auch auf die Prägung des Stadtraums durch die für die große Industrie des 19. Jahrhunderts charakteristische Tendenz zum Monumentalen. Simmels Bild der Großstadt als Sphäre abstrakter Vernetzungen könnte aktuell sein für Zeiten, in denen nicht nur die räumliche Verknüpfung von industrieller Entwicklung und Großstadt insgesamt, sondern zugleich die von Technologie und Sichtbarkeit gelockert ist. Die Fixierung auf das Bild der Großstadt des 19. Jahrhunderts haben wir aufzugeben, wenn wir die Städte des späten 20. Jahrhunderts begreifen wollen.

Der zweite Punkt, an dem Simmels Studien zur Großstadt Schlüsselfunktion beanspruchen können, ist sein facettenreicher Begriff der Indifferenz. Er läßt sich zum einen retrospektiv fruchtbar machen als idealer analytischer Kommentar zur literarischen Entdeckung der Großstadt vor allem im französischen Roman des 19. Jahrhunderts. Hugo von Hofmannsthal hat in diesem Sinne Simmels «Philosophie des Geldes» in seinem großen Balzac-Essay von 1908 in die Deutungsperspektive einbezogen, und Maupassants «Bel Ami» (1885) läßt sich mit Fug und Recht als *éducation sentimentale* großstädtischer Indifferenz lesen. Zum literarischen Porträt des Großstädters liefern Simmels Analysen der «inneren Urbanisierung» das soziologische Röntgenbild.[44]

Zugleich lassen sich Simmels Diagnosen nach vorn fortschreiben bis in die Gegenwart, und zwar jenseits der Opposition von Moderne und Postmoderne. Leidet deren Diskussion nicht selten an einer gewissen Architekturfixierung, so gäbe Simmels «Kultur der Indifferenz» den Blick frei auf das Terrain zunächst spezifisch urbaner, dann insgesamt moderner Vergesellschaftungsformen. Aus dieser Perspektive wäre manches Element typisch ‹postmoderner› Kultur, etwa die Tendenz zum Zynismus oder die Ubiquität des Modischen, auf seine Verwurzelung im Boden der Moderne selbst zu diskutieren. Entwickelt Simmel die Schutzfunktion der Indifferenz aus der physischen Verdichtung von Gesellschaft im großstädtischen Omnibus, so wären heute die abstrakten Verdichtungsmedien als elektronische ‹Omnibusse› zu begreifen, denen sich die heroische, mythologische Figur des Flaneurs kaum noch als Inkarnationsfigur des Großstädters entgegenstellen lassen dürfte.

Der dritte Punkt schließlich, an dem Simmel paradigmatische Bedeutung zukommt, ergibt sich, wenn man die «Indifferenz» in ihrer Leistung als Wahrnehmungs- und Reflexionstyp akzentuiert, dem intellektuelle wie ästhetische Produktivität zukommt. Denn Simmels Essayismus, allenfalls polemisch als standpunktloser Relativismus begreifbar, läßt sich als Alternative zur Verklammerung von Apokalyptik und Messianismus auffassen, als unpathetische Reflexionsform jener Krise der Erfahrung, als die sich die Herausbildung der Moderne nicht nur ihren Verächtern darstellte. Während auf der einen Seite die Großstadt als apokalyptische Landschaft gemalt wird und auf der anderen Seite die forcierte Modernität eines Adolf Loos in die Prophetie der Stadt der Zukunft als weißglänzendes Zion umschlägt, wahrt Simmels Essayismus die Äquidistanz zum Bild der Großstadt als Katastrophenterrain wie als Ort der Utopie. Wie die Indifferenz als Reflexionsorgan literarisch produktiv werden kann, läßt sich bei Robert Musil nachlesen, dessen großer Roman nicht zuletzt ein Roman der Großstadt ist. Sein Held, als «Mann ohne Eigenschaften» und Großstädter ohne Zweifel von Indifferenz befallen, huldigt einer Utopie des Essayismus, die dem Denktyp Simmels nicht allzu fern steht. Die Logik von Aufstieg und Verfall, den Himmel auf Erden wie den Untergang des Abendlandes ironisierend, bewegt er sich als intellektueller Flaneur auf den Gemeinplätzen seiner Zeit und spielt in der Welt des Romans eine ähnliche Rolle wie das Geld in Simmels Theorie. Das Berlin der «Philosophie des Geldes» und das Wien des «Mann ohne Eigenschaften» sind Nachbarstädte in der Topographie der Moderne. Wie der Roman so nimmt auch die bildende Kunst des 20. Jahrhunderts die Indifferenz als ästhetische Wahrnehmungsstrategie in sich auf. Die Entdeckung der Großstadt als Ort des Schönen hat man in diesem Sinne in den Kontext einer «Ästhetik der Indifferenz» gestellt.[45] Die Bilderwelt, aus der die positive Mythologie der Großstadt zusammengesetzt ist, verdankt sich nicht zufällig zu großen Teilen einem technischen Äquivalent zum indifferenten Wahrnehmungsorgan des Großstädters, dem ‹Auge› der Kamera.

Anmerkungen

1 Georg Simmel: Die Großstädte und das Geistesleben. In: Das Individuum und die Freiheit. Essais. Berlin 1984, S. 192–204, hier S. 192 (künftig zitiert als GuG mit Seitenzahl).

2 GuG, S. 193. Zur zeitgenössischen Diskussion um die Nervosität vgl. Verf.: Modernität, Nervosität und Sachlichkeit. Das Berlin der Jahrhundertwende als Hauptstadt der ‹neuen Zeit›. In: Mythos Berlin. Zur Wahrnehmungsgeschichte einer industriellen Metropole. Berlin 1987, S. 79–92.

3 Vgl. Walter Benjamin: Charles Baudelaire. Ein Lyriker im Zeitalter des Hochkapitalismus. Frankfurt/M. 1969, S. 108ff. Zum Zusammenhang von Schocktheorie, Verkümmerung der ‹mémoire involontaire› und Verfall der Aura Marleen Stoessel: Aura. Das vergessene Menschliche. Zu Sprache und Erfahrung bei Walter Benjamin. München 1983, bes. S. 34–36.

4 Georg Simmel: Philosophie des Geldes. 7. Aufl. Berlin 1958, S. VII (im folgenden zitiert als PhG mit Seitenzahl).

5 Vgl. die Entfaltung dieser Lesart bei Hans Blumenberg: Geld oder Leben. Eine metaphorologische Studie zur Konsistenz der Philosophie Georg Simmels. In: Hannes Böhringer/Karlfried Gründer (Hg.): Ästhetik und Soziologie um die Jahrhundertwende: Georg Simmel. Frankfurt/M. 1976, S. 121–134, hier S. 130.

6 PhG, S. 152.

7 GuG, S. 201.

8 Georg Simmel: Soziologie des Raumes (1903). In: Schriften zur Soziologie. Hg. von Heinz-Jürgen Dahme und Otthein Rammstedt. Frankfurt/M. 1983, S. 221–242, hier S. 229.

9 PhG, S. 575 u. 541.

10 PhG, S. 541.

11 Zur Fiktionalisierung der klassischen Menge im Stadtraum des elektronischen Zeitalters vgl. Dietmar Voss: Metamorphosen des Imaginären. In: Andreas Huyssen/Klaus R. Scherpe (Hg.): Postmoderne. Zeichen eines kulturellen Wandels. Reinbek bei Hamburg 1986, S. 219–250, hier S. 234f.

12 Als noch organisch rückgebundene Variante des Labyrinthischen stellt sich in Rezensionen zu Simmels Schrift immer wieder die Vorstellung des «Spinnwebhaften» ein. So bei Karl Joël, der Simmels «scheinbar graue Spinnwebenhöhlen als Schatzkammern anregender Gedanken» entdeckt. Karl Joël: Eine Zeitphilosophie. In: Neue Deutsche Rundschau (Freie Bühne) 12 (1901), S. 812–826, hier S. 813. Insgesamt zur Struktur der «Philosophie des Geldes» und zu ihrem labyrinthischen Charakter David Frisby: Georg Simmels Theorie der Moderne. In: Heinz-Jürgen Dahme/Otthein Rammstedt (Hg.): Georg Simmel und die Moderne. Neue Interpretationen und Materialien. Frankfurt/M. 1984, S. 9–79, hier S. 48ff u. S. 51: «Das Geld ist die Spinne, die das gesellschaftliche Netz webt.»

13 Georg Simmel: Schriften zur Soziologie (vgl. Anm. 8), S. 88.
14 PhG, S. 551.
15 PhG, S. 123. Die «innere Geschichte» des Prozesses der gesellschaftlichen Differenzierung steht bei Simmel unter dem Vorzeichen der Dämpfung der Triebe und «Abflachung des Gefühlslebens» (PhG, S. 484). Dem entspricht die zunehmende Bedeutung der «Symbolisierung der Realitäten» (PhG) im Zuge von Rationalisierung und Versachlichung. Als Beispiele nennt Simmel die Geschichte der sexuellen Scham (PhG, S. 123) und das Zurücktreten unmittelbar physischer Gewalt bei der Aufrechterhaltung sozialer Ordnung (PhG, S. 127).
16 Vgl. hierzu Ulrich Raulff (Hg.): Mentalitäten-Geschichte. Zur historischen Rekonstruktion geistiger Prozesse. Berlin 1987, sowie speziell zur Mentalitäten-Geschichte der Großstadt Gottfried Korff: Mentalität und Kommunikation in der Großstadt. Berliner Notizen zur «inneren Urbanisierung». In: Hermann Bausinger/Theodor Kohlmann (Hg.): Großstadt. Aspekte empirischer Kulturforschung. Berlin 1985, S. 343–362.
17 Karl Joël: Eine Zeitphilosophie (vgl. Anm. 12), S. 813.
18 Karl Lamprecht: Deutsche Geschichte. Zweiter Ergänzungsband. Erste Hälfte. Zur jüngsten deutschen Vergangenheit. Freiburg 1903.
19 Ebenda, S. 158f; sowie PhG, S. 499ff.
20 PhG, S. 387–479 bzw. 480–585. Der Bogen der Analyse spannt sich in diesen Kapiteln von der Arbeitsteilung über das Kreditwesen und die Bedeutung des Geldes für die Erhöhung des Lebenstempos bis hin zur Interpretation der ästhetischen Stile, der Konjunktur von Fragment, Andeutung und Aphorismus sowie der neukantischen Philosophie als Symptom des «Subjektivismus der neueren Zeit» (PhG, S. 539).
21 PhG, S. 431ff.
22 PhG, S. 537.
23 PhG, S. 434f.
24 Dieser Zusammenhang wird äußerst differenziert dargelegt von Klaus Lichtblau: Das «Pathos der Distanz». Präliminarien zur Nietzsche-Rezeption Georg Simmels. In: Georg Simmel und die Moderne (vgl. Anm. 12), S. 231–281, bes. S. 253f.
25 PhG, S. 297ff. Den Zugewinn an Freiheit der Individuen sieht Simmel aus der Ablösung personaler Funktionen und Bindungen hervorgehen. Sie «steigert sich mit der Objektivierung und Entpersonalisierung des wirtschaftlichen Kosmos» (PhG, S. 321) und ist insofern ein Effekt der wachsenden «Indifferenz» (ebenda).
26 Oswald Spenglers Passagen über Geist und Geld in der «Weltstadt» lesen sich wie eine vereindeutigte und entdifferenzierte Version der Simmelschen Kultur der Indifferenz in der «Philosophie des Geldes». Vgl. Oswald Spengler: Der Untergang des Abendlandes. Band 2. München 1922, bes. S. 114ff. Dagegen ist Simmels Analyse der Indifferenz zugleich die Theoretisierung der Faszination durch die Großstadt: «Nicht nur in dem Aneinander-Vorbeigehen der Menschen, ihrem Auseinandergehen nach kurzer Berührung, ja in der völligen Fremdheit gegen unzählige, denen wir und die uns ein Höchstes zu geben hätten – nicht nur an und für sich liegt darin eine königliche Verschwendung, eine lässige Großartigkeit des Daseins, sondern jenseits dieses Eigenwertes des Nicht-Genießens strahlt von ihm auch auf das, was wir nun wirklich besitzen, ein neuer, erhöhender konzentrierender Reiz hinüber» (PhG, S. 131f).

Solche Ansätze einer positiven Theorie der Anonymität markieren die Differenz Simmels zum Gros der zeitgenössischen Kulturkritik. Zum Zusammenhang zwischen Simmel und der Neuen Sachlichkeit vgl. Helmut Lethen: Chikago und Moskau. Berlins moderne Kultur der 20er Jahre zwischen Inflation und Weltwirtschaftskrise. In: Jochen Boberg/Tilman Fichter/Eckart Gillen (Hg.): Die Metropole. Industriekultur in Berlin im 20. Jahrhundert. München 1986, S. 190–213, bes. S. 194.

27 Georg Simmel: Die Mode. In: Philosophische Kultur. Berlin 1983, S. 26–51, hier S. 48. Die These der Affinität von Simmels Theorie der Moderne zu derjenigen Baudelaires und die ausführliche Erörterung der Linie Baudelaire – Simmel – Benjamin findet sich bei David Frisby: Georg Simmel und die Moderne (vgl. Anm. 12).

28 Georg Simmel: Die Mode, loc. cit. S. 42.

29 PhG, S. 532.

30 Vgl. Georg Lukács: Die Verdinglichung und das Bewußtsein des Proletariats. In: Geschichte und Klassenbewußtsein. Berlin 1932, bes. S. 172f. Während für Simmel die Herausbildung des Angestelltenstatus gegenüber den Formen personaler Abhängigkeit, für die das Beispiel der Dienstboten einsteht, den Bezirk der individuellen Freiheit erweitert, zeigt Kracauers Studie die Imprägnierung der Individualität der Angestellten durch die Form ihrer Tätigkeit.

31 Karl Joël: Eine Zeitphilosophie (vgl. Anm. 12), S. 815.

32 PhG, S. 484f.

33 Vgl. hierzu Peter Gay: Freud, Juden und andere Deutsche. Herren und Opfer in der modernen Kultur. Hamburg 1986. Darin: Begegnung mit der Moderne. Die deutschen Juden in der Wilhelminischen Kultur, S. 115–188, zu Simmel S. 140ff; sowie: Der berlinisch-jüdische Geist. Zweifel an einer Legende, S. 189–206. Zur Bedeutung des Antisemitismus für die Verzögerung der akademischen Karriere Simmels vgl. Hans Liebeschütz: Von Georg Simmel und Franz Rosenzweig. Studien zum jüdischen Denken im deutschen Kulturbereich. Tübingen 1970, bes. S. 106f.

34 Ernst Bloch: Geist der Utopie. Erste Fassung. Faksimile der Ausgabe von 1918. Frankfurt/M. 1985, S. 246.

35 Georg Lukács: Georg Simmel. In: Kurt Gassen/Michael Landmann: Buch des Dankes an Georg Simmel. Briefe, Erinnerungen, Bibliographie. Berlin 1958, S. 171–176, hier S. 172f.

36 Vgl. David Frisby: Sociological Impressionism. A Reassessment of Georg Simmel's Social Theory. London 1981; Sibylle Hübner-Funk: Ästhetizismus und Soziologie bei Georg Simmel. In: Ästhetik und Soziologie um die Jahrhundertwende (vgl. Anm. 5), S. 44–70, sowie die Aufsätze von Peter-Ernst Schnabel, Sibylle Hübner-Funk und David Frisby im Sammelband «Georg Simmel und die Moderne» (vgl. Anm. 12).

37 GuG, S. 195. Zur konstruktiven Funktion des Begriffs Oberfläche bei Simmel vgl. Laura Boella: Visibilité et surface. Le possible et l'inconnu dans le concept de forme de Georg Simmel. In: Information sur les Sciences Sociales 25,4 (1986), S. 925–943.

38 Siegfried Kracauer: Das Ornament der Masse. Essays. Frankfurt/M. 1977, S. 50. Zur Interpretation Inka Mülder: Siegfried Kracauer – Grenzgänger zwischen Theorie und Literatur. Seine frühen Schriften 1913–1933. Stuttgart 1985, bes. S. 86ff.

39 Theodor W. Adorno: Henkel, Krug und frühe Erfahrung. In: Noten zur Litera-

tur (I–IV). Frankfurt/M. 1981, S. 556–566, hier S. 558, sowie Ernst Bloch: Geist der Utopie (1918), S. 247.

40 Vgl. zur Bedeutung der Oberfläche als «wesenloser Welt des Scheins» im kryptotheologischen Frühwerk Kracauers Inka Mülder-Bach: Der Umschlag der Negativität. Zur Verschränkung von Phänomenologie, Geschichtsphilosophie und Filmästhetik in Siegfried Kracauers Metaphorik der «Oberfläche». In: Deutsche Vierteljahresschrift für Literaturwissenschaft und Geistesgeschichte 61 (1987), S. 359–373, bes. S. 361.

41 Vgl. Walter Benjamin: Briefe 1, S. 162, sowie den Brief an Adorno vom 23.2.1939: «Letzthin nahm ich seine ‹Philosophie des Geldes› vor. Sie ist gewiß nicht umsonst Reinhold und Sabine Lepsius gewidmet; sie stammt nicht umsonst aus der Zeit, in der Simmel sich dem Kreis um Georg ‹nahen› durfte. Man kann aber in dem Buch, wenn man von seinem Grundgedanken abzusehen entschlossen ist, sehr Interessantes finden. Mir war die Kritik der Werttheorie von Marx frappant» (Briefe 2, S. 808).

42 Vgl. Walter Benjamin: Charles Baudelaire, S. 35f sowie S. 145. Benjamin hat dieses Simmel-Zitat hartnäckig gegen Adornos kompromißlose Simmel-Kritik verteidigt. Die Exzerpte zur Mode in Walter Benjamin: Das Passagen-Werk. Gesammelte Schriften V, 1, S. 127ff.

43 Georg Simmel: Rodin. In: Philosophische Kultur, S. 139–153, hier S. 146. Die «Momentbilder» waren eine Artikelserie Simmels in der «Jugend». Benjamins Formulierung findet sich im Mode-Abschnitt des Passagen-Werks, Ges. Schriften V, 1, S. 118.

44 Vgl. zum Begriff der «inneren Urbanisierung» den instruktiven Aufsatz von Gottfried Korff: Mentalität und Kommunikation in der Großstadt. Berliner Notizen zur «inneren Urbanisierung». In: Hermann Bausinger/Theodor Kohlmann (Hg.): Großstadt. Aspekte empirischer Kulturforschung. Berlin 1985, S. 343–362.

45 Vgl. Hannes Böhringer: Begriffsfelder. Von der Philosophie zur Kunst. Berlin 1985, S. 48ff, bes. S. 51.

Dietmar Voss

Die Rückseite der Flanerie

Versuch über ein Schlüsselphänomen der Moderne

Die Masken des Flaneurs und sein rauschhaftes Tun

«Ein Rausch kommt über den, der lange ohne Ziel durch Straßen marschierte...»[1] Dahin zu kommen, ist allerdings weniger leicht, als es scheint. Denn das Ich mit seinen neurotischen Verknotungen, die ideologischen Subjekt-Imagines und sozialen Charaktermasken und die in ihnen sozialisierten Größen- und Gewaltphantasien – sie alle marschieren in der Regel mit. Und sie können sich des ziellosen Gehens unversehens als einer rituellen Praktik bedienen, die sie gleichsam ‹von unten› hält. Friedrich Nietzsches Klage, daß «unseren großen Städten» vor allem geeignete Räume fürs nachdenkliche Spazieren fehlen, rührt an solche Zusammenhänge: Es sei schließlich «der *Gang*», womit auch «große Geister verraten, daß sie vom Pöbel oder Halbpöbel herkommen: – der Gang und Schritt ihrer Gedanken ist es namentlich, der den Verräter macht; sie können nicht *gehen*. So konnte auch Napoleon zu seinem tiefen Verdrusse nicht fürstenmäßig und ‹legitim› gehen...»[2] Das Gehen ist hier deutlich genug als eine Rhetorik der Macht und als ein Ritual des Willens zur Macht angesprochen; und zwar nicht nur das Gehen des politischen Potentaten, sondern, von Nietzsche zusammengedacht, auch dasjenige des Philosophen, der *gehend träumt*, «daß jedermann Sklave sei, der nicht Philosoph sei».[3]

Was Nietzsche, hemmungslos affirmativ, dem Typus des philosophischen Spaziergängers zuschreibt, ist auch dem zerstreuteren großstädtischen Flaneur keineswegs fremd oder vergangen. Denn den Flaneur gibt es nicht als festumrissenen Typus; es gibt ihn indessen auch nicht unmittelbar, sondern zunächst nur versenkt und verflochten in soziales Rollenhandeln und soziale Charaktermasken. Benjamin nennt folgende Masken des Flaneurs: den Promenierenden, den Bildungsreisenden, den Physiognomiker, den Detektiv.[4] Durch diese Masken, die ihnen entsprechenden Rituale und Diskurse, realisiert sich die *phantasmagorische Dimension* der Flanerie, ihr gesellschaftlich falscher Schein, zusammengesetzt aus unbewußt einsozialisierten Triebphantasien, Rollenklischees und Inszenierungen. Seine Masken machen den Flaneur zum ideologischen Komplizen der Verhältnisse der bürgerlichen Gesellschaft und ihrer großstädtisch-industriellen Räume, d. h., sie unterwerfen ihn diesen Verhältnissen, indem sie ihn sozusagen gehenden Fußes zum *imaginären Subjekt* unbeherrschter Beziehungen stilisieren. So verstattet die Maske des Physiognomikers ihrem Träger eine imaginäre, scheinhaft intelligible Macht über die gesellschaftliche Zufälligkeit der Individuen, indem sie ihn der romantischen Illusion ausliefert, es gebe in der Moderne noch eine naturwüchsige Vermittlung zwischen physiognomischer Erscheinung, persönlichem Charakter und gesellschaftlicher Identität; gerade diese Vermittlung wird im Kapitalismus notwendig zufällig und unvordenklich.[5] So verführt die Maske des Bildungsreisenden, der «da glaubt, mit einem militärischen Paßwort den genius loci angehen zu können»[6], zu der Illusion, man könne via Kontemplation in ein unmittelbares Verhältnis zur ‹großen› Geschichte treten, imaginär Herr werden über ihr Schauspiel. Diese imaginäre Subjektivität ist der Lohn für die Unterwerfung unter einen geschichtslos scheinenden Gegenwartszustand, worin – so Marx[7] – gesellschaftspraktisch die Vergangenheit und die tote Arbeit über die Gegenwart und die lebendige Arbeit herrschen. Verblendung gelingt den ideologischen Praxen, Masken, Rollen freilich nur, sofern sie dabei Triebphantasien ihrer Träger unauffällig vergesellschaften und damit die Es-Anteile, aufgehoben im gestischen, diskursiven und rituellen Rollenarsenal, erst recht unbewußt machen.[8] Im Fall der Flanerie geht es auch um unbewältigte, um frustrierte Größen- und Machtphantasien. Wenn dies dem Phänomen *prima vista* zu widersprechen scheint, so deshalb, weil die Masken des Flaneurs gleichzeitig den mit jenen Phantasien in der Regel verknüpften unbewußten Schuldgefühlen Rechnung tragen: Sie verbergen jene Phantasien hinter einem Rollen-Szenario von Indolenz und Gleichmut, von Schwermut und Einsamkeit.

Edgar A. Poe hat in seiner Novelle «The Man of the Crowd», dieser Initiation von Großstadtliteratur überhaupt, die ambivalente Affektspannung und Rollenverfallenheit des Flaneurs unübertroffen ins Bild gesetzt. Der Genesende, der in einem Café «durch die rauchgetrübten Scheiben auf die Straße» schaut und, «die Stirn ans Glas gepreßt», «die flutende Masse» mit «köstlicher, nie gekannter Bewegung und Erregung» bemustert[9], praktiziert genau das, was Benjamin später als die «törichtste» und «fadenscheinigste» Vorstellung bezeichnet, die über den Flaneur in Umlauf sei[10]: soziale Physiognomie. «Ich sah die Passanten erst nur *en masse* und dachte über sie als Herden-Ganzes (!) nach. Bald aber ging ich dann zu Einzelheiten über und betrachtete mit minutiösem Interesse die ungezählten Varietäten in Kleidung und Gestalt, in Gangart und Gebaren, Gesicht und Mienenspiel.»[11] Er setzt sich indessen erst flanierend in

Bewegung infolge des Schocks, den ihm der Anblick eines dämonischen Gesichts bereitet, das man den «bildlichen Inkarnationen des Erzfeinds würde vorgezogen haben».[12] Diesem werwölfigen «alten Mann», der mit gesenktem Kopf und «spitzigen» Blicken auf die sinnlose Jagd nach dem Abstraktum der «Menge» geht, dem satanischen «Massenmensch» und «Genius tiefer Schuld» – ihm folgt manisch der vordem so gelassene und ‹unschuldige› Flaneur.[13] Poes Text läßt jedoch keinen Zweifel daran, daß der ‹Massenmensch› das abgespaltene und verdrängte ‹Alter ego› des Verfolgers ist – der klassische Fall des unheimlichen Doppelgängers, den Freud später anhand romantischer Dichtungen beschreiben wird.[14] Die satanischen Attribute des ‹alten Mannes› haben sich – eigentliches Motiv der Verfolgung – von vornherein auf das Ich der Flanerie bzw. der Erzählung übertragen: Es «befielen meinen Geist, ganz wirr und paradox, Vorstellungen *von riesiger Geisteskraft*..., von Herzenskühle; von Bosheit, Blutdurst, von Triumph; von Fröhlichkeit und exzessivem Schrecken; von intensiver, äußerster Verzweiflung»[15].

Poes Novelle ist deshalb schwierig, weil sie ein doppeltes Thema hat: das Rollen- oder Masken-Ich des Flaneurs samt seinen unbewußten Verdrängungsleistungen, den aggressiven und narzißtischen Triebphantasien und – auf der anderen Seite – die Vorform eines rauschhaft ästhetischen Tuns, die *Rückseite der Flanerie*. So ist der ‹Massenmensch› zunächst die doppelgängerische Inkarnation nicht eines Unbekannten, sondern eines Altbekannten, aber zutiefst Verdrängten: der ‹bösartigen› Größen- und Machtphantasien. Freud bezieht in seiner Theorie des Unheimlichen die «Angst vor dem ‹bösen Blick›» ausdrücklich auf die narzißtische Phantasie von der «Allmacht der Gedanken», welche in unbewußter Straferwartung auf den anderen projiziert wird.[16] Poes ‹alter Mann› mit dämonischem Blick und Gesicht evoziert sofort das Triumphgefühl von «riesiger Geisteskraft»; sein Schrecken rührt daher, daß er einerseits gleich, andererseits größer und mächtiger erscheint.

Poes Mann der Menge ist zugleich aber noch etwas anderes. Er weist, freilich unter dämonischem Vorzeichen, auf ein rauschhaftes Erfahrungspotential menschlicher Subjektivität hin, das unmenschlich erscheint, weil es eine Souveränität bedeutet, die vom Ich, seinen unbewußten Triebkräften und Rollenidentitäten exiliert ist, weil es ein Subjektives meint, das den ‹sozialen Tod› gestorben ist[17], mit anderen Worten, ein Subjektives, das sich den die Machtphantasien sozialisierenden Rollen, einschließlich der des flanierenden Literaten, entwunden hat. Diese souveräne Subjektform verweist auf das ästhetische Paradox eines ichlosen Ichs, das für die subversive Moderne prägend wurde.[18] Charles Baudelaire muß diese Zusammenhänge gespürt haben, wenn er in seiner Paraphrase auf Poes Text den genesenden Flaneur von vornherein mit dem satanischen Massenmenschen identifiziert (damit das psychoanalytische

Problem instinktiv umgeht!) und diesen einreiht in die Kette der Annäherungen, die den paradoxen Typus des modernen Künstlers bilden sollen.[19] Dem sind eine rauschhafte Schärfe der Wahrnehmung, die sexuelle Aufladung der Imagination ebenso eigen wie der «tierisch ekstatische Blick der Kinder»[20], eine «unsagbare Orgie» der imaginativen «Prostitution» in den «elektrischen Spannungen» der Masse.[21] Der moderne Künstler erwirkt seine Identität paradoxerweise dadurch, daß er sich vorsätzlich und hingebungsvoll in *viele andere* verwandelt und aus jenem Meer der Metamorphosen bizarre Bildfiguren herauskristallisiert.

Walter Benjamin geht davon aus, daß unter den Phantasmagorien des Reisenden, des Detektivs usw., die er als gesellschaftliche Rationalisierungen auffaßt[22], der Flaneur *verborgen* ist: Er ist «nicht eine zweckmäßige Bewegung, nicht eine Spontaneität, sondern ein bloßes unergründliches Gezogenwerden»[23], ein «anamnestischer Rausch».[24] Die Masken des Flaneurs, denen auch der intellektuelle Müßiggänger mit seiner zerstreuten Spontaneität zugehört, schließen, psychoanalytisch betrachtet, häufig Züge von ödipalen Phantasmen ein. So sind die latenten Größen- und Gewaltphantasien, die den Flaneur auf seinen Wegen durch das Dickicht der Städte ebenso wie melancholische Depressionen, Erwartungsängste, Schuldgefühle begleiten, großteils ödipaldramatischen Ursprungs.[25] Der Flaneur wäre also vor allem von Ödipus zu befreien: von den Wahnbildern der Stadt als der bergenden bzw. verräterischen Mutter, als dem Ort der abwesenden Mutter[26]; von dem Wahn, in der Stadt mit der imaginären Mutter, und sei es im Modus des Verschwindens, konkurrenzlos allein zu sein; von dem Selbstwahn, in der zerstreuten Spontaneität des Ichs eine ‹Allmacht› von Gedanken und Imaginationen zu erwirken usw.

Erst das Aufbrechen der phantasmagorischen Zwangsbildungen eröffnet die Aussicht auf den Flaneur als ein rauschhaftes, ekstatisches Potential von Subjektivität, das exemplarisch offenbarend ist und nicht von einem personalen Unbewußten oder Verdrängten sich herschreibt. Der Flaneur ist letztlich kein Typus, sondern eine unbewußte Eigenschaft von allgemeiner Empfänglichkeit und Exzedierung, welche virtuell allen Menschen, von ihnen geschichtlich herausgearbeitet, eigen und erreichbar ist und in der industriellen Moderne des Kapitalismus und seinen Metropolen, von religiösen Überbauten befreit, eine offenbarende Kraft erwirken kann.

Moderne Magie der Dinge

Das rauschhafte Tun des Flaneurs besteht – nach Benjamin – auch wesentlich darin, «mit dem Löffel... das Gleiche aus der Wirklichkeit (zu) schöpfen».[27] Am Tage nach einem Rauschexperiment – mit den Drogen Flanerie, Einsamkeit, Haschisch – liest Benjamin diesen Satz und den folgenden: «Richard war ein junger Mann, der Sinn für alles Gleichartige in der Welt hatte.»[28] Neben dem intellektuell gewohnten, dem «politisch-rationalen Sinn» des soeben zitierten Satzes, welcher darauf hinausläuft, «daß die Dinge so sind, wie wir ja wissen, durchtechnisiert, rationalisiert, und das Besondere steckt heute nur noch in Nuancen, war die neue (der Rauscherfahrung entspringende; D. V.) Einsicht durchaus anders. Ich sah nämlich nur Nuancen: diese jedoch waren gleich. Ich vertiefte mich in das Pflaster vor mir, das durch eine Art Salbe, mit der ich gleichsam darüber hinfuhr, als eben dieses Selbe und Nämliche auch das Pariser Pflaster sein konnte. Man redet oft davon: Steine für Brot. Hier diese Steine waren das Brot meiner Phantasie, die plötzlich heißhungrig darauf geworden war, das Gleiche aller Orte und Länder zu kosten.»[29] Was einen Zwangscharakter wie Nietzsche auf Spaziergängen am See von Silvaplana und an der Bucht von Rapallo, wo ihn bekanntlich die Vision einer Wiederkehr des Immergleichen «überfiel», in einen Abgrund von Grauen, Ekel und Erschrecken stürzte[30], kann durchaus Quelle ungeahnter Glückserfahrungen sein. So bei Benjamin und Ernst Joël, deren Phantasie ein «starkes, außerordentlich beglückendes Kontinuitätsgefühl» begeistert: «Dieses Ufer weiter herunter, und der Arno fließt zwischen ihnen. Es ist dasselbe Wasser, nur hier heißt es Spree.»[31]

Eine vorschnelle, etwa an der Kritischen Theorie geschulte Reflexion wird Erfahrungen dieser Art ohne weiteres auf das Äquivalenzprinzip der kapitalistischen Warenproduktion, auf die gleichmacherischen Abstraktionen der Verdinglichungsstruktur beziehen wollen[32] – ein verhängnisvoller Kurzschluß. Denn jenes Glücksgefühl am Gleichen, das in der Rauscherfahrung des Flaneurs sich vollzieht, richtet sich nicht auf die ökonomische Austauschbarkeit der Dinge. Es entspringt vielmehr einer ekstatischen Auflösung der Subjekt-Objekt-Beziehung: zum einen einer Subjektivität, die außer sich geraten ist und alle libidinösen Energien vom Ich (resp. Überich) ganz auf einen zufälligen Gegenstand ausströmen läßt, einer Subjektivität, die – so Benjamin – ins Stadium der «Verschwendung des eigenen Daseins» getreten ist[33] und mit Aragon sagen könnte: «meine ganze Erfahrung verdanke ich dem Zufall... Diese Stoffhändlerin, diese kleine Zuckerdose... sind innere Grenzen meiner selbst.»[34] Das rauschhaft dezentrierte Ich entbrennt vor «Zärtlichkeit gegen die Dinge und vor allem die Worte»: Sie erwecken eine «Sehnsucht», «wie man sie sonst nur beim Anblick von einem Menschen, den man liebt, kennt.»[35] Der so von einem selbstverschwenderischen Subjektiven, das seine Identität preisgibt, umfaßte Gegenstand hört damit auf, Gegenstand zu sein, verliert seine Identität in der Ordnung der Dinge; und auch *seine* Grenzen geraten ins Vibrieren, in ein glanzvolles Oszillieren. Die Dinge erscheinen wie «durch Glas gesehen»[36], und die Namen und Gebrauchsbezüge fallen von ihnen ab. Was sie an Identität verlieren, gewinnen sie an konkreter Materialität: die Farben, die ornamentalen Strukturen erfahren, so Baudelaire, eine «magische Tiefe», so als ob sie «von sich selber her» dächten.[37] Auf solche Weise in die Intimität ihres materiellen Daseins versenkt, werden sie zugleich transparent hinsichtlich ihrer «intimen Partizipation» (Bataille) am kosmischen Geschehen, leuchtet in ihrem materiellen Gerade-so-Sein die intime Teilhabe am Universum auf.

Ebensolches gilt für die in ihnen sich verschwendende Subjektivität: Sie affirmiert sich ekstatisch als mit der ganzen Welt verbunden. Kraft dieser *weltöffnenden Transparenz* wird – in Benjamins Beispiel – das Marseiller Pflaster in seiner konkreten Materialität dem Pariser ähnlich, das Berliner Spreewasser demjenigen des Arno. Die Dinge werden – im Wortsinn – unheimlich nah und fern zugleich – lebendige Paradoxa, deren Dignität als Dinge durch eine selber nichtdingliche Beziehung zur Welt, zum Makrokosmos gestiftet ist. «Eine Verschwendung von Energie», wie sie nach Bataille für die ekstatische Subjektivität wie auch für das Universum insgesamt kennzeichnend ist, «steht immer im Gegensatz zu dem, was ein Ding ist, aber sie kann erst in Betracht gezogen werden, wenn sie in die Ordnung der Dinge eingegangen ist, sich in einem Ding verkörpert hat».[38] Diese paradoxe Erscheinung, welche die durch gesellschaftliche Arbeit gesetzte homogene Erscheinungswelt der geordneten Identitäten durchbricht, aber sie ebensowenig falsifiziert wie sie durch diese falsifiziert würde[39], begründet die Würde der Dinge oder ihre – Aura. Deren «Licht und Glanz vermitteln die *Intimität des Lebens*, das, was es eigentlich ist, was vom Subjekt als seinesgleichen und als die Transparenz des Universums erkannt wird».[40]

Die Rauscherfahrung des Flaneurs resümiert sich nicht zuletzt darin, daß – so Benjamin – virtuell «die echte Aura an allen Dingen (erscheint; D. V.). Nicht nur an bestimmten, wie die Leute sich einbilden.»[41] Zu diesen zählte prägnant Martin Heidegger, der wohl die weltöffnende Transparenz im «weltenden Wesen des Dinges» als den essentiellen Grund für dessen Aura erkannt hat[42], aber im Blick auf die industrielle Moderne, wo «alles… in das gleichförmig Abstandlose zusammengeschwemmt» werde[43], der romantischen Regression verfällt, dem, was für Benjamin «der geleckte spiritualistische Strahlenzauber» der Mystik ist.[44] Der sind, so bei Heidegger, auratische Dinge ein heilig «geringes» Gut: Krug und Bank, Steg und Pflug, Reiher und Reh, Krone und Kranz und dergleichen.[45]

Das wirft allerdings die Frage auf: Wie verhält sich, wenn überhaupt, das ekstatische Kontinuitätsglück des Flaneurs, seine egalitäre auratische Erfahrung, zur Phänomenologie der kapitalistischen Verdinglichung und ihrer paradigmatischen Verörtlichung, der Großstadt? Haben im Blick darauf nicht Heidegger oder Rilke mit ihrer sakralen Bezirkung der auratischen Dinge (etwa auf Geschenke unterm Weihnachtsbaum, nach denen noch keine Hand griff) allzu offensichtlich recht? In der Perspektive der Produktion und des Kalküls scheint die kapitalistische Industrie tatsächlich auf standardisierte Massenerzeugung und Massen-Design, mithin auf eine «Zertrümmerung der Aura» (Benjamin) hinauszulaufen. Aber der moderne Kapitalismus ist nicht das durchrationalisierte System, als das es Max Weber darstellt; zu seinem Begriff gehört es ebensosehr, daß die «ungeheure Warensammlung» (Marx), die er hervorbringt, unter den unkalkulierbaren ökonomischen ‹Naturgesetzen› des gesellschaftlichen *Zufalls* und der beschleunigten gesellschaftlichen *Mortifikation* steht, wodurch an sich unverbrauchte Dinge (ja ganze Warengenerationen) einschließlich ihres semantischen Potentials aus dem lebendigen Kreislauf gesellschaftlicher Vermittlung ausgeschlossen werden. Als Waren sind die Dinge in einer Weise gesellschaftlich vermittelt, die sie in der Anarchie der Märkte zu potentiell gesellschaftlich *toten* Dingen macht und sie als von Vermittlungs- bzw. Signifikationskräften virtuell verlassene erscheinen läßt. Das mitunter gleichmacherische gesellschaftliche Vermittlungs- und Bedeutungsgefüge ist an den Dingen selber stets ein prämortales: Die Dinge werden wie die an ihnen haftenden Bedeutungen und Besetzungen in einen fortwährenden gesellschaftlichen Todeskampf verwickelt. Just darin liegt die unvordenkliche Möglichkeit einer naturwüchsigen Rückkehr zur Besonderheit des Dinges; in seinem sozialen Sterben ist die unvermutete Chance verborgen, das auratische Strahlen, das seine Produktion auszuschalten intendierte, wieder – zufällig – zu erwirken. Denn es scheint, was nicht sein kann: als seien solche Dinge geopfert worden. Der Kapitalismus produziert somit als naturwüchsig gesellschaftlichen Sachverhalt, was die Rauscherfahrung des Flaneurs notiert, daß nämlich «die Dinge zweifelhaft erscheinen»[46].

Das «Entscheidende» im Tun des Flaneurs besteht, Benjamin zufolge, in der «Einfühlung in den Tauschwert der Ware, in ihr Gleichheitssubstrat»[47]. Das bedeutet vor allem Einfühlung in den gesellschaftlichen Todeskampf der Ware, die unterdessen verzweifelte ‹Liebesblicke› aussendet. Gleichartig ist an den Dingen mit ihrem Wertcharakter wesentlich die gesellschaftliche Todesmaske. Deren Schlüsselphänomen ist das modische Warenornament: «Nicht der Körper, sondern die Leiche ist das vollkommene Objekt ihrer (der Mode; D. V.) Praktiken.»[48] Wenn gerade die – aussterbenden – *Passagen* in der Flaneur-Literatur reüssierten, so hat das keinen nur ephemer zeitgeschichtlichen, sondern zugleich einen substantiellen Grund: Sie sind Passagen in den gesellschaftlichen Hades der Dinge, ins Totenreich und in die Unterwelt ihrer Bedeutungen und ihres Sinns. «Früher als anderswo», schreibt Kracauer, «löste sich in der Passage, eben weil sie Passage war, das gerade Hervorgebrachte von den Lebenden ab und ging warm in den Tod ein.»[49] Die Passage bildet ein Treibhaus, ein gleichsam organisches Gehäuse für den gesellschaftlichen Mortifikationsprozeß der Dinge; hier «blüht(en)» sie noch einmal «auf», «wie in einem Sumpf»[50].

Auch für Benjamin gehören die Passagen in den «Vorstellungskreis von Grabarchitekturen» («alles über mir geschlossen»[51]), und Aragon ist es evident, «daß die Passage de l'Opéra ein großer Glassarg ist»[52]. Das aber wohlgemerkt nicht zuerst, weil sie selbst ‹von der Spitzhacke bedroht› ist, sondern weil sie «die passende Umwelt zweifelhafter Existenzen» – auch der Dingwelt – darstellt.[53] In ihrem meergrünen Dämmer- und Zwielicht ist sie adäquate Erscheinung der gesellschaftlichen Kontingenz und Todesdrohung der Vermittlung und des Sinns der Dinge. Diese offenbart sie als unheimliche Doppelgänger der modernen Menschen: «Hier laßt uns verweilen, um diesen Taumel zu spüren – wie ein Mensch, der am Rande seiner Abgründe innehält, ebenso angezogen von der Dinge Trift wie vom Sog seiner selbst.»[54] Es sind, wie Aragon im Anschluß an Rimbaud betont, gerade die «banalen», «ephemeren» und «gewöhnlichen» Dinge, welche «ins Geheimnis stürzten» und in den «Rausch»[55]. Indem jedes Element der «ungeheuren» Warenwelt in sich beschleunigt die Möglichkeit enthält, ein fremdes und sinnfernes Ding, ein semantischer Abfallhaufen zu werden, erzeugt die kapitalistische Ökonomie, entgegen ihrem rationellen Schein, einen ebenso apokryphen wie egalitären Bereich auratischer Dinge. Dagegen ist «der auratische Schimmer, der gemeiniglich dafür gilt», der repräsentative Schein der Sonnenuntergänge und des goldenen Prunks, «die noch einmal verdinglichte Verdinglichung»[56]. Was die Protagonisten der subversiven Moderne etwa an den Passagen so fesselte, ist letztlich, daß dort die auratische Transparenz der Dinge, ihr quasireligiöser Schauer, ablösbar schien von sakraler und klassenherrschaftlicher Symbolik; daß sie sich vielmehr in den ‹Exkrementen› des gesellschaftlichen Zirkulationsgetriebes eröffnete: in den dinglichen Abfällen anarchischer Sinnproduktion, im Ausschuß verdinglichter Klassenherrschaft. Daher ist Heideggers Mahnung, das Denken des «Gestells», der kapitalistischen Industrie, gehöre wesentlich mit zum Denken des emphatischen, weltdingenden Dings[57], viel konkreter und dialektischer, als ihr Autor vermeinte.

Aragon und Benjamin, die rauschhaft sich in solche Zusammenhänge vertieften, machen jedoch implizit deutlich, daß die ‹Einfühlung in die Ware› keineswegs umstandslos auf ekstatische Versenkung in die weltöffnende Transparenz der Dinge hinausläuft. Ihr arbeitet vom Subjekt her ein Mechanismus entgegen, der aus den Todeskämpfen, aus der ‹Verlorenheit› der Warendinge einen höchst zweifelhaften Trost schöpft: die Melancholie. Das melancholische Ich hat ja den Verlust, den Tod des Liebesobjekts durch «narzißtische Identifikation» mit demselben, zum unbewußten Bestandteil seiner selbst gemacht und die penetrante Verlusterfahrung zum Modus einer Lust am eigenen Ich, das in «genußreicher Selbstquälerei» sich reproduziert.[58] Ging Freud noch davon aus, daß die pathologische Ichspaltung der Melancholie zum generellen Schwinden der ‹Objektbeziehungen› führen müsse, so geben die Phänomene der großstädtischen Verdinglichung wie des Flaneurs Anlaß genug zu einer Einschränkung. Denn das melancholische Ich vermag ausgezeichnete Beziehungen zu Objekten aufzunehmen, welche analog zu seiner eignen Struktur sich selbst fremd geworden und durch die stete Möglichkeit des Selbstverlustes mit sich prekär identisch sind – also zu den verlassenen und trostlosen Dingen, die gerade aus der Mode, aus dem Gebrauch, aus der Vermittlung gekommen sind. Gerade kraft ihrer objektiven, warenökonomisch bedingten Sinn- und Trostlosigkeit vermögen solche Dinge dem melancholischen Ich hervorragende Sinn- und Trosterfahrungen zu vermitteln. Die ambivalente Schmerzlust, die das Ich im Prozeß gegen sich selbst entwickelt, erfährt hier, in der Einfühlung in die Ware, eine *überraschende Zustimmung* des Objekts, das ebenfalls, indes durch das Wertgesetz des Kapitalismus, in einen Prozeß gegen sich selbst verwickelt wurde. Dessen kontingentem Ausgang steht es ohnmächtig gegenüber und erwirkt dadurch «eine Bedeutung», die ihm «selber fremd war».[59]

Das zirkulär Zwanghafte und Einschließende des melancholischen Mechanismus hat Benjamin ebenso gespürt wie Aragon. Während dieser sich jedoch mit einer binnenliterarischen Distanzierung begnügt («Alles bedeutet Zerstörung. Alles fällt unter meiner Betrachtung in Trümmer. Neben mir auf der untersten Stufe hockt das Gefühl von Sinnlosigkeit. Es ist gekleidet wie ich, nur vornehmer» usw.[60]), geht Benjamin einen Schritt weiter. Er sucht eine philosophische, eine geschichtsphilosophische Überwindung. Seine Idee ist, daß die durch die Dynamik des Kapitals verödete und unmittelbar gewordene Dingwelt brachgelegte *Energien* gesellschaftlich-libidinöser Art enthält, welche mit den korrelativen «gewaltigen Kräften der (melancholischen; D. V.) Stimmung» in revolutionärer Klassenpraxis zur «Explosion» zu bringen wären.[61] Die gesellschaftlich verödeten Dinge «stehen» damit zur «Revolution», indem sie selber «revolutionäre Energien» entbergen. Auch wenn man die geschichtsphilosophische Kollektiv-Utopie Benjamins – das Proletariat soll nach dem Modell eines *«leibhaften» Organismus* die kapitalistisch zersplitterte Wirklichkeit perspektivisch versöhnen[62] – für überholt halten muß, enthält sie gleichwohl wesentliche Einsicht. Ästhetische Erfahrung kann sich der melancholischen Sackgasse nur entwinden, sofern sie sich von der Führung des neurotisch gebrochenen *Ichs* freimacht, das sich auf die virtuelle Verlassenheit der Dinge fixiert, um daraus immer wieder nur sich selber, seine Verlustidentität und Schmerzlust zu schöpfen.

Statt dessen wäre, wie es im impliziten Tun des Flaneurs liegt, rauschhafte Empfänglichkeit für die *ungeheure Verschwendung von Energien* zu entwickeln, welche sich kraft der anarchisch maßlosen Eigendynamik des Kapitals in dem zweifelhaften Dasein der Warendinge verkörpert. Die in ihnen aufgeladenen, brachgelegten und verschwendeten Energien sind ja durchaus *menschlich*: Energien gesellschaftlicher Produktion und Kooperation, symbolisch vermittelte Triebenergien. Ihnen hingegeben, affirmiert die ästhetische Rauscherfahrung somit Gattungskräfte menschlicher Subjektivität und auch deren anthropologisch souveräne, der Arbeit erwachsene Struktur: die Grenzüberschreitung und die exzessive Verschwendung affektiver Energien.[63] Im – mit Baudelaires Ausdruck – «religiösen Rausch der großen Städte»[64], der in der Moderne keinerlei religiöser oder mystischer Versatzstücke mehr bedarf, wird – in ästhetischer Vermittlung – Subjektivität der sozialen Dingwelt und sich selbst als ungeheures Kraftfeld libidinöser wie produktiver Energieströme inne. Dieses gesellschaftlich-libidinöse Kraftfeld umspielt, wie der Flaneur erfährt, die Dinge, die in jenem «wie in einem Futteral eingesenkt» sind.[65] Auch darum vermag virtuell «die echte Aura an allen Dingen» zu erscheinen wie auf den Bildern des späten van Gogh, wo die Dinge in ihrer ornamentalen Materialität vor überschüssiger Energie vibrieren und erzittern.

Moderne Magie des Raums

Dem rauschhaft gelockerten Ich, das vom unbewußten Krisenmanagement seiner selbst entbunden ist, entgleitet die Macht, die «brutale Diktatur» der Zeit[66]; dafür entfaltet sich ihm um so tiefer die Macht des Raums. Der Rausch, schrieb Baudelaire, «vertieft den Raum und stattet alle Farben dort mit einem magischen Sinn aus»[67]. Die «eigentlich rauschhafte Phase» der Flanerie beginnt erst, sobald das «Kolportagephänomen des Raums» sich einstellt – für Benjamin immerhin «die grundlegende Erfahrung des Flaneurs»[68]. Rauschhaft in den Raum versunken, ist das Subjekt gleichsam in ihm eingesponnen, in eine Art «Schachtelzustand» mit ihm und seinen Bilderzonen verklammert.[69] Das dezentrierte Ich entwickelt den Raum zu solch imaginativer Intensität und Macht, daß die dämonische Möglichkeit aufblitzt, in diesem gerade geschauten zufälligen Raum hätten selbst große weltgeschichtliche Ereignisse Platz greifen können: Ereignisse, die zu historischen Kostümen, zu impliziten *Kolportagen* des je konkreten Raums banalisiert werden.[70] Der Raum, der den Flaneur fragend anblinzelt: «Nun, was mag sich in mir wohl zugetragen haben?», wird zu einem «Spinnennetz, in dem das Weltgeschehen verstreut wie ausgesogene Insektenleiber herumhängt»[71]. Der Flaneur geht nicht darauf aus, was es eigentlich gewesen sei, das sich in dem jeweiligen Raum an historischen Ereignissen abgespielt hat. Er durchbricht die Fiktion einer natürlichen Vermittlung von Raum und historischer Bedeutung, und er greift, Spieler und Allegoriker zugleich, aus dem «wüsten Fundus» des toten Wissens nur hie und da ein Stück heraus und verwebt es in das machtvolle Raumgefühl.[72]

So absurd die magische Kolportageerfahrung des Raums dem bürgerlichen Bildungsverstand klingen mag, sie verhält sich durchaus mimetisch zur antagonistischen Real-Logik der Geschichte. Sie ahmt das prekäre und einseitig kritische Verhältnis in der Vermittlung von Allgemeinem und Besonderem nach und wendet es zugunsten des Besonderen. Während nämlich die Dialektik des historischen Prozesses, vermittelt in den Großereignissen des Weltlaufs, sich – zumal in der Moderne – ohne dialektische Rücksicht auf die besonderen Räume und die von ihnen behausten Menschen verwirklicht (diese vielmehr zu relativ zufälligen und gleichgültigen Materien ihrer anonymen Selbstbewegung macht[73]), imaginiert die magische Erfahrung in der Versenkung, in der zärtlichen Hingabe an den besonderen Raum eben diesen als machtvollen Schauplatz von relativ zufälligen und gleichgültigen Großereignissen der Weltgeschichte. Sie rächt sich gewissermaßen an der Geschichte, an ihrer penetranten Suprematie des Allgemeinen übers Besondere, des ‹Sinns› über den Raum, und gibt ihr Kontingenz und Dispersion, die sie dem räumlichen Dasein aufzwang, zu dessen Gunsten zurück.

Zudem wird die magische Raumerfahrung des strukturellen Gewaltverhältnisses inne, das die mit dem Kapital gesetzte gesellschaftliche Dominanz der abstrakt homogenen Zeit ausübt – auf die Eigenzeiten der Körper und Gefühle wie auf das Raumgefüge des Lebens. Mit dem Anbruch des industriellen Kapitalismus findet ein soziophysischer Funktionswandel statt: Bildete in den Feudalgesellschaften der *Raum*, seine soziale Distribution und Hierarchie, die Grundlage der gesellschaftlichen Entwicklung und der Klassenverhältnisse, so basieren diese nunmehr auf der *Zeit* und ihrer Ökonomie. Dazu mußte die Zeit, im Mittelalter ein sakrales Privileg und eine intensive Sphäre von qualitativen Spannungen und Zyklen, bekanntlich ‹säkularisiert› werden. Freilich nicht nur, wie bahnbrechend im Calvinismus, ideologisch, sondern vor allem, indem sich im kapitalistischen Produktionsprozeß strukturell ein Zeitbegriff etabliert, der ‹Zeit› als an sich leere, aber organisierbare und verwertbare Extensität bestimmt.[74]

So zugerichtet, vermittelt fortan die Ökonomie der Zeit in ausschlaggebender Weise den Verwertungsprozeß des Kapitals: Die Reduktion der ‹gesellschaftlich notwendigen Arbeitszeit› und die Steigerung der ‹Umschlagsgeschwindigkeit› des Kapitals werden seine bedeutsamsten Hebel[75] und Wissenschaft und Technik zu Optimierungsmitteln dieser Zeitfaktoren. In dieser Bewegung ist das gesellschaftliche Abstraktionsprinzip der schlechthin ausgedehnten, homogenen Zeit involviert – ebenso die Tendenz, gegenständliche Raumzusammenhänge als kontingente und äußerliche Modi der Selbstverwertung zu setzen. Die industriellen Großstädte sind ausgezeichnete Orte der Herrschaft des Zeitprinzips über das Raumgefüge des Lebens, die im Kapitalverhältnis wurzelt. Während bis ins Mittelalter die Städte wesentlich Machtzentren auch der kollektiven Regulation, der rituellen *Unterbrechung* des Zeitstroms der Arbeit waren (in öffentlichen Kulten, sakralen Festen, Orgien usw.), sozusagen ‹Systeme der Bremswirkungen›, die sich mit Stadtmauern und Schutzzöllen den Zirkulationsströmen widersetzten[76], erscheinen die modernen Metropolen als *objektiv unwirkliche Orte*, insofern sie Produktionsräume für die Herrschaft der Zeit über den Raum darstellen. Das offenbart sich in industriellen Stadtlandschaften, welche, wie das Ruhrgebiet oder Ludwigshafen, sich rein der Kapitalakkumulation in «traditionsloser Luftleere» verdanken: «Orte wie Ludwigshafen sind die ersten Seestädte auf dem Land, fluktuierend, aufgelockert, am Meer einer unstatischen Zukunft... Die internationale Bahnhofshaftigkeit schmilzt alles ein.»[77] Der Raum ist vergesellschaftet als *Provisorium*. Einzelne Räume stehen unter beständiger Drohung, *ungleichzeitig*, ruinös und verlassen zu werden. Der urbane Raum ist kein konkretes Gefüge mehr, sondern, mit Blochs Worten, ein «Chaos, das kalt und gegenwärtig sich verschiebt»[78]. In dem Maße, wie sich das Verwertungsprinzip an ihnen durchsetzt, werden moderne Stadtlandschaften zu *Front*landschaften: «Da ist etwas zur Front geworden, die alles an den Tag legt und sich nicht mehr gebildet geniert»[79] – zu einer Landschaft der Gewalt, welche sich, wo noch nicht von sozialen Klassenkämpfen, so jedenfalls von der anonymen Struktur des Kapitals herschreibt, das einen latenten Stellungskrieg gegen Dinge und Räume, gegen die in ihnen je verkörperten Bedeutungen, Besetzungen und Wunschsymbole führt, indem es sie virtuell gesellschaftlicher Ungleichzeitigkeit und Kontingenz unterwirft.[80]

Der Flaneur nun macht sich in seinem rauschhaften Tun gemein mit den elementarischen Kräften der modernen Gesellschaft und ihrer Metropolen. Ihm wird potentiell jeder Raum zum *Tatort*, menschenleer und beunruhigend.[81] Gerade die Unscheinbarkeit der Räume: daß sich nichts offensichtlich in ihnen tut, macht ihm, träumend, die «Anwesenheit feindlicher Mächte» (Ernst Jünger) gewiß. «Was in den feurigen Traumlandschaften des Krieges gültig war, das ist auch in der Wachheit des modernen Lebens nicht tot. Wir schreiten über gläserne Böden dahin, und ununterbrochen steigen Träume zu uns empor, sie fassen unsere Städte wie steinerne Inseln ein und dringen auch in den kältesten ihrer Bezirke vor. Nichts ist wirklich und doch ist alles Ausdruck von Wirklichkeit.»[82] Wenn der Flaneur sich – so Jünger – «in explosiven Landschaften» der Städte bewegt[83], dann nimmt er, rauschhaft versunken, die Witterung anonymer gesellschaftlicher Gewaltsamkeit auf, die in ihnen sedimentiert ist. Er sucht – wie Aragon – die «andere(n) Einöden» einer zweiten Natur auf, «intellektuelles Brachland, wo der Einzelne dem (sichtbaren; D. V.) gesellschaftlichen Zwang entgeht»[84]: verlassene Gegenden, «wo ein für Morde berüchtigtes Licht herrscht»; dämmrige Kreuzungen, wo «die Unfälle in Paris sich am liebsten ereignen»[85]; finstere Brücken, «von de(nen) sich ... selbst Passanten in den Tod stürzten, die dazu gar nicht entschlossen waren, doch die der Abgrund plötzlich in Versuchung führte»[86]: kurzum Orte, wo sich «das Zufällige des Wesentlichen» zu ereignen verspricht.[87] Solche Räume in ihren «menschenleeren Aspekten» (Benjamin) sind prägnant *panisch*. Gerade daß in ihnen lebendige Praxisbezüge, tumultuöse Kämpfe und dergleichen ausdrücklich *fehlen*, prädestiniert sie dazu, die Gewaltsamkeit in ihrer gesellschaftlich modernen Abstraktionsform darzustellen: als rein strukturale und energetische Zwangsgewalt. «Denn selbst im Falle, daß es brannte, war vom Feuer nichts zu sehen. Es schien, als ob die Stadt die seltene Flamme mit Eifersucht betreute», und, so resümiert Benjamin, «keiner wollte einem bestätigen, es (das Feuer; D. V.) sei angelegt gewesen».[88] Kein Subjekt der Gewalt wird kenntlich in einem Gesellschaftszustand, wo selbst ‹natürliche› Katastrophen, von geschichtlichen zu schweigen, zu ‹ungeheuren› Vermittlungshebeln der Produktion um ihrer selbst willen, der Dynamik des Kapital-‹Subjekts› avancieren, wie es bereits Bernard Mandeville im Fall des Großbrands von London dialektisch kalt durchschaut hatte.[89] Daß ‹dämonische› Elementarkräfte in den Metropolen der bürgerlichen Gesellschaft einen dynamischen Vermittlungsraum finden, hatte bereits Goethe in seiner «Novelle» anklingen lassen: Schrecken, Feuersbrünste und wilde Tiere entspringen dort dem labyrinthischen ‹Bedürfnissystem› einer Marktstadt, und die vom «ungeheuren Unglück» geprägte «Einbildungskraft» wird als latente Folie der «heiteren Stille» einer kontemplativen Stadtbetrachtung komponiert, deren Stille als panische ins Bild gesetzt.[90]

Hatte indes Goethe noch die Kunst als ‹Feuerlöscher› parat, so sind dem Flaneur, sofern er seine Masken abgeworfen hat, ästhetische Tröstungen geradezu wesensfremd. «Wenn man nächtlich im D-Zug sich durch die zyklopische Landschaft des Ruhrgebietes stürzt, während die glühenden Flammenhauben der Hochöfen das Dunkel zerreißen und inmitten der rasenden Bewegung dem Gemüt kein Atom mehr möglich scheint, das nicht *in Arbeit* ist»[91], dann läßt sich die moderne Dämonie des panischen, verschwenderisch energiegeladenen Raumes erfahren. Nicht daß der Flaneur, der den ‹sozialen Tod› gestorben ist und dem nichts ferner läge als der Jüngersche Ichpanzer einer ‹stählernen Kampfeinheit›[92], jener Dämonie irgend ‹begegnete›; er versenkt und verliert sich in ihr und kostet sie rauschhaft aus. Denn sie bringt, wie es schon Goethe tief bewußt gewesen ist, bürgerlich verschüttete Seiten der menschlichen Subjektivität zum Schwingen; sie stößt, so Aragon, den Passanten immer wieder auch auf «seine eigenen Abgründe, die er dank dieser ungestalteten Ungeheuer neu auslotet»[93]. In der unpersönlichen Gewaltsamkeit, von der die panischen Räume der Moderne durchströmt werden und die im Innersten auch gegen den Raum sich richtet, ihn entwirklicht, spürt der Flaneur ‹dämonische› Impulse von menschlicher Subjektivität auf, die sich psychologisch gar nicht ausmessen lassen. Es sind Impulse, die auf eine affektive Grenzüberschreitung der durch identische Beziehungen geregelten Welt der Arbeit und des Selbstbewußtseins hindrängen, obgleich sie sich dialektisch gerade dieser Welt verdanken, welche die Grenzüberschreitung im Banne des Gegenständlichen freisetzt.[94] Es sind Impulse, die auf maßlose Verschwendungen affektiver Energien, auf ein ekstatisches Verlusthandeln gerichtet sind und die sich im Chaos der kapitalistischen Produktion in strukturell verdinglichter Form entäußerten. Sie darin rauschhaft *wiederzufinden* und in diesem Sinne «des magischen Wesens am dinghaften Universum» der Moderne innezuwerden[95], gehört zu den unbewußten Leistungen des Flaneurs, der im Gehen sich selbst überschreitet und zugrunde geht.

In innerer Ekstase stattet er die panischen Räume, zumal wo sie gesellschaftlich entmachtet und genichtet sind, mit affektiver Intensität und Macht aus: gibt dem Raum (als «Kolportagephänomen») eine solche Tiefe, «daß alles Geschehen im gleichen Raume sich hätte abspielen können»[96]. Wird die Weltgeschichte zum Kostüm des Raums, so tauscht dieser – in Benjamins Worten – «die Blicke des Einverständnisses mit dem *Nichts*». Und die von ihm behausten Dinge zwinkern zweideutig «von *Nirwana* herüber»[97]. Dem Flaneur wird in der Raumversenkung eine «Mitwisserschaft mit dem Nichtsein»[98] zuteil. Auch dies eine profane Erleuchtung im «religiösen Rausch der großen Städte»: daß sich in objektiver Vermittlung mit der kapitalistischen Nichtung und Entwirklichung der Räume des menschlichen Lebens eine säkulare Erfahrung der essentiellen Relativität der homogenen Ordnung der Arbeit und des Sinns, der Gegenstände und Identitäten herstellt. Der Raum, der auf das Nichts oder Universum hin transparent wird, mit ihm Blicke tauscht, enthüllt räumliche Homogenität als Projektionsleistung des arbeitenden Bewußtseins. Wie man weiß, gibt es im kosmischen Universum weder homogene Räume noch eine homogene Zeit, die unabhängig von einander meßbar wären, sondern nur mehr das «Raum-Zeit-Kontinuum», das unendlich viele Eigenzeiten von Ereignissen nach unendlich vielen Raumzeitzonen des Alls verwirklicht.[99] In makrokosmischer Perspektive ist genau das wissenschaftlich gültig, was die magische Raumerfahrung im menschlichen Mikrokosmos imaginierte: daß «die Trennung von Geschichte und Geographie» in der Kontinuität des Seins verschmilzt.[100]

Warenschein, Masse und Eros

Eine methodologische Notiz Benjamins könnte den profanen Erleuchtungen, die dem Flaneur zuteil werden, als Motto dienen: «die Unzerstörbarkeit des höchsten Lebens in allen Dingen. Gegen die Prognostiker des Verfalls»[101]. Dies gilt zumal für die erotische Trias von großstädtischen Phänomenen, in welche der Flaneur sich ‹einfühlt›: die Masse, die Prostituierte und die Ware mit ihrem Blendwerk. Erst die durchgreifende Vermittlung dieser drei Phänomene, die als je einzelne uralt sind, bedingt ihre Modernität. Und auf diese *Vermittlung* hat es der Flaneur in seiner Versenkung abgesehen. So fasziniert ihn die Prostituierte weder als romanhafter Typus (vom gefallenen Mädchen bis zur bösen Priesterin) noch als jeweils erotisch verlockende Frau, sondern, worauf Aragon deutet, als leibhafte, indes abstraktive Verkörperung unabsehbar massenhafter Begierden: «Ich denke an all die Leidenschaft, die sich in euren Armen abnützt. Im großen weißen Zeichen eurer Arme. Ihr schönen Abstraktionen. Ihr Bilder unserer Nächte»[102]. Der erotische Bann der großstädtischen Hure wirkt erst «in der Masse und durch diese»[103]. Die virtuelle Anwesenheit der Masse und ihrer entfesselten Partialtriebe – das, was an der Prostituierten fesselt – ist unablösbar vom Warencharakter des sexuellen Versprechens. Was sich «in der Hure verkörpert», ist der «Warenschein der Natur» (zumal der sexuellen), in dem «die Lockungen von Weib und Ware mit einander» verschmolzen sind.[104] Bereits von sich aus ist der Schein der Warendinge auf sexuelle Konnotate angelegt, worauf schon die glänzenden Verpackungshäute deuten. Der sexualisierte Warenschein ergreift in den großen Städten den weiblichen Sex-Appeal überhaupt; und die flüchtige Passantin, zufällig vom Strom der Menge herangespült, ist des Flaneurs beharrlichstes Liebesobjekt. «Es gibt kein Straßenmädchen, das ich gerade erst angesprochen habe, keine Passantin, deren Blick ich kaum erhasche, die nicht für mein Herz Gegenwart und Zukunft in Frage stellt.»[105] Neben dem Schleier der Menge, der sozialen Atmosphäre der Lust, ist es die der Ware ähnliche Struktur der Verführung, die in Bann schlägt: «das Gewaltsame, das im Neuen und Unbekannten liegt»[106], ist zugleich aggressive Signatur jeder neuen Warengeneration, die den Markt betritt; der Fetischismus des – modischen, anorganischen – Details, an dem der erotische Blick plötzlich sich entzündete, ist vermittelt bereits durch die Reklame, in deren Welt «pornographische Erfahrungsweisen» zur unauffälligen «Sozialisierung» gefunden haben.[107] Die Funken der Liebe schlagen hier also nicht trotz der Anwe-

senheit der Masse, nicht trotz der Analogie mit dem Appell der Ware, sondern gerade aufgrund dieser Vermittlungen. Die «erotische Begegnung im anarchischen Raum» urbaner Einöden – auch Ernst Jünger vertraut – trifft den Flaneur wie «in einem beständigen Fieber»: Verflochten ins «Kabelnetz der Stadt», in ihre «Unordnung», worin «der Strom in bunten, verschwenderischen Kurzschlüssen aufglühte», wird er selber «dem galvanischen Strom» ähnlich, «der die Metalle verändert, die er berührt»[108]. Der Warenschein der sexuellen Natur in den urbanen Räumen der Masse eröffnet dem, der sich ihm hingibt, den grenzüberschreitenden, exzessiven und metaphorischen Charakter des erotischen Begehrens. Was in den familialen Räumen des Lustprinzips als persönliches und gegenständliches Verlangen erschien, erweist im Rausch der Städte sich als Verlangen, aus sich herauszutreten, *andere* zu sein, sich verschwenderisch in viele andere zu verwandeln. Der Flaneur schreitet «atemlos... unaufhörlich voran und fällt, und bei jedem Schritt ist er ein anderer und er selbst. Die ‹Andersheit› liegt im Menschen selbst»[109]. Die anthropogene Exzentrizität des Begehrens und der Affekte wäre unmöglich ohne die Welt der Masken, Symbole, Zeichen. «Alles, was vom Widerschein lebt, alles, was glitzert, alles, was vergänglich ist, heftet sich an meine Fersen», schreibt Aragon.[110] Erst die großstädtisch freigesetzten Zeichen, ihre unbewußten Verwendungen, Übertragungen und Metamorphosen machen Lacans Formel konkret: «Das Begehren des Menschen ist das Begehren des Anderen.»[111]

Im erotischen Rausch der Menge wird das imaginäre Körper-Ich desorganisiert. Der eigene wie die vorbeirauschenden fremden Körper dienen nicht mehr als imaginäre Folien integraler Selbstwahrnehmung, nicht mehr als organische Medien ichlicher Transparenz. Die Körper erscheinen hingegen aufgelöst in Ensembles erogener Zonen und psychophysisch ‹eingeschriebener› Zeichen. Da die erogene Ordnung des Körpers, die «Geographie der Lust» (Aragon), eine Subversion der Ordnung des Organischen, eine anarchische Valorisierung des Abstands zwischen den Teilen des Ganzen bedeutet[112], liegt es ganz in der Logik des Begehrens, wenn, wie Aragon und Benjamin betonen, die Mode sich dem *Anorganischen* verschreibt. «Die Landschaften des Leibes», so Benjamin, «durchziehen Wege, die den Sexus in die Welt des Anorganischen geleiten.»[113] «Die Mode ist der anorganischen Welt verschworen. Auf der anderen Seite ist gerade sie es, die den Tod überwindet. Sie bringt das Abgeschiedene in die Gegenwart ein.»[114] Nicht also geht es um eine mystische Allianz von Eros und Tod. In den panischen Räumen und Zeichenwäldern der Großstädte wird offenbar, daß die anarchischen, fetischistischen und destruktiven Aspekte des Begehrens keinesfalls aparte Pathologeme darstellen, sondern vermittelt über den Warenschein der Körper und Dinge in den Bereich des menschlich Kommunizierbaren getreten sind. Der Flaneur ist Protagonist dieses Prozesses.

Benjamin fragt darüber hinaus nach der gesellschaftlichen Organisierbarkeit der «destruktivsten Energien des Menschen». Hinter der «mit Warenschein durchsetzten» Natur sieht er das «Bild der Natur» als einer «schenkenden Mutter» aufblitzen, die egalitäre Bereitwilligkeit ausstrahlt und bei der – wie in Fouriers Utopie – auch die destruktivsten Triebelemente geborgen wären.[115] Dies Bild ist nicht ideengeschichtlich konstruiert; es ist gespeist durch eine rauschhaft eudämonische Stadterfahrung, wie sie auch bei Ernst Jünger zuweilen durchbricht: «Bastille-Tag. Die Straßen waren stark belebt... Die Stadt als Freundin; ihre Straßen, ihre Plätze als spendende Orte, an denen wir durch Geschenke überrascht werden.»[116] Gegenwärtige Vorform und geschichtliche Vermittlungsgestalt der «schenkenden» Stadt-Natur ist für Benjamin letztlich das proletarische Kollektiv, «ein ewig unruhiges, ewig bewegtes Wesen»[117]. Dies Kollektiv wohnt – und schläft – in den Straßen der Städte wie «im Mutterschoße»[118]; und neue Moden, Architekturen usw. «sind im Innern des Kollektivums, was Organempfindungen... im Innern des Individuums sind»[119]. Nicht etwa wohnt, wie oberflächliche Deutungen meinen[120], der Flaneur – in jenem organischen Sinne – in der Stadt; er ‹wohnt› bestenfalls im Kollektiv und kann nur insofern träumen, im urbanen Raum als dem «Leib des Kollektivs» zu Hause zu sein. Benjamins Vision vom geschichtsmächtigen Kollektiv als einem großen bergenden Organismus, der in den Räumen der Großstadt seine anorganisch anmutende ‹Hautoberfläche› besitzt, steht in der Tradition des Goetheschen Naturbegriffes, der hier nun geschichtsphilosophisch exponiert wurde.[121] Zugleich ist in jener Vision, wie sich an experimentellen Protokollen zeigen ließe[122], eine besondere Rauscherfahrung der Großstadt verarbeitet. Und zwar die ekstatische Erfahrung der sozialen Welt als Welt durchdringender *affektiver* Kommunikation, als Welt *intimer* Kollektivität. Diese ist wohl geschichtlich vermittelt, nicht jedoch, wie Benjamin annahm, Substanz eines geschichtlichen Subjekts; auch ist sie kein schlafender Messias, sondern eine affektive Wirklichkeit, die nur in Augenblicken, wie etwa im befreienden Gelächter des Kinopublikums, dem Bewußtsein aufblitzt, um sich gleich wieder zu verflüchtigen. In ihr wird die soziale Welt als eine von libidinösen Energieströmen durchflutete, mit Erotik getränkte Welt offenbar. «Nur, wenn ich der *Dinglichkeit* verhaftet bleibe, ist die Trennung (der Wesen; D. V.) real... *In ihrer Intimität* sind alle Menschen eins.»[123]

Daß diese Erfahrung in das rauschhafte Tun des Flaneurs fällt, scheint zufällig, ist es aber nicht. Denn sie ist im strengen Sinn eine moderne Erfahrung: Gerade indem der Kapitalismus die Gesellschaft von aller unmittelbaren, politischen wie naturwüchsigen Kollektivität befreit, menschliche Subjektivität als solche freisetzt, schafft er implizit die Bedingung der Möglichkeit, die gesellschaftliche Welt als eine Welt intimer Kollektivität, affektiver Kommunikation zu imaginieren. Denn dieser Aspekt, an sich so alt wie Arbeit und Kooperation, war vordem mit basisstruktureller, zumal ständischer Kollektivität ununterscheidbar verschränkt, durch sie gebrochen und allenfalls in theologischer Destillationsform gegenwärtig. In diesem Zusammenhang entbindet der Kapitalismus auch die soziale Welt der Zeichen von ihrer klassenmäßigen Verbindlichkeit, von ihren ständisch-sozialen Distinktions- und Kohärenzfunktionen und macht sie damit frei für die Aufladung mit libidinösen Besetzungsenergien.

Flaneur, Künstler, ‹Postmoderne›

Die Rauscherfahrungen des Flaneurs, die wir bislang an den Randzonen des Sinns, in ihren Beziehungen zu homogeneren Bereichen des Wissens auszuloten versuchten, geben Anlaß genug, die kulturkritisch gewohnte These vom ‹Erfahrungsverlust› der Moderne zu überprüfen, wenn nicht zu revidieren. Denn es sind, was ihm zuteil wird, ja zweifellos Erfahrungen – nur, wie etwa die Erfahrung eines intimen Wir im Warenschein der Körper und Dinge, weder bewußte Erfahrungen noch solche, die jemals den Status beweiskräftig wissenschaftlicher Erfahrungen erwirken könnten, noch auch Erfahrungen, die ohne weiteres kommunizierbar wären – also auch keine Erlebnisse. Um sie dem Bereich des Kommunizierbaren anzunähern, ist eine ästhetische Operation notwendig, eine «Entschlossenheit zur gesteigerten Konzentration» oder «Rauschversenkung im Rausche»[124]. «Was man am nächsten Tage niederschreibt, ist mehr als eine Aufzählung von Impressionen; der Rausch setzt sich in der Nacht mit schönen prismatischen Rändern gegen den Alltag ab; er bildet eine Art Figur ... eine Blumenform.»[125] Die Rauscherfahrungen werden transformiert in ein kristallines Netz von erregenden Zeichen. Die ästhetische Vision, so bereits Baudelaire, ist «aus einer intensiven Versenkung oder ... aus künstlichem Rausche geboren»[126], aber zugleich hermetisch verdichtet gegen ihr lebendiges Substrat; sie ist «transparent und korrekt wie ein kristallines Schmuckstück»[127]. Die geronnenen kristallinen Bildfiguren sind gleichsam das Geld der Rauscherfahrung: Sie offenbaren den Ertrag durch Versteinerung.

Eine andere Frage ist, was geschichtlich aus den Rauscherfahrungen der Flaneurs geworden ist, ob sie heute, im unabweislichen *Nach* der Moderne[128], noch wiederholbar wären. Im Blick auf die sozio- und infrastrukturellen Bedingungen der Stadterfahrung scheinen die Unterschiede groß. Denn just das, was den Flaneur in die komplexen Abgründe des Rausches stürzte, hat sich verwandelt: Im spätkapitalistischen Erlebnishandel der verkehrsbefreiten City-Center wird gerade der gesellschaftliche ‹Todeskampf› der Warendinge ausgeblendet; die Warensortimente scheinen, als hätten sie es nicht mehr nötig, um jeden Preis verkauft zu werden. Und die Passagen, die einst treibhausmäßig die semantische Mortifikation der Dinge behüteten, sind wiedererstanden im Kontext der «postmodernen Hyperräume» (Jameson), als historisches Zitat in der handelskapitalistischen Simulationsöffentlichkeit. Auch die anarchisch-provisorische Signatur der urbanen Räume ist im Begriff zu verschwinden: Das authentisch Unwirkliche wandelt sich ins simulatorisch Wirkliche; Verfallsprozesse, aufkeimende Einöden werden nicht mehr sich selbst überlassen, sondern politisch verwaltet, gegenständliche und semantische Abfälle der Vermittlung, wo nur irgend möglich, beseitigt. Die nachmodernen Stadträume geben sich mithin nicht mehr panisch, sondern ‹relaxed›, entlastet vom Prinzip der Zeitökonomie. Aufs Ganze gesehen, scheint sich im Zuge zunehmend integrierter, staatsvermittelter Organisiertheit des Kapitalismus ein Prozeß zu vollziehen, der – so Michel de Certeau – auf eine Verwandlung des «ungeheuren Gewebes», des «wimmelnden Labyrinths» der Stadt in eine der «urbanistischen Ratio» unterworfene ‹konzeptionelle› Stadt, in einen «klaren» und «lesbaren» Stadt-Text hinausläuft.[129]

Anders scheint die Sache, nimmt man die urbanen Rauschphänomene selbst in den Blick. Denkt man nur an das grundlegende «Kolportagephänomen des Raums», das die Weltgeschichte zur kolportagehaften Potentialität eines Raums depraviert, so hat es in der eklektisch historistischen Bauweise und den Video-City-Räumen der Postmoderne eine frappante Verwirklichung erfahren. Der urbane Raum wird jetzt in seiner nüchternen offiziellen Wirklichkeit zum «Kolportagephänomen», zur Bühne von historischen Kostümen, zum Gleichartigen, in dem sich alles geschichtlich Gewesene hätte abspielen können. Auch jener «Schachtelzustand», der den einsam Berauschten in die ungeheuer vertieften Bildräume verklammerte, nähert sich heute gesellschaftspraktischer Normalität. Kennzeichnend für die ästhetische Rauscherfahrung der Stadt war es überdies, daß sich die gewöhnlichen Dinge in erregende Signifikanten verwandeln, in Zeichen, die auf keinen Urtext mehr beziehbar sind, jedoch untereinander vielfältige Korrespondenzen eingehen. Im nachmodernen Raumgefüge der Städte ist dies beinahe zur kulturellen Selbstverständlichkeit geworden. Die Authentizität des Dinglichen, und sei es im strukturellen Todeskampf seiner Bedeutungen, scheint gar nicht mehr erfragbar. Hier zeigt sich die ganze Doppeldeutigkeit der ‹Postmoderne›; denn die Verwandlung der sozialen Lebenswelt in einen ausdrücklichen Text von Zeichen hat zwei sehr verschiedene Dimensionen: eine machtpolitische und magisch-erotische.[130] Die eine orientiert auf zweckrationale Beherrschung, Disziplinierung und Planung der urbanen Räume, die andere auf ästhetische Affirmation der sozialen Welt als einer Welt intimer Kollektivität, in der alles zu fließenden, sich verwandelnden und verknüpfenden Zeichen im Energiestrom des gesellschaftlichen Eros wird.

Anmerkungen

1 Walter Benjamin: Das Passagen-Werk. In: Gesammelte Schriften. Bd. V. Frankfurt/M. 1982, S. 525.
2 Friedrich Nietzsche: Die fröhliche Wissenschaft. Viertes Buch. In: Werke in vier Bänden. Bd. 4. Erlangen o. J., S. 84f.
3 Nietzsche: Die fröhliche Wissenschaft, S. 24.
4 Vgl. Benjamin: Passagen-Werk, S. 524, 541, 554.

5 Vgl. dazu Karl Marx/Friedrich Engels: Die deutsche Ideologie. In: Werke. Bd. 3. Berlin (DDR) 1978, S. 75f.
6 Benjamin: Passagen-Werk, S. 524.
7 Vgl. Karl Marx: Resultate des unmittelbaren Produktionsprozesses. 2. Aufl. Frankfurt/M. 1970, S. 16ff.
8 Vgl. dazu Mario Erdheim: Die gesellschaftliche Produktion von Unbewußtheit. Eine Einführung in den ethnopsychoanalytischen Prozeß. Frankfurt/M. 1984, S. 75ff.
9 Edgar Allan Poe: Der Massenmensch. In: Das gesamte Werk in zehn Bänden. Bd. 4. Herrsching 1979, S. 707, 713.
10 Vgl. Benjamin: Passagen-Werk, S. 541.
11 Poe: Der Massenmensch, S. 707.
12 Poe: Der Massenmensch, S. 713.
13 Siehe Poe: Der Massenmensch, S. 715, 720.
14 Vgl. Sigmund Freud: Das Unheimliche. In: Werke, Studienausgabe. Bd. IV. Frankfurt/M. 1975, S. 257ff.
15 Poe: Der Massenmensch, S. 713.
16 Vgl. Freud: Das Unheimliche, S. 262f.
17 Vgl. Erdheim: Produktion von Unbewußtheit, S. 24f, 76, 102.
18 Vgl. dazu Dietmar Voss: Ohnmächtige Wahrheit. Reflexionen über ‹Jugend› und andere Werke von Wolfgang Koeppen. In: Eckart Oehlenschläger (Hg.): Wolfgang Koeppen. Frankfurt/M. 1987, S. 353ff.
19 Vgl. Charles Baudelaire: Constantin Guys. Der Maler des modernen Lebens (1863). In: Werke in deutscher Ausgabe. Hg. von Max Bruns. Bd. 4. Minden i. Westf. 1901–1910, S. 276f.
20 Siehe Baudelaire: Constantin Guys, S. 277ff.
21 Siehe dazu Charles Baudelaire: Gedichte in Prosa. In: Ausgewählte Werke. Bd. II. Hg. von Franz Blei. München 1925, S. 179f.
22 Vgl. Benjamin: Passagen-Werk, S. 540f, 554.
23 Walter Benjamin: Über Haschisch. Novellistisches. Berichte. Materialien. Frankfurt/M. 1972, S. 126f.
24 Benjamin: Passagen-Werk, S. 525.
25 Vgl. Erdheim: Produktion von Unbewußtheit, S. 92–101.
26 Vgl. Michel de Certeau: Umgang mit Raum. Die Stadt als Metapher. In: Centre de Création Industrielle im Centre national d'art de culture Georges Pompidou (Hg.): Panikstadt (Ville Panique). Paris 1977. Berlin/Braunschweig 1979, S. 19.
27 Benjamin: Über Haschisch, S. 51.
28 Benjamin: Über Haschisch, S. 52.
29 Benjamin: Über Haschisch, S. 52.
30 Vgl. Friedrich Nietzsche: Also sprach Zarathustra. In: Werke in vier Bänden. Bd. 1. Erlangen o. J., S. 280f, 479ff.
31 Benjamin: Über Haschisch, S. 93.
32 Vgl. etwa Hermann Schweppenhäuser: Die Vorschule der profanen Erleuchtung. In: Walter Benjamin: Über Haschisch. Frankfurt/M. 1972, S. 20f.
33 Benjamin: Über Haschisch, S. 54.
34 Louis Aragon: Pariser Landleben. Le Paysan de Paris. München 1969, S. 104.
35 Benjamin: Über Haschisch, S. 122, 129.
36 Benjamin: Über Haschisch, S. 77.
37 Vgl. Charles Baudelaire: Edgar Allan Poe, sein Leben und seine Werke. In:

Sämtliche Werke/Briefe. Bd. 2. München/Wien 1983, S. 339. Sowie Charles Baudelaire: Die Weltausstellung 1855. In: Sämtliche Werke/Briefe. Bd. 2. München/Wien 1983, S. 252.
38 Georges Bataille: Die Aufhebung der Ökonomie. 2. Aufl. München 1985, S. 100.
39 Vgl. Bataille: Aufhebung der Ökonomie, S. 87.
40 Bataille: Aufhebung der Ökonomie, S. 87.
41 Benjamin: Über Haschisch, S. 107.
42 Siehe Martin Heidegger: Das Ding. In: ders.: Vorträge und Aufsätze. 5. Aufl. Pfullingen 1985, S. 173f.
43 Heidegger: Das Ding, S. 158.
44 Benjamin: Über Haschisch, S. 107.
45 Vgl. Heidegger: Das Ding, S. 175.
46 Benjamin: Über Haschisch, S. 71.
47 Benjamin: Passagen-Werk, S. 488.
48 Benjamin: Passagen-Werk, S. 1243.
49 Siegfried Kracauer: Das Ornament der Masse. Essays. Frankfurt/M. 1977, S. 332.
50 Kracauer: Ornament der Masse, S. 327.
51 Benjamin: Über Haschisch, S. 126.
52 Aragon: Pariser Landleben, S. 41.
53 Kracauer: Ornament der Masse, S. 326.
54 Aragon: Pariser Landleben, S. 57.
55 Siehe Aragon: Pariser Landleben, S. 58, 106f, 136f.
56 Schweppenhäuser: Vorschule, S. 21.
57 Siehe Heidegger: Das Ding, S. 178.
58 Siehe Sigmund Freud: Trauer und Melancholie. In: Werke, Studienausgabe. Bd. III. Frankfurt/M. 1975, S. 203ff, 210.
59 Aragon: Pariser Landleben, S. 170.
60 Aragon: Pariser Landleben, S. 58.
61 Siehe Walter Benjamin: Der Sürrealismus. Die letzte Momentaufnahme der europäischen Intelligenz. In: Gesammelte Schriften. Bd. II. Frankfurt/M. 1977, S. 299f.
62 Vgl. Benjamin: Der Sürrealismus, S. 310.
63 Vgl. Georges Bataille: Die Souveränität. München 1978, S. 50ff.
64 Charles Baudelaire: Raketen. In: Ausgewählte Werke. Bd. III. München 1925, S. 320.
65 Benjamin: Über Haschisch, S. 107.
66 Vgl. Charles Baudelaire: Die künstlichen Paradiese. In: Ausgewählte Werke. Bd. II. München 1925, S. 166ff.
67 Baudelaire: Edgar Allan Poe, S. 339.
68 Benjamin: Passagen-Werk, S. 527.
69 Vgl. Benjamin: Über Haschisch, S. 118.
70 Vgl. Benjamin: Über Haschisch, S. 69f.
71 Benjamin: Passagen-Werk, S. 527; Benjamin: Über Haschisch, S. 70.
72 Vgl. Benjamin: Passagen-Werk, S. 466.
73 Vgl. Georg Wilhelm Friedrich Hegel: Vorlesungen über die Philosophie der Geschichte. In: Werke. Bd. 12. Frankfurt/M. 1970, S. 49ff.
74 Vgl. dazu Klaus Laermann: Alltags-Zeit. Über die unauffälligste Form sozialen Zwangs. In: Kursbuch 41 (1975).

75 Vgl. dazu Karl Marx: Das Kapital. Erster Band. In: Marx/Engels: Werke. Bd. 23. Berlin (DDR) 1974, S. 333 ff.
76 Vgl. dazu Paul Virilio/Sylvère Lotringer: Der reine Krieg. Berlin 1984, S. 47 ff.
77 Ernst Bloch: Verfremdungen II. Geographica. Frankfurt/M. 1964, S. 17.
78 Bloch: Verfremdungen II, S. 17.
79 Bloch: Verfremdungen II, S. 15.
80 Vgl. Benjamin: Passagen-Werk, S. 59.
81 Vgl. dazu Walter Benjamin: Das Kunstwerk im Zeitalter seiner technischen Reproduzierbarkeit. In: Gesammelte Schriften. Bd. I. Frankfurt/M. 1974, S. 445.
82 Ernst Jünger: Das abenteuerliche Herz. In: Werke. Bd. 7. Stuttgart o. J., S. 147.
83 Siehe Jünger: Das abenteuerliche Herz, S. 236.
84 Aragon: Pariser Landleben, S. 57.
85 Aragon: Pariser Landleben, S. 161, 160.
86 Aragon: Pariser Landleben, S. 165.
87 Aragon: Pariser Landleben, S. 205.
88 Walter Benjamin: Berliner Kindheit um Neunzehnhundert. In: Gesammelte Schriften. Bd. IV. Frankfurt/M. 1972, S. 293.
89 Siehe Bernard Mandeville: Die Bienenfabel. Frankfurt/M. 1980, S. 389 f.
90 Siehe Johann Wolfgang von Goethe: Novelle. In: Werke, Hamburger Ausgabe. Bd. 6. 9. Aufl. München 1977, S. 495–500.
91 Jünger: Das abenteuerliche Herz, S. 153 f.
92 Vgl. Jünger: Das abenteuerliche Herz, S. 154 ff.
93 Aragon: Pariser Landleben, S. 18.
94 Vgl. dazu Karl Marx: Grundrisse der Kritik der Politischen Ökonomie. Frankfurt/M. o. J., S. 231.
95 Schweppenhäuser: Vorschule, S. 13.
96 Benjamin: Über Haschisch, S. 75.
97 Benjamin: Über Haschisch, S. 70.
98 Benjamin: Über Haschisch, S. 70.
99 Vgl. dazu Bertrand Russell: Das ABC der Relativitätstheorie. Reinbek bei Hamburg 1972, S. 49–57.
100 Russell: Relativitätstheorie, S. 144.
101 Benjamin: Passagen-Werk, S. 573.
102 Louis Aragon: Das Wahr-Lügen. Erzählungen. Düsseldorf 1983, S. 109.
103 Benjamin: Passagen-Werk, S. 427.
104 Siehe Benjamin: Passagen-Werk, S. 435 f.
105 Aragon: Wahr-Lügen, S. 70.
106 Aragon: Wahr-Lügen, S. 70.
107 Siehe Peter Gorsen: Zur bürgerlichen Rezeption von Obszönität und Pornographie. Reinbek bei Hamburg 1972, S. 90 f.
108 Jünger: Das abenteuerliche Herz, S. 211 f.
109 Octavio Paz: Essays 2. Frankfurt/M. 1984, S. 36.
110 Aragon: Pariser Landleben, S. 51.
111 Siehe Jacques Lacan: Die vier Grundbegriffe der Psychoanalyse. Freiburg i. Br. 1978, S. 165.
112 Siehe dazu Serge Leclaire: Der Psychoanalytische Prozeß. Versuch über das Unbewußte und den Aufbau einer buchstäblichen Ordnung. Frankfurt/M. 1975, S. 56, 59 f.

113 Benjamin: Passagen-Werk, S. 118.
114 Benjamin: Passagen-Werk, S. 1243.
115 Vgl. Benjamin: Passagen-Werk, S. 457, 573.
116 Ernst Jünger: Strahlungen I. In: Werke. Bd. 2. Stuttgart o. J., S. 269. – Vgl. auch Jünger: Das abenteuerliche Herz, S. 130.
117 Benjamin: Passagen-Werk, S. 533.
118 Benjamin: Passagen-Werk, S. 291.
119 Benjamin: Passagen-Werk, S. 492.
120 Siehe etwa Heinz Brüggemann: Stadt lesen – Stadt beschreiben. Über historische und ästhetische Bedingungen literarischer Stadterfahrung. In: Literatur und Erfahrung. Zeitschrift für literarische Sozialisation 14 (1984), S. 35, 39.
121 Vgl. Benjamin: Passagen-Werk, S. 577.
122 Vgl. Benjamin: Über Haschisch, S. 52, 89.
123 Bataille: Aufhebung der Ökonomie, S. 89.
124 Schweppenhäuser: Vorschule, S. 25f.
125 Benjamin: Über Haschisch, S. 51.
126 Charles Baudelaire: Der Salon von 1859. In: Werke in deutscher Ausgabe. Bd. 4. Minden i. Westf. 1901–1910, S. 213.
127 Baudelaire: Edgar Allan Poe, S. 337.
128 Vgl. dazu Jochen C. Schütze/Dietmar Voss: Postmoderne im Kontext. In: Zeitschrift für Germanistik 3 (1987).
129 Siehe de Certeau: Umgang mit Raum, S. 4ff.
130 Zur letztgenannten Dimension und ihrer Überlieferung siehe Paz: Essays 2, S. 66ff. – Zur Figur der Stadt als *organischem Text* siehe Victor Hugo: Notre-Dame von Paris. Frankfurt/M. 1977, S. 140ff, 149ff.

Jost Hermand

Das Bild der ‹großen Stadt› im Expressionismus

In fast allen älteren Expressionismus-Darstellungen, sofern sie auf inhaltliche Fragen eingehen und nicht nur formale Aspekte behandeln, findet sich die Behauptung, daß der wahre, der eigentliche, der ‹expressionistische› Expressionismus – aufgrund seiner Ablehnung alles Autoritären – eine anarchisch gesinnte Revolte gegen alle herkömmlichen Ordnungen in Schule, Beruf, Universität, Elternhaus, Ehe, Familie, Armee, Büro, Fabrik usw. gewesen sei und sich hierbei – im Gegenzug zu der allgemein beklagten ‹Entfremdung› – neben der vielbeschworenen Freiheit vornehmlich auf Leitvorstellungen wie Natur, Instinkt, Trieb, Ekstase, Phantasie, mystische Entrückung, romantische Entgrenzung usw. berufen habe. Und im Rahmen dieser Totalrevolte gegen alles Anorganische, Bürokratische, Durchrationalisierte, Zivilisatorische, das Lust-Unterdrückende, ja das Kehle-Abschnürende habe der Expressionismus, wie es immer und immer wieder heißt, auch das Phänomen der Stadt, vor allem das der Großstadt, als Ausgeburt eines geradezu teuflischen Ungeistes nicht nur kritisiert, sondern mit erbittertem Haß als eine der schlimmsten, menschenfresserischen Manifestationen jener ‹Moderne› angeprangert, der man sich nur durch einen Rückzug in die utopischen Gefilde der Seligen, zu Natur und Dschungel, zu Bauerntum und Scholle, zu einem adamitischen Paradies, das heißt einem Reich des Elysischen, Pastoralisierten, Exotischen, Atavistischen, Nackten, Wilden, entziehen könne.

Für solche Behauptungen, so grobschlächtig sie auf Anhieb auch wirken, lassen sich in den Schriften der Expressionisten ohne große Mühe genügend Belege beibringen. Der Expressionismus war nun einmal eine höchst massive, zu radikalen Überspitzungen neigende Bewegung, die sich gern von irgendwelchen undialektischen, antinomischen Thesen hinreißen ließ – darunter der, daß an die Stelle der Stadt wieder das Paradies oder der Dschungel treten müsse. Wohl die besten Beispiele dafür liefert die frühexpressionistische Lyrik, die lange Zeit, als man nur nach ästhetischer Interessantheit Ausschau hielt, ohne genauer auf die historische oder gar politische Signifikanz dieser Bewegung einzugehen, als die bedeutendste Leistung des literarischen Expressionismus hochgelobt wurde.[1] Und in dieser Lyrik, ob nun der eines Georg Heym, Georg

Trakl, Alfred Wolfenstein, Paul Zech, Jakob van Hoddis, Paul Boldt, Alfred Lichtenstein oder Johannes R. Becher, deren Hauptwerke in der für den Expressionismus lange Zeit als paradigmatisch geltenden Anthologie «Menschheitsdämmerung» (1920) erschienen, ist das Bild der Stadt allerdings ein recht düsteres, schwarzes, zerstörerisches, ja untergangsreifes, das die von der älteren Expressionismusforschung aufgestellte These vom Expressionismus als einer im Prinzip antizivilisatorischen Bewegung nachdrücklich zu bestätigen scheint.[2] Fast überall wird hier die Welt der großen Städte als eine Welt des ‹Abgrunds›, der ‹Fäulnis›, des ‹Gassenkots›, der ‹Geschwüre›, der ‹Verwesung› beschworen, in der ein menschenwürdiges Leben geradezu unmöglich sei. Dementsprechend sind die frühexpressionistischen Gedichte häufig mit Kranken, Gebrechlichen, Wahnsinnigen, Prostituierten, Gestrandeten, Säufern, hoffnungslos Vereinsamten usw. bevölkert, die mit schreckverzerrten oder vom Tode gezeichneten Gesichtern in irgendwelche ‹schwarzen Abgründe› zu stürzen scheinen. Und zwar bedienen sich ihre Verfasser dabei geradezu aller von der Tradition bereitgestellten Bilder des biologischen Verfalls (wie der Dekadenz, der Verwesung, der Entartung, der Krankheit, des Todes), der religiösen Untergangsvisionen (wie der Apokalypse, des Jüngsten Gerichts, des Turmbaus zu Babel, der Sintflut, der Zerstörung von Sodom und Gomorrha), der mythologischen Schreckgespenster (wie des Golems, des Molochs, des Saturns, des großen Baals) oder rein naturhafter Katastrophen (wie des Erdbebens, der Feuersbrunst, des Blitzeinschlags, der Eiszeit, des Vulkanausbruchs, des Lavastroms usw.). Von den konkreten politischen, ökonomischen oder gesellschaftlichen Ursachen solcher Verfallserscheinungen ist hierbei selten oder nie die Rede. Meist bleibt es bei einer subjektiv undurchschauten Realität, die nicht als ‹wirkliche›, das heißt verstandene und gedeutete Wirklichkeit im Sinne Hegels, sondern weitgehend als unerklärbarer Alptraum erfahren wird.

So begegnen wir in Trakls Großstadtgedichten vor allem Bildern des biologischen Verfalls, das heißt Stürzenden, «menschlichen Ruinen» oder «toten Waisen», die – wie in seinem «Psalm» – in nächtliche Dämmerung treiben.[3] In den Werken Heyms geht es hingegen meist um mythologische Schreckgespenster. In einem seiner Gedichte sind es die «Dämonen», die in den schwarzgewordenen Städten ihr Unwesen treiben, den Müttern die unreife «Frucht» aus dem Schoß reißen, schaurige «Sterbelieder» anstimmen und zugleich «Wolken von Kohlenruß» um sich verbreiten.[4] In einem anderen Gedicht, «Der Gott der Stadt» überschrieben, steht der große Baal im Mittelpunkt, der wie ein Moloch alles um sich herum ergreift, zerstört oder auffrißt:

«Auf einem Häuserblocke sitzt er breit.
Die Winde lagern schwarz um seine Stirn.
Er schaut voll Wut, wo fern in Einsamkeit
Die letzten Häuser in das Land verirrn.

Vom Abend glänzt der rote Bauch dem Baal,
Die großen Städte knien um ihn her.
Der Kirchenglocken ungeheure Zahl
Wogt zu ihm aus schwarzer Türme Meer.

Wie Korybanten-Tanz dröhnt die Musik
Der Millionen durch die Straßen laut.
Der Schlote Rauch, die Wolken der Fabrik
Ziehn auf zu ihm, wie Duft von Weihrauch blaut.

Das Wetter schwält in seinen Augenbrauen.
Der dunkle Abend wird in Nacht betäubt.
Die Stürme flattern, die wie Geier schauen
von seinem Haupthaar, das im Zorne sträubt.

Er streckt ins Dunkel seine Fleischerfaust.
Er schüttelt sie. Ein Meer von Feuer jagt
Durch eine Straße. Und der Glutqualm braust
Und frißt sie auf, bis spät der Morgen tagt.»[5]

In den frühexpressionistischen Gedichten Bechers herrschen hingegen im Hinblick auf die dem Untergang geweihten großen Städte meist Bilder gewaltiger Naturkatastrophen vor. Hier sind es die geschändeten und vergewaltigten «Elemente», die sich gegen die Untaten der Menschen auflehnen. So werden in seinem Gedicht «Berlin» folgende kataraktartig aufeinander bezogene Bilder beschworen, um die Leser in eine durch nichts abzuwendende Katastrophenstimmung zu versetzen: «Lavagrüfte», der «Berge Flammenrunde», «Lawinen», «Wildbäche», «Geysire», «Krater», «Geschwüre», «Schutt und Moder», «Donner», «Schlamm», «graue Gischt», «Nebeldämpfe», «Wasserrauschen» – und dann am Schluß noch Visionen des Jüngsten Gerichts angehängt, um nur ja keinen Zweifel an dem in diesem Gedicht zum Ausdruck kommenden abgrundtiefen Haß auf alles Großstädtische zu lassen:

«Einst kommen wird der Tag! ... Die himmlischen Legionen
Sie wimmeln aus der Wolken Ritze mit Geschmetter.
Es schlagen zu mit Knall der Häuser Särgebretter.
Zerschmeißen euch. Es hallelujen Explosionen.»[6]

Doch auch andere expressionistische Lyriker stellen die Bewohner dieser schwarzen Städte gern als total Erniedrigte, Gedrückte, Verkrüppelte, das heißt als die Bewohner eines «Bestienhauses» hin, wie es in einem Gedicht von Alfred Wolfenstein heißt[7], die von höheren Schicksalsgewalten auf die Ebene des Animalischen, der Notdurft, des nackten Überlebens herabgedrückt werden. Sie sind die Verdammten dieser Erde, die Gepeinigten, Genotzüchtigten und Ausgeschlachteten, die Friedrichstraßedirnen (Paul Boldt), die unterbezahlten Sortiermädchen (Paul Zech), die bleichen Ladendiener, die Bettler und Pennbrüder voller Grind und Wucherung, die ihre karg bemessenen Genüsse lediglich in zerlumpten Bodenkammern und rauchgeschwängerten Destillen finden. Zu den feineren Naturen gehören in diesem Umkreis meist nur jene jungen Dichter, die sich in all dieser Kälte und Gier grenzenlos verlassen vorkommen. Wie es ihnen ‹ums Herz war›, erfahren wir am besten bei Wolfenstein:

> «Und wie still in dick verschlossener Höhle
> Ganz unangerührt und unangeschaut
> Steht ein jeder fern und fühlt: alleine.»[8]

Allerdings reagierten nicht alle Expressionisten auf das Gefühl des Alleinseins derart larmoyant wie die ‹Persona› dieses Gedichts. Nicht jeder zog sich – in Trauer oder mystischer Todessehnsucht – auf sein eigenes Ich zurück. Schon in der Frühphase dieser Bewegung gab es durchaus offene Proteste gegen diesen großstädtischen Kälteeinbruch. Allerdings wurden diese meist in apokalyptische Visionen eingekleidet – oder entluden sich in antizivilisatorischen, antitechnologischen Affekten, kurz: in einer blinden Maschinenstürmerei. «Die Maschine, wie wir dieses Vieh hassen», heißt es einmal bei Karl Otten, «nieder mit der Technik, nieder mit der Maschine».[9] Ähnliche Empörungsrufe werden in den Gedichten von Albert Ehrenstein und Paul Zech laut, die ihre Schreckensbilder der großen Industriestädte mit ihren Fabrikmauern, Feuerschlünden und Schutthalden häufig mit ekstatischen Aufschreien wie «Zerstört die Maschinen!» oder «Zerstört die Städte!» beschließen.[10] Das gleiche gilt für ein Drama wie «Gas I» (1918) von Georg Kaiser, wo in der letzten Szene der Welt der großen Stadt und ihrer Fabriken der Traum des «Grünen», das heißt der freien Siedler auf freiem Grund entgegengesetzt wird.[11]

Nicht ganz so vehement äußerte sich dieser antistädtische Affekt in der expressionistischen Malerei. Die Gegenbilder der Natur, der Exotik, des Wilden sind zwar auch hier Legion, aber die große Stadt selbst taucht im Motivschatz dieser Malerei wesentlich seltener auf. Was es in diesem Umkreis noch am ehesten gibt, sind jene Szenen aus dem Berliner Kaschemmen- und Caféhausmilieu, wie sie beim frühen George Grosz auftauchen, oder jene Straßenbilder von Ernst Ludwig Kirchner aus den Jahren 1913/14, die mit Dirnen und ihren ‹Freiern› bevölkert sind. All das hat damals auf gutbürgerliche Gemüter sicher aufreizend, aber nicht wirklich untergangsreif oder apokalyptisch gewirkt. Selbst da, wo die moderne Technik in solche expressionistischen Großstadtbilder einbezogen wird, das heißt auf Bildern wie «Die Stadt» von Jakob Steinhardt, die «Wuppertaler Schwebebahn» von Adolf Erbslöh oder die «Kölner Rheinbrücke» von

Ludwig Meidner, Ich und die Stadt (1913)

Kirchner, stellt sich zwar der Eindruck des Bedrückenden, aber nicht des Stürzenden oder Zusammenbrechenden ein. Der einzige frühexpressionistische Maler, der in seinen Motiven den Untergangsgedichten der «Menschheitsdämmerung» relativ nahekommt, ist Ludwig Meidner, der auch einige der Porträts zu dieser Anthologie beigesteuert hat. Wohl sein bekanntestes Gemälde dieser Art ist das Bild «Ich und die Stadt» von

1913, auf dem – wie in den Gedichten Johannes R. Bechers – eine zum Untergang bestimmte Stadt von Explosionen und Feuersbrünsten heimgesucht wird. Ja, bei Meidner, dem literarischsten unter den frühexpressionistischen Malern, standen solche Motive für eine Weile geradezu im Zentrum seines Schaffens, wie andere seiner Bilder mit brennenden Städten oder von Erdbeben bedrohten Straßenzügen oder Einzelhäusern beweisen.

Doch all das ist erst die halbe Wahrheit. Zugegeben, der Expressionismus war auch eine im Zeichen der Natur, der Exotik, des Ungehemmten, des Archaischen stehende Antigroßstadtbewegung – und ist in Zeiten ähnlich gesinnter Revolten weitgehend so verstanden worden.[12] Wenn man jedoch sowohl seine Breite als auch seinen historischen Verlauf ins Auge faßt, war er nicht nur eine aufgewärmte Version ältester rousseauistischer, romantischer, bürgerlich-liberaler Affekte gegen Stadt und Technik, deren subjektive Intentionen zwar verständlich, aber deren objektive Zielsetzungen in ihrer blinden Antinomik fast ans Puerile grenzen. Genau besehen, war der expressionistische Rückzug aus der Stadt gar nicht das wahrhaft Neue an dieser Bewegung. Eine ‹Los von Berlin›- und ‹Los von Wien›-Bewegung hatte es – im Zeichen heimatkünstlerischer, jugendstiliger und neuromantischer Tendenzen – bereits um 1900 gegeben. Gerade um die Jahrhundertwende war als Gegenschlag zu spezifisch großstädtisch-orientierten Bewegungen wie dem Naturalismus und Impressionismus viel von Natur, Heimat, Scholle und ‹Eigentlichkeit› die Rede gewesen, was nicht nur Künstlerkolonien wie Worpswede, Höllriegelskreuth, Neu-Dachau und Willingshausen, sondern auch Bewegungen wie der Wandervogel und der Nudismus beweisen.

Mit solchen Bewegungen verglichen, war der Expressionismus von Anfang an eine modernistisch-avantgardistische Großstadtkunst, die ohne das Ambiente der Künstlercafés, Bohemezirkel, kleinen Galerien und Miniverlage gar nicht denkbar ist. Ja, der Expressionismus war – trotz vieler ins Biologische, Mystische, Utopistische, Urhafte züngelnder Tendenzen – die erste wirkliche Großstadtkunst in Deutschland überhaupt und fand daher sein logisches Zentrum in Berlin, der Hauptstadt eines durch die Gründerzeit ausgelösten industriellen Aufschwungs, durch den Deutschland im Jahr 1913 auf den zweiten Platz der Weltrangliste der Industrienationen vorrücken konnte. Während es 1877 in diesem Reich erst acht Großstädte (also Städte mit über 100000 Einwohnern) gegeben hatte, stieg die Zahl solcher Städte bis 1910 auf 44 an. Zu diesem Zeitpunkt war also bereits jeder fünfte Deutsche ein Großstädter. Daß eine so rapide Industrialisierung und Vergroßstädterung zu einer ideologischen Desorientierung weitester Bevölkerungsschichten führen mußte, konnte kaum ausbleiben. Ebenso unausweichlich war die fortschreitende Zentralisierung des neuen Reichs, die zwangsläufig eine Vorherrschaft Berlins mit sich brachte. Und so konzentrierte sich um 1910 das kulturelle Leben eindeutig in dieser Stadt, während ältere kulturelle Zentren wie München, Leipzig, Dresden, Hamburg, Düsseldorf oder Frankfurt nach diesem Zeitpunkt zusehends in den Hintergrund traten.

Im Zuge dieser Entwicklung zogen nach der Jahrhundertwende immer mehr junge Künstler nach Berlin, da ihnen nur diese – zur allesbeherrschenden Metropole angewachsene – Stadt als der Ort eines ins Großstädtische befreiten Lebens und der Ort einer wahrhaft avancierten Kunst, kurz: als die Stadt der ‹Avantgarde› erschien. Aufgewachsen in klein- oder mittelstädtischen Verhältnissen, wo sie der ständigen Aufsicht und dem gesellschaftlichen Druck der sie umgebenden Familien- und Lebensumstände ausgesetzt waren, erhofften sich diese Schichten von Berlin geradezu alles: ein Untertauchen in der Anonymität und damit ein total enthemmtes, fesselfreies Leben, vor allem auf dem Gebiet der Sexualität, sowie die verlockende Chance, mit den neuesten, als befreiend, ja als progressiv aufgefaßten künstlerischen Strömungen, vor allem der des Expressionismus, in Kontakt zu kommen, die seit 1909/10 in vielen Kunstzeitschriften eine führende Rolle zu spielen begann. Diese jungen Künstler waren nicht darauf aus, sich den Lebensreformern, Wandervögeln, Nacktkulturlern und Landerziehungspädagogen der Jahrhundertwende anzuschließen. Sie wollten sich nicht in Eurhythmie üben, nicht in vegetarischen Obstbaumkolonien leben, nicht mit Wimpeln und Klampfen durch die deutschen Lande streifen und ‹jenseits des Tales› ihre Zelte aufschlagen, sondern in Cafés herumsitzen, Varietés aufsuchen, Galerien durchstreifen, sich auf Tanzböden nach Mädchen umtun, mit einem Wort: sie wollten sich jenen anarchisch-gesinnten Gruppen und Grüppchen anschließen, die einstmals als Bohemiens gegolten hatten und sich jetzt als die Vertreter der künstlerischen Avantgarde ausgaben.[13] Sie fühlten sich zwar von einer Großstadt wie Berlin auch überwältigt, ja sogar verunsichert, waren aber zugleich berauscht von allen Möglichkeiten, welche sich ihnen hier boten.

Es gab zwar auch solche, wie wir gehört haben, die unter den großstädtischen Verhältnissen ‹litten›. Doch die meisten waren stolz darauf, die neuen ‹Außenseiter› zu sein. Viele hatten sogar das Gefühl, als künstlerische Außenseiter die eigentlichen Innenseiter der sie umgebenden Gesellschaft zu sein und daß man von ihnen – in einer Ära der ökonomischen Hochkonjunktur ohnegleichen – geradezu erwartete, den bürgerlichen Kunstbetrieb mit den erforderlichen Sensationen, Moden und Ismen zu beliefern. Sie gaben sich darum große Mühe, so schockierend wie nur möglich aufzutreten. Als die Phalanx einer nur in modernen Großstädten möglichen Randgruppenexistenz wollten sie unter all den einer geregelten Tätigkeit nachgehenden Spießern als Anarchisten, Alternative oder zumindest Stadtstreicher gelten. So schrieb etwa Ludwig Rubiner 1912 in der «Aktion» auf die selbstgestellte Frage «Wer sind wir?»: «Prostituierte, Dichter, Zuhälter, Sammler von verlorenen Gegenständen, Gelegenheitsdiebe, Nichtstuer, Liebespaare mitten in der Umarmung, religiös Irrsinnige, Säufer, Kettenraucher, Vielfraße, Pennbrüder, Einbrecher, Erpresser, Kritiker, Schlafsüchtige, Gesindel», daß heißt alle «Arbeitslosen, Arbeitsunfähigen und Arbeitsunwilligen» dieser Welt.[14] Die Helden vieler expressionistischer Novellen, Romane und Dramen stürzen sich deshalb nach ihrer Ankunft in Berlin, nach ihrem Ausbruch aus einem verrotteten Berufs- und Eheleben erst einmal in die Arme einer besonders ‹liebestoll› aussehenden Großstadtdirne und dann in das allgemeine Vergnügungsleben. So läßt Curt Corrinth in dem Roman «Potsdamer Platz oder Die Nächte des Messias» (1919) seinen jungen Helden aus Barmen-Elberfeld schon auf den ersten Seiten im Bett einer ihn durch alle Höhen und Tiefen treibenden Berliner Dirne die erste wirkliche ‹Erfüllung› seines Lebens finden. Das gleiche ‹Wunder› erlebt der aus dem Elternhaus ausbrechende junge Held in Walter Hasenclevers «Der Sohn» (1914) wie auch jener Kassierer in Georg Kaisers «Von morgens bis mitternachts» (1916), der nach einer verblödenden Ehe- und Büroexistenz unter lauter ‹Ich-Leichen› seine ersten Ekstasen ebenfalls in der Welt der großstädtischen Bordelle und Sechstagerennen findet.

Mit ‹Revolution› hat all das – besonders in der Frühphase des Expressionismus – nur wenig zu tun. Genau besehen, sind die rauschhaft erlebten Untergangsvisionen sowie die ebenso rauschhaft erlebten Auferstehungsvisionen dieser Bewegung letztlich komplementäre Extreme, deren gemeinsamer Nenner die ‹Intensität› des dabei Erlebten ist. Ob nun das rauschhafte Sichversenken in die Natur (bei völliger Ablehnung der Stadt) oder das rauschhafte Sichversenken in die Stadt (bei völliger Ablehnung des Naturhaften): beide Verhaltensweisen steuern auf jene hochgeschraubte Gefühlsklimax hinaus, die für viele bürgerlich-antibürgerliche Protestbewegungen in Deutschland seit dem sogenannten Sturm und Drang als das erstrebenswerteste Telos galt. Dementsprechend schrieb der betont anarchistisch auftretende Rubiner, daß es für seine Generationen nur *ein* «sittliches Lebensziel» gebe, nämlich die Erfahrung der «Intensität, ihr Bersten, ihr Aufsplittern, ihre Sprengungen»[15]. Sich dabei ideologisch auf das eine oder das andere – die Natur oder die Stadt, den Trieb oder den Geist, den Krieg oder den Frieden, das Nichtstun oder die Aktivität – festzulegen, lehnten er und seine Gesinnungsgenossen meist ab. Sie wollten in erster Linie ‹Expressionisten› sein – in welcher Ideologie, welcher Form, welchem Genre war ihnen gleichgültig, solange dieser Drang ihrem eigenen Lebensgefühl den erhofften Auftrieb und die erhoffte Erfüllung gab. Ein eher zynisch eingestellter Expressionist wie Carl Sternheim schrieb darum im Hinblick auf diesen bürgerlich-antibür-

Otto Gleichmann, Strahlen – Stürzen (1920)

gerlichen Freiheitskult einmal mit böswilliger Klarsicht: «Noch immer hatten mit aller Welt sie gleiche Begriffe, die sie nur mit vollen Backen bis zum Platzen aufgeblasen hatten.»[16]

So betrachtet, ist der Expressionismus, bevor man weitere Folgerungen aus ihm zieht, erst einmal Ausdruck einer anarchisch eingestellten Boheme, wie das sozialhistorisch arbeitende Germanisten bereits mehrfach herausgearbeitet haben.[17] Im Gegensatz zu jenen Naturalisten, die um 1890 in Berlin einen engen Kontakt zur Sozialdemokratie suchten, blieben die Frühexpressionisten weitgehend Einzelgänger und schlossen sich lediglich Clubs oder Zeitschriftengruppen an, die sich in ihrem ideologischen Selbstverständnis einer innerbürgerlichen Revolte im Sinne des herkömmlichen ‹épater le bourgeois› verschrieben. Statt unter den großstädtischen Arbeitern Agitation zu treiben, suchten sich die Expressionisten ihre Seelen- oder Triebverwandten lieber unter den lumpenproletarischen Schichten der Prostituierten, Bettler, Pennbrüder, Artisten, Zigeuner, Clowns sowie anderer Randexistenzen aus den Gammler- und Bummlerbereichen aus. Aus diesem Grund wird die Konfliktsituation ihrer Werke selten durch Klassenantagonismen bestimmt. Wie bei allen romantisch gesinnten Anarchisten (oder Edelanarchisten) stehen sich in ihren Gedichten, Romanen oder Dramen meist bürgerliche Spießer und künstlerisch talentierte Genies, Ich-Leichen und Abenteurer gegenüber.

Es fällt daher schwer, vom Expressionismus als einer wirklichen ‹Revolution› zu sprechen. Trotz vieler redlichen Intentionen blieb er letztlich eine höchst pluralistische, ja individualistisch orientierte Bewegung, die sich – im Zeichen neuer modischer Richtungen – ständig in neue, sich wechselseitig an Radikalität überbietende Ismen spaltete. So gab es zwischen 1910 und 1920 allein in Berlin über dreißig expressionistische Zeitschriften, wie die «Aktion», den «Sturm», «Das neue Pathos», die «Neue Jugend», «Die freie Straße» usw., welche sich wie feindliche Brüder untereinander auf das heftigste befehdeten. Wie gemütlich, kleinstädtisch, ja geradezu dörflich war es dagegen im Schwabing der Jahrhundertwende zugegangen. Dort hatte man weitgehend in einer sezessionistischen Enklave der ‹machtgeschützten Innerlichkeit› gelebt. Der Berliner Expressionismus verstand sich dagegen als großstädtische Avantgarde, als Menschheitsbeglückung, als Vortrupp des Weltgeistes, der allen anderen Ismen mindestens um drei Nasenlängen voraus ist. Hier gehörte man zu den Rebellen, den Dernier-cri-isten, den Verkündern der totalen Fesselfreiheit. Hier tanzte man auf ‹Revolutionsbällen›. Hier tauchte man in den Genüssen der Großstadt unter, um dann aus ihren Tiefen wieder als ‹Befreier› aufzutauchen. Hier diskutierte man die ganze Nacht im Café des Westens – und hatte man nächsten Morgen das Gefühl, die Welt um ein beträchtliches Stück weitergebracht zu haben. Hier wurde jede Gedichtlesung, jede Galerievernissage, jede Studioaufführung eines neuen Dramas, jedes modernistische Kammerkonzert sofort als der ‹letzte Schrei› der allgemeinen Weltentwicklung ausgegeben. Hier fühlte man sich – auch im Hinblick auf die Welt der Technik, die Welt der Automobile, der Telegraphendrähte und der rauchenden Fabriken – endlich ‹avanciert›. Hier war man ‹in› – und verachtete alles andere als ‹schäbige Provinz›.

Neben die frühexpressionistischen Untergangsgedichte traten daher schon in der Vorkriegsära eine Fülle enthusiastischer Lobgesänge auf die große Stadt, in deren Chor sich sogar manche der sogenannten Apokalyptiker mischten. So jauchzte selbst Becher, nach seinem Umzug von München nach Berlin, einmal auf: «Ich singe mein trunkenstes Loblied auf euch, ihr großen, ihr rauschenden Städte»[18]. Auch Paul Boldt schrieb in einem seiner Gedichte, wo er die «Stimmen der Autos» mit Jägersignalen und die «Schnellzüge» mit aufsteigenden Adlern vergleicht: «Stahlmasterblühte Stadt aus Stein, / Der Erde weiße Blume, Berlin»[19]. Noch emphatischer bekannte sich Alfred Lichtenstein in seinen «Gesängen an Berlin» zu der erregenden Wirkung dieser Stadt:

«Bald muß ich dich verlassen, mein Berlin.
Muß wieder in die öden Städte ziehn.
Bald werde ich auf fernen Hügeln sitzen,
In dicke Wälder deinen Namen ritzen.

Leb wohl, Berlin, mit deinen frechen Feuern.
Lebt wohl, ihr Straßen voll von Abenteuern.
Wer hat wie ich von eurem Schmerz gewußt.
Kaschemmen, ihr, ich drück euch an die Brust.»[20]

Als das zentrale Symbol des modernen Großstadtlebens taucht dabei in solchen Äußerungen oft das Auto auf, das manchen Expressionisten unter futuristischer Perspektive als das kaum noch zu überbietende Vehikel einer allesüberwindenden Rasanz und Lebensintensität erschien. So schrieb etwa Marie Holzer 1912 in einem kürzeren «Das Automobil» betitelten Beitrag zur «Aktion»:

«Das Automobil ist der Anarchist unter den Gefährten. Es rast, Schrecken verbreitend, durch die Welt, losgelöst von altershergebrachten Gesetzen. Kein Schienenstrang schreibt ihm die Wege vor; keine Pferdelunge zwingt ihn zu einem vorgeschriebenen Tempo, das sich selber enggezogene Grenzen hat. Es ist der Herr der unbegrenzten Möglichkeiten.

Sein Lenker spottet jeder Fahrordnung, jeden Aufenthalts, jeder Ruhepause. Für ihn gibt es nur ein Gesetz, und das ist sein eigener Wille. Vorschriften werden erdacht und ersonnen, um auch diese Tyrannenlaune menschlichen Geistes einzufrieden ... Aber der Einzelwille triumphiert hier über die Bedürfnisse der Gesamtheit, erzwingt sich sein Recht, tritt zerstörend in ihre Gewohnheiten, in ihre Ruhe ein, weist alle Einwendungen mit Eroberergeste von sich.

Es ist der Sieg der Kraft über die Pedanterie vorgeschriebener Grenzpfähle, ein Überschlagen, Überspringen langsamer Entwicklungsstadien, ein plötzliches Emporwachsen ... Es ist die Versinnbildlichung des Gedankens, der keine Wege braucht, keine Radabweiser, keine Bahnschranken, Leuchtkörper, Wächterhäuser, Stationen, Fahrpläne, es bahnt sich seinen Weg mitten durch das alltägliche Getriebe, über Marktplätze, Straßen, zwischen Spaziergängern und an Leiterwagen vorbei, immer vorbei seinem weiten Ziel entgegen.»[21]

Während noch wenige Jahre zuvor führende Kulturtheoretiker wie Karl Lamprecht, Willy Hellpach und Max Nordau – angesichts der zunehmenden Technisierung des modernen Großstadtlebens, des steigenden Lärmpegels, der Tempobeschleunigung, der Simultaneität, wenn nicht gar Überfülle der Sinneseindrücke – vor den Gefahren der wachsenden Reizsamkeit, Nervosität, ja geradezu ‹Entartung› gewarnt hatten[22], waren die futuristisch orientierten Expressionisten zwischen 1912 und 1914 von solchen Phänomenen nachgerade berauscht. All das schien ihnen Neuheit, Vielfalt, Lebenssteigerung, Avantgardismus zu verbürgen und ihr Leben endlich über die träge fließende Provinzialität ihrer Jugendjahre hinauszuheben.

Und so spiegelt auch die expressionistische Kunst nicht nur in ihren Themen und Motiven, sondern auch in ihren ästhetischen Mitteln, ihren Formen, Genres und Techniken, immer stärker den allgemeinen Trend zum Großstädtischen wider. Trotz vieler rousseauistisch-romantisch klingender Bekenntnisse zu Natur, Organik, Nacktheit, befreiter Erotik und anderen liberalen Entfesselungen, wirkt sie in der Mehrheit ihrer Werke keineswegs romantisch, organisch-gewachsen oder einfühlsam, sondern eher gedanklich, zerebral, produkthaft, fabriziert, anorganisch, technisch usw. Wie die italienischen Futuristen und französischen Kubisten bedienten sich auch die deutschen Expressionisten fast aller Mittel der oft beschworenen ‹Moderne›: ob nun des Films, der Presse mit ihren fettgedruckten Schlagzeilen und sensationellen Meldungen, des Telegrammstils, des Plakats wie überhaupt alles großstädtisch Schreihaften, Grellen, Reklamesüchtigen, Sich-Anbietenden. Und zwar taten sie das in allen drei Künsten: der immer bunter und knalliger auftretenden Malerei, der immer krasseren Motivwelt der Literatur sowie jener immer stärker zu Geräusch und Großstadtlärm tendierenden Musik, die unter dem Schlagwort ‹Bruitismus› in die gängigen Musikgeschichten eingegangen ist. Diese Kunst hat nichts ‹Natürliches›, so oft sie es auch beteuert, nichts Ländliches, Elysisches, Bukolisches, sondern ist knallharte Großstadtkunst, die sich mit allen Mitteln der reklamehaften Übertreibung, das heißt des Kolportagehaften, Reißerischen, Hingeklotzten, mitten auf den Marktplatz der Sensationen stellt. Wie auf einem Plakat wird bei ihr alles ins Essentielle, Begriffliche, Chiffrehafte reduziert und depersonalisiert. Idealtypologisch gesehen und somit auf den Begriff gebracht, handelt es sich bei dieser Kunst nicht um etwas Vermenschlichtes, sondern um etwas Entmenschlichtes, der ideologischen und ästhetischen Abstraktion Unterworfenes.

Doch wie viele Stile und Bewegungen kam auch der Expressionismus nur selten völlig zu sich selbst. Nur in wenigen Werken ist er ganz Chiffre, ganz Essenz, ganz Konstruktion und erreicht die von ihm angestrebte paradigmatische Reinform. Von solchen Fällen einmal abgesehen, manifestiert sich der Expressionismus meist in ästhetischen Mischformen, deren ideologische Intentionen oft von seltsamer Unbestimmtheit sind. Daher stößt man innerhalb dieser Bewegung häufig auf eklatante Widersprüche und weltanschauliche Verworrenheiten, die Georg Lukács später als Ausdruck einer politischen Ziellosigkeit abgekanzelt hat.[23] Immer wieder stehen in dieser Bewegung Linkes und Rechtes, Urhaftes und Zerebrales, Triebhaftes und Mystisch-Verzücktes, Militantes und Pazifistisches völlig unvermittelt nebeneinander – oder werden als Formen unverstandener Proteste nur durch die Bindeklammer einer rebellisch verstandenen ‹Lebensintensität› zusammengehalten. Daher herrscht im Expressionismus manchmal eine höchst fatale Austauschbarkeit von allem mit allem, das heißt ein Ineinander von Marx und Gebet, wie es am Ende von Ernst Blochs «Geist der Utopie» (1918) in kommunionistischer Absicht heißt.[24] In diesen Jahren waren eben Hanns Johst und Johannes R. Becher noch Aktionskameraden. Daß sie später die expressionistische ‹Lebensintensität› im Sinne der NSDAP bzw. der KPD verstanden, gehört auf ein anderes Blatt.

Und so steht auch bei der Darstellung der großen Stadt im Expressionismus totale Ablehnung oft neben totaler Verklärung, ohne daß das eine expressionistischer wäre als das andere. Ob nun wildeste Natur oder wildeste Stadt: beide sind gleichermaßen paradigmatisch für diese Bewegung, solange der Hauptakzent auf dem ‹Wilden› liegt. Allerdings gab es schon damals Versuche, diese beiden Konzepte ideologisch aufeinander zu beziehen, das heißt Faszination und Grauen, Großstadtverklärung und Großstadtverdammung auf einen Nenner zu bringen. Am beliebtesten war dabei das Bild des Jüngsten Gerichts oder der Menschheitsdämmerung, wie es in expressionistischer Variante dieser Vorstellung hieß. Und zwar ließ sich das relativ leicht bewerkstelligen, da ‹Dämmerung› im Deutschen sowohl den späten Abend als auch den frühen Morgen meint, sich also sowohl als Konzept des Untergangs als auch der Morgenröte verwenden läßt. Das belegt wohl am nachdrücklichsten die von Kurt Pinthus herausgegebene Anthologie «Menschheitsdämmerung» von 1919, die einen repräsentativen Querschnitt durch die frühexpressionistische Lyrik bietet und in der das Wort Dämmerung häufig in der eben gebrauchten Bedeutung, nämlich als Unter- und zugleich Aufgang, das heißt Ausdruck einer heilsamen Apokalypse, verwendet wird. Fast alle hier versammelten Gedichte gehen – angesichts der modernen Großstädte – vom Primat der einzelmenschlich erfahrenen Verzückung oder Katastrophe aus, lassen also politische, ökonomische und gesellschaftliche Faktoren durchweg aus dem Spiel. In den meisten von ihnen herrscht jene «unermeßliche Hoffnung», wie Rubiner in der «Aktion» schrieb, «daß die übermäßige Pressung der Seligkeit das tägliche Leben der Zivilisation in Trümmer sprenge». Es komme nur darauf an, einen

«Willen zur Katastrophe» zu haben und «Erschütterungen» zu erzwingen.[25]

Doch im Verlauf des Ersten Weltkriegs wurde ein solches Konzept einer allgemeinen Menschheitsdämmerung, deren revolutionäres Potential allein in den freigesetzten Energien bisher unterdrückter Söhne aus ‹gutem Hause› und der von ihnen verklärten gesellschaftlichen Randschichten besteht, allmählich immer farcenhafter. Vor allem nach der Russischen Oktoberrevolution von 1917 und der deutschen Novemberrevolution von 1918 sahen selbst manche der bisher rein liberalistisch eingestellten Expressionisten ein, daß sich wirkliche Umwälzungen innerhalb des gesellschaftlichen Gefüges nicht ohne den revolutionären Elan großer Massenbewegungen herbeiführen lassen. Und damit erhielt die moderne Stadt in ihren Werken einen ganz anderen Stellenwert. Während ihnen die Stadt bisher vornehmlich als effektvolle Kulisse ihrer eigenen Auf- und Untergänge gedient hatte, gingen einige Vertreter dieser Bewegung – unter dem Druck der Ereignisse – jetzt dazu über, auch gewisse politische, ökonomische und soziale Faktoren der modernen Großstadtsituation in ihre Sehweise einzubeziehen.

Bei den sich links engagierenden Expressionisten erscheint darum die große Stadt nach 1918/19 zusehends als der Ort der neuen Massen, der revolutionären Bewegungen, der Streiks, der Demonstrationen, der Aufstände, des Barrikadenbaus, der roten Räterepubliken, kurz: der Ort des ‹Großstadtvolks›, das nach Krieg und Ausbeutung durch einen gewaltsamen Aufruhr endlich Frieden und soziale Gerechtigkeit herbeizwingen will. Vor allem in der novembristischen Literatur des Expressionismus dominieren solche Bilder pazifistischer oder auch revolutionärer Massenbewegungen, die sich erst gegen den Krieg wenden und dann dem Sozialismus die Wege ebnen wollen. So beschreibt Leonhard Frank in seinem Roman «Der Mensch ist gut» (1918), wie es einem Vater, einer Mutter, einem Liebespaar, einem Kriegskrüppel usw. gelingt, die Menschen in den großen Städten zu Demonstrationen anzufeuern, bei denen am Schluß das ‹ganze vergewaltigte Volk› den Frieden und eine Änderung der gesellschaftlichen Verhältnisse verlangt. Ähnliches findet sich in manchen Revolutionsgedichten von René Schickele, Paul Zech und Johannes R. Becher, die zum Teil noch konkreter auf die Situation des unterdrückten Proletariats eingehen und die Arbeiter auffordern, sich als ‹Großstadtvolk› zu fühlen, das heißt sich zusammenzurotten, einen bewaffneten Aufstand zu wagen und schließlich die Macht zu ergreifen. Im Bereich der bildenden Kunst war es um 1918/19 vor allem Conrad Felixmüller, auf dessen Werken man häufig bewaffnete Arbeiter mit roten Armbinden oder auch frühgealterte, ausgebeutete, aber dennoch weiterhoffende Gestalten sieht, die er als «Großstadtmenschen» betitelte. Noch einen Schritt weiter ging bekanntlich George Grosz zu diesem Zeitpunkt, der auf seinem Bild «Wacht auf, Verdammte dieser Erde!» (1919) jene großstädtischen Arbeiter und Soldaten darstellte, welche mit zum Letzten entschlossenen Gesichtern das Gewehr schultern und unter der roten Fahne in eine neue Zukunft zu marschieren suchen.

Doch so radikal waren nur wenige der expressionistischen Künstler. Die meisten blieben wesentlich bürgerlicher, idealistischer, utopistischer und wandten sich in ihren Manifesten nicht an die Arbeiter, sondern an die Intellektuellen. Den besten unter ihnen schwebte hierbei eine enge Zusammenarbeit von Arbeitern und Intellektuellen im Rahmen sogenannter Arbeitsräte vor. So erließ etwa der Arbeitsrat der Berliner Novembergruppe 1919 einen Aufruf an alle «radikalen Künstler», ihre Kräfte in den Dienst des gesamten Volkes zu stellen und an der Überwindung der Kluft zwischen Proletariat und bürgerlicher Bildungsschicht mitzuwirken. Es gab auch Künstler, die diesem Aufruf Folge leisteten und ihre frühexpressionistische Auslebegier durch den Willen ersetzten, mit den Massen der Arbeiter, dem neuen Großstadtvolk, auf proletkultische Weise zu einer alle Menschen umfassenden Einheitsfront zu verschmelzen und damit ihre bürgerliche Herkunft zu überwinden. Doch die Mehrheit der Expressionisten, sofern sie sich überhaupt so konkret politisierte, klammerte sich weiterhin an den älteren bürgerlichen Stellvertretungs- und Führungsanspruch, das heißt, sah in sich selbst eine Avantgarde herausragender Fahnen- und Fackelträger, ohne die es nie zu einem wirklichen Fortschritt kommen würde. In den Revolutionsdramen und Revolutionsromanen dieser Ära sind es deshalb meist die jungen Dichter, deren Vorbild oder deren Tod das Volk zu revolutionär wirkenden Gefühlsüberschwängen hinreißt. So ist der Held von Curt Corrinths «Potsdamer Platz» (1919) ein Hurenmessias, dem es gelingt, alle Berliner Prostituierten zu einer Phalanx blühender, nackter Leiber zusammenzuschweißen, vor deren Reizen selbst die Noske-Truppen ihre Waffen niederstrecken, ja mit denen er eine Republik des fesselfreien Sexus gründet. Und dieser Roman gehört nicht einmal zu den extremsten. Auch in anderen Werken dieser Art geht das befreite Großstadtvolk häufig dazu über, alle bestehenden Fabriken niederzureißen, die Rathäuser und Gerichte in Brand zu stecken, die Polizei und die Armee zu entwaffnen, um den bisher unterdrückten Großstadtmenschen ein Leben zu ermöglichen, das wieder auf ‹Urwerten› wie ungehemmter Triebhaftigkeit, absoluter Besitzlosigkeit, durch nichts eingeschränkter Mobilität, ursprünglicher Güte des Herzens usw. beruht.

Angesichts solcher ideologischen Verworrenheiten verbietet es sich wohl von selbst, von einer genau zu definierenden Zielutopie des Expressionismus zu sprechen. Selbst im Hinblick auf das Bild der großen Stadt, das für ihn so zentral ist, läßt sich kein durchgehendes Konzept herauspräparieren. Nicht einmal in den Jahren 1918/19, als die Umgestaltung

Deutschlands ins Demokratisch-Sozialistische auf der Tagesordnung stand, schälte sich im Rahmen dieser Bewegung eine klar erkennbare ideologische Linie heraus. Und so konkurrierten auch im Spätexpressionismus die verschiedensten Stadtvorstellungen miteinander, die sich – vor allem in den bildenden Künsten – an hochgespielter ‹Radikalität› wechselseitig zu überbieten suchten: ob nun das Konzept einer weitgehenden Auflösung der bestehenden Städte im Zeichen eines neu aufflackernden Rousseauismus oder Südseekults (in dem viele von Rimbaud, Gauguin, dem frühen Nolde gespeisten Affekte, ja selbst der anarchistische Attentatismus und Großstadthaß Bakunins weiterschwingen), das Konzept einer De-Urbanisierung der Städte im Sinne der von Bruno Taut erträumten «Stadtkrone»-Vorstellungen (denen die Vision großer landwirtschaftlich-autarker und zugleich städtisch-organisierter Großkommunen zugrunde liegt), das Konzept einer von den Vertretern des frühen Bauhauses propagierten Verbindung der mittelalterlichen Bauhüttengesinnung mit einem allem mönchischen Wesen entrückten sozialistischen Elan (wie etwa Lyonel Feiningers Holzschnitt «Die Kathedrale des Sozialismus» von 1919 belegt), das Konzept eines idyllisch-arkadischen Lebens im Rahmen eines mit der Natur in Einklang gebrachten Siedlungswesens (wie es auf den Bildern von Johannes Itten dargestellt wird), das Konzept einer alle Mittel der modernen Technik einsetzenden Ingenieursbauweise (wie sie dem auf Stahl und Glas beruhenden Hochbauentwurf für die Berliner Friedrichstraße von 1920 von Ludwig Mies van der Rohe zugrunde liegt), das Konzept einer totalen Amerikanisierung der deutschen Städte (das nur noch Wolkenkratzer und unterirdische Verkehrswege zuläßt) sowie das Konzept eines noch weiter ins Technizistische vorstoßenden Konstruktivismus à la Moholy-Nagy oder El Lissitzky (das von einem am modernsten Design geschulten Reißbrettverfahren ausgeht).

Doch fast alle diese Träume und Visionen, so nobel ihre Intentionen teilweise waren, mußten an der harten politischen und ökonomischen Realität der Jahre zwischen 1918 und 1923, in denen aufgrund hyperinflationärer Zustände überhaupt kein Investitionskapital für irgendwelche größeren Bauvorhaben zur Verfügung stand und in denen zugleich der von vielen Expressionisten geteilte revolutionäre Überschwang angesichts der allgemeinen Nachkriegsmisere einer ‹realistischen›, wenn nicht zynischen Ernüchterung zu weichen begann, notwendig scheitern. Keine der roten Republiken konnte sich länger als ein paar Wochen halten, keiner der vielen linken Putschversuche erwies sich als politisch effektiv, keiner der expressionistischen Vorschläge wurde vom Staat aufgegriffen. Geradezu alles ‹Revolutionäre› wurde von den Reaktionären niedergeschlagen, der Lächerlichkeit ausgesetzt, ja selbst im Innern der Revolutionäre abgetötet – wodurch nach einer kurzen politischen und ästhetischen Turbulenzphase, deren charakteristischster Ausdruck wohl der

George Grosz, Republikanische Automaten (1920)

Dadaismus ist, wieder die Herrschaft des Status quo oder des Juste-milieu einsetzte.

Was den Linken unter den expressionistischen Künstlern in einer solchen Situation zu tun übrigblieb, war zweierlei: Entweder konnten sie ihrer Ernüchterung Ausdruck geben (was keinem besser und aufreizender gelang als George Grosz, der auf um 1920 gemalten Bildern wie «Republikanische Automaten» oder «Grauer Tag» baukastenartig vereinfachte Häuser darstellte, vor denen sich lediglich Marionetten, Roboter, Reaktionäre und Kriegskrüppel abzeichnen) oder sich der Kulturpolitik der Kommunistischen Partei anschließen (was allerdings in den Jahren 1919 bis 1923 noch sehr wenige taten). Die eher bürgerlich orientierten Künstler unter den Expressionisten griffen in der Folgezeit die neukreierten Ismen auf oder zogen sich – unter Beibehaltung ihrer expressionistischen Stilmittel – auf ältere Autonomievorstellungen zurück und landeten so meist bei dem herkömmlichen liberalistischen Außenseiterkonzept, das nur das Ich und die Kunst zu kennen scheint. Jedenfalls ist bei diesen Künstlern in den Jahren der sogenannten Stabilisierungsphase der Weimarer Republik zwischen 1923 und 1929 von einer dialektischen Bewältigung der Problemkonstellationen ‹Stadt und Land› oder ‹Ich und Masse› kaum noch etwas zu spüren.[26] Vereinfacht gesprochen, verflachte in dieser Zeit im Bereich der Kunst das meiste ins Eindimensionale der sogenannten Neuen Sachlichkeit, das heißt paßte sich der fortschreitenden Rationalisierung, Standardisierung, Taylorisierung und damit den Segnungen jenes «Weißen Sozialismus» an, der nach Helmut Lethen für die Hochkonjunkturphase vieler hochindustrialisierter Länder charakteristisch ist.[27]

Welche revolutionäre Sprengkraft in dem Phänomen ‹Großstadt› steckte, wurde in der Kunst dieser Jahre noch kaum erkannt. Lediglich Dialektikern wie Bertolt Brecht gelang es, mit der Vorstellung des «Einzugs der Menschheit in die großen Städte» weiterhin den politischen Prozeßcharakter der ökonomischen und gesellschaftlichen Entwicklung im Auge zu behalten. Brecht huldigte in diesen Jahren weder einer fetischisierten Technik noch einer ebenso fetischisierten Ländlichkeit, verhielt sich also weder pseudoprogressiv noch pseudokonservativ, sondern begriff die allgemeine Vergroßstädterung als etwas, was zwar einerseits einen enorm zerstörerischen und verhäßlichenden Charakter hat, aber andererseits aufgrund der fortschreitenden Menschenzusammenballung und Produktionssteigerung erstmals die soziale Basis für eine revolutionäre Umgestaltung aller menschlichen Verhältnisse abgab.[28] Doch das gehört bereits auf ein anderes Blatt. Hier ging es erst einmal um das Bild der «großen Stadt» im Expressionismus.

Anmerkungen

1 Vgl. hierzu Richard Hamann/Jost Hermand: Expressionismus. Berlin 1975, S. 290 f.
2 Differenzierter urteilen dagegen u. a. Reinhold Heller: The City is Dark: Conceptions of Urban Landscape and Life in Expressionist Painting and Architecture. In: Expressionism Reconsidered. Hg. von Gertrud Pickar und Karl Eugene Webb. München 1979, S. 43–57; Gerhard P. Knapp: Die Literatur des deutschen Expressionismus. München 1979, S. 111 ff., und Harald Olbrich: Faszination, Schock, Enthüllung, Widerstand. Zum expressionistischen Großstadtbild. In: Expressionisten. Die Avantgarde in Deutschland 1905–1920. Berlin 1986, S. 47–52.
3 Georg Trakl: Die Dichtungen. Salzburg 1952, S. 63–65.
4 Georg Heym: Dichtungen und Schriften. Hg. von Karl Ludwig Schneider. München 1964, I, 186 f.
5 Ebenda, I, 192.
6 Menschheitsdämmerung. Hg. von Kurt Pinthus. Hamburg 1959, S. 44 f.
7 Ebenda, S. 46.
8 Ebenda, S. 46.
9 Ebenda, S. 241.
10 Albert Ehrenstein: Gedichte. Leipzig/Wien 1920, S. 208.
11 Georg Kaiser: Werke. Hg. von Walter Huder. Frankfurt/M. 1971, II, 57.
12 Vgl. meinen Aufsatz «Expressionismus als Revolution». In: J. H.: Von Mainz nach Weimar. 1793–1919. Stuttgart 1969, S. 298–335.
13 Vgl. Roy F. Allen: Literary Life in German Expressionism and the Berlin Circles. Ann Arbor 1983, S. 54 ff.
14 Ludwig Rubiner: Der Dichter greift in die Politik. In: Aktion (1912), Sp. 647.
15 Ebenda, S. 645.
16 Carl Sternheim: Gesamtwerk. Hg. von Wilhelm Emrich. Neuwied 1966, VI, 33.
17 Vgl. Helmut Kreuzer: Die Boheme. Beiträge zu ihrer Beschreibung. Stuttgart 1968.
18 Johannes R. Becher: De profundis III. In: Expressionismus-Lyrik. Hg. von Martin Reso. Berlin/Weimar 1969, S. 186.
19 Ebenda, S. 195.
20 Ebenda, S. 196.
21 Marie Holzer: Das Automobil. In: Aktion (1912), Sp. 1072.
22 Vgl. Richard Hamann/Jost Hermand: Impressionismus. Berlin 1960, S. 164 f.
23 Georg Lukács: «Größe und Verfall» des Expressionismus. In: G. L.: Probleme des Realismus. Berlin 1955, S. 146–183.
24 Ernst Bloch: Geist der Utopie. München/Leipzig 1918, S. 391 ff.
25 Ernst Rubiner: Der Dichter greift in die Politik. In: Aktion (1912), Sp. 715.
26 Vgl. Jost Hermand/Frank Trommler: Die Kultur der Weimarer Republik. München 1978, S. 23 ff.
27 Helmut Lethen: Neue Sachlichkeit 1924–1932. Studien zur Literatur des «Weißen Sozialismus». Stuttgart 1970, S. 19 ff.
28 Bertolt Brecht: Über die bildenden Künste. Hg. von Jost Hermand. Frankfurt/M. 1983, S. 28 f.

Karl Prümm

Die Stadt der Reporter und Kinogänger bei Roth, Brentano und Kracauer

Das Berlin der zwanziger Jahre im Feuilleton der «Frankfurter Zeitung»

Nach 1918 wurden die großen deutschen Provinzzeitungen beinahe zu Berliner Lokalblättern, so sehr waren sie ausgerichtet auf das, was sich in der Metropole vollzog. Die neueröffnete Bühne des Parlamentarismus mit ihren vielen Teilsegmenten, den Konferenzen, Ausschußsitzungen, Ministerien, Kanzleien, den Büros der Parteien und Verbände erforderte die ganze Konzentration des im Analytischen noch ungeübten politischen Journalismus. Aber auch in allen anderen Sparten stand immer wieder «Berlin» im Fettdruck vor den Meldungen und Kommentaren, die Stadt war synonym mit der Aktualität, hier fanden die wichtigsten Boxkämpfe, Modenschauen und Premieren statt. Da waren höchste Aufmerksamkeit und dauerhafte Präsenz geboten. Jede Tageszeitung aus dem Reich, die auf eigene Berichterstattung Wert legte und nicht auf das Vorfabrizierte der Agenturen zurückgreifen wollte, war daher gezwungen, eine eigene Berliner Redaktion zu unterhalten, so auch die «Frankfurter Zeitung», die dies ihrem Ruf als «Primadonna unter den großen liberalbürgerlichen Tageszeitungen Deutschlands» [1] einfach schuldig war. Die Intensität ihrer Ausrichtung auf Berlin kommt schon dadurch zum Ausdruck, daß die «Frankfurter» 1927, als sie kurz vor dem Bankrott stand, als Rettungsstrategie erwog, ihren Standort nach Berlin zu verlagern.[2] Trotz dieser mißglückten Transformation zu einem Blatt der Metropole war Berlin in den täglich erscheinenden drei Ausgaben der in Frankfurt verbliebenen Zeitung gegenwärtig wie in keinem anderen vergleichbaren Periodikum. Dies gilt nicht nur für den professionellen, durch die Rolle Berlins geforderten Blick der klassischen Ressorts auf die Hauptstadt, es gilt vor allem für eine zunächst unscheinbare Institution, die das Blatt dann jedoch unversehens über die Konkurrenz hinaushob.

Seit Anfang 1923 beschäftigte die «Frankfurter Zeitung» auch in ihrem Feuilleton einen Berlin-Korrespondenten, gewiß kein außergewöhnlicher Vorgang, sondern ein Reflex der kulturellen Dominanz dieser Stadt. Das Exzeptionelle beginnt erst mit den Texten selber; es ist abzuleiten aus der Art und Weise, mit der Joseph Roth, der als erster die neue

Aufgabe wahrnahm, diese Rolle definierte und ausfüllte. Roth ließ sich nicht auf das traditionelle Feuilleton und auf die Kulturereignisse festlegen, sondern übersprang jenen dicken Balken, der auf dem Kopfblatt das scheinbar Beiläufige vom ‹wirklich Wichtigen› abtrennte. Das ‹unter dem Strich› Abgedrängte nahm sich nun auch der Ereignisse und Gegenstände an, die dort eigentlich nichts zu suchen hatten und nun am falschen Ort mit ungewöhnlichen Mitteln neu gesehen wurden. Die Grenzüberschreitung veränderte die Lesegewohnheiten und die Wertungen, das Abseitige rückte ins Zentrum. Roths Selbstbewußtsein, das er 1926 in einem Brief an den Feuilletonredakteur Benno Reifenberg massiv hervorkehrte, war nur allzu berechtigt. Gleichzeitig ist dies ein Resümee seiner Berliner Berichte, denn schon Ende des Jahres 1925 hatte Roth diese Aufgabe gegen die eines reisenden Korrespondenten eingetauscht:

«Das Feuilleton ist für die Zeitung ebenso wichtig, wie die Politik und für den Leser *noch* wichtiger. Die moderne Zeitung wird gerade von allem andern, nur nicht von der Politik, geformt werden. Die moderne Zeitung braucht den Reporter nötiger, als den Leitartikler. Ich bin *nicht* eine Zugabe, nicht eine Mehlspeise, sondern eine *Hauptmahlzeit*. ... *Mich* liest man mit Interesse. *Nicht* die Berichte über das Parlament. *Nicht* die Leitartikel, *nicht* die Telegramme. Aber der Verlag glaubt, der Roth ist ein nebensächlicher Plauderer, den sich eine große Zeitung gerade noch leisten kann. Es ist sachlich falsch. Ich mache keine ‹witzigen Glossen›. *Ich zeichne das Gesicht der Zeit.* Das ist die Aufgabe einer großen Zeitung. Ich bin ein Journalist, kein Berichterstatter, ich bin ein Schriftsteller, kein Leitartikelschreiber.»[3]

Roth behauptet für sein Schreiben unverblümt die Repräsentanz der «großen Zeitung», der Feuilletonist steht für das Ganze, wird zur Leitfigur. Solche Ansprüche, darauf verweist Margret Boveri[4], waren für diese Zeit keineswegs untypisch. Die Abwertung des Meinungsjournalismus zugunsten der veristischen Beschreibung, die Gleichsetzung von Reportage und Modernität, die Akzentuierung von Leserbezug und Öffentlichkeit, das emphatische Bekenntnis zum journalistischen Handwerk und dessen gleichzeitige künstlerische Überhöhung – all dies findet sich um 1925 allenthalben. Durchaus verbreitet ist auch der Universalitätsanspruch des Feuilletons, den Roth hier nur besonders nachdrücklich vertritt, die Entfernung von den «schönen Künsten» und die Eroberung neuer Gegenstände, die Ausweitung der Kulturberichterstattung zur Sozialreportage.

Für die «Frankfurter Zeitung» ist bedeutungsvoll, daß sich auch Roths Nachfolger, Bernard von Brentano und Siegfried Kracauer, diesem Konzept verpflichten, daß damit bis zur Zäsur des Jahres 1933 im Feuilleton dieser Zeitung ein Kontinuum gewährleistet ist, ein vielfach gebrochener Blick auf Berlin, eine Gegenläufigkeit zur politischen Berichterstattung und ihrer Routine. Alle drei Autoren nutzten die relative Autonomie des

Feuilletons gegenüber den Zwängen des Faktischen zu einer ausgeprägten Mobilität des Schreibens. Joseph Roth entwirft sich selbst als einen Chronisten, der sich bemühe, «die Symptome der Zeit und des Ortes aufzuzeichnen»[5]. Diese Selbstdefinition, die stilbildend auf seine Nachfolger wirkt, setzt die Zeitachse, das Eigentliche der Chronik, außer Kraft. Nicht auf den Nachvollzug vorgegebener Abläufe kommt es Roth an, seine Texte sollen vielmehr einen diagnostischen Blick enthalten, der, frei über Zeit und Raum verfügend, in die Tiefe dringt. Seine sensible Registratur schafft sich ihre eigene Ereignishaftigkeit, so wie die ausgewählten Lokalitäten und ihre genaue Deskription eine eigene Räumlichkeit, ein eigenes Stadtbild konstituieren. So ergeben die Feuilletonberichte dieser drei Autoren eine höchst subjektive Chronik der Stadt und zugleich eine Chronik der Subjektivität, sie lassen sich in ihrer Abfolge als eine spannende Geschichte der Stadtwahrnehmung lesen.

Es erhöht die Qualität dieser Chroniken, daß die Chronisten sich auf das Rollenspiel des Korrespondenten einlassen und das Potential dieser ganz spezifischen Konstellation ausschöpfen. Der Korrespondent steht zu dem Ort seines Schreibens und Beschreibens in einem Verhältnis der Nähe und zugleich der Ferne. Sein Aufenthalt ist transitorisch; von einem fernen Auftraggeber entsandt, hat er das, was ihm zunächst selber fremd ist, zu erschließen. Er muß das Unvertraute durchdringen und ein Expertentum herausbilden, um die ihm aufgegebene Rolle einer repräsentativen Wahrnehmung auch ausfüllen zu können.

Schließlich muß er das vor Ort Beobachtete dem Adressaten in der Ferne übermitteln, die Berlin-Berichte der «Frankfurter Zeitung» waren vor allem an die Leser im Reich gerichtet. Eine dauernde Überprüfung dieses Vermittlungsprozesses, ein ständiges Bemühen um Plausibilität und Stringenz sind daher angesagt, die Kommunikationssituation mit ihrem Wechselspiel von Nähe und Distanz zwingt immer wieder dazu, das Disparate der Einzelbeobachtung zum umfassenden Befund weiterzutreiben. Diesem Zwang unterwerfen sich alle drei Autoren, weil er genau ihrem Schreibkonzept entspricht. Ihnen allen ist der Impuls gemeinsam, über die Detailregistratur zu bündigen Berlin-Definitionen zu kommen, durch das Propagierte und Intentionale hindurch zum ‹Eigentlichen› der Stadt vorzustoßen. Sie liefern daher nicht nur eine intensive Stadtwahrnehmung, sondern auch – zumindest umrißhaft – eine Theorie der Stadt. Die drei Berlin-Korrespondenten verbindet ein starkes Interesse am Film. Sie alle sind leidenschaftliche Kinogänger und Verfasser von Filmkritiken. Ihre Begeisterung für das neue Medium hat Folgen für den Schreibprozeß im Ganzen. Filme sind für sie nicht nur ein urbanes Ereignis, sondern sie repräsentieren zugleich eine avancierte Wahrnehmung, die der Stadt, dem Inbegriff der Modernität, adäquat ist. Eine Durchdringung der beiden Medien ist damit programmiert, Definitionen des ‹Filmischen› und des ‹filmischen Schreibens› gehen ein in die Berlin-Reportagen, verleihen diesen Texten einen besonderen Status.

Noch eine letzte Qualität ist vorab festzuhalten, ein hoher Grad an Selbstreflexion. Wie die veristische Umformulierung des Feuilletons ist auch diese ein generelles Merkmal der zwanziger Jahre, Ausdruck einer Zeit, die von ihren Autoren radikale und schonungslose Kontrolle, dauernde ‹Rechenschaft› verlangte. In die Berichte von Roth, Brentano und Kracauer sind immer wieder Selbsterklärungen eingebaut, Funktionsbestimmungen des eigenen Schreibens entfaltet, auch dies ein Beweis ihrer Außerordentlichkeit. Das Interesse, das Roth selbstbewußt beim zeitgenössischen Leser gegen die übrigen Ressorts voraussetzte, gilt erst recht für die Überlieferung. Während die Parlamentsberichte, Leitartikel, Telegramme mit den Ereignissen, auf die sie bezogen waren, versunken sind, sind diese Chroniken auch heute noch eine fesselnde Lektüre. Der «Einbruch der Journalisten in die Nachwelt», von dem Roth gesprochen hat[6], hier ist er gelungen.

1.

Im Juni 1920 kam Joseph Roth nach Berlin als junger arbeitsloser Journalist ohne Verbindungen, jedoch mit dem festen Vorsatz, sich Renommee und Auskommen in dieser an dramatischen Ereignissen und an Zeitungen so reichen Stadt schnell zu erschreiben. Eine Karriere in *einer* Zeitung hatte er dabei wohl kaum im Auge. Von Anfang an war es sein Ziel, eine Autorenschaft herauszubilden, die sich eine Souveränität gegenüber Orten und Ereignissen bewahrte und das Medium, die Zeitung, diesem Ziel instrumentell unterordnete. Roths Schreiben war von Anbeginn egozentrisch. Als er 1929 von der «Frankfurter Zeitung» zu den rechtskonservativen «Münchner Neuesten Nachrichten» übergewechselt war und sich des Vorwurfs erwehren mußte, er habe seine politische Gesinnung verraten, ließ er in der «Weltbühne» folgende Rechtfertigung erscheinen:

> «Wo immer ich schreibe, wird es ‹radikal›, das heißt: hell, klar und entschieden. Fremd und verhaßt ist mir die subalterne Anschauung, die Institution wäre stärker als der Schriftsteller. (‹Er schreibt für...›, ‹er ist bei...›) Niemals habe ich die ‹Weltanschauung› irgendeiner Zeitung, in der ich gedruckt war, geteilt oder gar repräsentiert.»[7]

Der Eindruck einer prätentiösen Selbststilisierung liegt nahe, doch Roths Feuilletons rechtfertigen durchaus einen solchen Radikalismus der ästhetischen Perfektion und der subjektiven Entschiedenheit. Radikal sind seine journalistischen Arbeiten im Selbstbezug, im Einbringen des Autors bis an den Rand der Verausgabung. Diese intensive Präsenz ließ auch bei hoher Quantität nicht nach, es gibt bei ihm kaum etwas Beiläufiges. Roth produzierte mit ungeheurer Geschwindigkeit und hohem Selbstanspruch an Präzision und Sachkenntnis. «Bei Einem, der Tag und Nacht schreibt, spielt die Eitelkeit keine Rolle», heißt es in einem Brief an Reifenberg aus dem Jahre 1925.[8] 1930 überblickt er seine Textproduktion: «Acht Bücher bis heute, mehr als 1000 Artikel, seit zehn Jahren jeden Tag zehnstündige Arbeit...»[9] Wahrnehmung, Schreibimpuls und Schreibakt fallen bei Roth beinahe zusammen, ohne Übertreibung kann man von einer Existenz in der Schrift sprechen. Für Roth ist Schreiben eine zweite Haut. Eine reflexartige Unmittelbarkeit ist für ihn kennzeichnend, extreme Gefühle sind keinesfalls moderiert, seine Texte sind beherrscht von überschwenglicher Begeisterung und vor allem von Ängsten, von dunkelvisionären Untertönen. Auch wenn sich seine Reportagen entäußern, sich intensiv realen Objekten verschreiben, bewahren sie dennoch einen für Roth typischen privaten Charakter. Ganz anders als Egon Erwin Kisch hat Roth seine Subjektivität nie verleugnet. Stets gibt er sich zu erkennen als der ortlose Reporter, der immer unterwegs ist. «Ich sitze da wie im Wartesaal eines großen Bahnhofs und warte auf den Zug», so hat er 1925 im Rückblick seine fünf Berliner Jahre zusammengefaßt.[10] Die Stadt war für ihn kein fester Standort, auch hier blieb die Reise sein Existenz-, sein Wahrnehmungs- und sein Schreibmodell. Was bei seinem Nachfolger Brentano zu finden ist, die Rückkehr von einer gefährlichen Stadtexpedition in die gesicherten Bezirke bürgerlicher Behaglichkeit, ist bei Roth undenkbar. Bewegungen der Annäherung und der Distanz gibt es in seinen Texten nur selten, beinahe immer ist er von Anfang an da am Ort seiner Beschreibung, den er im Text nicht verläßt, und liefert sich den beschriebenen Menschen und Gegenständen aus.

Roths Feuilletons sind aber nicht nur subjektive Chroniken und bekenntnishafte Reportagen, sie sind zugleich ‹Denkbilder›. In ihrer Grundsatzreflexion sind sie nicht minder radikal. Aus der konkreten Beobachtung entwickelt Roth in jedem Einzelartikel sehr stringent theoretische Verallgemeinerungen, ohne allerdings die Resultate dieser Denkbewegung mit dem an anderen Details Vorgedachten zu harmonisieren. Einer syntagmatischen Verknüpfung seiner Theoreme entzieht er sich, nur in diesem Sinne ist Roth theorielos. Dieses offene, schonungslose, der Individualität der Objekte zugewandte Schreiben bedingt jene vielbeschworene Widersprüchlichkeit des Autors.

Joseph Roths erste Berlin-Berichte bezeugen noch ein unmittelbares Erschrecken über die Stadt. Es äußert sich zunächst in einem beim frühen Roth, beim ‹roten Joseph› kaum vermuteten kulturkritischen Räsonnement, das dann während der zwanziger Jahre zurücktreten und erst um 1930 als kulturkritische Verzweiflung verstärkt wieder aufbrechen wird.

In einem Artikel für den «Berliner Börsen-Courier» vom April 1921 revoltiert der emphatische Journalist gegen das Fundament seiner Emphase, gegen die Prinzipien der liberalen Öffentlichkeit, gegen den Grundsatz der freien, ungeregelten Konkurrenz.

«Es fehlt ein Regulator im Produktionsleben Berlins. Konzertagenturen sind vollkommen kritiklos. Das Publikum ahnungslos. Es hat Respekt vor dem Plakat, dem konsonantenreichen Namen, dem hellerleuchteten Saal. Es zahlt...»[11]

Roth läßt dann den apodiktischen Satz folgen: «Die wahllose Zulassung aller Menschen zu öffentlichen Publikationen ist unmoralisch.»[12] Das bloße Nebeneinander der Erscheinungen findet Roth unerträglich, die Litfaßsäule nimmt er – ganz in kulturkonservativer Manier – als Negativsymbol der Stadt, die Reklame als Signum von Chaos und Verfall. Bei ihm wird erkennbar, was Sloterdijk als typisches Weimar-Symptom beschrieben hat, der «Schock der Pluralität»[13]:

«Sieh eine Litfaßsäule an: Magier neben Flohdompteuren. Über das Jenseits, Gott, Philosophie, Unendlichkeit redet täglich eine Unzahl Unberufener.»[14]

Es ist dies der Ekel eines ‹Berufenen›, eines, der sich zu dieser Rede berufen glaubt, der magische Kräfte in sich verspürt und der sich in diesem Stimmenwirrwarr Gehör zu verschaffen versucht, indem er die Stadt mit ihrem Schreckbild konfrontiert. In einem seiner sicherlich eindrucksvollsten Texte, in einem Artikel aus dem Jahre 1923, erkennt er in jenem Schaukasten des Polizeipräsidiums, in dem die anonymen Toten Berlins ausgestellt werden, die Wasserleichen ohne Papiere, die an dunklen Plätzen Erschlagenen ohne Identität, erkennt er in dieser Exposition ein «Sinnbild der Stadt». In ihrer Mitte, weithin sichtbar, so schlägt er vor, müsse dieser Schaukasten befestigt werden, denn «die Schaufenster mit den Porträts der Lebendigen, der Feierlichen, der festlich Gesinnten geben eine falsche Vorstellung vom Leben». Die folgende prägnante Definition steht nicht am Ende seiner Beschreibung, sie leitet schockartig den Text ein: «Das ist die grausame Ausstellung der grausamen Stadt, in deren asphaltierten Straßen, graubeschatteten Parks und blauen Kanälen der Tod lauert, mit Revolver, Knebel und betäubendem Chloroform.»[15]

Einer seiner ersten Berlin-Berichte für die «Frankfurter Zeitung» entwirft im expressionistischen Stilgestus das Bild einer «großen und grausamen Stadt», einer aus den Fugen geratenen, wahnsinnigen Welt:

«Der Dollar tanzt Jazzbands auf Himmelsleitern, Hände fuchteln durch die Luft und behindern den Straßenverkehr. Bettler krümmen sich an den Straßenecken, und die Gebresten, die sie dir fordernd zeigen, sind eigentlich Betriebskapital. Propheten durchziehen die Stadt und predigen einer verzweifelten Rotte Krieg oder Frieden. Menschen schlägt man ans Hakenkreuz, und die Glocken läuten: Judas ist auferstanden! Gymnasiasten fahren im Auto direkt von der Einsegnungsfeier zur Börse. Die Antike wird als klassisches Altmetall verhandelt. Der Kutscher auf dem Bock liest den Kurszettel; in der Filmbranche schlägt man ägyptische Schlachten. An den Straßenecken, in der Nacht, tuscheln geheimnisvolle Männer dir ins Ohr von Nackttänzen – bis morgen früh. Die Welt ist irrsinnig.»[16]

Mit den ihm eigenen Beschreibungstechniken versucht Roth, sich dieser Negativität zu erwehren. Mitten im fernen Berlin aktualisiert er die ihm vertraute Tradition des Wiener Feuilletons, der er am neuen Objekt neuen Glanz verleiht. Gegenüber Reifenberg bekannte Roth: «Der Rausch und die Wollust müssen *eingesperrt* liegen in den Objekten der Arbeit, so daß sie Glanz bekommen.»[17] Die schimmernde Oberfläche, das begehrte Ziel des Feuilletons, wäre demnach das Resultat einer streng kontrollierten Schreiblust. Berlin, wie Roth es Anfang der zwanziger Jahre vorfand, scheint sich einem solchen ästhetischen Verfahren zu widersetzen; aber vielleicht macht gerade die radikale Anverwandlung, die hier zu leisten ist, die ‹Wollust› des Schreibens aus. Eine glanzvolle Oberfläche legt sich über das abstoßende Äußere der Stadt, Schrecken wird in einer zauberhaften Sprache artikuliert, und das Tumultuarische der Großstadt löst sich in der kunstvollen Ordnung der Prosaminiatur auf. Viele Artikel Roths erwecken in ihrem oft melodiösen Fließen den Eindruck, hier werde eine Musikalisierung der Stadt betrieben, hier gehe das Heterogene auf in einem neuen betörenden Kontinuum. Eine solche Transformation der Stadt läßt sich als doppelter Rettungsversuch deuten. «Das Wort, blutvoller, menschlicher als Eisen, Stahl und Rad, verrät immer die Menschlichkeit seiner Entstehungsstätte», schrieb Roth 1922 im «Berliner Börsen-Courier»[18], seine Stadt-Reportagen damit indirekt kommentierend. Was in die «blutvollen» Worte der Beschreibung gebracht ist, ist aufgehoben in einer humanen Sphäre, und behauptet hat sich gleichzeitig der Beschreibende, hat sich selbst unübersehbar, «verräterisch» dokumentiert.

Eine zweite Grundstrategie Roths, um dem explodierenden Chaos der Stadt zu begegnen, ist die exzessive Zuwendung zum Detail. Berlin ist für Roth nicht nur ein Ort des Todes und der Angst, es ist vor allem ein «Kontinent», der zur Entdeckung und zum Sehen einlädt. Getreu seinen Leitsätzen «Nur die Kleinigkeiten des Lebens sind wichtig», «Das Diminutiv der Teile ist eindrucksvoller als die Monumentalität des Ganzen»[19], richtet er den Blick auf das Partikulare und Unscheinbare. Er isoliert die Objekte seiner Beschreibung und stellt Überschaubarkeit her. Roth greift einzelne Figuren, Passanten, abseitige Lokalitäten und übersehene Gegenstände heraus, um sie zum Sprechen zu bringen. Selber der Fremde, porträtiert er die Asyle der Heimatlosen, durchstreift er die billigen Kaschemmen und entziffert die Alltagswünsche der kleinen Leute an einer Annoncenwand im Berliner Norden. Sogar in der großen Welt der Politik, in die er gelegentlich eindringt, beweist sich die Produktivität seiner

Konzentration auf das Nebenbei. Mit den Mitgliedern der Sachverständigenkommission Dawes, Kindersley und Parmentier führt er in einem Hotelfoyer ein «Interview ohne Worte», studiert ihre Physiognomien und ihre Körper.[20] Auf der Tribüne des Reichstags liest er zwischen den Zeilen der politischen Reden, registriert er die beiläufigen Gesten und achtet auf den Tonfall der Zwischenrufe.[21] Zwischen 1923 und 1924 verliert sich dieser Blick auf das Partikulare, Roth greift immer deutlicher auf das Ganze aus. Vorher entdeckte er im *objet trouvé* das «Sinnbild der Stadt», nun formuliert er mit einer beinahe sozialwissenschaftlichen Begrifflichkeit eine Gesamttheorie. Gerade die Berliner Faschingsbälle mit ihrer kollektiven Fröhlichkeit, ihrer Nähe und körperlichen Berührung offenbaren dem analytischen Reporter das Entscheidende:

«Wir sind einander fremd. Schicksale, Welten trennen uns. Aber eben zu diesem Zweck haben wir uns in diesen Raum begeben, um einander trotz allem und auch nicht länger, als man kann, nahe zu sein. Wir haben eine Gemeinschaft: die *Raumgemeinschaft.* Wir sind nicht Schicksals-, aber ‹Raumgenossen›.»

Aber nicht einmal dieses Beieinander am gleichen Ort stiftet einen tröstenden Zusammenhang. Roth radikalisiert noch einmal seinen Befund:

«In Berlin genügt diese Raumgemeinschaft nicht. Um jeden Berliner türmen sich Berge aus Eis. Es gibt keine kurzfristige Assimilation innerhalb der Mehrzahl. Sie zerfällt in lauter Singulare.»[22]

Die Metaphorik des Eises, bis heute bestimmend für die literarische Berlin-Darstellung, prägt fortan Roths Berlin-Definitionen. Ein «kalter, präziser Rhythmus» präge diese Stadt[23], sie sei «in ihrer Hast herzlos, nüchtern durch ihren deutlichen Drang zur Zweckmäßigkeit»[24], solche Formeln kehren immer wieder. Es sind dies die gleichen Wendungen, mit denen Roth die Gewalt der Technik und die von ihr beherrschte Epoche, den «Treibriemenrhythmus der Gegenwart» charakterisiert, mit der für ihn einschneidenden Konsequenz, daß die Bilder der Stadt und ihrer Aktualität ‹technisiert› werden, selber jene Kälte ausströmen, die sie bezeichnen.

Mitte der zwanziger Jahre wurde es zu einem generellen Merkmal ambitionierter Gegenwartsanalyse, die verschärften Gegensätze von Belebtem und Unbelebtem, von Mensch und Maschine, Technik und humaner Substanz aufgehen zu lassen in einen emphatischen Begriff von Modernität. Modernität hatte sich geradezu auszuweisen in der Verabschiedung dieser ‹überholten› Polaritäten. Auch in den letzten Berlin-Texten Roths und erst recht in den Berichten seines Nachfolgers bei der «Frankfurter Zeitung» ist der Alltag technischen Prinzipien unterstellt, ist durch Technik ‹rhythmisiert›. Die Stadt verwandelt sich solchermaßen in eine gigantische Maschinerie, so als seien die Innenräume der Fabriken mit ihrem strengen Zeittakt und ihrer mechanisierten Produktion nach außen gekehrt. Bernard von Brentano behauptet dann in der Tat, in Berlin sei «das laufende Band längst durch die Straßen gehängt», und jeder könne sehen, «wie jeder seine Schraube dreht»[25].

Brentano will nur aussprechen und bekräftigen, was ohnehin offenbar geworden war. Die Verschärfung des Gegensatzes von Belebtem und Unbelebtem war im Alltagsleben der zwanziger Jahre und zumal in Berlin nicht zu übersehen. Er konkretisierte sich am nun von Maschinen getriebenen Verkehr, am dichten Strom der Automobile, der schon bald einer mechanischen Regelung bedurfte. Roth war das Symptomatische dieses Vorgangs bewußt. Das Aufstellen der ersten Verkehrsampeln macht er zum Gegenstand einer Reportage.[26] Die Verdichtung und Vernetzung der Stadt nahm zu und war abzulesen an den sich überkreuzenden Verkehrsadern und Schienensträngen, an den Hochbahnen, die die belebten Autostraßen überquerten. Gefeierte monumentale Objekte wie der Funkturm, der die Siegessäule in den Schatten stellte, gaben der neuen Technizität symbolischen Ausdruck und formulierten eine neue Emblematik der Stadt. Das «Neue Bauen» verschärfte ebenso den Gegensatz von Belebtem und Unbelebtem, weil es große Flächen beanspruchte und Räume (als Wohn- oder Freizeiträume) mit einer gewissen Endgültigkeit definierte. Die Gewalt der in das Stadtbild eindringenden Technik ließ sich an der Dominanz glatter, ornamentloser Flächen festmachen, an der Vorherrschaft von Glas, Beton und Stahl in der aktuellen Architektur.

Roth war ein genauer Chronist dieses Stilwandels und bezieht das eigene Schreiben selbstquälerisch mit ein. Schon im August 1922 verlangt er vom Schriftsteller eine Angleichung an den «Erfinder eines modernen Apparates», an den Ingenieur. Wie dieser habe er gefälligst «ganz hinter seinem Werk zu verschwinden»:

> «Erkennt man das Angesicht des Ingenieurs aus der Maschine, die er erbaut hat? Wo verrät sich sein Privates? Wo offenbart er Geheimes? Kennt sein technisches Erzeugnis den Schnörkel? Hat er den Ehrgeiz, persönlich zu wirken?
>
> Dem Dichter aber haftet die ‹romantische Ironie› ewig an. ... Der neue Stil wird aus der gewaltsamen Verdrängung der privaten Menschlichkeit aus dem Werk erstehen.»[27]

Diese Prognose hat Roth sich gewiß hart abgerungen, kennzeichnet er doch damit die Grundlagen seines Schreibens, die «blutvolle», menschliche Wortmusik seiner Feuilletons, ihren Bekenntnischarakter, das Erscheinen des Autors in seinem Text, als hoffnungslos antiquiert. Doch listig ist die Aussicht auf den eigenen Untergang durch das Wissen um den Ewigkeitswert der ‹romantischen Ironie›, um die Resistenz der schöpferischen Subjektivität wiederum halbironisch konterkariert. Dennoch – ein

Berlin – Gleisdreieck

Konflikt zeichnet sich ab, der zum Verzicht auf die ureigenen Tugenden und damit zur Selbstlähmung führen könnte. Sein «Bekenntnis zum Gleisdreieck», abgelegt am 16. Juli 1924 in der «Frankfurter Zeitung», zeigt dann, daß er das propagierte Verschwinden auch des Wortschöpfers hinter seiner Hervorbringung zunehmend selbstzerstörerisch gegen sich selbst wendet. Roth erklärt das Gleisdreieck zum Symbol des gegenwärtigen Berlin und zum Vorschein einer gänzlich technisierten, urbanisierten Welt.

«‹Eiserne Landschaft› ist vielleicht das Wort, das den Tummelplätzen der Maschinen gerecht wird. Eiserne Landschaft, großartiger Tempel der Technik unter freiem Himmel, dem die kilometerhohen Schlote der Fabriken lebendigen, zeugungsträchtigen, Bewegung fördernden Rauch darbringen. Ewiger Gottesdienst der Maschinen, im weiten Umfang dieser Landschaft aus Eisen und Stahl, deren Ende kein menschliches Auge sieht, die der graue Horizont umklammert.»[28]

Kaum zwei Jahre später sollte Roth diese imaginierte Szenerie im Ruhrgebiet als reale Industrielandschaft wiederfinden und sie mit ähnlich ambivalentem Hymnus beschreiben, Vision und veristische Reportage durchdringen sich bei diesem Autor auf unverwechselbare Weise.

In dieser gigantischen, erstarrten Welt, die Roth ins Phantastische erweitert, ist nicht nur die Natur versunken («Wiese, Wald, Halm und Ähre» sind bloß noch lyrische Reminiszenzen), auch der «Mensch» verschwindet, «klein und schwächlich und verloren», wie er ist. «In dieser Welt gilt jede menschliche Ausdrucksmöglichkeit weniger als die mechanische Zeichengebung eines Instruments.»[29]

Ist die Kunst, für Roth doch wohl das Urbild «menschlicher Ausdrucksmöglichkeit», bestenfalls der mechanische Indikator jener monumentalen technischen Welt, gleichzusetzen dem Zeigerausschlag eines Tachometers oder der Quecksilbersäule eines Temperaturanzeigers? So weit wollte Roth die Selbstdestruktion dann doch nicht treiben. Er bewahrt in seiner Vision, die das tiefe Erschrecken über das eigene Träumen nicht verhehlt, dem Künstler Restfunktionen. Ihm obliegt die Aufgabe, das «neue Leben» sensitiv zu durchdringen, in die philosophische Abstraktion zu überhöhen und inbrünstig zu preisen:

«Man müßte die gesteigerte und ideale Wirklichkeit dieser Welt empfinden, das platonische ‹eidolon› des Gleisdreiecks. Man müßte sich mit Inbrunst zu ihrer Grausamkeit bekennen, in ihren tödlichen Wirkungen die ‹Ananke› sehen und viel lieber nach ihren Gesetzen untergehen wollen, als nach den ‹Humanen› der sentimentalen Welt glücklich werden.»[30]

Fürwahr ein Untergangspathos und ein Antihedonismus, der beinahe an Oswald Spengler und an Ernst Jünger heranreicht. Nur mit dem Unterschied, daß Joseph Roth, dieser Bruder Leichtfuß, seine eiserne Philosophie nicht mit jener eisernen preußischen Disziplin gegen die eigenen

Bedenken verteidigt hat, sondern diese Position schnell verlorengab, wie eine Spielmarke, die er auf ein falsches Feld gesetzt hatte.

So ganz unverbindlich war dieses Spiel dennoch nicht, es manövrierte ihn in eine Schreibkrise. Roths letzte Berliner Alltagsberichte für die «Frankfurter Zeitung» sind verkrampfte Etüden dieses ‹zukunftsträchtigen›, hymnisch-technizistischen Schreibens, vollgestopft mit steifen sakralen Bildern, weitab von seinen stilistischen Möglichkeiten. Nicht nur die von ihm beschriebene Stadtlandschaft, auch seine Feuilletons bekamen eine eiserne Maske, die verzerrten Züge eines zwanghaften, ‹neuen› Schreibideals. Roth begriff wohl, daß er hier nicht weiterkam; er brach sein Berlin-Engagement im Frühjahr 1925 ab und flüchtete aus der selbstinszenierten Krise in die unbelastete Beschreibung einer anderen Metropole. Er ging nach Paris.

Ich möchte noch einmal zurückblenden: Während Roth für den traditionellen Berliner Kulturbetrieb, für den üppigen Musik-, Vortrags- und Rezitationsmarkt nur Hohn und Spott übrig hatte, widmete er dem Film seine ganze Aufmerksamkeit. Der Film ist eine wichtige Komponente seiner Stadtwahrnehmung, er zeichnet dessen Eindringen in die Topographie der Stadt detailliert nach, das Hervortreten der Filmleute im Stadtbild, das Entstehen eigener Treffpunkte, der Aufbau von Produktionsstätten in den Außenbezirken und das plötzliche Erscheinen der Kinos im Stadtkern. Roth ist ein begeisterter Kinogänger, der auch – dies zeigen Äußerungen aus den frühen zwanziger Jahren – zum radikalen Filmfeind hätte werden können. 1922 greift er im «Berliner Börsen-Courier» die Meldung einer Zeitungsagentur auf, schmückt sie zu einem Feuilleton aus und rettet sie so vor dem Versinken im «Vermischten». Der Budapester Kinopianist Istvan Nagy, so wurde dort berichtet, sei, nachdem er 50 Nachmittage hintereinander einen billigen, aber einträglichen Streifen mit der Schubertschen H-moll-Symphonie untermalen mußte, wahnsinnig geworden. Joseph Roth macht daraus in seinem Text eine Tragödie von Medienterrorismus und Kunstmärtyrertum, ja von Menschheitsdämmerung:

> «Das Gehirn revoltierte gegen den Mißbrauch bewußtloser Finger, nachgiebiger Tasten und ewiger Melodien. Das auf dem Klavier totgehämmerte Gewissen auferstand und wehrte sich. Zwischen den zwei Auswegen: H-moll-Symphonie oder Hunger wählte Istvan Nagy den dritten: Wahnsinn.»[31]

Das Medium Film erscheint in dieser Groteske als der grausame Vollstrecker einer blinden Maschinerie, als der Inbegriff einer irrsinnigen Welt, die die Kunst erniedrigt und den einzelnen Künstler in den Wahnsinn treibt:

> «Verhängnisvolle Stupidität eines Apparats, der bestimmte Bewegungen und Ereignisse auswendig gelernt hatte (memorierend photographiert) und sie so und

nicht anders wiedergeben konnte und Istvan, den Menschen, zwang, mechanisch zu sein bis zum Irrsinn.»[32]

Es ist dies, so scheint es, eine kompromißlose Kriegserklärung. Das Kino ist stigmatisiert als der inhumane Apparat in der Hand von gewissenlosen Spekulanten, die kalt mit der Stupidität ihrer Produkte kalkulieren, regungslos ihr künstlerisches Personal zugrunde richten und am Ende wohl auch das wehrlose Publikum in den Wahnsinn treiben werden.

Der Haß war wenig dauerhaft. 1924 rühmt Roth in der «Frankfurter Zeitung» den Film als ein glaubwürdiges Medium und spricht nun von der «unbestechlichen Redlichkeit des photographischen Apparates»[33]. Eine seiner Berlin-Reportagen macht sich diesen unbestechlichen filmischen Blick zunutze und gewinnt in ihrer ‹Vertextung› der filmischen Operation besondere Virtuosität und Wirksamkeit. Ein schier endloser «Zug der Fünftausend», diesen Eindruck gewinnt Joseph Roth im März 1924 nach angestrengter Beobachtung, bewegt sich täglich durch die Frankfurter Allee, der Zug der Armen, die das Obdachlosenasyl in der Fröbelstraße anstreben. Nur erstreckt sich diese nachmittägliche Prozession über vier Stunden, und seine Akteure verlieren sich im Gewühl der Passanten. Die versickernde Zeit ist tröstend für alle, die nicht so ausdauernd und scharf beobachten, die große Stadt verschluckt ihr Elend. Roth will es im Text sichtbar machen. Er bedient sich daher genuin filmischer Möglichkeiten, dem Film abgeschauter Techniken, bricht das Kontinuum der Realzeit auf und fügt das räumlich Disparate zu einer Simultaneität zusammen. Die Montage, die er simuliert, erzeugt eine neue, den Gegenstand eigentlich erst konstituierende zeitlich-räumliche Einheit, an der sich nun nicht mehr vorbeisehen läßt. Am Ende seiner Textinszenierung kann Roth dann die Analogie zum Film herstellen, sein Verfahren offenlegen und gleichzeitig die Differenz zur filmischen Fiktion markieren. Es sind die eingefangenen akustischen Zeichen des Elends, die das Schweigen der Leidenden hörbar machen und zugleich die Nähe zum ‹Leben›, zu seiner unabweisbaren Tatsächlichkeit wahren:

«Fünftausend Menschen ziehen täglich schweigend durch die Straße. Welche lärmvolle Demonstration könnte sich mit diesem Zug vergleichen. Man hört nur Keuchen, Husten, Aufschlagen der Krücken in Intervallen, das Schlurfen zerrissener und nachhängender Stiefelsohlen, das Wimmern eines Kindes, dünn und gläsern und fern, wie hinter einer Eismauer. Wären diese akustischen Anzeichen des Lebens nicht, der Zug wäre ein stummer Film, ohne Musikbegleitung, durch ein technisches Wunder losgelöst von seiner Grundbedingung: der Leinwand, ein Zug von fünftausend photographischen Schatten, aus einem großen Kino an der Ecke in die Straße verbannt. Die Gesichter unglaubhaft charakterisiert: halbe Bärte; Basedowsche Krankheitsgesichter; hervorquellende Augen; leere Augenhöhlen; zerrissene Uniformen; geschenkte Cutaways; Lackstiefel ohne Sohlen; die Statisterie eines grausamen Gottes.»[34]

Nicht nur das Verfahren der Montage adaptiert Roth, am Ende stellt sein Text sogar Kameraoperationen nach, eine Addition kurzer Blicke auf Gesichter und Dinge, eine Bewegung von oben nach unten. Die Großaufnahme, deren Potenz hier ausgeschöpft wird, hat Béla Balázs in seiner 1924, zeitgleich mit Roths Reportage erschienenen Filmtheorie «Der sichtbare Mensch» so umschrieben:

«Die Großaufnahmen bedeuten eine Art Naturalismus. Denn es sind scharfe Beobachtungen der Einzelheiten. Doch in diesen Beobachtungen ist eine Zärtlichkeit, und ich möchte sie den Naturalismus der Liebe nennen... Bei Filmen mit vielen guten Großaufnahmen hat man oft den Eindruck, daß es nicht Beobachtungen des guten Auges, sondern des guten Herzens sind. So strahlen sie eine Wärme aus, eine mittelbare Lyrik, deren besondere künstlerische Bedeutung darin liegt, daß sie rührend ist, ohne sentimental zu sein.»[35]

Béla Balázs benennt genau jene Qualitäten des Films, die Roth in der Schrift einholen wollte. Auch seine filmische Reportage will scharfe Beobachtung und zärtliche Zuwendung, will ausstellen, ohne zu verletzen, will den präzisen Blick und die «Wärme» der «mittelbaren Lyrik».

Roth ist also ein inspirierter Kinogänger, der Film greift verändernd in sein Schreiben ein, während seine Filmkritiken die neue Kunst mit eher traditionellen Kunsterwartungen überschütten. Mit Ungeduld wartet er auf die große, überzeugende «Filmdichtung», auf die Übertragung «aus der materiellen, irdischen und zufälligen Ebene der ‹Existenz› und der ‹Begebenheit› in die metaphysische, einmalige, gültige und notwendige Atmosphäre»[36]. Einlösbar sei dieser Dichtungsbegriff, so Roth, eigentlich nur in der Schrift. Ein «Dichter» wie Carl Mayer, der für den Film schreibt, gerate unter den «Fluch seines Handwerks», liefere sich dem «Apparat» aus, dem Roth mißtraut. «Der letzte Mann» erfüllt beinahe alle Kriterien von Roths normativer Erwartung, wäre da nicht der Schluß, den der enttäuschte Kritiker als Konzession an Publikum und Industrie wertet und der damit den Kunstanspruch zerschlägt. Damit sei ein Test verhindert worden, «ob das *dichterische* Element den Erfolg verursacht oder die filmischen Vollkommenheiten. Wäre nicht der ironische Konzessionsschluß angehängt worden, so hätte es sich vielleicht jetzt entschieden, ob das Publikum wirklich reine Dichtungen im Film sehen will.»[37] Diese Frage scheint ihm dagegen bei dem Dokumentarfilm «Nanuk», einem Film über den Alltag einer Eskimofamilie, eindeutig durch die Rezeption geklärt. «Nanuk» ist für Roth eine «große Dichtung», weil er im Kino beobachtet hat, wie quer durch alle Klassen die Gesichter des «Fabrikanten», des «Geldmenschen», des «Literaten» und der kleinen «Büromädels» den gleichen nivellierenden Ausdruck der Ergriffenheit, einer «sonderbaren religiösen Inbrunst», annehmen.[38] Gerade ein Film aus dem Eismeer – und dies steigert noch Roths Rührung – läßt also die Eisberge schmelzen, die sonst im Alltag zwischen den Berlinern aufgetürmt sind. Im Kino ist möglich, was die existentielle Kälte der Stadt verhindert, die «Assimilation» zumindest zu einer temporalen Kunstgemeinschaft, die Aufhebung des «Singulars» wenigstens für Augenblicke.

Mit großer Sorge verfolgt Roth, wie sich diese Ergriffenheit in der monumentalen Architektur der Kinopaläste nach außen verlagert, zum Kalkül der «Berliner Branche» wird, die mit «suggestiven Gewaltmitteln» eine perfekte Illusionsmaschinerie in Gang setzt. In dieser «Hypertrophie des Rahmens»[39] geht der Film unter, verschwindet in den Lichteffekten und Musikekstasen, in der Bühnenshow, die man vor der Leinwand und im Raum inszeniert. Die religiöse Metaphorik, vorher der Beweis einer authentischen Kunst, wird nun ins Satirische gewendet:

> «Und schließlich entlud sich unsere Andacht in heftigem Klatschen und am lautesten klatschten die Dissidenten. Alle erkannten wir den Willen einer überirdischen Macht, einer metaphysischen Kinodirektion, einer himmlischen Branche...»[40]

Nicht nur diese falsche Kunstgemeinschaft und der verlogene Glanz der Paläste treibt Roth aus dem Kino, auch der Standard der Filmproduktion enttäuscht ihn zunehmend. Die Abreise nach Paris war auch eine Flucht vor dem grassierenden großsprecherischen Filmpatriotismus. In dem schon angesprochenen Text, der ironisch seine Berliner Existenz im «Wartesaal» bilanziert, heißt es:

> «Am Abend sitze ich im Kino. Man gibt den Kolossal-Monumental-Film der Decla-Bioscop: ‹Deutsche trinkt deutsches Bier!› mit Massenszenen von Lubitsch und Henny Porten als deutscher Heldenmutter, und die Kapelle spielt den Fridericus-Rex-Marsch.»[41]

2.

Bevor Roth Mitte Mai 1925 seinen Berliner «Wartesaal» verließ und den Expreßzug nach Paris bestieg, regelte er seine Nachfolge in seinem Sinne, so wichtig erschien ihm das Amt eines Berlin-Korrespondenten der «Frankfurter Zeitung». Er nahm an, daß Bernard von Brentano, den er wie ein Mentor betreut und protegiert hatte, als sein Nachfolger in seinen Spuren gehen würde. «Er gehört zu *uns*... er ist unser junger Bruder»[42], schrieb er 1926 an Reifenberg. Doch Roth täuschte sich, es war dies keine familiäre Transaktion, keine Übergabe von Bruder zu Bruder, es war ein Generationswechsel, der nun stattfand. Der um sieben Jahre jüngere Brentano definierte und praktizierte sein Schreiben ganz anders als sein vermeintliches Vorbild. Seine kurzen parataktischen Sätze huldigten jenem auf Verknappung und Kälte hin orientierten Schreibideal, wie es um 1925 intellektuelle Mode geworden war. Die Wortmusik Roths blieb ohne

Nachklang. Die Untertöne, die Ambivalenzen, die Selbstzweifel, die düsteren Visionen verschwanden jetzt aus den Berlin-Berichten der «Frankfurter Zeitung». Ein Satz wie «Die Stadt ist groß» hatte bei Roth immer die Spur von Verlorenheit; bei Brentano ist dies nur ein Ausdruck von überwältigender Monumentalität, seinem Ausruf «Tolle Welt» fehlt anders als bei Roth jeder Doppelsinn. Brentano ist der wohlbestallte, in Berlin etablierte Korrespondent, der sich zu einer Generation bekennt, «welche heute Berlin preist, indem sie dort mit Freuden lebt und mit Erfolg arbeitet»[43].

Diese Generation, so Brentano an einer anderen Stelle, habe die Absicht aufgegeben, die «Lage der Menschheit» ändern zu wollen.[44] Sie lebt im selbstzufriedenen Einklang mit der Stadt und mit der Welt, taucht ein in die dynamische Veränderung, die sich ohnehin vollziehe.

Seine Chronistenfunktion versteht Brentano ganz anders als Roth. Er geht zu allen Ereignissen, die für wichtig erklärt werden; er besucht die Boxkämpfe, die Sportgeschichte machen, die Sechstagerennen, von denen alle Welt spricht, die Flugtage, zu denen die Massen strömen. Er fehlt bei keiner wichtigen Ufa-Premiere, er schreibt den offiziellen Kalender aus. Kein Entdecker des Abseitigen, hakt er die Orte ab, wo sich ein Besuch lohnt. Er besteigt den Funkturm, schießt mit dem Automobil über die Avus, mischt sich unter die Badenden am Wannsee, verpaßt keine große Ausstellung am Kaiserdamm. So zeichnet er die Reiserouten und Besichtigungsprogramme der Leser vor, ein Kalkül, das Roth sehr fernlag. Brentano macht offen Werbung, er ist ein Propagandist für Berlin, wie ihn sich jeder Magistrat nur wünschen kann. Sein Verhältnis zur Stadt ist schwärmerisch. Nicht nur die Zeitungsberichte sollen davon künden, er bereitet bereits 1928 eine Buchedition seiner Feuilletons vor, die allerdings erst 1981 erschienen ist. Im ebenfalls damals bereits fixierten Vorwort erklärt er seine Absichten. Das Vergängliche will er keinesfalls festhalten, sondern das Vergehen selber abbilden, die Bewegung, die er als das Urprinzip Berlins erfaßt, will er durch seine Beschreibung noch einmal dynamisieren:

> «Aller Bewegung zusammen ergibt die Bewegung der Stadt. Alles ist beschäftigt; alles läuft einem Ziel zu, das in einem fort überall und nirgendwo ist. In gleicher Richtung strömen die ungeheuren Kolonnen der großen Fahrzeuge, die schön in der Masse und durch ihre Bewegung sind. Alles flimmert und glitzert, die großen und die kleinen farbigen Schaufenster, die Lichter der Lichtreklame, nichts ist beständig, wechselnd wie die Gedanken der Menschen, die alles beleben, wird immer ein Ding wieder vom andern belebt.»[45]

Symbol und beinahe Epiphanie der modernen Welt ist für Brentano der Kurfürstendamm, weil dort selbst das Statische, die Architektur in Bewegung ist, ständig neue Schaufenster gebrochen werden, die alten Fassaden den glatten Flächen weichen müssen, die Geschäfte wie die Jahreszeiten wechseln. Alle die neuen Restaurants, neuen Cafés, neuen Läden, die neuen kurzen Röcke, die wechselhafte Reklame faszinieren ihn gleichermaßen. Details zählen in seiner Stadtwahrnehmung nur in ihrer Addition zum Prozeßhaften. Berlin ist für Brentano ein Ort der diktatorischen Herrschaft allgemeiner Prinzipien:

«In Berlin... ist *kein Einzelfall* von Bedeutung für das Gesamte. Ausschließlich das Gesamte ist dort von großer und guter Bedeutung für den Einzelfall.»[46]

Die Stadt schreibt dem Chronisten die Grundoperationen seiner Texte vor. Brentano läßt daher das Partikulare nie für sich bestehen; die Dinge sind streng systematisiert, und selbst die Bewohner dieser Stadt werden in geometrische Ordnungsstrukturen eingefügt. Drei junge Mädchen aus Pommern, Berlinankömmlinge, auf die Brentano einen flüchtigen Blick wirft, läßt er am Ende des kurzen Artikels einschwenken «in die Arbeitskommandos der Zeit»[47]. Der Besucher der Boxarena ist begeistert, wie die Köpfe der Zuschauer wie mit der Schablone auf die Kontrahenten im Ring «gerichtet» sind.[48] Die Stadt selber ist schließlich zur gut gewarteten Maschine geworden:

«Die Tauentzienstraße ist überfüllt. Zwei Säulen, vier und fünf Menschen breit, Tausende tief, schieben sich aneinander vorbei; wie Kolben einer Schiffsmaschine, gut, glatt, surrend, geölt. Es sind die Leute aus der Fabrik, Kontor Büro, Werkstatt, Straßenbahn, die Leute vom Samstag, die Leute, die Werktag machen, wenn man mit ihnen zusammen ist.»[49]

Die Gleichsetzung von Maschine und Mensch, Mechanischem und Humanem, bei Roth nur selbstquälerisch, gebrochen und bloß temporär behauptet, ist hier rückhaltlos vollzogen.

Die Geometrisierung seines Stadtbildes erschwert die Versuche Brentanos, das Elend einzelner zu dokumentieren und die Schattenseiten Berlins aufzudecken. Das Dunkle verschwindet in der Staubwolke, die sein Enthusiasmus entfacht. Brentano ist der Berlin-Korrespondent, der zum Berlin der Stabilisierungsphase paßt, das ja ähnlich bedenkenlos von sich selbst begeistert war. Brentano ist ausschließlich der Gegenwart und der Zukunft zugewandt, Berlin stilisiert er zur Stadt der Novitäten und der Geschichtslosigkeit. Nur die Aktualität zählt als Gegenstand seiner Reportagen. Der Platz um die Kaiser-Wilhelm-Gedächtniskirche wird für Brentano erst durch Poelzigs «Capitol» so halbwegs erträglich, erst die Beseitigung des Alten und die klaren Formen des Neuen bedeuten «Stil». Alle seine Reportagen sind letztlich eine Hetzjagd nach dem Aktuellen. In der Einleitung, die er seiner Textsammlung voranstellen wollte, skizziert er einen Beobachtungsposten, der ihm besonders lieb war und der seine ganze Wahrnehmung treffend charakterisiert. Brentano hat auf der Dachterrasse des Flughafens Tempelhof Platz genommen:

«Dort, mit der Lektüre neuer Zeitungen beschäftigt, sitzend, kann man den Verkehr Europas betrachten, dessen Maschinenlärm immer nur wenige Minuten hörbar, nicht störend ist. Schon am Rande des gewaltigen Flugfelds werden die abfliegenden Maschinen dem bloßen Auge unsichtbar. Undeutlich nur zu erkennen sind hier, mitten in Berlin, die Umrisse der nächstgelegenen Häuser. Aber ein Fußmarsch von lächerlich wenig Stunden führt geradeaus durch einen kleinen Park, genannt der Volkspark, zum Belle-Alliance-Platz, über die Friedrichstraße, mitten ins Herz einer der größten Städte der Welt.» [50]

Nur scheinbar ist dieser Ort der Stadt entrückt, in Wirklichkeit potenziert er ihre Gegenwärtigkeit. Die noch druckfrischen Zeitungen überfliegend, kann Brentano gleichzeitig die neuesten technischen Errungenschaften bestaunen. Der Reiz des Aktuellen ist verdoppelt, Lektüre und Sehen verschachteln sich. Die Szenerie hat nichts Statisches. Zwar ist der Betrachter selbst in einer Position der Ruhe; doch sein Blick ist auf die schnellsten Objekte gerichtet, die die Gegenwart zu bieten hat.

Nicht umsonst hat Brentano seine eigene Stadtwahrnehmung in Walther Ruttmanns Film «Berlin, die Sinfonie der Großstadt» (1927) wiedergefunden, die Apotheose der Rasanz, die Gleichsetzung der Großstadt mit Bewegung, die Parallelmontage von Mensch und Maschine, die Einordnung des Partikularen in umfassende Ordnungsstrukturen. Nur einen einzigen Einwand bringt er gegen Ruttmann vor:

«Einfach gesagt, meine ich, durfte er es nicht *fürchten*, einmal eine Verbeugung vor diesem großen Berlin zu machen, ein anderes Mal, den Hut zu schwenken, und ein drittes Mal, seine Arme auszubreiten. Denn schließlich sind es wir, die diese Stadt bauen und ernähren, und diese Stadt ist es, welche uns ernährt und aufbaut.» [51]

Um so wilder gestikulieren Brentanos Berlin-Berichte vor Begeisterung und Dankbarkeit gegenüber der Stadt, die für ihn selber zum Film wird. Immer wieder benutzt er Film-Metaphern, um seiner dynamisierten Wahrnehmung Ausdruck zu verleihen. Noch in seiner fernen Erinnerung an Berlin, in der Autobiographie «Du Land der Liebe» (1952) greift er auf diese Gleichsetzung zurück, auf den «pausenlos abrollenden Film des Verkehrs», um seine Faszination zu beschwören.[52]

Seine Gegenwartsberichte wollen erst recht Assoziationen zum Film wecken. Eine Fahrt auf dem offenen Autobus liefert ihm das «Panorama eines guten Films» [53], nur «zwanzig übereinander photographierte Bilder» ergeben einen adäquaten Ausdruck des alltäglichen Verkehrsgewühls.[54] Poelzigs «Capitol» bewertet Brentano deshalb als vorbildliche Kinoarchitektur, weil das Foyer mit seinen großen Scheiben den Blick auf den vorbeiströmenden Verkehr freigibt und die «unaufhörliche Bewegung des Platzes bricht» [55]. Ein Stummfilm läuft so vor den Augen des Zuschauers ab, der gerade die Dunkelheit des Saals verlassen hat. Es entsteht eine Verdoppelung des filmischen Blicks, die ganz der Wahrnehmungskonzeption Brentanos entspricht. Die Stadt wird zum Film, so wie umgekehrt der Film der Stadt angeglichen wird. «Rasanz», «Tempo», «Schwung» sind Wertungskategorien, die Brentano aus der begeisterten Anschauung der Verkehrsströme unmittelbar auf den Film überträgt. So spielt er oft die wahrgenommene Stadt gegen die Leinwandbilder aus, der Verriß des Films «Walzertraum» gipfelt in dem Satz: «Der Film der Deutschen ist der Zuschauerraum, ist der *Kurfürstendamm*...»[56]

Was Fritz Langs unterirdische Katastrophen in «Metropolis» bei Brentano nicht erreichen können, das simple Erschrecken, liefert ihm dann vor dem Kino «die unerhörte Sensation einer heraneilenden Autodroschke»[57].

Filmerlebnis und Großstadterfahrung sind bei Brentano nicht zu trennen. Seine Kritiken behandeln den Film noch als zeitlich und räumlich gebundenes Einzelereignis. Nur in Berlin, in dieser Filmstadt kann Film als Film erlebt und verstanden werden, hier muß er sich bewähren, muß dem beschleunigten Tempo und der gesteigerten Aktualität gewachsen sein.

Ende 1930 gibt Brentano sein Korrespondentenamt auf und verläßt die «Frankfurter Zeitung», wohl aus politischen Gründen. Seit 1929 vollzog er eine Wendung zu einer marxistischen Position, die sich in den Berlin-Berichten jedoch kaum einmal andeutet.

3.

Siegfried Kracauer, Brentanos Nachfolger, war das Medium seines Schreibens und der Ort seiner Beschreibung höchst vertraut. Seit 1921 gehörte er der Feuilletonredaktion der «Frankfurter Zeitung» an, und viele seiner dort publizierten Texte führten ihn nach Berlin. Schon seine Rolle als Filmpublizist machte Reisen in die Metropole unumgänglich, nicht nur der Uraufführungen wegen. Nur hier waren die wirklich bedeutenden Produktionsstätten zu besichtigen und die neuesten Entwicklungen der Kinoarchitektur auszumachen.

Vor allem aber der *Soziologe* Kracauer war auf die Hauptstadt angewiesen, sie war das Terrain seiner Untersuchungen. Gleichzeitig mit der Übernahme des neuen Berliner Amtes war sein Buch «Die Angestellten. Aus dem neuesten Deutschland» erschienen. Nah besehen, ist die soziologische Studie ein aktuelles Berlin-Buch, das Kracauers Berlin-Erkundungen zu einem gewissen Abschluß bringt. Berlin wird dort bündig definiert als die «Stadt der ausgesprochenen Angestelltenkultur»[58]. Das anderswo Verschwiegene, so die Erfahrung Kracauers, artikuliert sich hier in wünschenswerter Prägnanz, bekenntnishaft tritt diese Kultur, «von Angestellten für Angestellte gemacht», hervor; nur an diesem Ort kann sie ‹abgehört› und niedergeschrieben werden. Unter der Oberfläche, deren Anschauung sich in Berlin aufdrängt, verbirgt sich nach Kracauer die eigentliche «Wirklichkeit der Angestellten», die auch «ein gut Teil von der Wirklichkeit Berlins» ist.[59] Der analytische Blick muß sie freilegen. Kracauers soziale Recherche mit ihrem vielfältigen formalen Arsenal, der empirischen Befragung, des Gesprächs, des Porträts, der ideologiekritischen Analyse von Dokumenten, der Inspektion von Lokalitäten, ist also gleichzeitig ein Eindringen in das Gewebe der Stadt. Vor der Buchedition waren die «Angestellten» 1929 in Fortsetzungen im Feuilleton der «Frankfurter Zeitung» vorabgedruckt worden. Eine lange Reihe von Berlin-Berichten geht also den eigentlichen Berlin-Texten des Korrespondenten Kracauer voraus.

Auch für seine Filmkritiken bedeutete die Konzentration auf Berlin keinen Einschnitt, der Ort des Schreibens hat hier keine Spuren hinterlassen. Lange vor 1930 hatte Kracauer sein Schreiben über Film, das für Roth und Brentano immer nur ein Nebenbei war, professionalisiert und zu einem Kontinuum der Beobachtung, der Kritik und der Reflexion gemacht. Die Einzelrezension, die ganz auf den Film und seinen Inhalt konzentriert ist, hat er seit Mitte der zwanziger Jahre als bevorzugtes formales Muster ausgeprägt. Jener enge Zusammenhang von Film und Stadt, der für seine Vorgänger so bestimmend war, wird von Kracauer aufgelöst. Seine Filmkritik, die ganz andere programmatische Forderungen an sich selbst stellt, muß ortlos sein, um der erkannten Omnipräsenz des Mediums gerecht zu werden. «Das kleinste Nest hat heute sein Kino, und jeder halbwegs gängige Film wird durch tausend Kanäle an die Massen in Land und Stadt herangebracht.»[60] Eine neue soziale Ereignishaftigkeit hebt die lokalen Bezüge auf, die Roth und Brentano so wichtig waren. Die «Kardinalfragen», die Kracauer nun dem «verantwortlichen Betrachter» des Films abverlangt, sind die nach den «sozialen Funktionen», den «sozialen Absichten», die «ans Tageslicht» zu ziehen seien.[61]

An Genauigkeit und Sachkenntnis übertreffen die Filmkritiken Kracauers die seiner dilettierenden Vorgänger bei weitem, aber die Professionalisierung wird auch mit Verlusten erkauft. In der vorgeschriebenen analytischen Distanz wird die unmittelbare Reaktion des Analytikers unsichtbar, die Entschlüsselung des sozialen Gehalts sieht am Sozialereignis Kino, am Verhalten des Publikums vorbei, die genaue Registratur des Rahmens und der Örtlichkeit verschwindet aus der Filmkritik.

Nach seinem Berlin-Buch «Die Angestellten» war Kracauer keineswegs fertig mit der Stadt, ihre Rätselhaftigkeit forderte ihn aufs neue heraus. Seine nach 1930 entstandenen Berlin-Texte sind deutlich eingebunden in seine vielfältige multimediale Schreibpraxis. Sie sind zum einen dem Reportagebegriff verpflichtet, den Kracauer im ersten Kapitel der «Angestellten» gegen die neusachliche Faktographie expliziert hatte. Deren Reportage-Definition als «Selbstanzeige konkreten Daseins» stellt er sein Schreibideal gegenüber, das er im Unterschied zur «zufälligen Beobachtungsfolge der Reportage» als «Mosaik» bezeichnet, «das aus den einzelnen Beobachtungen auf Grund der Erkenntnis ihres Gehalts zusammengestiftet wird»[62]. Seine Texte setzen also zwei Operationen voraus, die genaue Beobachtung der Wirklichkeit und deren erkenntnishafte Durchdringung, der partikulare Blick auf die konkrete Realität und die Synthetisierung zu einem sinnstiftenden «Bild». Zum anderen aktualisiert und erweitert er in seinen wichtigsten Berlin-Texten nach 1930 das Verfahren seiner Reiseberichte und auch seiner Erzählprosa: eine extreme Verräumlichung, das Hervorkehren der räumlichen Dimension, das Erschließen einer Stadt aus ihrer Topographie, aus der Linienführung der Straßen und Plätze, aus der Rhetorik ihrer Architektur. Dabei unterscheidet Kracauer zwei Arten von «Stadtbildern», das bewußt Geformte der repräsentativen Stadtarchitektur und das absichtslose Stadtbild, das sich nicht der «Komposition», sondern dem «Zufall» verdankt[63], das entdeckt und gesehen werden muß:

«Die Raumbilder sind die Träume der Gesellschaft. Wo immer die Hieroglyphe irgendeines Raumbildes entziffert ist, dort bietet sich der Grund der sozialen Wirklichkeit dar.»[64]

Kracauers Berlin-Reportagen zwischen 1930 und 1933 sind darauf aus, solche «Raumbilder» zu zeichnen und sie als «Träume» der Stadt auszudeuten, als momenthafte Offenbarung ihrer Eigentlichkeit.

Es kann kein Zweifel bestehen, daß dieses textuelle Etablieren eines räumlichen Blicks zu einem guten Teil aus Kracauers intensiver Beschäftigung mit dem Medium Film hervorgeht. Seine Berlin-Reportage «Arbeitsnachweise» nimmt zu Beginn Bezug auf die Fähigkeit des Films, Räume zu «Raumbildern» zu modellieren:

«Jede Gesellschaftsschicht hat den ihr zugeordneten Raum. So gehört zum Generaldirektor jenes neusachliche Arbeitszimmer, das man aus den Filmen kennt, die ihr Original oft nicht einmal erreichen.»[65]

Der Film verfügt über das Potential, Räume sinnlich erfahrbar zu machen und dem Gezeigten eine normative Kraft zu verleihen. Kracauer betont aber auch eine Grenze, die seine eigenen «Raumbilder» überschreiten wollen, die «Erfindungskraft» der filmischen Raumkonstitution sei gering, ihr Erkenntniswert daher mangelhaft. Hier greift der Reporter mit seinem filmischen Schreiben ein, das die filmische Operation radikalisiert. Sein subjektiver Blick schafft sich den Raum, der die Wirklichkeit momenthaft enthüllen soll.

Der Text «Berliner Landschaft», erschienen am 8. November 1931 in der «Frankfurter Zeitung», knüpft noch am ehesten an die technisierten Stadtbilder Brentanos und an Roths zwanghaftes «Bekenntnis zum Gleisdreieck» an. Kracauers Blick aus dem Fenster seiner Charlottenburger Wohnung erfaßt einen engen Ausschnitt, den der zu einem Bild der Stadt «verdichtet», das «herrlich wie ein Naturschauspiel ist», obwohl die Natur gänzlich aus ihm verbannt ist.[66] Der Blick fällt auf gleißende Schienenstränge, die sich an einer Unterführung überkreuzen. Ein schmaler Häuserstreifen begrenzt das geometrische Bild, und am Horizont ragt der Funkturm auf, «ein senkrechter Strich, der mit der Reißfeder dünn durch ein Stück Himmel gezogen ist»[67]. Allein mechanische Bewegung beherrscht die menschenleere Szenerie, die vorbeirasenden Züge, die Signale, die Rauchwolken der Lokomotiven:

«Diese Landschaft ist ungestelltes Berlin. Ohne Absicht sprechen sich in ihr, die von selber gewachsen ist, seine Gegensätze aus, seine Härte, seine Offenheit, sein Nebeneinander, sein Glanz. Die Erkenntnis der Städte ist an die Entzifferung ihrer traumhaft hingesagten Bilder geknüpft.»[68]

Kracauers hier deutlich zurückgenommene Ambivalenz gegenüber der technisierten Stadt und der urbanisierten Welt entfaltet sich in anderen «Raumbildern» plastischer. Manche von ihnen lesen sich wie eine bewußte Widerlegung von Brentanos begeisterten Berlin-Bekenntnissen. Die Einheit von Belebtem und Unbelebtem, von Mechanik und humaner Substanz, Mensch und Maschine, von Brentano als Errungenschaft der Stadt gefeiert, dividieren Kracauers Berichte wieder auseinander. Aufgelöst wird damit auch der emphatische Begriff von Modernität, den das Feuilleton der «Frankfurter Zeitung» vorher propagiert hatte. Wieder ist es ein konkreter Ort und die zur Erkenntnis vorangetriebene Alltagswahrnehmung, die das Wesen der Stadt im Unscheinbaren offenbart. Dem «Gefühl des Grauens», mit dem der Fußgänger Kracauer stets eine Unterführung «dicht am Bahnhof Charlottenburg» passiert, geht er auf den Grund, um im eigenen Befinden die Wirklichkeit der Stadt zu entziffern. Es ist nicht einmal die erdrückende und beengende Macht der Konstruktion, die Kracauer in dieser Unterführung so tief berührt; erst die vielen Menschen, die mit ihm das Halbdunkel durcheilen, machen das «Raumbild» zu einem Schreckensbild:

«Es ist wohl der Gegensatz zwischen dem geschlossenen, unerschütterlichen Konstruktionssystem und dem zerrinnenden menschlichen Durcheinander, der das Grauen erzeugt. Auf der einen Seite die Unterführung: eine vorbedachte, stabile Einheit, in der jeder Nagel, jeder Backstein an seiner Stelle sitzt und dem Ganzen hilft. Auf der anderen Seite die Menschen: auseinandergesprengte Teile und Teilchen, unzusammenhängende Splitter eines Ganzen, das nicht vorhanden ist. Sie können aus Mauern, Trägern und Stützen einen Verband schaffen, aber sie sind unfähig dazu, sich selber zu einer Gesellschaft zu organisieren. Kraß und schrecklich wird durch das vollkommene System toter Stoffe die Unvollkommenheit des lebendigen Chaos enthüllt.»[69]

Immer tiefer dringt Kracauer in die eigene Schreckenserfahrung ein und enthüllt die Stufen seines «Grauens», das ihn mitten im großstädtischen Alltag überfällt. Der Gegensatz von Belebtem und Unbelebtem, geschlossener Gegenständlichkeit und ungeregelter Menschenströme beschreibt nur den Ausgangspunkt. Ihm schließt sich die melancholische Erkenntnis an, wie sehr technisches Vermögen der Städtebewohner und Unfähigkeit zu einer wirklichen Sozialität in der Stadt auseinanderfallen. Das Aufspüren einer Analogie in der polaren Gegensätzlichkeit, die Registratur von Verlassenheit und Intransigenz auf beiden Seiten, ist schließlich der schockartige Endpunkt einer sich selbst nicht schonenden Denkbewegung.

Der Gleichsetzung von Stadt und Maschine ist damit der Boden entzogen, jede Versöhnung ausgeschlossen. Modernität ist von Kracauer erschreckend gezeichnet als dramatisch zugespitzter Konflikt von technischer Perfektion und menschlicher Unvollkommenheit. Modernität wird definiert als Verletzung und Gefährdung des Lebendigen.

Als habe es Kracauer auf die vollständige Destruktion der Brentanoschen Berlin-Emphase abgesehen, greift er auch dessen geliebtes Symbol für Stadt und Modernität an, den Kurfürstendamm. Die reine Gegenwärtigkeit, die Brentano hier bewundert hatte, faßt er als «Verkörperung der leer dahinfließenden Zeit, in der nichts zu dauern vermag»[70]. Den beständigen Wechsel der Novitäten registriert er mit Trauer. Das Abschlagen der alten Ornamente an den Fassaden, von Brentano als Zugewinn von «Stil» bejubelt, ist für Kracauer ein beängstigender Verlust an Erinnerung.

Kracauers «Raumbilder» restituieren die Stadt als einen Ort des Schreckens und des Erschreckens. Sein Text «Schreie auf der Straße» «Frankfurter Zeitung» vom 19. Juli 1930) ist dafür das eindringlichste Beispiel. Kracauer flaniert in den «freundlichen» und «sauberen» Straßen des Berliner Westens, ein entspanntes Sommerfeuilleton könnte entstehen, das Trost in den geordneten Dingen findet. Aber gerade hier, wo Elend und politischer «Aufruhr» weit entfernt sind, überkommt den Spaziergänger ein «Grauen», das in der Unterführung noch übertreffend, weil es «gegenstandslos» ist. Die Stadt ist zu einer unheimlichen Phantasmagorie geworden, die Angst findet in ihr kein Objekt, geheimnisvolle Schreie gellen durch die Straßen. Bilder des Krieges der allgegenwärtigen und permanenten Bedrohung stellen sich ein. Die Tauentzienstraße glitzert «bös in der Sonne... wie ein unmenschlicher Feind», und der durch den bösen Blick Gebannte ist auf den tödlichen Augenblick gefaßt:

«Jedenfalls ist mir mitunter, als läge an allen möglichen verborgenen Stellen ein Sprengstoff bereit, der im nächsten Augenblick eine Explosion hervorrufen kann.»[71]

An ihren Rändern gleichen sich die Berlin-Berichte, die zwischen 1923 und 1933 im Feuilleton der «Frankfurter Zeitung» erschienen sind, immer stärker an. Joseph Roths Erschrecken über das Tumultuarische des inflationsgeschüttelten Berlin entspricht Kracauers Gespür für das Unheil, das sich nach 1930 in den Straßen der großen Stadt vorbereitete. Selbst der Fluchtpunkt ist beiden Reportern gemeinsam. Wie Roth 1925, so ging auch Kracauer von Berlin nach Paris. Roths Abreise war eine selbstgesetzte Zäsur, Kracauer dagegen blieb an jenem 28. Februar 1928 keine andere Wahl.

Doch dies ist ein anderes Kapitel.

Anmerkungen

1 Wolfgang Schivelbusch: Intellektuellendämmerung. Zur Lage der Frankfurter Intelligenz in den zwanziger Jahren. Frankfurt/M. 1985, S. 55.

2 Günther Gillessen: Auf verlorenem Posten. Die Frankfurter Zeitung im Dritten Reich. Berlin 1986, S. 47.

3 Roth in einem Brief an Benno Reifenberg vom 22. 4. 1926. Zit. nach: Joseph Roth 1894–1939. Eine Ausstellung der Deutschen Bibliothek Frankfurt am Main. Frankfurt/M. 1979, S. 160/61.

4 Margret Boveri: Joseph Roth und die Frankfurter Zeitung. In: Merkur 25 (1971), S. 796.

5 Roth: Berliner Bilderbuch (Der Drache, 18. 3. 1924). In: Berliner Saisonbericht. Unbekannte Reportagen und journalistische Arbeiten 1920–39. Hg. v. Klaus Westermann. Köln 1984, S. 237.

6 Roth: Einbruch des Journalisten in die Nachwelt (FZ 19. 12. 1925). In: Werke. Bd. 4. Hg. v. Hermann Kesten. Amsterdam/Köln 1976, S. 335.

7 Joseph Roth antwortet (Weltbühne 24. 9. 1929). In: Werke. Bd. 4, S. 230.

8 Roth in einem Brief an Reifenberg vom 30. 8. 1925. Zit. nach: Joseph Roth 1894–1939, S. 161.

9 Roth in einem Brief an René Schickele vom 20. 1. 1930. Zit. nach: Joseph Roth 1894–1939, S. 101/02.

10 Roth: Heimweh nach Prag (Prager Tagblatt 25. 12. 1924). In: Werke. Bd. 4, S. 829.

11 Roth: Abende (Berliner Börsen-Courier 27. 4. 1921). In: Werke. Bd. 4, S. 792.

12 Ebenda.

13 Peter Sloterdijk: Kritik der zynischen Vernunft. Bd. 2. Historisches Hauptstück. Frankfurt/M. 1983, S. 697ff.

14 Roth: Abende. In: Werke. Bd. 4, S. 792.

15 Roth: Die Toten ohne Namen (Neue Berliner Zeitung – 12-Uhr-Blatt 17. 1. 1923). In: Berliner Saisonbericht, S. 208/09.

16 Roth: Das Haus der 100 Vernünftigen (FZ 17. 2. 1923). In: Werke. Bd. 4, S. 14/15.

17 Roth in einem Brief an Reifenberg vom 30. 7. 1928. Zit. nach: Joseph Roth 1894–1939, S. 161.
18 Roth: Nachruf auf den lieben Leser (Berliner Börsen-Courier 6. 8. 1922). In: Berliner Saisonbericht, S. 198.
19 Roth: Spaziergang (Berliner Börsen-Courier 24. 5. 1921). In: Werke. Bd. 4, S. 794.
20 Roth: Interview ohne Worte (FZ 11. 1. 1924). In: Werke. Bd. 4, S. 17-19.
21 Roth: Ein Unpolitischer geht in den Reichstag (FZ 30. 5. 1924). In: Werke. Bd. 4, S. 32–35.
22 Roth: «Der Winter unseres Mißvergnügens» (FZ 24. 4. 1925). In: Werke. Bd. 4, S. 41.
23 Roth: Wahlkampf in Berlin (FZ 29. 4. 1924). In: Werke. Bd. 4, S. 29.
24 Roth: Totenfeier um Mitternacht (FZ 2. 3. 1925). In: Werke. Bd. 4, S. 99.
25 Bernard von Brentano: Berlin – von Süddeutschland aus gesehen. In: Wo in Europa ist Berlin? Bilder aus den zwanziger Jahren. Frankfurt/M. 1987, S. 99.
26 Roth: Die Kanzel im Chaos (FZ 12. 9. 1924). In: Berliner Saisonbericht, S. 303/04.
27 Roth: Nachruf auf den lieben Leser (Berliner Börsen-Courier 6. 8. 1922). In: Berliner Saisonbericht, S. 198.
28 Roth: Bekenntnis zum Gleisdreieck (FZ 6. 7. 1924). In: Berliner Saisonbericht, S. 295/96.
29 Ebenda, S. 296.
30 Ebenda, S. 297/98.
31 Roth: H-moll-Symphonie (Berliner Börsen-Courier 21. 5. 1922). In: Berliner Saisonbericht, S. 188/89.
32 Ebenda, S. 191.
33 Roth: Lenins Begräbnis im Film (FZ 13. 2. 1924). In: Werke. Bd. 4, S. 483.
34 Roth: Der Zug der Fünftausend (FZ 9. 3. 1924). In: Werke. Bd. 4, S. 22.
35 Béla Balázs: Der sichtbare Mensch oder Die Kultur des Films. Wien/Leipzig 1924, S. 75.
36 Roth: «Der letzte Mann» (FZ 8. 1. 1925). In: Werke. Bd. 4, S. 493.
37 Ebenda, S. 496.
38 Roth: Der Gast aus dem Norden (FZ 15. 2. 1924). In: Werke. Bd. 4, S. 485.
39 Roth: Amerikanisiertes Kino (FZ 4. 10. 1924). In: Werke. Bd. 4, S. 487.
40 Roth: Bekehrung eines Sünders im Berliner UFA-Palast (FZ 19. 11. 1925). In: Berliner Saisonbericht, S. 314.
41 Roth: Heimweh nach Prag (Prager Tagblatt 25. 12. 1924). In: Werke. Bd. 4, S. 830.
42 Roth in einem Brief an Reifenberg vom 13. 5. 1926. Zit. nach: Joseph Roth 1894–1939, S. 116.
43 Brentano: Berlin – von Süddeutschland aus gesehen. In: Wo in Europa ist Berlin?, S. 95.
44 Brentano: Goldrausch. In: Wo in Europa ist Berlin?, S. 54.
45 Brentano: Wo in Europa ist Berlin? Vorwort, S. 12.
46 Brentano: Berlin – von Süddeutschland aus gesehen. In: Wo in Europa ist Berlin?, S. 100.
47 Brentano: Kirchstraße 9. In: Wo in Europa ist Berlin?, S. 20.
48 Brentano: Erstaunte Gegner. In: Wo in Europa ist Berlin?, S. 48.
49 Brentano: Sonntag. In: Wo in Europa ist Berlin?, S. 57.
50 Brentano: Wo in Europa ist Berlin? Vorwort, S. 10.

51 Brentano: «Berlin». In: Wo in Europa ist Berlin?, S. 146.
52 Brentano: Du Land der Liebe. Bericht von Abschied und Heimkehr eines Deutschen. Tübingen/Stuttgart 1952, S. 7.
53 Brentano: Das Vergnügen zu fahren. In: Wo in Europa ist Berlin?, S. 76.
54 Brentano: Aus fremden Ländern. In: Wo in Europa ist Berlin?, S. 195.
55 Brentano: Das Capitol von Berlin. In: Wo in Europa ist Berlin?, S. 31.
56 Ebenda, S. 33.
57 Brentano: Metropolis. In: Wo in Europa ist Berlin?, S. 28.
58 Siegfried Kracauer: Die Angestellten. Aus dem neuesten Deutschland. In: Schriften I. Frankfurt/M. 1971, S. 215.
59 Ebenda, S. 216.
60 Kracauer: Über die Aufgabe des Filmkritikers (1932). In: Kino. Essays, Studien, Glossen zum Film. Hg. v. Karsten Witte. Frankfurt/M. 1974, S. 10.
61 Ebenda.
62 Kracauer: Die Angestellten, S. 216.
63 Kracauer: Aus dem Fenster gesehen (unter dem Titel «Berliner Landschaft» in der FZ 8. 11. 1931). In: Straßen in Berlin und anderswo. Frankfurt/M. 1964, S. 51.
64 Kracauer: Arbeitsnachweise (FZ 17. 6. 1930). In: Straßen in Berlin und anderswo, S. 70.
65 Ebenda, S. 69.
66 Kracauer: Aus dem Fenster gesehen (unter dem Titel «Berliner Landschaft» in der FZ 8. 11. 1931). In: Straßen in Berlin und anderswo, S. 51.
67 Ebenda, S. 53.
68 Ebenda.
69 Kracauer: Die Unterführung (FZ 11. 3. 1932). In: Straßen in Berlin und anderswo, S. 50.
70 Kracauer: Straße ohne Erinnerung (FZ 16. 12. 1932). In: Straßen in Berlin und anderswo, S. 19. – Inka Mülder-Bach vergleicht in ihrem Kracauer-Buch diesen Text mit dem zwei Jahre vorher in der FZ erschienenen «Erinnerung an eine Pariser Straße» (Inka Mülder-Bach: Siegfried Kracauer – Grenzgänger zwischen Theorie und Literatur. Seine frühen Schriften 1913–1933. Stuttgart 1985, S. 68ff.).
71 Kracauer: Schreie auf der Straße (FZ 19. 7. 1930). In: Straßen in Berlin und anderswo, S. 28 u. 29.

Philip Fisher

City Matters : City Minds

Die Poetik der Großstadt in der modernen Literatur

Einem berühmten Satz von Karl Marx zufolge ist die Ausbildung der fünf Sinne ein bis in die Gegenwart reichendes Projekt der Weltgeschichte.[1] Dieser Prozeß verläuft nicht reibungslos und meint auch nicht allein eine Frage des Zuwachses an Präzision, der Erweiterung des Aufnahmevermögens und verfeinerter Nuancierung. Er birgt ebenso das Moment der Unbeholfenheit, der Blindheit und des getrübten Blicks; er hält die Balance zwischen Wachstum und Atrophie der sinnlichen Wahrnehmung, zwischen einem Gespür für das Detail und kruder Approximation, zwischen dem verschwommen erblickten Neuen und dem nicht mehr erkennbaren Klischee: Marx' Geschichte der fünf Sinne gibt eine Erklärung für eine im Lot zu haltende Struktur, für die konstruktive und destruktive Kraft, sich der Erfahrung bewußt zu werden.

Wo sich Erfahrungsbedingungen plötzlich verändern, wird die Ausbildung oder Demontage der Sinne selbst zu einer dem Bewußtsein zugänglichen Krise. In ihrer offensichtlichen Form wird diese Krise zu einem Thema der Kunst, sie wird ihr ‹Stoff› und erscheint als ‹Problem›. In der Neuzeit bedeutet die Großstadt die gewiß gravierendste Revolution für die Struktur der Erfahrung. In Lyrik, Malerei und natürlich im Roman tauchte das ‹Problem der Stadt› zuerst auf. Als Gegenstand der Beschreibung, der Kontroverse und der Polemik war die Stadt eine Art Objekt ‹da draußen›, eine Landschaft, eine zum Scheitern verurteilte oder zur Reform gezwungene Lebensstruktur, deren Totalität zumeist durch den Vergleich mit dem ländlichen Leben hergestellt wurde. Die Stadt war als ein scharf konturierter Gegenstand sichtbar, weil sie von bestimmten ihr fremden und archaischen Formen des Bewußtseins lokalisiert und rhetorisch erklärt wurde, von Bewußtseinsformen, die sich zwar jener Rekonstruktion der Sinne, die die Stadt herausfordert, stellen, diese letztlich jedoch zunichte machen.

Wordsworths bekanntes Gedicht über die Westminster Bridge entwirft die Stadt als Landschaft, es fängt sie ein als eine Aussicht oder als ein Panorama, das jenseits des Ichs zu finden ist.[2] Es ist bezeichnend, daß die Stadt im Schlaf liegt, daß sie stillsteht, nicht sie selbst ist. Damit der Betrachter den Schauplatz überhaupt in einen Rahmen einfassen kann, steht er nicht *in* der Stadt, sondern schwebt gewissermaßen in der Luft: Er befindet sich auf einer Brücke *außerhalb* und *über* ihr, steht ihr als einem Ganzen gegenüber. Das Wunder besteht darin, den Archimedischen Punkt in der Luft, den archimedischen Augenblick im Zustand des Schlafs und die Perspektive in der Landschaft fixiert zu sehen, so daß die Stadt kraft dieser dreifachen, ihr fremden ‹Unwirklichkeit› als komponierte Ordnung sichtbar werden kann. Das archaische Bewußtsein findet Frieden in der Negation, es kehrt den für die Stadt charakteristischen Lärm in eine Komposition um, mithin in das Gegenteil von Fragmentierung und Chaos; es verwandelt den Schock und die Kälte, die in der Regel den Ton der Stadt kennzeichnen, in deren Gegenteil, in ein Fließen und in Wärme.

Die Stadt als Topos verdanken wir einem Bewußtsein, das sie an Vertrautem mißt und rückwärts liest. Es drückt sich in dem Darstellungsmuster des *nahenden Reisenden* aus, der zunächst in der Ferne Rauchspuren, dann die Konturen des ganzen Stadtinfernos, schließlich das Menschengewimmel in den Randbezirken sieht und die Stadt am Ende mit dem Marschgepäck eines Bewußtseins betritt, das von draußen auf sie zukommt. Diese Konvention reduziert die besichtigte Stadt zu einem abstoßenden Flecken in der weiten und duldsamen Natur, der stets in der Ferne bleibt, sogar dann, wenn er für einige Zeit, beinahe fotografisch wie in einer erbarmungslosen Nahaufnahme, wahrgenommen wird. In seinem Kommentar zu den Klischees der zahlreichen Stadtbeschreibungen um die Mitte des 19. Jahrhunderts (zu den kurzen, die Stadt zu einer Totalität zusammenfassenden Auszügen aus Carlyles «Sartor Resartus» und zum Anfang von Dickens' «Bleak House») hat George Levine darauf hingewiesen, daß diese an einen erhöhten Blickpunkt, gewissermaßen an die Aussicht von einem Turm gebunden sind, dessen Fernsicht zwar noch das Erkennen von Einzelheiten ermöglicht, jedoch nur um den Preis von Teilnahmslosigkeit und einer allzu vagen und allgemeinen literarischen Sprache.[3]

Als Topos der sich im außenstehenden Bewußtsein bildenden Totalität ist die Stadt das Thema, wenn nicht sogar der Widersacher jener klassischen Literaturform des 19. Jahrhunderts, des ‹Romans der Ankunft›, in dem sich der langsame, nur schwer festzuhaltende Wandel des gesellschaftlichen Ganzen in der Biographie eines einzelnen verdichtet. Wie zuvor Wordsworth auf der Westminster Bridge entwerfen auch Dickens' «Great Expectations» und Thomas Hardys «Jude the Obscure», in Amerika Melvilles «Pierre, Or The Ambiguities» oder Henry James' «The Ambassadors» die Stadt als eine Totalität. Fast immer liegt die Stadt vor dem Outsider als etwas, das es zu ‹wählen› gilt. Der Einzug in die Stadt ist ein Schema für die virtuose Darstellung und allegorische Anklage, für die nüchterne Feststellung und Apostrophe. In seinem Buch «Engels, Manchester, and the Working Class» beschränkt sich Steven Marcus auf die absichtsvollen ‹Porträts› der Stadt, und so entsteht eine Arbeit über die Allegorie, über einzelne Bilder, die allenfalls eine miniaturisierte Version der zugrunde liegenden Theorie hergeben.[4] Im Kern geraten solche Studien zu binären, kontrastiven Darstellungen, das heißt: Sie werden metaphorisch. Die stereotypen Details, die den Zugang zu einem ‹infernalischen Manchester› ergeben, sind oft aufgeführt worden. Der Archaismus des religiösen und ländlichen Vokabulars, der Archaismus der moralischen Standpunkte, der Entwurf der im Moment der Ankunft besichtigten Stadt, die totalisierende, bildhafte Anklage, die Stadt in der Soziologie und die Stadt der Reformer, die Stadt in der Metapher – dies sind die Richtlinien eines Stadtbildes, das noch auf den überkommenen Resten vertrauter Wahrnehmungsmuster beruht. Wordsworth vertraut sich der Stadt an, indem er sie ablehnt, und auf der Westminster Bridge stellt er erleichtert fest, daß sie in bestimmten Augenblicken eben die Anordnung der Sinne befriedigt, die als ‹Aussicht› und ‹Landschaft› geläufig ist.

Das Vertrauen darauf, daß die Stadt oder die Psychologie der Stadt in der entscheidenden Assimilationsperiode der Moderne, im 19. Jahrhundert, erschöpfend untersucht werden kann, indem man spezifische Darstellungsmomente etwa bei de Tocqueville, bei Mrs. Gaskell, Carlyle oder Dickens aufspürt, indem man Berichte, welche die Stadt ausdrücklich thematisieren, studiert oder indem man Symbolfiguren für die Stadt wie die Gestalt des Jo in Dickens' «Bleak House» ausfindig macht, ist ebensowenig angemessen wie etwa die Vorstellung, das religiöse Bewußtsein in der Literatur des 19. Jahrhunderts ließe sich dadurch erklären, daß man zunächst Romane betrachtet, die von Geistlichen geschrieben wurden, weiterhin solche, in denen Geistliche als Figur vorkommen, und schließlich Romane, die zum Teil in Kirchen spielen oder Kirchen in Schlüsselmomenten direkt beschreiben! Die Stadt kommt weniger in der Symbolfigur des Jo als vielmehr in dem in «Bleak House» entfalteten Puzzlespiel-Verfahren zur Darstellung: Die einzelnen Teile fügen sich mit jeder neuen Information nach und nach zusammen.

Ruskin bemerkte einmal, daß die Lektüre von Romanen an und für sich entscheidender sei als ihr Inhalt oder ihre Verfahren. Das Lesen im Text der Stadt wird zu einer Art Nährstoff, da es das Bewußtsein für den fortwährenden Wechsel zwischen Apathie und leidenschaftlichen Sensationen ausbildet, für ein Wechselspiel, welches das Stadt-Bewußtsein schließlich begehrt. Ruskin beschrieb auch die zentrale Thematik von Gewalt und Tod, den in den Stadtromanen beinahe erotischen Geschmack am Tod; doch hielt er in seiner betont moralischen Sichtweise für Wirklichkeit, was vielmehr eine *Technik* ist. Offensichtlich, so Ruskin, sei es den meisten Stadtbewohnern vom Schicksal beschieden, «wie Ratten in der Gosse» zu sterben.[5] Raymond Williams, der dieselbe Art von Gewalt untersucht, deutet den literarischen Befund als eine Erfahrungsstruktur, indem er behauptet, daß auf einem Schauplatz, dessen Normalität durch Handlungsfragmente geprägt ist, das Bedürfnis nach abgeschlossenen Handlungen zu einer besonderen Forcierung von Gewalt führt: dieser letzten, genau bestimmbaren Handlung.[6]

Wo ist die Darstellung der Masse nun entschiedener ausgeprägt? In Engels' berühmter Großstadtbeschreibung? In den pittoresken Straßenszenen von Zolas Paris-Romanen? Oder in der Lyrik Baudelaires, in der, wie Benjamin sagte, die Masse eine solche Bedeutung hat, daß sie nie unmittelbar in Erscheinung tritt, sondern wie ein Schleier wirkt zwischen dem Schriftsteller und all dem, was er sieht? Bieten die Straßen bei Baudelaire nicht gerade am frühen Morgen ihren typischen Anblick, wenn die Massen noch nicht da sind?[7] Arnold Hauser hat darauf aufmerksam gemacht, daß gerade im Impressionismus, dessen Bilder vorzugsweise ländliche Gegenden zeigen, die neue Technologie der Erfahrung, eine neue Anordnung der Sinne entdeckt werden konnte, «weil der Impressionismus die Welt mit den Augen des Städters sieht und auf die Eindrücke von außen mit den überspannten Nerven des modernen technischen Menschen reagiert. Er ist ein Großstadtstil, weil er die Wandelbarkeit, den nervösen Rhythmus, die plötzlichen, scharfen, sich aber zugleich wieder verwischenden Eindrücke des städtischen Lebens schildert.»[8]

Einerseits haben wir die Spuren eines unmittelbaren Abbildes: Wordsworths Verse über Westminster Bridge. Andererseits finden wir die nur implizit urbanen, aber gerade darin ästhetisch wirksamen Verschiebungen zum Beispiel in Baudelaires poetischer Darstellung eines verrottenden Pferdekadavers.[9] Hier wagen sich die Poesie und das Schöne einen Schritt weit in die Stadt, indem sie ihr Vermögen üben, sich alles gefügig zu machen, selbst die abstoßendsten Dinge durch eine poetische Oberfläche in Schönheit zu verwandeln und das menschliche Erfahrungsvermögen gegen das Abstoßende und Furchterregende, gegen die groteske Beobachtung und den einzelnen Todesfall – jene vertrauten Muster der Erfahrung in der Stadt – zu immunisieren. Die seit Manet auf so vielen Gemälden am Rand durch den Rahmen abgeschnittene Figur, der halb sichtbare, halb nicht vorhandene Körper, der um die Ecke eines Hauses zu biegen scheint, hält mehr von den Bedingungen der Stadterfahrung fest als die unzähligen architektonischen Stadtstiche des 19. Jahrhunderts. Solche Stiche und Darstellungen sind Symptome für das noch vorhandene Vertrauen in die unmittelbare Sinneswahrnehmung. Sie lassen die verdoppelte Perspektive vermissen, jenes Zögern oder jene Verunsicherung hinsichtlich der technischen Verfahren, auf die sich die Darstellung zunehmend stützt.

Auf die Gefahr hin, einen etwas sperrigen Ausdruck zu verwenden, möchte ich den Gedanken der *doppelten* Wahrnehmung (reperception) einführen. Die doppelte Wahrnehmung verhält sich zur einfachen sinnlichen Wahrnehmung wie das Wiedererkennen zum Erkennen und die Repräsentation zur Präsentation. Doppelte Wahrnehmung meint einen sekundären Akt des Begreifens, der nicht wie Metapher und kontrastiver Vergleich eine Verdoppelung des Materials aufzeichnet, sondern ein Entgleiten des Vertrauens in die Zuverlässigkeit des Sehens selbst. In der vom Großstadtbewußtsein geprägten Literatur tauchen immer wieder dreierlei Formen der doppelten Wahrnehmung auf. Zum einen erscheint sie als eine verdoppelte Sicht auf das Erlebte gerade darin, daß die beiden Sichtweisen zeitlich voneinander getrennt sind. Viele Kritiker haben das Handlungsgeflecht der Dickensschen Romane als ein technisches Verfahren beschrieben, dasjenige als vereinzelt, geheimnisvoll und undurchschaubar darzustellen, was später, unter Berücksichtigung zusätzlicher Informationen, ein zweites Mal als ein Netz von Beziehungen betrachtet wird. Der Rhythmus von einleitendem Geheimnis und darauf folgendem Beziehungsgeflecht gerät zu einer exzessiven Stilfigur. Die gehäuften Beziehungen lassen am Beziehungsgeflecht selbst zweifeln, was mißlicher ist als der für sich stehende Anfang des Geschehens, in dem doch stets Andeutungen und Möglichkeiten des Zusammenhangs schlummern. In gleicher Weise nimmt Joyces Theorie der Epiphanie Gegenstände wieder wahr, die der gewohnheitsmäßigen Wahrnehmung entgingen: die Zeit der Gewohnheit und die Zeit der Epiphanie; noch einmal eine Trennung zwischen den sich gegenseitig vervollständigenden Momenten des Vorher und des Nachher.[10] In der Malerei verwandelt sich diese Aufspaltung der Zeit zu einer Aufspaltung des Sehraums: Die von nahem betrachtete Leinwand besteht aus Pinselstrichen und Flecken, aus nebeneinandergesetzten Farbtupfern; von weitem jedoch tauchen Formen und Gegenstände auf: Der Erfahrung bietet sich ein ‹zweites› Gemälde. In der impressionistischen Ära wurde diese in die Bilder eingelassene doppelte Wahrnehmung zur Norm.

Durch eine zweite bedeutende Technik der doppelten Wahrnehmung wird die Erfahrung nicht zeitlich oder räumlich aufgespalten, sondern in den Akt des Betrachtens eine bewußte Darstellung der Anstrengung eingebaut, die uns Schauen und Begreifen abverlangt. Henry James' Strether und Rilkes Malte Laurids Brigge[11] legen in der Darstellung von Paris den Vorgang des Sehens offen, der schließlich neben dem offensichtlichen Inhalt der Geschichte zu einem zweiten ‹Gegenstand› des Romans wird. Eine dritte Form der doppelten Wahrnehmung, vielleicht die wichtigste, filtert die Sinneswahrnehmung durch veränderbare Modi des Sehens, die normalerweise als geschädigt, überlastet oder unbedeutend abgetan werden: Krankheit und Fieber, die besondere Aufmerksamkeit des verfolgten Menschen, der Blickwinkel von Halluzinierenden, Wahnsinnigen oder Besessenen. Entsprechende Motive lassen sich von Thomas De Quinceys Darstellung seiner London-Erlebnisse in den «Confessions of an English Opium Eater», über Dickens' besondere Verwendung der Krankheit in «Bleak House», über Dostojewskijs Darstellung von St. Petersburg aus der fieberhaften, auf Raskolnikow zentrierten Perspektive bis zu Thomas Hardys melodramatischem Christminster in «Jude the Obscure» verfolgen, das von dem kranken und sterbenden Protagonisten ein zweites Mal wahrgenommen wird.[12] Die maßgeblichen Darstellungen der Stadt wurden keineswegs zufällig durch den Filter von Bewußtseinsformen hervorgebracht, die auf dramatische Weise im Gegensatz zu dem reflektierenden Bewußtsein jenes Betrachters stehen, der, wie bei Wordsworth, Carlyle, Engels oder de Tocqueville, die Stadt noch von außen, gestützt auf die Klischees zur Beschreibung städtischer Schauplätze, beurteilt und lokalisiert.

Der Standort der doppelten Wahrnehmung befindet sich also nicht mehr *außerhalb*, sondern *innerhalb* der Stadt. Er wurde vorsätzlich destabilisiert, als ob die Kontrolle über die Welt und die Beherrschung des Ichs – körperliche Unversehrtheit, geistige Gesundheit, Objektivität – stets gleichzeitig auf dem Spiel stünden. Spätestens seit T. S. Eliots früher Stadtlyrik, seit «The Preludes» und «Rhapsody on a Windy Night», sind die Motive der doppelten Wahrnehmung, die einst als so sonderbar galten, daß sie als anomale Figuration gerechtfertigt werden mußten, zur Norm der modernen Literatur ausgebildet. Da sieht man zum Beispiel eine Frau, deren Auge «sich verdreht wie eine verbogene Nadel»; Gegenstände und Personen tauschen die Eigenschaften, sogar einzelne Partikel aus. Die Straße mit all «ihren schmutzigen Füßen» ist mit den Füßen der Passanten auf eine Weise harmonisch verbunden, die auf den realen Zusammenhalt von Körpern und Füßen schon lange nicht mehr zutrifft, so daß die Füße nunmehr Bestandteile des Straßenkörpers sind. Gestükkelte Teile werden für sich als das Ganze betrachtet, unabhängig voneinander handelnd, zum Beispiel «Wurstfinger, die sich Pfeifen stopfen». Umgekehrt sind die losgelösten Einzelteile als Wiederholungen ihrer selbst gruppiert. Die Hände ziehen in tausendundeinem möblierten Zimmer Jalousien hoch. Die Straßen und Nebel sind belebt, sie sind abwechselnd spielerisch und heimtückisch, doch stets mit Verstand und Absichten begabt. Die Menschen hingegen sind entleert, passiv. Mit alten Zeitungsfetzen hüllt der Wind ein Bein ein, das weniger Lebenskraft besitzt als Wind oder Papier.[13] Die halluzinatorischen Stadtentwürfe in Eliots Poesie nehmen in ihrer morbiden und heimtückischen Tönung die technischen Verfahren der komischen Beschreibung bei Dickens in gewissem Sinne wieder auf. Einzelne Körperteile sind mit selbständigen Fähigkeiten ausgestattet, Gebäude und Räume sind belebte Figuren, in der Wiederholung beginnt die Erfahrung ein Eigenleben zu führen, und die Grenzen zwischen Personen und Dingen werden fließend, beunruhigend.

Als Ergänzung zur Untersuchung der unmittelbaren Sinneswahrnehmung, also dessen, was ich den ‹Gegenstand› Stadt genannt habe, ist die Analyse einer *doppelten Wahrnehmung* darum bemüht, die verborgenen, oftmals strukturbildenden Impulse des Großstadtbewußtseins kenntlich zu machen: den perspektivischen Standort inmitten der Stadt. Untersuchungen wie Hillis Millers Studie über Dickens, Fangers Werk über Dikkens, Balzac und Dostojewskij und Raymond Williams' «The Country and the City» haben für Roman und Lyrik Kategorien umrissen, die dem Großstadtbewußtsein inhärent sind und – wie Fanger es formuliert – eine «Poetik der Stadt» begründen.[14] Der eine derartige Poetik begründende Impuls besteht darin, innerhalb der Großstadtliteratur (die von der Literatur über die große Stadt zu unterscheiden ist) jene zunächst nur halb artikulierten Komponenten herauszulösen und zuzuspitzen, die durchgängig bei den Schriftstellern der Moderne, etwa bei Eliot, Rilke, Belyj, Joyce, Dreiser, Dos Passos und Kafka, anzutreffen sind. Für sie ist die Stadt nicht ein Problem oder ein Gegenstand, sondern eine *Bewußtseinsstruktur*.

Ein bedeutendes Faktum des Stadtbewußtseins ist die Verschmelzung der für den Roman typischen mit den in der Lyrik gebräuchlichen Modi der doppelten Wahrnehmung. Die technischen Verfahren werden in den unterschiedlichsten Bereichen registriert, und die Soziologie der nichtliterarischen Stadterfahrung – Le Bons «Psychologie der Massen», Simmels «Die Großstädte und das Geistesleben», Benjamins unvollendete Studie über das Paris des 19. Jahrhunderts[15] – verweist auf eine Flut von Kategorien im Bereich der Kunst sowie im Grenzbereich zwischen Institutionen wie der Zeitung oder der Passage. Sie markiert die Inflation von Kategorien des Verhaltens anläßlich der ‹Masse›, des ‹Fremden›, des ‹Künster-Voyeurs› und verweist zugleich auf die Unmenge von sprachlichen Verfahren und Methoden der Repräsentation innerhalb der Literatur selbst.

Die Sinneswahrnehmung wird inmitten der Stadt zur doppelten Wahrnehmung, und zwar in dem Moment, wo sich gerade die Perspektive der distanzierten Beobachtung als eine Gefahr herausstellt. Der Beobachter folgt nicht mehr dem, was er betrachtet, er ‹beschattet› es und wird selbst in einen Schatten verwandelt (um es in der Sprache der Detek-tivgeschichte zu sagen). Friedrich Engels' Beschreibung einer Menschenmenge und Wordsworths in «The Prelude» enthaltene Darstellung seiner Empfindung darüber, inmitten der fremden Leute auf einer Straße in London geradezu ausgelöscht zu werden – diese beiden bekannten Passagen zeigen deutlich den Unterschied zwischen dem Beobachter und seinem Schatten. Bei Engels sind die Einzelheiten durch die Technik der unpersönlichen Beobachtung in einen bestimmten Rahmen gestellt: Die ‹man merkt›-Ausdrücke der Überraschung, des kontrastierenden Vergleichs und der Empörung bilden einen moralischen Rahmen für die Charakterisierung des Verhaltens auf der Straße. «Sie rennen aneinander vorüber, als ob sie gar nichts gemein, gar nichts miteinander zu tun hätten, und doch ist die einzige Übereinkunft zwischen ihnen die stillschweigende, daß jeder sich auf der Seite des Trottoirs hält, die ihm rechts liegt, damit die aneinander vorbeischießenden Strömungen des Gedränges sich nicht gegenseitig aufhalten; und doch fällt es keinem ein, die anderen auch nur eines Blickes zu würdigen.»[16] Unter den Wörtern «keinem» oder «die einzige» tritt die Struktur der geschundenen Werte unversehrt hervor. Bei Engels wird die Wirkung der Großstadt auf ihre Opfer von einer Erzählerstimme beschrieben, die sich einer Humanität verpflichtet weiß, die im Stadtgebiet keine Anerkennung mehr findet. Beteiligt sind drei Instanzen: die Stadt, ihre Opfer und der außenstehende Beobachter. Empörung hört man nur aus der Ferne, von jenem fernen Turm herab, vom sicheren Standort aus. Bei Wordsworth verschwindet diese dritte Konfiguration:

«How often in the overflowing streets
Have I gone forward with the crowd, and said
Unto myself, the face of everyone
That passes by me is a mystery.
Thus have I looked, nor ceas'd to look oppress'd
By thoughts of what, and whither, when and how,
Until the shapes before my eyes became
A second sight procession, such as glides
Over still mountains, or appears in dreams;
And all the ballast of familiar life,
The present and the past; hope, fear; all stays,
The laws of acting, thinking, speaking man
Went from me, neither knowing me, nor known.»[17]

Wohl keine andere lyrische Passage enthält eine subtilere Version der Entwirklichung des Ichs unter jenen Bedingungen, unter denen wir, wie Baudelaire sagt, «wund vom Geheimnis» sind.[18] Die vorüberziehenden Fremden weigern sich, so lange wiederzukehren und Erinnerungen wie Erfahrungen zu sammeln, bis sie zum Ich werden. Indem sie zu Phantomen geraten, verblaßt auch die Erinnerung des Dichters. Seine Macht über sich selbst verflüchtigt sich ebenso wie seine Macht über jene. Das in der Erinnerung, im Kontinuum der Zeit, in wiederkehrenden Bildern und Szenen und unter wiederkehrenden Menschen bewahrte Ich wird labil. Dieser Modus des Wahrnehmens ist mit einem bestimmten Ausdruck der doppelten Wahrnehmung zu kennzeichnen, dem der Halluzination.

Das Vokabular der Entlarvung – Geheimnis, Beschattung eines Verdächtigen, Verfolgung und Verfolgtsein –, ein Vokabular, auf das ich später zurückkommen werde, deutet unmittelbar die heimtückische Gefahr an, die darin liegt, auf diesem Schauplatz zuviel zu wissen. Diese Gefährdung des Wissenden ist nicht weniger in Pips Reise durch London als in den Erlebnissen Strethers in Paris oder im Verlauf jenes Junitags augenfällig, den Leopold Bloom im Dublin des Joyceschen Romans durchläuft. In der Großstadtlyrik taucht für die Gefahr der Verfolgung und des Verfolgens immer wieder ein eigentümliches Bild auf: Der Verfolger/Dichter erscheint als Pharao, die Verfolgten erscheinen als die Juden, die Hausmauern und der Nebel als das für kurze Zeit geteilte Meer, in dem der Schatten des Verfolgers schließlich ertrinkt. Elizabeth Barrett Brownings Poesie bewahrt in «Aurora Leigh» die Distanz des Beobachters – er sitzt und ist in Sicherheit (so wie Engels' Erzählerstimme bei der Darstellung der Masse):

> «But sit in London as the days decline
> And view the city perish in the mist
> Like Pharaoh's armaments in the deep Red sea,
> The chariots, horsemen, footmen, all the host,
> Sucked down and choked to silence – then, surprised
> By a sudden sense of vision and of time
> You feel as conquerors though you did not fight.»
> (III,195–201) [19]

Durch das Signalwort «sit» wird aus der Stadt eine Landschaft, die vom Inneren eines Hauses aus betrachtet wird, von einem Zufluchtsort aus, den die Flut niemals erreicht. Jedoch wandelt sich im Bild jener Angst – die Stadt sei womöglich nur ein magischer Ausnahmezustand der Natur, die eines Tages wieder über sie herfallen werde – jede beliebige Menschenmenge auf der Straße zu einem Heer des Pharao.

Apollinaire beschreibt London durch das bemerkenswerte Motiv einer Welt, aus der die gesicherte Innenperspektive verschwunden ist:

> «Un soir de demi-brume à Londres
> Un voyou qui ressemblait à
> Mon amour vint à ma rencontre
> Et le regard qu'il me jeta
> Me fit baisser les yeux de honte
>
> Je suivis ce mauvais garçon
> Qui sifflotait mains dans les poches
> Nous semblions entre les maisons
> Onde ouverte de la mer Rouge
> Lui les Hébreux moi Pharaon.» [20]

Das kühne Bild der über die Stadt wieder hereinbrechenden Natur bildet auch den Anfang von «Bleak House» und beherrscht ebenso das auf der Themse spielende Anfangskapitel in Joseph Conrads «Heart of Dark-

ness». In beiden Texten sind die jüngsten Stadien der Zivilisation zu einem Echo der Urzeit, ihres Schlamms, ihres primitiven Chaos und ihrer Gewalt zurückgebildet. Das Rote Meer bricht wieder über die vom Menschen ersonnene Zerteilung der Natur herein. Bei Baudelaire kommt das Pathos der Verfolgung inmitten des von Häuserdämmen zerteilten Stroms wohl am großartigsten zum Ausdruck. Die Überflutung des Raums (wie jene Straßen, die Wordsworth als «overflowing» beschrieb) ist das Signal für einen schon fast komischen urbanen Heroismus. In der Übertragung Walter Benjamins lauten die Zeilen aus «Les sept vieillards»:

> «An einem Morgen als in tristen Straßen
> Die Häuser die im Nebel aufgereckt
> Zu Dämmen wurden die ein Strombett fassen
> Und, dieses Mimen würdiger Prospekt
>
> Ein gelber Dunstkreis alles überschwemmte
> Schritt ich vertieft-heroisch auszuharren
> Mein Herz beredend das Ermüdung lähmte –
> Die Vorstadt hin die dröhnte von den Karren.»[21]

Die Verfolgung gefährdet den Verfolger ebenso wie den Verfolgten, und der Retter ist sich stets bewußt, daß er auf seiner höheren Ebene im Begriff ist, sich in sie hineinzuversenken. Baudelaire übersetzt das Motiv der Verfolgung in das einer metaphorischen Angst vor der überfluteten Stadt. Ob indessen die Menge ertrinkt oder das Ich in der Menge – so wie in Eliots Verszeile «A crowd flowed over London Bridge»[22] die Menge das unter der London Bridge fließende Wasser nachahmt –, die Metaphern werden untereinander austauschbar. In Wordsworths Zeilen «How often in the overflowing streets / Have I gone forward with the crowd» sind ‹Flut› und ‹Menge› in einem Bild verschmolzen. Zola verkleinert die ganze Stadt Paris in «L'assomoir» zum Ort der Wäscherei. Wasser und Alkohol durchfluten die Stadt, die so zum System von Abwasserkanälen, Gossen, Abflüssen wird, zur Zirkulation: zur Großstadt, in die am Morgen eine Flut von Arbeitern hineinströmt, um abends wieder abzufließen, zu einer Stadt des Ertrinkens und Versinkens. Die Metapher des Ertrinkenden spukt gleichermaßen im Hintergrund von Joyces «Ulysses» und Eliots «The Waste Land».

In den überfließenden Straßen bei Wordsworth prägt die Atmosphäre des Geheimnisvollen alle Erfahrung. Schon das Wort ‹Geheimnis› legt die Verbindung zwischen dem Unbekannten und der Form der Detektivgeschichte nahe. Allerdings muß man verstehen, daß das melodramatische Geheimnis von Verbrechen und Entlarvung ein Symbol für die Allgegenwart, Durchlässigkeit und Ungreifbarkeit der Ereignisse ist, in denen das

Ich dahintreibt. Wie am Anfang seines Gedichts «Les sept vieillards» erzeugt Baudelaire eine in ihrer Erregung noch gesteigerte Version der «second sight procession», wie wir sie von Wordsworth kennen: Er sieht Geheimes in der Stadt zirkulieren wie Blut in den Adern eines Kolosses. In der Menge wird das Unbekannte zum Unwirklichen der Stadt. Im Strom entwirklichter Bilder und Geheimnisse verliert das beobachtende Ich seine eigenen Grundsätze, seine eigene Geschichte und Vertrautheit mit sich selbst und versinkt inmitten eines entwirklichten äußeren Lebens in Ichlosigkeit. Im Bild von halluziniertem Leben, von Bewußtseinsformen, die nun nicht mehr als außergewöhnlich gelten, verschmilzt die Außenwelt und die Welt des Traums, verschmelzen die Bereiche des ‹Subjektiven› und des ‹Objektiven›, des Innen und Außen, und zwar so, daß sie sich gegenseitig entkräften. Dieser Erregungszustand, Wordsworths «second stage», wird bei Rimbaud zum poetischen Programm. In Dostojewskijs Stadtromanen wird dieser Zustand durch die Figur des kranken Träumers symbolisiert. Sowohl für das visionär begabte Künstlergenie, das besondere Individuum, wie auch für das Massenphänomen, die Bruchstücke von Allgemeinheit, ist der ‹andere Zustand› einer rauschhaften, traumhaften Überreizung eine Alternative zur Apathie. Gemeint ist da, was Wordsworth genauer als «shapes» und «spectres» bezeichnete: die Verbindung von Rauschzuständen und Fieberträumen, von einer Außenwelt der Schatten und einer zunehmenden Entleerung der Innenwelt.

Die Texte Baudelaires oder T. S. Eliots, Dostojewskijs Doppelgänger, die unheimlichen und übernatürlichen Geistergeschichten in Rilkes «Aufzeichnungen des Malte Laurids Brigge» und der halluzinierte «Nighttown»-Abschnitt in Joyces «Ulysses» gehen offenbar zurück auf ‹anomale›, fast an den Schauerroman erinnernde Muster von Lebensgeschichten. Diese schwanken zwischen den Bereichen des Wirklichen und Unwirklichen, dem Reich der Lebenden und der Toten, zwischen Innenwelt und Außenwelt. Gerade in diesen Zwischenbereichen gelingen eindringliche Darstellungen der von Wordsworth genannten Bewußtseinslage: der normalen Verfassung eines Bewußtseins, das von Erscheinungen umgeben ist, die fremd sind oder keinen eindeutigen Sinn haben. Ein Höhepunkt des ersten Abschnittes von Eliots «The Waste Land» ist die Darstellung der über die London Bridge strömenden Menge: eine Ansammlung von Lebenden, die tot zu sein scheinen. Aus der im Garten wie eine Saat gesetzten Leiche wird der Tod erblühen, sie wird ausschlagen und ‹leben›. Bei Eliot ist die Verwirrung und Vermischung des Lebendigen und des Toten ein Zeugnis dafür, daß die Stadt, anders als das Meer, wo der Seemann wirklich stirbt, nur durch paradoxe Kategorien des Geistes vorstellbar ist.

Die für die Grammatik des Stadtromans so wichtige Geschichte des Doppelgängers in Gestalt des Fremden ist offenbar ein Sonderfall des

Unwirklichen, der Grenzüberschreitung in der Literatur der Moderne. Die Erfahrung des Doppelgängers, halb er selbst und halb ein anderer, umfaßt die Intimität des Ichs sebenso wie die Gefahr und Unkalkulierbarkeit, die vom anderen ausgeht. Stevensons Dr. Jekyll und Mr. Hyde, Dostojewskijs zahlreiche Doppelgänger und auch die Figuren in Henry James' phantastischer Stadtgeschichte «The Jolly Corner» imaginieren die Flucht des Ichs vor sich selbst, die Halluzination, das eigene Ich sei ein Gespenst.[23] Außerhalb des Körpers bestürmt der Doppelgänger das Ich wie ein Gegner oder Verfolger: Diesem Erzählen wird das Ich zu einem Kampfgebiet, das es zu plündern und zu unterwerfen gilt.

Die Kraft der Obsession – Richard Carstones Gerichtsverfahren in «Bleak House», Raskolnikows Verbrechen und seine Vorbereitung – besteht darin, daß das Ich sich in jedem Augenblick zur Projektion, zur Halluzination, zu einem geistigen Duell, zur Verdoppelung und zur Verwechslung von Schauplatz und innerer Stimmung gedrängt sieht, kurzum zu einem Zustand permanenter, angsterfüllter Verzauberung. Was Hillis Miller für Dickens' Romane als die Animation der Dingwelt, als das Zusammenspiel von Räumen und Personen, als das Märchenhafte der Lebenswelt beschrieben hat, das sind nur zum Teil komische und verzaubernde Versionen dessen, was bei Dostojewskij oder in Rilkes «Malte Laurids Brigge» konsequent aus einer mit Verbrechen und Krankheit gesättigten Atmosphäre folgt.

Die Krankheit ist der reaktive innere Zustand des Ichs, in dem die Erscheinung, die Verdoppelung, der Austausch zwischen dem Inneren und der Welt, zwischen Sinneswahrnehmung und Phantasie zur Norm der Wahrnehmung werden. In Dickens' «Bleak House» treten Krankheit und Verwirrung, welche die besondere Wahrnehmbarkeit der Welt ermöglichen, nur vereinzelt auf und spielen nur am Rande des Romangeschehens eine Rolle. Das Gerichtsverfahren, das metonymische Ersatzbild für das irrationale Labyrinth der Stadt, erscheint in der Charakterzeichnung des Gridley wie auch in der des Richard Carstone als ein argwöhnischer, fieberhafter Zorn, der nach innen wirkt. Beide Figuren geraten mehr und mehr in die Einsamkeit und sterben an jener Krankheit, die die Gerichts-/Stadtwelt erzeugt.

Dickens' künstlerische Entscheidung, das Erzählen prinzipiell in einem ‹gesunden› Bewußtsein zu verankern, das nur vorübergehend von Krankheit befallen ist (und nicht in einem ‹kranken› Bewußtsein wie in der Figur des Richard Carstone, der als Kranker in der Stadt lebt), wurde in späteren Großstadtromanen nicht weiterverfolgt. Bei Thomas Hardy werden Judes Trunksucht und Krankheit, bei Dostojewskij Raskolnikows Krankheit und die Intensität des Verbrechens, bei Rilke Maltes Krankheit und deren mystische Komponente, das poetische Sehen, zu den neuen Direktiven, welche die Stadt ‹sichtbar› machen sollen. Auch in Joyces «A Portrait of the Artist as a Young Man», einem Entwicklungsroman, der die bruchstückhaften Erfahrungen in der Stadt nachzeichnet, wird der «Künstler» zunächst als Verfolgter sichtbar, der sich bedroht fühlt und versteckt. Dann sieht man ihn als Kranken, der Fiebertraum und Welt vermischt, bis er schließlich im Krankenhaus halluziniert, er nehme den Tod des anderen, den von Parnell, als den Höhepunkt seiner eigenen Krankheit noch einmal wahr.

Ein für das Großstadtbewußtsein zentraler Text, dessen Motive in der Lyrik und im Roman immer wieder auftauchen, ist der kurze Abschnitt über London in De Quinceys «Confessions of an English Opium Eater». Hier ist der Erzähler krank und leidet Hunger; er lebt unter unergründlichen, ihm fremden Personen in einer vom Geheimnis durchdrungenen Welt (sind sie Vater und Tochter, Herr und Knecht?). Die Szene ist ein verlassenes Haus, wo alte Zeitungen dem Knaben und dem Mädchen, die Wärme suchend auf dem Boden nebeneinander schlafen, als Decke dienen. Auf der Straße bricht er vor Hunger und Krankheiten zusammen, wird von einer jungen Prostituierten aufgelesen, deren Nachnamen er nie erfährt ,obgleich er sie durch das Labyrinth der Straßen in dem festen Glauben verfolgt, sie sei nur einen Straßenzug entfernt. Er ist Detektiv, Kranker, Poet, Verstoßener und Fremder in einer zerrinnenden und unerforschlichen Serie von Konstellationen. Hier, wo die Stadtliteratur noch in den Kinderschuhen steckt, gibt De Quincey bereits modellhaft den Ton des bedrohlichen, aber doch poetischen Geheimnisses vor: die Vorstellung, der Stadt ausgeliefert, in ihrer ungreifbaren Ordnung gefangen zu sein, Befriedigung und Schönheit in entstellten Formen zu suchen. Dies zeigt sich auch in der Form jenes ergebnislosen Abbruchs der Handlung, der an die Stelle eines Schlusses tritt und später bei Kafka als Besonderheit einer Großstadtpoetik wiederkehrt. Die Stadt und die Reaktion auf sie, die Krankheit im Inneren, ist bei De Quincey konsequenterweise ein Äquivalent für die traumartige Opiumwelt, die er immer dann betritt, wenn er die Stadt verläßt.

Durch diese Flucht, durch die er die unbeantworteten Fragen und ungelösten Identitätsprobleme seiner London-Erfahrung hinter sich läßt, bleibt bei De Quincey das offen, was bei anderen Autoren oft im formalen Rahmen der Detektivgeschichte abgehandelt wird. Hier ist ein Erlebnisschema des Geheimnisvollen zwar zeitweilig zugestanden, am Ende steht jedoch eine Auflösung, in der kraft der intellektuellen Kombinatorik alles Unbekannte aufgelöst wird. Die tiefgreifende Atomisierung der Erfahrung, die die Tätigkeit des Detektivs zu einer fundamentalen sozialen Handlung werden läßt, geht weit über die begrenzten Einbrüche und Einschübe hinaus, die wir Verbrechen oder Geheimnisse nennen.

Die zunächst vorhandene Erwartung, daß sich für die Großstadterfahrung Zeit und Raum als Kontinuum erweisen, wird in der Literatur der

Moderne allmählich herabgesetzt, und zwar für beide Aspekte dieses vermeintlichen Kontinuums; sowohl die *Antizipation* als auch die *Erinnerung* werden entwertet. Die Fähigkeit, vorauszusagen und den Dingen entgegenzusehen, erscheint abgeschwächt, und die Autorität von Ereignissen und Personen wird darauf beschränkt, sich entweder aus sich selbst zu erklären – nur in der unmittelbaren Gegenwart präsent zu sein – oder sich mit einem Geheimnis zu umgeben, was allein schon für sich genommen einen Wert darstellt. Als Extremfall könnte man annehmen, jede Person würde jeder anderen nur ein einziges Mal begegnen – sprichwörtlich ein Leben unter Fremden; an jedem einzelnen Ort könnte in der Erinnerung dann nur ein Ereignis stattgefunden haben. Doch anstatt das Gespür für die Einzigartigkeit des Augenblicks zu schärfen, wie Walter Pater[24] meinte, war eine Konsequenz absehbar derart, daß die Fähigkeit des Ichs, schlechthin jede Erfahrung machen und sich daran erinnern zu können, isoliert und ausgelöscht wurde. Raymond Williams schrieb über die Sprache der Dickensschen Figuren, sie sei die hektische, komprimierte und selbstdarstellerische Sprache von Menschen, die auf der Straße aneinander vorbeilaufen und versuchen, im entscheidenden Augenblick des Passierens ganz rasch dem anderen ein Bild von sich selbst einzuprägen.[25] Wie auf einer Cocktailparty, jener urbanen Erfindung, die innerhalb eines Hauses die Zirkulation anregt, die der Bewegung einer Menge auf der Straße entspricht, wird jeder Person ein kurzer Augenblick gewährt, sich zu präsentieren, sich darzustellen und im Erfahrungshorizont eines anderen als ein unverwechselbarer Eindruck aufzuscheinen. Die Anzahl und Konkurrenz hektischer Ich-Darstellungen erzeugt das Phänomen, von dem Georg Simmel im Sinne der Spezialisierung und Isolierung von Charaktermerkmalen spricht.[26] Schon Dickens beschreibt dieses Phänomen des öfteren als ‹Exzentrik›. In literarischer Perspektive mag als eine Technik des Komischen erscheinen, was aus dem Blickwinkel der soziologischen Analyse als eine alarmierend erfolgreiche, bestechende und flüchtige Selbstdarstellung zählt, auf Lebensbedingungen zugeschnitten, unter denen nur noch derartige ‹Sofortbilder› funktionieren können. Unter den Konditionen der Moderne wird das Ereignis, jemanden kennenzulernen, durch den Akt ersetzt, ein Ich-Bild bei jemand anderem zu fixieren.

Figurendarstellungen dieser Art summieren sich zu einer dem Augenblick verschriebenen Persönlichkeitsform, die mobil, jederzeit abrufbar und übertragbar ist. Simmel hat vor allem die verzweifelte Suche nach unverwechselbaren, identifizierbaren Charakterzügen in der Großstadt beschrieben – die bizarren Variationen von Einzigartigkeit (das Ich als Besitzer der größten Sammlung von Flaschenverschlüssen – das Unikum, an jedem Neujahrsmorgen im Fluß zu schwimmen). Diese Besonderheit und Spezialisierung wird im Stadtgebiet kultiviert und immer wieder vorgeführt, als Schauspielerei in immer der gleichen Rolle.[27] Der seit der London-Passage in Wordsworths «Prelude» üblichen Theatermetapher für die Stadt liegt in der Moderne die unter den Bedingungen flüchtiger, zufälliger Begegnungen zwangsläufige *Inszenierung des Ichs in der Stadt* zugrunde. Die Großstadt ist ein Theater, das vielerlei Theater in sich birgt.

Infolge der Flüchtigkeit seiner durchschnittlichen Kontakte ist der Stadtmensch zur Rolle eines Selbstdarstellers gezwungen, der seinen auf ein Minimum reduzierten, Aufmerksamkeit heischenden Part mehr lauthals ausruft als spricht. Gleichzeitig ist ihm meistens noch die Rolle eines Zuschauers aufgezwungen, vor dessen Auge die unzähligen anderen, zu denen er nie Kontakt suchte und an die er sich folglich auch nicht erinnert, als exotische, sich selbst inszenierende Fremde, bedrückend leer und uniform, vorüberziehen. Sensation und Apathie – Ruskins grundlegende Dichotomie – bilden die beiden Pole im Spektrum der Zuschauersensibilität. Die unzähligen Varianten des Zuschauers, die im Roman auftreten, sind die Komplementärfiguren zu jenen eigentümlichen Exzentrikern, die häufig entweder am Rande oder – dies gilt für Dickens – im Zentrum des Geschehens stehen. Der Flaneur Baudelaires, jener umherschweifende Dandy, dessen Bewußtsein eine Art mobiles Kaleidoskop ist, die Beobachter bei Henry James und Joseph Conrad, die Spaziergänger in der Stadt wie Joyces Stephen und Bloom, die Träumer Dostojewskijs, die ganze Zunft der mit Notizbüchern ausgestatteten Künstler (Rilkes Malte, Joyces Stephen im Schlußkapitel von «The Portrait of the Artist», Requentin in Sartres «La Nausée») – sie alle bringen die Annahme zur Geltung, daß der erzwungene Modus des Zuschauens die gleiche geistige Komplexität erreichen kann wie der Modus des Darstellens.

Wo sich der Charakter einer Figur in ihrer Einzigartigkeit nicht in einem solchen aufgeladenen, auf einen Augenblick beschränkten ‹Take› einfangen läßt, um später in das Panorama einer Galerie eingefügt zu werden (denn Romane und Notizbücher sind häufig Galerien der Exzentrik, der Epiphanien, des unmittelbaren Eindrucks), bietet sich nun die Alternative an, das Geheimnis des Fremden möglichst präzise ‹aufzunehmen› und das Geheimnisvolle zum eigentlich Charakteristischen zu machen. Der Fremde ist die einzige Alternativfigur zu der des Darstellers: Dem Zuschauer stehen beide gegenüber. De Quincey berichtet einmal, er sei am Straßenrand eingeschlafen, um unter dem starren Blick eines Fremden wieder zu erwachen. Ob der Fremde ein Räuber war oder nur neugierig, vermag er nicht zu sagen. Angenommen, er wäre ein Räuber gewesen, hat er dann geglaubt, sein Gegenüber sei zu arm, um beraubt zu werden? Zählte dieser Räuber vielleicht Jahre später zu den Lesern der Passage, die De Quincey über dieses Erlebnis schrieb? Dieses Anstarren der beiden Fremden, von denen keiner den anderen einzuordnen oder gar die Konturen seiner Rolle einzuschätzen vermag, wird zu ihrer eigentlichen Beziehung, einer Beziehung geheimnisvoller gegenseitiger Musterung.

Als der ‹Fremde› die Bühne des Romans betritt, entfaltet sich die Ökonomie von Zwängen und Schicksalen nicht mehr innerhalb eines Zirkels oder einer sozialen Formation wiederkehrender, sozial miteinander verbundener Figuren. Dickens weitet diesen Zirkel aus, bis er – wie durch ein Wunder – eine Masse von Figuren einbezieht, die alle technisch aufeinander bezogen sind und alle ständig auftreten. In «Schuld und Sühne» findet sich neben dem familialen Zirkel das so entscheidende einmalige Erlebnis mit den Fremden: etwa die Begegnung mit der im Park erblickten jungen Prostituierten oder mit jenem jungen Mädchen, das an Raskolnikow vorbei in den Fluß springt. Ein Zauber fällt über diese Figuren, die für ein oder zwei Abschnitte die geschlossene Ökonomie des Zirkels ‹unterbrechen›, ein Zauber, der dem von Baudelaire in «Les sept vieillards» beschriebenen Geheimnis entspricht.

Im Rahmen der von mir benutzten Kategorien verbindet dieses Geheimnis des Fremden jenen dicken Mann aus «Bleak House», der mit Esther Summerson in der Kutsche fährt und von dem sie später erfährt, er sei keineswegs ein ‹Fremder›, sondern ihr Wohltäter, mit jenem Mädchen, das Stephen Daedalus in «A Portrait of the Artist» am Ufer wahrnimmt, und vor allem natürlich mit dem in der Literatur der Moderne prototypischen ewigen Fremden – Conrads Lord Jim. Wie der Fremde zu erleben, einzuordnen, zu erkennen und darzustellen sei, ist ein zentrales erzähltechnisches Problem für den Großstadtroman, und zwar deshalb, weil er nicht einfach die Vielfältigkeit des Stadtlebens dadurch zur Darstellung bringt, daß er sie durch die Kategorie des Pittoresken entschärft oder den Blick des Fremden wie Wordsworth im «Prelude» einfach zurückweist.

Bei Dickens ist die Figur des Fremden gewissermaßen ein Spielzeug; er ist nicht Geheimnis, sondern ein Rätsel, dem wir uns in der Erwartung überlassen, daß die Lösung noch zwanzig oder zweihundert Seiten entfernt ist, jedoch mit Sicherheit eintreffen wird. Der merkwürdige, mit Esther in der Kutsche fahrende dicke Mann wird sich schon am Ende, da ihm überhaupt erzählerische Aufmerksamkeit zuteil wird, als ein ‹Jemand› herausstellen. Sogar der tote Gerichtsdiener Nemo wird am Ende nur vorübergehend ‹niemand› gewesen sein, obwohl wir gerade ihn als den typischen vergessenen Namenlosen der städtischen Logierhäuser erleben. Indem Dickens letztlich alles Fremdartige auflöst, schafft er im Grunde für den Leser nicht Sicherheit, sondern eine Art Rückversicherung, die auf die erlebte Realität der Vereinzelung und der verstörten Angst antwortet.

Dem Rhythmus des Erzeugens und der Auflösung des Geheimnisses, der den aufmerksamen Leser wie im Rätselspiel erfaßt, ihm ein verborgenes Geschehen andeutet und von ihm Bereitschaft fordert, sich diesem Zustand erst einmal zu überlassen, um bei der Auflösung aufzuatmen – diesem Rhythmus entspricht ein Lebensrhythmus, der mehr und mehr die urbane Erfahrung beherrscht. Das Phänomen der Großstadt hatte, wie Simmel scharfsinnig beobachtete, eine Intellektualisierung des Menschen zur Folge, indem sie immer größere Anforderungen an das Bewußtsein, an Aufmerksamkeit und Abstraktionsvermögen stellte, eine größere Gelassenheit und Toleranz gegenüber dem Unerwarteten und eine umfassendere Verarbeitung der unmittelbaren Umgebung erforderte.[28] Der Roman bot der hier angelegten Psychologie der Entlarvung mit seinem intellektuellen Scharfsinn, seinem Argwohn, mit seinem spielerischen und spekulativen Geist, der auf das Wahrgenommene reagiert, Training und Nahrung. Doch zugleich schuf er eine emotionale Passivität, eine Indifferenz, die einer Abgrenzung gegenüber all dem gleichkommt, was nicht voraussehbar oder verstehbar ist – bis zu dem Augenblick seiner plötzlichen Offenbarung. Indem der Roman von Dickens, James, Conrad und Joyce *dieses* Training darstellte, verlagerte er den Erzähler-Rhythmus des Verbergens und des Erhellens auf eine andere, verfeinerte geistige Ebene.

In der Diagnose, die Le Bon in seiner «Psychologie der Massen» stellt, kehrt in überraschender Weise die urbane Psychologie jener drei Varianten des Einzelmenschen – des Fremden, des Beobachters und des Darstellers – wieder. Dickens und Baudelaire, Eliot, Joyce, Rilke und Dostojewskij machen für die Darstellung innerer Zustände von einer Grammatik der Erfahrung Gebrauch, die geradezu die Vermutung aufdrängt, daß ihre scheinbar einsamen Figuren sich am besten als ‹Schauplatz der Masse› beschreiben ließen – so wie ein Ort auch dann der ‹Schauplatz eines Verbrechens› ist, wenn das Verbrechen nicht *sichtbar* stattfindet. Dieses Atom einer Masse, das, beständig unterwegs und in Hektik, zu einer Ich-Formel komprimiert ist, läßt sich – wie Le Bon ausführt – durch Bilder anregen und ist nur für eine Erfahrung empfänglich, die theatralischer Natur ist. Die Erfahrung bricht in den einzelnen ein, und er muß sich selbst zu einer Rolle stilisieren, um seinerseits in das Bewußtsein der anderen einzudringen.

Raymond Williams hat die Gewalt dieses Eindringens als das Wesensmerkmal einer neuen urbanen Kunst beschrieben, die von Dickens geschaffen wurde. «Für ihn gab es in der Stadterfahrung so vieles, was von wichtiger und sogar entscheidender Bedeutung, aber eben nicht einfach bekannt oder mitteilbar war, sondern offenbart, und daher in das Bewußtsein gezwungen werden mußte.»[29] Diese subtile Version der verbreiteten Theorie, daß die moderne Kunst sich mit einem Material befasse, das nicht in Worte gefaßt, geordnet, ausgetauscht und mitgeteilt werden könne, sondern gewaltsam, schockartig, als ein subversives Unbekanntes in das Bewußtsein eindringen müsse, belegt das verbotene und nicht einfach denkbare Material mit dem Verdikt des Chaotischen. In der «Psychologie der Massen» indes vertritt Le Bon die noch heute subversive Ansicht, die Notwendigkeit, daß die Erfahrung gewaltsam in das Bewußtsein eindringen müsse, sei ein spezifisches Merkmal des *urbanen* Bewußtseins und weniger der Versuch, zeitweilig verbotene Dinge nach und nach im Bewußtsein zu registrieren. Für Le Bon ersetzt die Darstellung von Anschauungen in dramaturgisch vertrauten Formen das frühere Bedürfnis, diese zu rechtfertigen. Anschauungen werden – häufig von einem charismatischen Regisseur – in Schauspiele verwandelt und dann per Ansteckung in rasendem Tempo verbreitet. Sie befallen das Bewußtsein in exaltierten Formen, schockieren es durch ihre Intensität und emotionale Klarheit und triumphieren infolge der vorab arrangierten Passivität des Publikums. Es herrscht ein Material vor, das sich der Darstellbarkeit entzieht und das Bedürfnis minimieren kann, die Dinge rational zu durchdringen, vorherzusehen oder in Erinnerung zu haben – so weit, daß das Material zu einer auf den Augenblick beschränkten, zur reinen Gegenwärtigkeit werden kann.

Während die Form der Detektivgeschichte bewußt die Destruktion und fiktive Rekonstruktion einer *ganzheitlichen* Erfahrung erprobt, wird ein tiefergehendes Training die Tolerierung disintegrierter Einzelteile einüben. Eine solche Struktur wird sodann – wie die poetische Oberfläche in Baudelaires und Eliots Lyrik der Häßlichkeit – die Gegenstände der Angst in eine Quelle des Genusses umwandeln. Neben der Kunst ist die Zeitung in sich ein Bild der Stadt, eine miniaturisierte Probe ihrer gesamten Lebenswelt, die nicht als ein Beziehungsgeflecht, sondern als ein einfaches Nebeneinander betrachtet wird. Spalte für Spalte steht ohne Rücksicht auf das Maß der Wichtigkeit Heroisches neben Trivialem: ein Feuer in einem verlassenen Lagerhaus, die Ergebnisse von Baseballspielen, eine Bombenexplosion, der auf einem ausländischen Flughafen zwanzig Menschen zum Opfer fallen, die Scheidung eines Filmstars, ein Verkehrschaos infolge eines unerwarteten Schneesturms, die Geburt von Fünflingen in Australien. Die Titelseite einer Zeitung ist ihrerseits eine Art Masse, die Präsenz einer zusammengewürfelten Masse von einzelnen Ereignissen und Personen, die einander fremd sind. Die Titelseite bietet ein Training für das hektische Wechselbad der Erfahrung, sie trainiert jene panoramatische Mentalität an, die es zuläßt, daß ein einspaltiger Artikel über den Hunger in Afrika neben einer sechsspaltigen Anzeige für die feierliche Eröffnung eines Restaurants auf Long Island steht. Diese Aufteilung des Raums bedeutet nicht, daß der eine den anderen Raum kontaminiert; keine der Spalten kann oder soll Entrüstung oder moralische Empörung erregen. Die Zeitung ist ein Übungsfeld für die Masse und für die Großstadt, jener Ort, wo die Muster der Wahrnehmung und die des Wahrnehmungsverlustes geformt und in ein Gleichgewicht gebracht werden. Die Zeitung ist geradezu ein Abbild der Gesamtstruktur der Stadt selbst. Sie berichtet über die Todesfälle, Geburten, Hochzeiten, den Geldmarkt, das Wetter, die letzten Spiele und über Vergnügungsmöglichkeiten. Sie ist ein täglich erscheinendes Wegwerf-Epos – ein Echo der Kakophonie der Stadt. Der einzige zutiefst epische moderne Roman, Joyces «Ulysses», blendet Stadtplan und Zeitung als zwei Bilder für ein verräumlichtes Leben ineinander. Joyce macht aus der Zeitung nicht nur eine konstant präsente Requisite, er modelliert ein Kapitel nach der Struktur einer Zeitung, verbindet die beiden Hauptfiguren als Mitarbeiter der Zeitung und macht ihre komische Miniaturisierung eines Tages aus dem Stadtleben zum Gerüst eines modernen Epos.

In seinen Reflexionen über den Niedergang und die Krise des Erzählens hat Walter Benjamin die Auffassung vertreten, daß die Entstehung des Romans in eine Zeit zwischen dem (mündlichen) Erzählen und jener – im Zeitalter der Information – endgültigen Entwertung der Erfahrung durch die Zeitung fällt. Nach Benjamins Theorie wird in der Zeitung das, was einmal Erfahrung war, ‹zerlegt›, es wird beziehungslos und zur Information reduziert. Die Zeitung dient dem Großstadtbewußtsein, indem sie es trainiert, Ereignisse in abgepackter Form aufzunehmen, so daß diese aus der persönlichen Erfahrung verbannt sind.[30]

Die Zeitung ist, so gesehen, selbst eine pikareske Form, eine Erinnerung daran, daß die bedeutendsten Großstadtromane – neben denjenigen, die in der Tradition der Detektivgeschichte stehen – unterschiedliche Varianten der pikaresken, nicht additiv und chronologisch erzählten Abenteuergeschichte einer zentralen Figur sind. Die Stadt ist schließlich keine soziale Gemeinschaft, sondern eine gewundene Straße. Bei Dickens ist ihr tiefgründiges Bild – sie wird in Angst, nicht wie eine Komödie betrachtet – nichts anderes als jene ganz besondere gewundene Straße, das Labyrinth.

Anmerkungen

1 Karl Marx: Ökonomisch-Philosophische Manuskripte (1844). In: Marx-Engels Werke. Berlin 1956ff, Ergänzungsband 1, S. 541f.

2 William Wordsworth: Composed Upon Westminster Bridge, September 3, 1802. In: Wordsworth's Poetical Works, Vol. 3. Oxford 1954, S. 38.

3 George Levine: From ‹Know-not-Where› to ‹Nowhere›. The City in Carlyle, Ruskin, and Morris. In: H. J. Dyos/Michael Wolff (Hg.): The Victorian City: Images and Realities, Vol. 2. London/Boston 1973, S. 495–516.

4 Steven Marcus: Engels, Manchester, and the Working Class. London 1974.
5 John Ruskin: Fiction, Fair, and Foul. In: Ruskin as Literary Critic. Cambridge 1928, S. 12–14.
6 Raymond Williams: The English Novel: From Dickens to Lawrence. London 1973 S. 51–54.
7 Walter Benjamin: Über einige Motive bei Baudelaire. In: Gesammelte Schriften I, 2. Frankfurt/M. 1974, S. 605–653.
8 Arnold Hauser: Sozialgeschichte der Kunst und Literatur. München 1967, S. 929.
9 Charles Baudelaire: Une Charoque. In: Les Fleurs du Mal (Œuvres Complètes, Vol. 1). Paris 1922, S. 49.
10 James Joyce: Stephen Hero. London 1944, S. 216 (dt.: Stephen der Held. Frankfurt/M. 1972).
11 Henry James: The Ambassadors. New York 1910. (dt.: Die Gesandten. Frankfurt/Berlin/Wien 1984); Rainer Maria Rilke: Die Aufzeichnungen des Malte Laurids Brigge. Frankfurt/M. 1982.
12 Thomas De Quincey: Confessions of an English Opium Eater. London 1956 (dt.: Bekenntnisse eines Opiumessers und andere Schriften. Stuttgart 1962); Charles Dickens: Bleak House. London 1955 (dt.: Bleakhaus. München 1959); Thomas Hardy: Jude the Obscure. Harmondsworth 1985. (dt.: Herzen in Aufruf. Berlin 1956).
13 In: T. S. Eliot: Gesammelte Gedichte, 1909–1962 (engl.-dt.). Frankfurt/M. 1972.
14 Joseph Hillis Miller: Charles Dickens. The World of His Novels. Cambridge 1966; Donald Fanger: Dostoevsky and Romantic Realism. Cambridge 1965; Raymond Williams: The Country and the City. London 1973.
15 Gustave Le Bon: Psychologie des foules. Paris 1963 (dt.: Psychologie der Massen. Stuttgart 1986); Georg Simmel: Die Großstädte und das Geistesleben. In: Jahrbuch der Gehe-Stiftung. Dresden 1903, S. 187–206; Walter Benjamin: Das Paris des Second Empire bei Baudelaire. In: Gesammelte Schriften I, 2. Frankfurt/M. 1974, S. 513–560.
16 Friedrich Engels: Die Lage der arbeitenden Klasse in England. In: Marx-Engels Werke, Bd. 2. Berlin 1976, S. 257.
17 William Wordsworth: The Prelude or Growth of a Poet's Mind (Book VII, 627 ff.). Oxford 1959.

«Wie oft in den überfließenden Straßen
Bewegte ich mich mit der Masse fort und
Sagte mir: Das Gesicht eines jeden,
Der an mir vorübergeht, ist ein Geheimnis.
So habe ich geschaut, nicht abgelassen vom Schauen, bedrängt
Von Gedanken: Was und Woher, Wann und Wie –
Bis die Schemen vor meinen Augen erschienen
Im zweiten Blick wie eine Prozession, die
Über stille Berge zieht oder im Traum erscheint;
Und alle Last des Alltags,
Der Gegenwart und Vergangenheit; der Hoffnung und der Furcht; alle Stützen,
Alle Grundsätze des handelnden, denkenden, sprechenden Menschen
Fielen von mir ab, sie kannten mich nicht, noch ich sie.»
(Übers.: *A. Thiemann*)

18 Charles Baudelaire: Les Sept Vieillards. In: Les Fleurs du Mal (Œuvres Complètes, Vol. 1). Paris 1922, S. 153–155. Auch in: Ausgewählte Gedichte (frz.-dt.). Frankfurt/M. 1979, S. 40–45.

19 Elizabeth Barrett Browning: Aurora Leigh. In: Works, Vols. 4–5. New York 1900. Das Zitat stammt aus Vol. 4, S. 84–85.

«Doch sitz' in London wenn die Tage schwinden
Und sieht die Stadt im Dunst versinken
Wie die Streitmacht des Pharao im tiefen Roten Meer,
Wie die Wagen, Reiter, Fußsoldaten, wie das ganze Heer,
Hinabgesaugt und gewürgt bis zum letzten Laut – dann, überrascht
Von einem plötzlichen Traum- und Zeitgefühl,
Fühlst du wie Eroberer, obwohl du nicht gekämpft.»
(Übers.: *A. Thiemann*)

20 Guillaume Apollinaire: La Chanson du Mal Aimé. In: Œuvres Poétiques. Paris 1965, S. 46–48. Auch in: Poetische Werke / Œuvres Poétique (frz.-dt.). Neuwied/Berlin 1969, S. 67. Dort findet sich folgende deutsche Nachdichtung:

«In London kam bei Abendgrauen
Ein Gassenstrolch mir in die Quer
Ganz wie ein Liebling anzuschauen
Der warf mir einen Blick daher
Ich senkte tief vor Scham die Brauen

Ich schlich ihm nach er grinste roh
Und pfiff in Taschen beide Hände
Die Häuser warn es schien mir so
Des Roten Meeres Wasserwände
Die Juden er ich Pharao»

21 Vgl. Anm. 18. Im französischen Original lauten diese Zeilen:

«Un matin, cependant que dans la triste rue
Les maisons, dont la brume allongeait la hauteur,
Simulaient les deux quais d'une rivière accrue,
Et que, décor semblable à l'âme de l'acteur,

Un brouillard sale et jaune inondait tout l'espace,
Je suivais, roidissant mes nerfs comme un héros
Et discutant avec mon âme déjà lasse,
Le faubourg secoué par les lourds tombereaux.»

22 T. S. Eliot: The Waste Land. In: Gesammelte Gedichte, 1909–1962 (vgl. Anm. 13).

23 Henry James: The Jolly Corner. In: The Altar of the Dead and Other Tales. New York 1909, S. 435–485 (dt.: «Das glückliche Eck». In: Erzählungen. Frankfurt/Berlin/Wien 1983, S. 480–516).

24 Walter Pater: The Renaissance. London 1912. Darin: S. 233–238 (dt.: Die Renaissance. Leipzig 1902. Darin: S. 315–323).

25 Raymond Williams: The English Novel from Dickens to Lawrence, S. 32f.

26 Georg Simmel: Die Großstädte und das Geistesleben (vgl. Anm. 15).

27 Ebenda.

28 Ebenda.

29 Raymond Williams: The English Novel from Dickens to Lawrence, S. 34.
30 Walter Benjamin: Der Erzähler. Betrachtungen zum Werk Nikolai Lesskows. In: Gesammelte Schriften II, 2. Frankfurt/M. 1977, S. 438–465.

Zuvor erschienen unter dem Titel «City Matters: City Minds» in: Jerome H. Buckley (Hg.): The Worlds of Victorian Fiction. Cambridge/London: Harvard UP 1975, S. 371–389.

Übersetzt von *Albrecht Thiemann*

Klaus R. Scherpe

Nonstop nach Nowhere City?
Wandlungen der Symbolisierung, Wahrnehmung und Semiotik der Stadt in der Literatur der Moderne

Der Verlust von Regelhaftigkeit, Geltung und Autorität befördert eine vage, allumfassende Ausdrucksweise. Als die Trias der Gattungen Epik, Lyrik und Dramatik den Orientierungssinn einbüßte, den sie in der klassizistischen Poetik besessen hatte, mußte der Sinn des Epischen, Lyrischen und Dramatischen – Goethe und Friedrich Schlegel führten hier das Wort – sprachlich neu geborgen werden: als ‹Naturform› der Dichtung, als Archetypus und anthropologisches Muster.

Vielleicht taugt diese poetologische Reminiszenz etwas für das Verständnis des Sprachwandels, von dem die Großstadtthematik und ihre literarische Darstellung erfaßt werden. Man spricht nicht mehr von der *Großstadt*, sondern von *Urbanität* in möglichst weitem Sinne. Die neue Disziplin der Urbanistik bietet nicht nur architekturhistorische Begriffe wie ‹cité radieuse› oder ‹garden city› an, sondern spricht in lockerer Folge, ästhetisch inspiriert, von Megalopolis und Futuropolis, von Collage City und ‹suburbia› (dem ‹global village›), von ‹ville panique› oder ‹Nekropolis› gar.

Was hier verlorengeht oder un-begrifflich sich neuen Raum schafft, ist gar nicht zweifelhaft. Die noch von Jane Jacobs behauptete «organisierte Komplexität» der modernen Großstadt[1] scheint aus den Fugen zu geraten, ohne daß sich eine neue «Seinsform» des Urbanen etablieren könnte. (Es sei denn, man nimmt den permanenten Umbau der Städte und den raschen Bedeutungswandel ihrer Benennungen für ihr neues ‹Eigentliches›.)

Für die literarische Problemstellung einer ‹Erzählbarkeit der Stadt› sind Folgen absehbar, und dies nicht erst in jüngster Zeit. Volker Klotz prägte den für die Romankunst des 19. Jahrhunderts zutreffenden Begriff der «erzählten Stadt». Dessen Schicksal in der Literatur der Moderne allerdings ist fraglich. Zwar scheint es zunächst sinnvoll, wie Klotz dies tut[2], die Großstadtthematik zur Romanform überhaupt in Beziehung zu setzen, gewissermaßen als Vollendung des Hegelschen Diktums von der «Prosa der Verhältnisse». Zweifelhaft wird aber schon bald das epische

Ich, das «Subjekt der epischen Form», dann nämlich, wenn weder der Held des Romans noch sein Erzähler es schaffen, im Großstadtgebiet eine symbolische Ordnung herzustellen, die dem Erzählfluß des Romans Grenzen setzt, ihn reguliert und auf ein Bedeutungszentrum hinführt. Entgegen allen germanistischen Rettungsversuchen von Döblins Montageroman «Berlin Alexanderplatz» als Bildungsroman hat Walter Benjamin Franz Biberkopfs Geschichte ironisch gelesen als «Éducation sentimentale des Ganoven» und seine Entrückung «in den Himmel der Romanfiguren» mit Skepsis betrachtet.[3] Auf dem Spiel steht fortan die Darstellbarkeit der Stadt überhaupt, ihre Erzählbarkeit nach den traditionellen Mustern der Repräsentation: nach der bedeutungsträchtigen *Symbolisierung*, der regulierten *Wahrnehmung* und nach dem verdeutlichenden ‹Lesen› im *‹Text der Stadt›*.[4]

Zu sprechen ist im folgenden von Demontagen und Modernisierungen am «Bau des epischen Werkes» der Großstadt (um Döblins Formulierung zu benutzen). Anstelle einer «Subjektzentrierung der epischen Form» wird in der Literatur der Moderne eine raumgreifende Delokalisierung, Entgrenzung und Dekomposition der Großstadt als ‹Zeichenstätte› zum beherrschenden Erzählprinzip. Bei Roland Barthes geht diese Reflexion so weit, daß der westliche Kulturkreis, dessen Zentralismus einer rationalen Wahrheit er mit der logischen Fixierung des Stadtzentrums gleichsetzt, überhaupt verlassen wird. An Japans Hauptstadt Tokio fasziniert die «zentrale Leere», die «pure Kontingenz», die «visuelle Erfahrung», die stärker sein soll als jede ‹planerische› und identitätshungrige Erkundung im Stadtgebiet: «Auf diese Weise, sagt man uns, entfaltet sich das Imaginäre zirkulär über Umwege und Rückwege um ein leeres Subjekt.»[5]

Hier nun allerdings – beim Lesen von Roland Barthes' japanischem «Reich der Zeichen» oder auch beim Erstaunen vor Jean Baudrillards ästhetischer Verklärung eines ‹immateriellen› New York[6] – ist doch zu fragen, ob in diesen Texten unter veränderten Vor-Zeichen nicht ein altbekannter Städtevisionarismus und -exotismus wiederaufersteht. Zwar vermeiden diese Städtebilder den traditionellen, moralisierenden Symbolismus der Großstadtdarstellung (die Stadt als *negatives* Bedeutungszentrum subjektiver Leidenschaften: der Laster, des Körpers, der Macht und des Besitzes; die Stadt als Hure, Dschungel, Schlachthof usw.); jedoch erzeugt ihr rein ästhetisches Faszinosum der Signifikanten neue Mystifikationen der Großstadtkomplexität.

Zu fragen ist, ob die in der Literatur der Moderne sich aufdrängende Frage nach der ‹Erzählbarkeit der Stadt› auch anders gelöst wurde oder lösbar ist als im Ausweichen auf den ‹anderen Ort›, die ästhetische Projektion der Stadt als Spiel der Signifikanten. (Zumal sich doch deutlich zeigt, daß die von sozialen Bedeutungen leer geräumte Zeichenfläche um so besser als ästhetischer Schauplatz/Spielplatz individueller Gelüste taugt.)

Das Utopische als topographisches Wunschbild scheint schon zuvor am Horizont verschwunden zu sein. ‹Dream City› als Ort phantastischer Begehrlichkeit und ‹Collage City› als Manifestation eines elementaren Bedürfnisses nach Orientierung müssen sich jedoch nicht unbedingt ausschließen. Das, was Michel Foucault als «Heterotopie» faßt – ein «Illusionsraum», der den «Realraum» eingesperrten menschlichen Lebens denunziert[7] –, dient durchaus als Begriff der sozialen Identifikation. Die ‹anderen Orte› – das Bordell, der Friedhof, alle ‹Kolonien› des Bewußtseins und Konvergenzpunkte der unregulierten Ängste und Wünsche, z. B. auch das Kino – sind in ihrer kompensatorischen Funktion faßbar. Die Impulse des Topographischen und des Imaginären stehen also nicht unbedingt gegeneinander. Die Stadt ist Bauplatz sozialer Verhältnisse und Schauplatz der imaginären Beziehungen zu diesen Verhältnissen zugleich.

Vom «differenziellen Raum» spricht Henri Lefèbvre in seinem erstaunlichen Buch «La révolution urbaine». Die Aufmerksamkeit gilt dem «virtuellen Objekt» des Städtischen, dem eine «Logik der Form» zugrunde liegt.[8] Lefèbvre entwirft eine erzählerische Sozio-logie der Großstadt, indem er die Orte des Gleichen («Isotopien») und die Orte des Anderen («Heterotopien») miteinander in Verbindung setzt. Als dritte Dimension will er die «U-Topie» erhalten wissen, ohne sie festzuschreiben: Ihr Ort ist «überall und nirgends».[9] Hat nicht das Labyrinth, so ist zu fragen, zumeist gerade Linien und genaue Konturen? Schafft die viel beschworene Großstadthektik und -dynamik nichts anderes als Rausch und Halluzinationen? Steht dahinter nicht auch, wie in Brechts «Lesebuch für Städtebewohner», der Wunsch, in den verwischten Spuren das Lebensnotwendige zu finden, Überlebenschancen, die nur durch Kenntlichkeit, auch ein Sicherkennen der Städtebewohner zu gewinnen sind? Natürlich sind die ‹urban eccentrics› das vor allem anderen faszinierende Erzählterrain der Großstadt: Balzacs gewaltige Bankrotteure und die Unheimlichkeit des Geldes, Baudelaires neurotische Ausschließlichkeit der qualvollen und lustvollen Großstadtexistenz, das orgiastische und apokalyptische Großstadterlebnis der deutschen Expressionisten. Daneben und zumeist auch darin gibt es aber die literarischen Großstadterzählungen, die aus dem Verlust einer epischen Souveränität Konsequenzen ziehen: derart, daß die soziale Befindlichkeit und das imaginäre Potential des Großstadterlebnisses strukturbildend zusammenwirken.

Sobald wir Bilder von der Stadt haben, haben wir selbstverständlich ästhetische Muster vor Augen. Das Erzählerische daran dient der Strukturierung, wobei die Art der Wahrnehmung, die Rhetorik der symbolischen Redeweise und des ‹Zeichenlesens› im Text der Stadt die Konturen abgeben. So gesehen, wirken einige Texte des 19. Jahrhunderts – nicht nur Poes «Man of the Crowd» mit seiner soziologischen Musterung der ‹flutenden Masse› oder Heines rhetorische Beschwörung der unmittelbaren Großstadtimpression[10], sondern auch Friedrich Engels' Schilderung Londons zu Beginn seiner Studie über die «Lage der arbeitenden Klasse in England» – *modern* in ihrem ‹strukturellen Bewußtsein›. Bevor er dazu ansetzt, das «Gewimmel» der «großen Städte» auf ihr Klassenprofil zurückzuführen, entwirft Engels das folgende Bild:

«So eine Stadt wie London, wo man stundenlang wandern kann, ohne auch nur an den Anfang des Endes zu kommen, ohne dem geringsten Zeichen zu begegnen, das auf die Nähe des platten Landes schließen ließe, ist doch ein eigen Ding. Diese kolossale Zentralisation, diese Anhäufung von dritthalb Millionen Menschen auf einem Punkt hat die Kraft dieser dritthalb Millionen verhundertfacht; sie hat London zur kommerziellen Hauptstadt der Welt erhoben, die riesenhaften Docks geschaffen und die Tausende von Schiffen versammelt, die stets die Themse bedecken. Ich kenne nichts Imposanteres als den Anblick, den die Themse darbietet, wenn man von der See nach London Bridge hinauffährt. Die Häusermassen, die Werften auf beiden Seiten, besonders von Woolwich aufwärts, die zahllosen Schiffe an beiden Ufern entlang, die sich immer dichter und dichter zusammenschließen und zuletzt nur einen schmalen Weg in der Mitte des Flusses frei lassen, einen Weg, auf dem hundert Dampfschiffe aneinander vorüberschießen – das alles ist so großartig, so massenhaft, daß man gar nicht zur Besinnung kommt und daß man vor der Größe Englands staunt, noch ehe man englischen Boden betritt.»[11]

Grundlegend für die «Soziologie des Raumes» (Simmel) ist die räumliche Immobilität, die durch den Blick des Beobachters erzeugt wird. Dies geschieht in Engels' Text *entgegen* der (kommerziellen) Dynamik, um deren Analyse es ihm geht. Sein Wahrnehmungsmuster kennt noch den Fixpunkt der «kolossalen Zentralisation», und zwar als symbolische Redeweise vom Kapitalismus: Eine spezielle «soziologische Bedeutsamkeit der Fixierung im Raum kann man durch den symbolischen Ausdruck des ‹Drehpunkts› bezeichnen: die räumliche Festgelegtheit eines Interessengegenstandes bewirkt bestimmte Beziehungsformen, die sich um ihn gruppieren.»[12] – Auch Engels kennt den Wahrnehmungsstrudel, den die «massenhaften» Phänomene der Großstadt erzeugen. Die Szenerie der noch bevorstehenden Ankunft in der Stadt und der damit verbundene distanzierende Blick arbeiten einer rationalen Kartographie vor, die den Übergang bildet zur sozialen Begrifflichkeit. Doch auch diese ist durchsetzt vom ästhetischen Arrangement: Die Häusermassen, die Schiffahrtslinien (und kurz darauf die Schilderung des Straßenverkehrs) ergeben den ‹besonnenen› Grundriß der Stadt, der den Betrachter aber doch nicht einfach zur kritischen Besinnung bringt, sondern ihn erst einmal staunen läßt über die «Größe Englands». Das «Imposante» im Bild der Großstadt, wie Engels es zeichnet, liegt nicht im Reduktionismus der symbolischen Redeweise, in der Selektion des Wahrgenommenen oder in der kartographischen Nüchternheit des Textes, sondern wird erzeugt durch das *strukturelle Zusammenwirken* dieser vereinzelten Elemente in der ästhetischen Impression.

Dieses Zusammenwirken – im Kern ein Zusammenschluß von sozialer Befindlichkeit und imaginärem Potential – wird in den *fiktionalen* Darstellungen der «erzählten Stadt» umgeschichtet, anders gewichtet nach der «gräßlichen Bescherung», von der der Großstadtroman (von Balzac, Dickens und Sue bis zu Musil, Döblin und Carlo Emilio Gadda) seinen Ausgangspunkt nimmt. Der berühmte erste Abschnitt von Musils «Mann ohne Eigenschaften» mit der meteorlogischen Lokalisierung Wiens («Die Isothermen und Isotheren taten ihre Schuldigkeit») und einer scheinbar leidenschaftslosen Stadtgeographie schafft so viel Ordnungssinn, daß der «gräßliche Vorfall» eines Verkehrsunglücks sogleich in die Dimension eines «gesetzlichen und ordnungsmäßigen Ereignisses» gebracht wird. Natürlich setzt Musil an zur Erzählung einer großen Leidenschaft. Diese unterliegt aber der modernen Verflüchtigung von maßgeblichen Eigenschaften: von «kolossaler Zentralisation» und unverwechselbarer lokaler Bedeutsamkeit:

«Die Überschätzung der Frage, wo man sich befinde, stammt aus der Hordenzeit, wo man sich die Futterplätze merken mußte. Es wäre wichtig, zu wissen, warum man sich bei einer roten Nase ganz ungenau damit begnügt, sie sei rot, und nie danach fragt, welches besondere Rot sie habe, obgleich sich das durch die Wellenlänge auf Mikromillimeter genau ausdrücken ließe; wogegen man bei etwas so viel Verwickelterem, wie es eine Stadt ist, in der man sich aufhält, immer durchaus genau wissen möchte, welche besondere Stadt das sei. Es lenkt von Wichtigerem ab. Es soll also auf den Namen der Stadt kein besonderer Wert gelegt werden. Wie alle großen Städte bestand sie aus Unregelmäßigkeit, Wechsel, Vorgleiten, Nichtschritthalten, Zusammenstößen von Dingen und Angelegenheiten, bodenlosen Punkten der Stille dazwischen, aus Bahnen und Ungebahntem, aus einem großen rhythmischen Schlag und der ewigen Verstimmung und Verschiebung aller Rhythmen gegeneinander, und glich im ganzen einer kochenden Blase, die in einem Gefäß ruht, das aus dem dauerhaften Stoff von Häusern, Gesetzen, Verordnungen und geschichtlichen Überlieferungen besteht.» [13]

Musils strukturelle (und darin ‹kalte›) Erzählweise zeichnet sich durch die vom naturwissenschaftlichen Denken inspirierte Präzisierung im Detail aus. Eine unmäßige Genauigkeit antwortet auf den Verlust an meßbarer Bedeutsamkeit (was die ‹Identität› der Stadt und der in ihr lebenden Menschen angeht). Auf die Überlastung der Großstadt durch die unabsehbaren Verkehrs-, Waren- und Informationsströme antwortet Musils Deskription nicht mehr mit symbolischer Reduktion oder Überhöhung (‹Dschungel›, ‹Babylon›), auch nicht mit exaltierter Wahrnehmung (Geschwindigkeitsrausch und apokalyptische Phantasien), sondern mit einer fast geometrisch geordneten musterhaften Wahrnehmung. Aus Punkten, Linien und Kreuzungen, ebenso aus rhythmischen Bewegungen und Gegenbewegungen entsteht ein Kompositionsprinzip – im zeitgenössischen Film als «Sinfonie der Großstadt» bekannt –, das die ‹Materialität› der

Stadt diskursiv erfaßt: als den «dauerhaften Stoff von Häusern, Gesetzen, Verordnungen und geschichtlichen Überlieferungen». In diesem Erzählprinzip gehen soziale Identifikation und ästhetische Imagination eine unpersönlich ‹strukturelle› Verbindung ein. Musils Roman zeigt, daß die Entgrenzung der modernen Großstadt, der Verlust des einstmals gesicherten Terrains der «erzählten Stadt» (Wien: als Name allein schon ein Symbol und dennoch namenlos), den erzählerischen Akt der sozialen und ästhetischen Identifikation durchaus nicht zum Verschwinden bringen muß, im Gegenteil. Der Orientierungssinn wird womöglich noch geschärft, wenn die Frage nach dem ‹Wo bin ich› und ‹Warum bin ich hier› nicht mehr allein nach dem vorgeschriebenen ‹Futterplatz› der leiblichen und geistigen Nahrung beantwortet wird.

Im übrigen konnte Musils erzählerische Entmystifikation der modernen Großstadt sehr wohl als Parteinahme für die im deutschen Sprachraum seltene ‹Asphaltliteratur› und gegen das ‹platte Land› gelesen werden. Darin ähnlich einem anderen Wiener, Karl Kraus, der aus den Diskursen der Großstadt heraus allen grünen Heimatschützern und gesundbeterischen Großstadtverächtern von damals und heute die Leviten liest. Im Januar 1911 schrieb er in der «Fackel»: «Ich verlange von einer Stadt, in der ich leben soll, Asphalt, Straßenspülung, Haustorschlüssel, Luftheizung und Warmwasserleitung. Gemütlich bin ich selbst.»[14]

Die Behauptung eines strukturellen Zusammenwirkens von sozialer Befindlichkeit und imaginärem Potential läßt sich für den Großstadttext der Moderne natürlich nicht bruchlos behaupten, schon gar nicht als ‹Einheit›. Gibt es eine ästhetische Symbolisierung, Wahrnehmung und eine moderne Lesart im ‹Text der Stadt›, die ohne die im Begriff der «erzählten Stadt» behauptete Vereinheitlichung auskommt? Ist die Großstadtfiktion im Zugzwang gesellschaftlicher Modernisierung – Überwiegen der reproduktiven Kulturtechniken, Umorientierung in Raum und Zeit durch die neuen Informationstechnologien, mediale Übertragung von Wirklichkeit, in der die realen Erfahrungen unkenntlich werden – überhaupt noch als eigenes Erzählmuster zu erkennen? Der Zusammenschluß zu «Tatsachenphantasien» (Döblin) muß wohl anders gedacht werden, wenn die Frage nach der Darstellbarkeit/Erzählbarkeit der Stadt überholt wird von der Selbstdarstellung der Städte in Architektur und Werbung, übertroffen wird von der Selbstinszenierung des Urbanen als *theatrum mundi*, in dem Gesellschaftliches und Ästhetisches fraglos zusammenlaufen[15] (ohne Frage jedenfalls nach dem Grund dieser neuesten und allermodernsten Illusionierung der Großstadt). Ohne die historische Rekonstruktion als Heilmittel anzusehen, ist es wohl ratsam, die aktuelle, oft als lustvoll, aber auch als tödlich empfundene Konfusion des Urbanen als historische Konfiguration zu begreifen. Auf der Fahrt nach Nowhere City (wenn es denn so sein sollte) lassen sich Stationen markieren, Haltepunkte einer erzählerischen Konfiguration, welche die Problemstellung der *Erzählbarkeit der Stadt* kenntlich machen. Einige Textbeispiele sollen dies erläutern. Die drei Dimensionen der Großstadterzählung sind nach- und nebeneinander mit Akzenten zu versehen. Welchen modernen Wandlungen unterliegt die literarische *Symbolisierung* der Stadt, ihre *Wahrnehmung* und ihre Vergegenständlichung als Zeichensystem im ‹*Text der Stadt*›?

Symbolisierung der Stadt

Modern ist, so scheint es, der Gedanke, daß die Erzählung über die Stadt zurücktritt hinter der Stadt, die sich selbst erzählt: die «Stadt als Sprache, als Ideologie, als Konditionierung jeden Gedankens und Wortes und jeder Geste» (Calvino).[16] Daraus ist allerdings nicht auf eine Beliebigkeit der Stadttopographie zu schließen, an deren Örtlichkeiten Imaginationen sich binden, strenger gesagt: Symbolwerte haften. Man wird davon ausgehen müssen, daß die symbolische Zentrierung der Großstadterzählung («Notre-Dame de Paris», «Der Roland von Berlin», «Stazione Termini») in der fortschreitenden und rasant beschleunigten Moderne an Gewicht verliert. Auch verliert im modernen Kon-Text, im «Stadtgewebe» der Großstadt (Lefèbvre), die *moralische* Haftung der Symbolwerte (die Hure Babylon, ein immer aufs neue zu bestrafendes Troja oder Karthago, Sodom und Gomorrha in Berlin) an Überzeugungskraft. Das heißt natürlich nicht, daß der neue Funktionalismus des Stadtgeschehens (Brecht), seine «Funktionen im Hohlraum» (Bloch) ohne totemistische Fixierungen auskämen. Im Gegenteil ist es wohl eher so, daß die Rationalisierung und Ausdifferenzierung der sozialen und kulturellen Bereiche im Großstadtgebiet neue Bedürfnisse nach imaginärer Wanderschaft, aber auch nach symbolischer Vergewisserung wecken. Diese neuen Bedürfnisse sind jedoch auch die alten, zum Beispiel im Motiv der andauernden archetypischen Fixierungen der Großstadt. Eine «dematerialisierte» Stadt[17] voller elementarer Symbolisierungen – die Imagination der Stadt als weiblicher Körper, Mutter oder Hure, als apokalyptisches Inferno usw. – wird wiederholt beim Namen gerufen. Diese andauernde, wenn auch veränderbare Symbolisierung der Stadt führt auch die neueren Texte zurück zu den alten (Peter Weiss' frühe Erzählung «Der Fremde», Paul Nizons Rom-«Canto», Gisela Steinwachs' postsurreales «marilynparis»).

Anders verhält es sich bei Texten, die auf der sozialen Identifikation des sich stets erneuernden imaginären Potentials bestehen, dies nun aber *unter den Bedingungen der neuen*, die unmittelbare Anschauung wie auch die traditionellen Symbolisierungen unterbrechenden *Techniken der Information, Reproduktion und der multimedialen Vermittlung*. Die Zeichenfläche der Großstadt wird von werbenden Schriftzügen aller Art, durch phonstarke und visuell absorbierende Symbolisierungen überzogen: eine Zeichenfülle, welche die elementaren Symbolisierungen aufnimmt und überlagert. In Ernst Cassirers Untersuchungen zum symbolischen Gehalt jeglicher Kommunikation werden die Vorgaben und Voraussetzungen dieser Entwicklung benannt: «Die unberührte Wirklichkeit scheint in dem Maße, in dem das Symbol-Denken und -Handeln des Menschen reifer wird, sich ihm zu entziehen. Statt mit den Dingen selbst umzugehen, unterhält sich der Mensch in gewissem Sinne dauernd mit sich selbst. Er lebt so sehr in sprachlichen Formen, in Kunstwerken, in mythischen Symbolen oder religiösen Riten, daß er nichts erfahren oder erblicken kann, außer durch Zwischenschaltung dieser künstlichen Medien.»[18] In der modernen Großstadt wird die ältere Kulturalisierung durch die ‹künstlichen Medien› des Mythos, der Religion und der Literatur überlagert durch die neue Künstlichkeit der technischen Medien. Die von Cassirer festgestellten Entzugserscheinungen einer «unberührten Wirklichkeit» und die Dominanz einer die Erfahrungen einschränkenden Selbstbezüglichkeit werden zu Voraussetzungen der Großstadterzählung. In Döblins «Berlin Alexanderplatz» dominiert die informierte die «erzählte Stadt», das heißt die «Zwischenschaltung» der «Medien» und der in ihnen gespeicherten Symbol-Arsenale bestimmt, was erzählt wird und was nicht, was als individuelle Geschichte erzählerisch hergestellt wird oder als Einerlei von Lebensgeschichte sich verläuft im montierten Text der Stadt. Döblin unterwirft auch die ‹alten Medien› des Mythos und der Religion dem in Berlin NO unvermeidlich geltenden Lebensstil. Und eben hieraus, aus der eher schnoddrigen Entsymbolisierung des klassischen Textes, entsteht ein neues erzählerisches Potential: Döblin richtet die Erzählung so ein, daß Franz Biberkopf sich selbst begegnet, im Scheunenviertel – als Orest:

«Ausmaße dieses Franz Biberkopf. Er kann es mit den alten Helden aufnehmen. Dieser Franz Biberkopf, früher Zementarbeiter, dann Möbeltransporteur und so weiter, jetzt Zeitungshändler, ist fast zwei Zentner schwer. Er ist stark wie eine Kobraschlange und wieder Mitglied eines Athletenklubs. Er trägt grüne Wickelgamaschen, Nagelschuh und Windjacke. Geld könnt ihr bei ihm nicht finden, es kommt laufend bei ihm ein, immer in kleinen Mengen, aber trotzdem sollte einer versuchen, ihm nahezutreten. Hetzen ihn, von früher her, Ida und so weiter, Gewissensbedenken, Albdrücken, unruhiger Schlaf, Qualen, Erinnyen aus der Zeit unserer Großmütter? Nichts zu machen. Man bedenke die veränderte Situation. Ein Verbrecher, seinerzeit gottverfluchter Mann (woher weißt du, mein Kind) am Altar, Orestes, hat Klytämnestra totgeschlagen, kaum auszusprechen der Name, immerhin seine Mutter. (An welchem Altar meinen Sie denn? Bei uns können Sie ne Kirche suchen, die nachts auf ist.) Ich sage, veränderte Zeiten. Hoi ho hatz, schreckliche Bestien, Zottelweiber mit Schlangen ... Erinnyentanz ... Wahnsinnsverstörung, Sinnesbetörung, Vorbereitung für die Klapsmühle. Franz Biberkopf hetzen sie nicht. Sprechen wir es aus, gesegnete Mahlzeit, er trinkt bei Henschke oder woanders... So unterscheidet sich der Möbeltransportör und so weiter, Zeitungshändler Franz Biberkopf aus Berlin NO Ende 1927 von dem berühmten alten Orestes. Wer möchte nicht lieber in wessen Haut stecken.»[19]

«Und so weiter!» Döblins Held passiert (!) unendlich viele Symbolwerte; zur Identifikation geben sie nur flüchtig Anlaß. Die alte Symbolwelt wird eingemeindet im Stadtgespräch, an dem die Figur teilnimmt wie auch der Erzähler und Leser. Eine ganze Ikonographie der Stadt und der hier erzwungene Lebensstil von Mobilität und Vereinsamung werden auf Franz Biberkopf projiziert, auf seine Kleidung, seine Gestik, seine Sprache. Hat die nur äußerlich glanzvolle Metropole keine eigene Symbolkraft mehr – und im Sozialmilieu um den Alexanderplatz war dies ja ohnehin zu keiner Zeit wichtig –, so kann der Großstadtroman die alten und die neuen Bilderwelten fast beliebig durchnehmen (durchfahren und durchkreuzen). Im Aufbau befindlich ist die Anti-Illusionsstadt. Sie setzt sich ihre Symbolsprache aus den diversen Großstadtdiskursen neu zusammen.

Läßt sich mit dieser Erzählstrategie eine ästhetische Opposition gegen das technokratische Stadtdesign – die Stadt als Schalttafel und Informationsmaschine – aufbauen? Es scheint, als habe Wolfgang Koeppen, der, was das Großstadtthema angeht, wohl einzige deutsche Klassiker der Moderne seit Döblin, an diesem Text weitergearbeitet. In seinem «New York» von 1976 scheint die Überlast an Bedeutungen, die in der ‹organisierten Komplexität› der allermodernsten Großstadt hervorgebracht wird, hinüberzuwechseln in eine schier unendliche Re-Symbolisierung. Aus keinem anderen Stoff als diesem besteht Koeppens Erzählorgie über Manhattan, angestiftet durch den Konsumzauber der Märkte, Geschäfte und Amüsierlokale. Der Erzähler bleibt der Fremde, der Voyeur; nicht Massenmensch, sondern der die Massen beobachtende Mensch:

«Ich war nicht geladen. Vergnügte mich als Zaungast. Schlug mich durch. Edgar Allan Poes Mann in der Menge. Armer Poet. Sie schleppten ihre Drachen, ihre Adler, ihre Löwen, Greife, Schlangen vor sich her. Die Heilige Cäcilie und der heilige Antonius schwankten in ihren Händen. Sie trugen den Borsalino als Helm... Isaaks Opferung streng rituell in familiengerechten Küchen. Lachkabinette der Pornographie und der psychiatrischen Therapie. Mächtige Neger kehrten zum Totempfahl zurück, überragten alle um Haupteslänge. Geschlechtsreife Klauenfrösche vom Amazonas stiegen aus den warmen Schächten der Subway, schleimten sich in die Nacht, kletterten die Fassaden hoch. Das Bild der Kröte im Organ der Zeugung im Dominikanerkloster in Colmar. Musik in verfluchten Stereokästen. Der Wald vor Macbeth' Schloß. Dann erst die bekannte Skyline, Börse, Schatzamt, City Hall, St. Patrick's Cathedral, die streitsüchtigen Tauben der Fifth Avenue, das Nachtgericht, die Toten der Mayflower, die Toten der Hessischen Regimenter, die Kinder hatten sich eingerichtet, Schneewittchens Lever House und all die andern Wolkenkratzer, in denen Henry Hudson 1609 hinter seinem kleinen Segel verschwunden ist. Hudson hatte kaum Gelegenheit gehabt, die Stadt zu besichtigen.»[20]

Koeppen, der US-Gelegenheitsbesucher, bewältigt die maßlose Großstadt durch ein Unmaß an Symbolisierungen. Daß diese Notate aus der Bildungsgeschichte des Abendlandes ihre Symbolkraft längst eingebüßt haben, ist Voraussetzung dafür, daß sie auf Schritt und Tritt den Phänomenen der neuen Großstadtwelt angeheftet werden können, in metonymischer Verkettung, von Fall zu Fall. Dabei ist der Erzähler ein Flaneur und Voyeur, allerdings nur noch, was ihm bewußt ist, unter *hochtechnischen Bedingungen*. Koeppens New York-Text ist geschrieben im Bewußtsein der «Zwischenschaltung». Die Bildeindrücke sind, oft ununterscheidbar, von der Straße geholt oder vom Fernsehschirm empfangen, untermalt von «verfluchter» Stereomusik; «Computer erfaßten die Leiden der Millionäre.»[21] Ist der von Koeppen auf der Zeichenfläche der Großstadt beschworene Totemismus jedoch hauptsächlich ein Medienspektakel, so entfällt jene soziale Verbindlichkeit der Stadtgeschichte, die Musil seinem (namenlosen) Wien noch abtrotzte und Döblin seiner Erzählstadt Berlin im ‹Stadtgespräch› noch abgewann. Die ästhetische Opposition ist radikal, aber sie läuft ins Leere. Das Bild des Großstadterzählers als «armer Poet» hat dann etwas Rührendes oder, dem Koeppenschen Selbstverständnis näher, wohl eher etwas Peinliches.

Die Frage, ob das literarische Puzzlespiel der Demontage und reizvollen Klitterung der historischen Reminiszenzen aus den bislang kulturell garantierten Symbolsprachen noch einen lokalisierbaren und signifikanten Großstadttext ergibt, wird auf dem Gebiet der Literatur allein kaum noch zu beantworten sein. Den stärkeren Realitätssinn hat zum Beispiel Robert Venturis postmodernes Stadtbuch «Learning from Las Vegas». In den Reklametafeln des berühmten «strip» und in der historisierenden Phantasiearchitektur seiner Motels und Spielhallen konkretisiert sich der «Primat des Symbolischen»[22] als kommerzielle Strategie. Gegenwärtig scheinen deutsche Städte dem nachzueifern, damit es nicht bei der Normaluhr als einzigem Symbol auf dem «Adenauerplatz»[23] bleibt.

Wahrnehmung der Stadt

Die Wahrnehmung ist neben der Symbolisierung die zweite Dimension der Großstadterzählung, die in der Moderne zur Disposition steht. Die ‹unmittelbare› Wahrnehmung hat es vermutlich, ebenso wie den ‹reinen› Ursprung oder die entfremdungsfreie ‹Identität›, nie wirklich gegeben (allenfalls in einer rousseauistisch inspirierten Polit-Philosophie).[24]

Schon lange vor der Infiltration der Realität durch die neuen Medien und Informationssysteme ist in der Literatur des 19. Jahrhunderts das Bewußtsein der «re-perception»[25], des zweiten oder auch schon stereoskopischen Blicks, an der Tagesordnung. Die Vorstellung einer «unberührten Wirklichkeit» muß einem ästhetischen Bewußtsein der ‹zweiten Natur› und den ersten Anzeichen einer ‹Ästhetik des Anorganischen› weichen.[26] Nirgendwo findet dieses Bewußtsein einer gebrochenen oder sedimentierten, in jedem Falle *strukturierend tätigen* Wahrnehmung soviel Anschauungsmaterial wie auf dem Gebiet der großen Stadt. Und nicht nur bei den anerkannten Kronzeugen einer literarischen Großstadt-Moderne, Baudelaire oder Poe, findet sich diese Aufmerksamkeit und Reflexion des ‹zweiten Blicks›. Sie findet sich auch in den gutbürgerlichen Fiktionen des deutschen Stadtromans (wenn es auch davon in der großstadtfeindlichen deutschen Nationalliteratur des 19. Jahrhunderts nicht eben viele gab, wie man weiß). In Theodor Fontanes Roman «Stine» wie später in Georg Hermanns «Jettchen Gebert» spielt der als «Spion» bezeichnete Außenspiegel eine gewisse Rolle: als optischer Vermittler zwischen dem kleinbürgerlichen Interieur und Handlungsraum und der großstädtischen Außenwelt der Straßenszene:

«Draußen am Fenster aber war ein Dreh- und Straßenspiegel angebracht... Die Pittelkow setzte sich gegenüber dem Drehspiegel,... nicht aus Eitelkeit (denn sie sah sich gar nicht), sondern aus bloßer Neugier und Spielerei... Stine... hielt ihr die Hand vor die Augen und sagte: ‹Nun hast du aber genug, Pauline. Du mußt doch nachgerade wissen, wie die Invalidenstraße aussieht.› ‹Hast recht, Kind. Aber so is der Mensch; immer das Dümmste gefällt ihm un beschäftigt ihn, un wenn ich in den Spiegel kucke und all die Menschen und Pferde drin sehe, dann denk ich, es is doch woll anders als so mit bloßen Augen. Un ein bißchen anders is es auch. Ich glaube, der Spiegel verkleinert, un verkleinern is fast ebensogut wie verhübschen.›»[27]

Die im Außenspiegel gebrochene Wahrnehmung ist im Fontane-Roman noch kein Anlaß für die ästhetischen Phantasmagorien eines in Stücke zerbrochenen Menschenbildes. Im Gegenteil, das optische Gerät bestärkt die joviale Menschlichkeit des Romans, indem es die großstädtische Außenwelt auf Distanz hält bzw. als «hübschen» Bildeindruck integriert. Doch gilt Fontanes Wahlspruch «Mit dem Alten so lange es geht, mit dem Neuen, wenn es denn sein muß»[28] auch für dieses Phänomen. Die von derjenigen der «bloßen Augen» verschiedene Wahrnehmung differenziert und perspektiviert das Anschauungsmaterial der Großstadt. Das kann, wie im Fontane-Roman, heißen, daß die soziale Charakteristik verschärft und der Orientierungssinn gestärkt wird. Es kann aber auch bedeuten, daß das ästhetische Bewußtsein sich den neuen Reizwerten einer Wahrnehmung des stets Mobilen, Abwechslungsreichen und Diffusen überläßt. In jedem Falle wird die Veränderung der Wirklichkeit künftig auch und vor allem gedacht als Veränderung des Wahrnehmungsapparats. ‹Modern› heißt dann nicht mehr der Sinn für die Charakteristik des Wahrgenommenen, sondern das Bewußtsein für den besonderen Charakter der Wahrnehmungs*produktion*.

In Walter Benjamins «Kleine Geschichte der Photographie» heißt es: «Die Zertrümmerung der Aura ist die Signatur einer Wahrnehmung, deren Sinn für alles Gleichartige auf der Welt so gewachsen ist, daß sie es mittels der Reproduktion auch dem Einmaligen abgewinnt.»[29] Das photographische Medium macht deutlich, daß die Städtebilder und die sie ausstellenden erzählerischen Fiktionen nunmehr unter dem Diktat der Re-produktion stehen. Das hat für die Problematik der Darstellbarkeit und Erzählbarkeit der Großstadt zweierlei Konsequenz. Entweder wird die Wahrnehmung intensiviert durch die Verkleinerung des Wahrnehmungsgegenstandes auf die Großstadtminiatur. Oder das moderne Faktum der Reproduzierbarkeit wird zum Anlaß genommen für das Interesse an andersartigen ästhetischen Arrangements, in denen ein durch die neuen Wahrnehmungsapparaturen (vom Film bis zur Computersimulation) freigesetzter Funktionalismus strukturbildend wirkt.

Es scheint, als wäre, was die «Städtebilder» der 20er Jahre angeht, Walter Benjamin (zum Teil auch Siegfried Kracauer) der ersten Konsequenz gefolgt, die Bauhauskünstler, vor allem der an den visuellen Medien interessierte László Moholy-Nagy, der zweiten. Darauf kann hier nur in Andeutungen Bezug genommen werden.[30] Benjamins nostalgische Vorliebe für die Pariser Flaneure von Baudelaire bis zu Franz Hessel und die Surrealisten ist bekannt, ebenso seine melancholische Reflexion über den Verlust der «Aura». Und so ist es nicht verwunderlich, daß er in der «Kleinen Geschichte der Photographie» Eugène Atgets (gar nicht so herausragende) Photos als Vorläufer der surrealistischen Photographie feiert. Atget leite die «Befreiung des Objekts von der Aura» ein durch die Minimalisierung und Detaillierung des Großstadtbildes, zum Beispiel mit der Reduktion auf «einen Kandelaber mit einem Rettungsring, auf dem der Name der Stadt steht»[31]. Gerettet werden die isolierten Wahrnehmungen des «Verschollenen und Verschlagenen», und zwar als «literarische Pointierungen von Motiven»: «Sie saugen die Aura aus der Wirklichkeit wie Wasser aus einem sinkenden Schiff»[32]. Natürlich hat Benjamin gewußt, daß es mittels der Sedimentierung letztlich kein Entkommen aus dem gleichmacherischen Sog der reproduzierten Wahrnehmung gibt, daß der repräsentative Klang der Stadtnamen nicht zu ersetzen ist durch eine Re-Auratisierung auf engstem Raum. – Ihn interessierte der ‹fremde Blick›, mehr noch der politische Blick, der die Stadt geradezu als freies Zeichenfeld braucht, um sie mit neuen Bedeutungen zu besetzen. Zu Atgets Bildern heißt es auch: «Die Stadt auf diesen Bildern ist ausgeräumt wie eine Wohnung, die noch keinen neuen Mieter gefunden hat.»[33] Die imaginäre Stadtansicht von Paris ist hier Projektionsfläche des politisch Wünschbaren. Die erfahrbare Großstadtrealität Berlins, imaginiert als große Leere, war anders zu begreifen, zum Beispiel mit der schon genannten Formel Ernst Blochs: «Berlin, Funktionen im Hohlraum»[34].

Konnten die futuristischen Stadtansichten eines Boccioni oder Carrà ihre Gegenstände noch relativ frei mit Imaginationen der technischen Welt besetzen, so wirkt sich seit den 20er Jahren das Bewußtsein der medialen und funktionalen Brechung der Großstadtwahrnehmung auf neue Weise ‹bindend› aus. In den Großstadttexten setzen sich die funktionalen Muster der Wahrnehmung durch. Diese können verbunden sein mit einer sozialen Topographie wie in Döblins «Berlin Alexanderplatz», wobei weder mit bloßem Auge noch mit mehrfach gebrochener Wahrnehmung das zur Anschauung kommt, was Ernst Bloch als Großstadttheoretiker[35] im Blick hat: das «homogene Feld» eines «unmittelbar» gar nicht einsehbaren, in seiner *Abstraktheit* äußerst wirksamen Kapitalismus. In den meisten Texten der Zeit dominiert die Faszination an der neuen Multiperspektivität, den ungeahnten Möglichkeiten des neuen Sehens im Medienwechsel, der neuen ästhetischen Anordnung der verfügbaren und funktionablen Materialien.

László Moholy-Nagy entwickelte schon in der ersten Hälfte der 20er Jahre eine Theorie der Reproduktion, in der er die Auswirkungen der «Funktionsapparate» auf den menschlichen Sinnesapparat untersuchte. Die Vorstellung einer innovatorisch tätigen ‹unmittelbaren› Wahrnehmung wird ersetzt durch die Überzeugung, daß das Innovatorische nur mehr in den «neuen Beziehungen» zu finden ist, zu denen sich die optischen und akustischen «funktionalen Erscheinungen» als «Wirkungskomplex» zusammenschließen.[36] Seine Filmskizze von 1924 «Dynamik der Großstadt»[37] evoziert das Vorstellungsbild eines aus unendlich vielen markanten Bau- und Bildelementen synchron geschalteten Großstadtgeschehens. Der aufs Papier gebannte, unausgeführte Entwurf für einen Film verzichtet auf alle (literarischen) Handlungsmomente der «erzählten Stadt» zugunsten eines ästhetischen Arrangements, das graphische, photographische, mathematische und Buchstabenzeichen collagiert. Das Wort «Tempo» erscheint ausgezogen auf eine sich verflüchtigende Buchstabenreihe. Radsymbol und Pfeil geben Richtungen von Geschwindigkeit an. Der Film sollte einen Verkehrsmittelpunkt zeigen mit nach außen gerichteten und umkehrbaren Strömen des Verkehrs. In der Vertikalen geht die Bewegung von einer verschiedene Straßenöffnungen zeigenden Luftaufnahme über die Spitze eines Funkturms bis in die U-Bahnschächte und Kloaken. Die Schriftzeichen sind (gleichberechtigt mit den visuellen Zeichen) in Planquadrate, die für Häuserblocks stehen könnten, eingeordnet. Zahlenangaben bezeichnen die Schnittfolge des projektierten

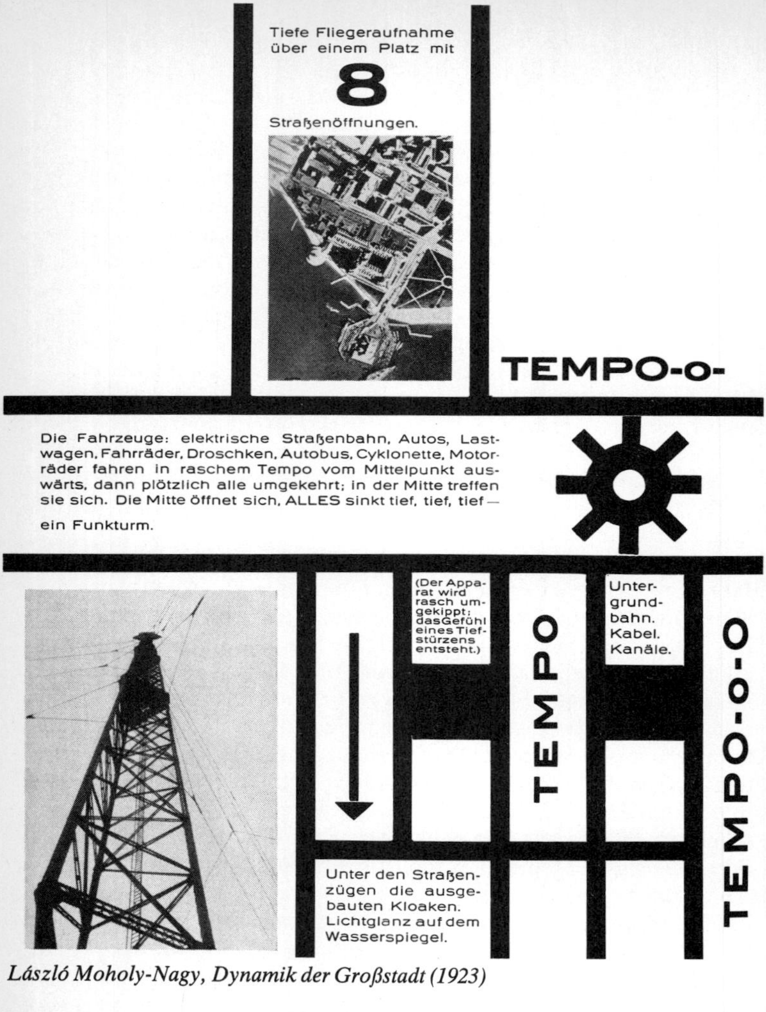

László Moholy-Nagy, Dynamik der Großstadt (1923)

Films. Der darstellerische Effekt des Ganzen soll sich aus der assoziativen Wahrnehmungstätigkeit des Betrachters herleiten. Dem Anspruch der Bauhausästhetik nach soll der hier sichtbar gemachte ‹reine› Funktionalismus auf die soziale Lebensrealität verweisen. Die Schnittstellen dieses Filmskripts sind jedoch als ‹soziale› Interferenzpunkte gar nicht mehr auszumachen. Die reine Logik der Montage scheint als ästhetisches Faszinosum, wie später auch in Walther Ruttmanns Film «Die Sinfonie der Großstadt», übermächtig geworden zu sein.

Die doppelte Konsequenz für die Großstadtwahrnehmung unter dem Diktat der Reproduktion – Intensivierung durch Verkleinerung zur Miniatur oder technische Assoziierung der in verschiedenen Informationssystemen und Medien vergegenständlichten Eindrücke – scheint sich in der gegenwärtigen Literatur und Filmkunst unter hochtechnischen Bedingungen noch radikaler abzuzeichnen. Der Gegensatz im Zugriff auf die Problematik der Erzählbarkeit der Stadt könnte nicht größer sein. Ein Beispiel für die gewollte Rückführung der zunehmend technifizierten Wahrnehmungsfunktionen auf ein leibliches und sinnlich aktives Wahrnehmungs-Ich ist Günter Kunerts «Fahrt mit der S-Bahn»:

«Aber eines Abends zwischen zwei Bahnhöfen geschieht es, daß ich mit voller Wucht in ein erleuchtetes Fenster hineinsehe. Das scheint nachträglich in eine rabenfederfinstre Brandmauer geschnitten, und es strahlt als einzige Unterbrechung der Fläche aus der Fläche heraus, da ich an diesem Abend zwischen zwei Bahnhöfen daran vorbeifahre... Mehrere Gestalten hatten sich im Zimmer befunden, die ich aus dem schwindenden Eindruck auf meiner Netzhaut zu identifizieren versuche, als sich die Fahrt verlangsamt und in einem jener Bahnhöfe zur Ruhe kommt, die so wenig erwähnenswerte Wahrzeichen unserer Lage sind. Ich eile über die Fläche aus festgetretenem Zement, zerstampften Zigarettenresten, Papierfetzen, Schmutz, seit Bau des Bahnhofs ausharrend und bewahrt für die Stunde der Archäologen, die noch längst nicht geboren sind.»[38]

Die von markanten Signifikanten («*Wahr*zeichen») «ausgeräumte» (Benjamin) und zur grauen Zeichenfläche eingeebnete Stadt wird von Kunert voyeuristisch wiederbelebt. Der Einblick ins Wohnungsinterieur beim Vorüberfahren (der seit dem Expressionismus oft bemühte Topos des ‹aufgeschnittenen Hauses›) kann jedoch keineswegs der direkte, ‹jungfräuliche› Blick auf eine von den Wahrnehmungstechniken noch unberührte Wirklichkeit sein. Die ‹Identifikation› des Gesehenen findet auf der Netzhaut statt! Und hier hat der Kunstverstand wohl schon längst das ästhetische Bewußtsein von einer ‹zweiten Natur› der Erscheinungen eingeätzt. Wäre dem nicht so, so wäre Kunerts S-Bahn-Geschichte ein erzählerischer Kraftakt gegen alle Zeichen der Zeit. Der Abstand des deutschen S-Bahn-Poeten zu den in den neueren, etwa in den amerikanischen Großstadterzählungen raffiniert in Szene gesetzten «immateriellen» Informations- und Kommunikationssystemen[39] ist gewaltig. Im Vergleich zu Paul Virilios Ästhetik des Verschwindens und der Geschwindigkeit[40], in der die fiktive Unschuld der direkten Sicht auf die Dinge als erzählerische Möglichkeit schon längst verabschiedet wurde, ist das S-Bahn-Tempo der Kunertschen Wahrnehmung von geradezu provozierender Langsamkeit.

KOYAANISQATSI
a film by Godfrey Reggio
music by Philip Glass
cinematography by Ron Fricke

Die unwiderruflich geschehene sekundäre Naturalisierung des Realen[41] hat die in den 20er Jahren teils beschworene, teils ‹ummontierte› Wahrnehmung in den neuen Produktionsvorgang der ‹special effects› überführt. Ein Vergleich von Ruttmanns «Sinfonie der Großstadt» (1927) und Godfrey Reggios amerikanischem Großstadtfilm «Koyaanisquatsi» (1983) könnte dies mit einem Schlag erhellen.[42] Reggios Großstadtästhetik im Zeitraffer verlagert die Erzählung ganz auf die Ebene der *Organisation* der Sinneswahrnehmung. Die (zunehmend beschleunigten) Modifikationen des Wahrgenommenen sind nichts anderes als technische Manipulationen der Wahrnehmung. Die so erzeugte Hyperrealität der Großstadt ist auf keine Idee und auf kein Idealbild der Stadt rückführbar. Um so erstaunlicher (aber auch wieder auf bestimmte Weise einsichtig) ist es, daß die in Reggios Film erzeugte absolute Beschleunigung der Wahrnehmung am Ende wieder aufgeht im alten Mythos der Apokalypse[43]: in der einigenden Zerstörung der übertechnisierten Großstadtwelt. Ist damit das allermodernste Nowhere City erreicht – auf neuen Wegen zum altbekannten Ziel?

Semiotik der Stadt

Das Schwinden der symbolischen Anziehungskraft der Stadt (*Wahr*zeichen) und die vollendete Technifizierung und Funktionalisierung der Wahrnehmung haben auch die altehrwürdige Metapher vom Lesen in der Stadt «wie in einem aufgeschlagenen Buch» (Ludwig Börne) in Mitleidenschaft gezogen. Die Freude am Entziffern der «Geheimnisse von Paris» oder die Lust an der Flanerie als eine besondere Art Lektüre im Text der Stadt *en miniature* läßt sich unter hochtechnischen Bedingungen nicht einfach fortsetzen. Das muß aber nicht heißen (schon gar nicht im Zuge eines für die Großstadtthematik ohnehin immer angesagten zivilisationskritischen Fatalismus), daß nur noch ein Verlust an ‹Erzählbarkeit› zu bilanzieren ist. Der Konflikt zwischen der Realität der Stadt und ihren Bedeutungen hat sich durch den allumfassenden urbanen Funktionalismus verschärft. Kein Ende und keine Endlösung des Konflikts zeichnet sich ab, sondern eine Umschichtung der wortwörtlichen Stadtsymbolik und eindeutigen Wahrnehmungsstrategie in eine semiotische Auffassung vom Text der Stadt.

Victor Hugo, der als ein semiotischer Ahnherr der Metapher vom ‹Lesen in der Stadt› gilt, hat dem vorgearbeitet. Im dritten und vierten Buch von «Notre-Dame de Paris» handelt er vom «steinernen Buch» der Stadt; die Baukunst als allgemeine Kunst werde von der neuen Buchdruckkunst abgetötet. Die «Chronik des menschlichen Lebens» in der Stadt sei nun keine «steinerne Chronik» mehr, sondern könne wahllos ausgeschrieben werden: «Die Stadt hat heute keinen allgemeinen Charakter mehr. Sie ist eine Mustersammlung mehrerer Jahrhunderte.»[44] Eine moderne (Urban-)Semiotik hat Hugos Bild des «steinernen Buches» seiner Metaphorik entkleidet und ‹strukturell› gedacht: Es bestehe eine Analogie zwischen Sprache und Stadt. Die Architektursemiotik der 70er Jahre hat dieses Modell direkt angewandt und behauptet, die Stadt sei strukturiert wie eine Sprache.[45] Die sprachphilosophische Vergewisserung dieser strukturellen Analogie setzt weniger bei Wittgenstein an (der die Stadt zwar auch als Sprache beschrieben hat, aber eher als den Bauplan einer «alten Stadt»[46]) als bei Saussure. Im «Cours de linguistique générale» bringt Saussure, um die «Identität der Sprache» in ihren Differenzbestimmungen zu fundieren, das Beispiel von der Straße, die vielfach (materiell) umgebaut wird, ohne deshalb ihre (immaterielle) Größe[47] zu verlieren: «Der positionale Wert der Straße, ihre Beziehung zu anderen, ihre Lage im Geflecht der Stadt ist nach Ferdinand de Saussure die Identität der Straße.»[48]

Die hier eröffnete Möglichkeit, die «Sprache der Stadt» über das «rein metaphorische Stadium» hinauszuheben, um ihr in der Großstadtwelt der «Signifikanten und Korrelationen» den «realen Sinn» zu geben, wird von Roland Barthes aufgegriffen.[49] Die Lesungen der Stadt gewinnen bei Barthes eine neue ästhetische Faszination. Jenseits des (alten), als Zentrum privilegierten Standorts eröffnen sich neue Spielräume, gebildet aus metonymischen Ketten von Bedeutungen, erotischen Energien usw. Barthes propagiert eine neue Lust am Text der Stadt. Voraussetzung ist, daß die von den alten symbolischen Fixierungen und von der semantisch fixierten Wahrnehmung «ausgeräumte Stadt», also ihre im Prinzip «leere Struktur», nicht durch «materiellen» Erzählstoff wieder aufgefüllt und verschüttet wird.

Im Vergleich zu Roland Barthes' neo-hedonistischer Großstadtlektüre verfährt Max Benses Ästhetisierung des gleichen Phänomens eher puritanisch. Während in Barthes' Bedeutungsspiel die «Zeichenstädte» oder «die Wortstädte» eigentlich nicht mehr rückgekoppelt werden müssen an eine funktionale und soziale Realität der Großstadt, entfaltet Bense das semiotische System der Stadt als kommunikative Zeichenwelt, das Orientierung gibt, im Verkehr zum Beispiel und am Wohnort. Das determinierbare urbane System schwäche den «labyrinthischen Charakter der Städte» ab.[50] Benses Erfassung der Stadt als Text (als Haupttext mit Subtexten) hält also an der Zentrierung und an den Grenzziehungen im Stadtgebiet fest, versteht diese aber, ebenso wie Barthes, als ein *reines* Strukturprinzip. Dieses wird (ebenso rein) als Funktionsmechanismus gedacht. Und die Verknüpfung einer zunehmenden «Ästhetisierung der Welt mit ihrer semiotischen Verknüpfung»[51] fällt entsprechend aus. Sie ist zielbestimmt: «physische und technische Signalelemente der Ob-

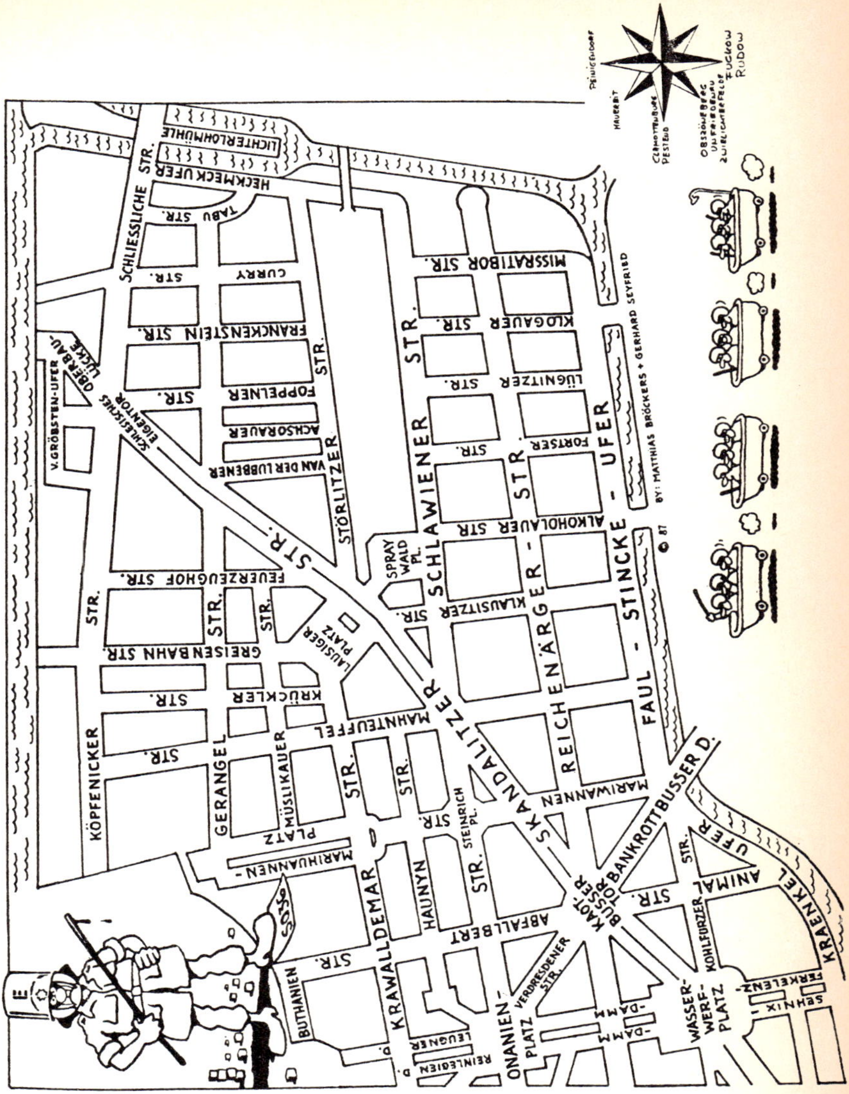

Berlin Kreuzberg 1987, abgeriegeltes Erzählgebiet
anläßlich des Berlin-Besuchs des amerikanischen Präsidenten

jekte»[52] werden umgesetzt in ein reflektierbares Zeichensystem, das auf einen Zielpunkt der laufenden Bewegung und Veränderung hin ausgerichtet werden kann. Nicht Lust am Text der Stadt also ist zu genießen, sondern ein ständiges Orientierungstraining im Stadtgebiet zu absolvieren.

Und wohin geht unter diesen Bedingungen die erzählerische Großstadtfiktion? Zwar ist die ältere metaphorisierende Erzählerrede (‹die Stadt als...›) nicht ausgestorben und (warum auch) gar nicht auszurotten. Die neueren Fragen und Antworten zum Problem der ‹Erzählbarkeit der Stadt› führen jedoch weg von den Metaphern und hin zur *Beschreibung* der Bedeutungen. Die die Stadt formierenden hochmodernen Informations- und Kommunikationssysteme geben hier die Struktur ab für das, was erzählerisch in Szene gesetzt werden kann. (So wie die postmoderne Architektur vielleicht die ‹parole› ist oder sein soll zur ‹langue› des in seinen Funktionen erstarrten und versteinerten Großstadttextes der Moderne.) Die moderne Welt ist die strukturierte Welt schlechthin. Sie ist aber auch, worauf Walter Benjamin bestand, eine von Phantasmagorien beherrschte Welt. Die neueste Literatur verfährt sehr unterschiedlich bei der Ausgestaltung des Erzähltextes der Stadt in der einen oder der anderen dieser beiden Dimensionen. Logik der Struktur und Phantasma der Bedeutungen können dabei eine produktive Verbindung eingehen. Während in der amerikanischen Postmoderne, bei Thomas Pynchon oder Donald Barthelme zum Beispiel, die (nur mehr dem Institut für Urbanistik wichtige) Metaphorik von der Stadt als «Schalttafel» oder «Informationsmaschine» allenfalls zum Anlaß genommen wird für die phantastische Beschreibung von verrückt oder subversiv funktionierenden Strukturen[53], sind die deutschen Autoren offenbar noch wenig mit diesem neuesten Raffinement der Großstadtästhetik befaßt. Im Großstadtgedicht, das im Stadtkiez – an den neuen ‹grünen Stellen› in der Prosa der Verhältnisse – noch einmal seinen Nährboden findet, dominiert der alte Erlebnishandel. Dem ‹cool› gestalteten ‹Szene›-Roman aus Berlin werden noch einmal Betroffenheit und ‹echte› Gefühle abgewonnen.[54] Am überzeugendsten wirkt noch der satirische Eingriff in den Text der Stadt, etwa derart, daß im imaginären Stadtplan einfach ein Stadtteil abgesperrt wird, um auf begrenztem Gebiet das Großstadterlebnis noch einmal erzählbar zu machen.[55] Daß gerade dieses Bedeutungsspiel durchaus rückzuvermitteln ist an die Realität der Großstadt, zeigten die Ereignisse im Sommer 1987 in Westberlin: Beim Besuch des amerikanischen Präsidenten wurde der Bezirk Kreuzberg aus Gründen der inneren Sicherheit eine Zeitlang hermetisch abgeriegelt. Eine literarische Beobachtung dieses Ausschnitts im Text der Stadt hätte es schwer, zwischen Fiktion und Wirklichkeit deutlich zu unterscheiden!

Die routinierteren unter den neueren deutschen Großstadterzählern halten sich offenbar strenger an die linguistische Erbschaft. Ihnen stellt sich die Aufgabe, die Überlastung der Großstadt durch die immer unübersichtlicheren Waren-, Informations- und Kommunikationsströme ‹strukturell› zu bändigen. In seinem Text «Berlin Stadtbahn (veraltet)» hat Uwe Johnson die (alte und neue) Schwierigkeit der Darstellbarkeit der Stadt erfaßt, die darin besteht, zwischen den semantisch gelockerten Bedeutungen und einem ‹Begriff› der Stadt mit ihren realen Örtlichkeiten zu vermitteln:

«Erlauben Sie mir unter diesem Titel zu berichten über einige Schwierigkeiten, die mich hinderten einen Stadtbahnhof in Berlin zu beschreiben. Da tritt unter vielen anderen eine einzelne Person aus dem eingefahrenen Zug, überschreitet den Bahnsteig und verläßt ihn zur Straße hin. Dieser Vorgang bleibt sich ähnlich, so oft er vorkommt... Er fügt sich weder in einen langen noch in vier kurze Sätze vom erwünschten Umfang, also wurde er ausgewechselt gegen einen anderen Anlaß, der dieselbe Wirkung tat. Nach einiger Zeit aber war es ärgerlich, daß diese einfache Bahnhofsszene nicht für den Namen Berlin hatte stehen wollen, und ich versuchte mit ihr allein eine Geschichte: eine Beschreibung für sie allein. Damit gab es Schwierigkeiten.

Der Name Berlin ließ sich voraussetzen als das Schema für eine Groß-Stadt. Einige Millionen Menschen halten sich dauernd auf in einem Gebiet, das territorial oder politisch zu definieren ist... Die Groß-Stadt produziert und handelt die Waren des täglichen Gebrauchs sowie Dienstleistungen, Nachrichten und kulturelle Reize für eine mehr differenzierte Skala von Bedürfnissen... Das Gefüge der sozialen Beziehungen ist im Verhältnis zu diesen Größen komplex... Der Anblick ist nicht kompliziert. In zutreffende Worte gesetzt sollte er verständlich und beiläufig wirken auf jedermann, der über Anschauung oder Erfahrung für den Begriff Groß-Stadt verfügt. Die Grenze zerlegt den Begriff. Sie kann nicht als Kenntnis vorausgesetzt werden.»[56]

Johnsons Erzähl*bericht* findet nicht zurück zum Erzählen. Da eine Repräsentation der «erzählten Stadt» nicht gelingen will, auch nicht auf der verkleinerten Erzählfläche des *einen* Vorgangs auf dem Bahnhof, ist eine ‹Inversion› der Erzählproblematik nur konsequent. Anschauung und Begriff bilden nicht mehr die altgewohnten Gegensätze. Der ‹Name› der Stadt muß aus dem komplexen Erzähltext gewissermaßen neu herausgeschrieben werden. Die noch mögliche Stadterzählung ist Forschungsarbeit im Sinne der Strukturierung der urbanen Komplexität. Der literarische Großstadterzähler wird zum Urbanisten. Und als Urbanist hat er die gleiche Aufgabe wie die anderen studierten Stadtforscher: die strukturelle Bewältigung der Großstadtkomplexität. Gelingt diese, so gibt es vielleicht wieder Freiräume für die eine oder andere Großstadterzählung in den Ecken oder sogar an den Kreuzpunkten der städtischen Planquadrate. Johnson glaubte daran, diese ausgerechnet in New York, in der Informationswelt seiner «Jahrestage», gefunden zu haben. Hat die modernste Großstadtliteratur die Aufgabe, der Großstadtlast entlastend entgegenzuwirken, hat sie kompensatorische Funktion? Helmut Heißenbüttels «Westberlinstadtlandschaftsgelegenheitsgedicht» scheint dieser Aufforderung nachzukommen, wenn es die flüchtige Benennung der Großstadtörtlichkeiten mit historischen Erinnerungen besetzt. Am Ende wird dann aber doch die Erinnerungsarbeit verworfen als ein Hereinfallen auf diesen «schwarze(n) Sack» Berlin: «nichts ist wirklich Vorgabe, alles Wirkliche ist alle».[57] In Hans Joachim Schädlichs Textcollage «Ostwestberlin» wird die Enteignung einer eignen Bedeutung im Großstadttext durch die immer schon fertigen Texte der Reklame, der Informations- und Mediensysteme und des darauf eingestellten Stadtgeredes nachgebaut, umstrukturiert, sprachlich durchgeübt, endlos.[58] – Eine Reise nach Nowhere City hat dennoch bislang kein Autor wirklich angetreten. Vielmehr haben sie alle deren imaginären Text dem Text der Stadt, die sie ‹wirklich› kennen, schmerz- oder lustvoll unterlegt. Es bleibt also die Aussicht auf Widerstand gegen die ‹Leere in der Struktur›, auf ein Koppelungsmanöver zwischen topographischem Orientierungssinn und phantastischem Bedeutungsspiel. Die Großstadtleser, so scheint es, lauern, jeder in seinem Bezirk, auf Beziehungssinn. Noch modernere «Tatsachenphantasien», postmoderne gar? Offensichtlich werden sie gebraucht, und zwar nicht nur genießerisch und dekorativ.

Anmerkungen

1 Jane Jacobs: The Death and Life of Great American Cities. New York 1961 (dt.: Tod und Leben großer amerikanischer Städte. Berlin/Frankfurt/Wien 1963).
2 Volker Klotz: Die erzählte Stadt. Ein Sujet als Herausforderung des Romans von Lesage bis Döblin. München 1969 und Reinbek bei Hamburg 1987; hierzu Klaus R. Scherpe: Ausdruck, Funktion, Medium. Transformationen der Großstadterzählung in der deutschen Literatur der Moderne. In: Götz Großklaus und Eberhard Lämmert (Hg.): Literatur in einer industriellen Kultur. Stuttgart 1988 (i. E.); hier weitere Literaturangaben zur Metropolenforschung.
3 Walter Benjamin: Krisis des Romans: Zu Döblins «Berlin Alexanderplatz». In: Walter Benjamin: Gesammelte Schriften Bd. III (Werkausgabe 8). Frankfurt/M. 1980, S. 236.
4 Zur Literaturgeschichte der Stadt unter dem dreifachen Gesichtspunkt der Dramatisierung, Subjektzentrierung und Symbolisierung vgl. Klaus R. Scherpe: Von der erzählten Stadt zur Stadterzählung. Der Großstadtdiskurs in Alfred Döblins «Berlin Alexanderplatz». In: Jürgen Fohrmann und Harro Müller (Hg.): Diskurstheorien und Literaturwissenschaft. Frankfurt/M. 1988, S. 418–437; hier auch weitere Literaturangaben.
5 Roland Barthes: Das Reich der Zeichen. Frankfurt/M. 1981, S. 50.
6 Jean Baudrillard: Amerika. München 1987; zu New York S. 23ff.
7 Michel Foucault: Andere Räume. In: Idee, Prozeß, Ergebnis. Die Reparatur und Rekonstruktion der Stadt. Katalog zur Ausstellung im Martin-Gropius-Bau. Berlin 1984, S. 337–340.

8 Henri Lefèbvre: Die Revolution der Städte. München 1972, S. 132, 135.
9 Ebenda, S. 141.
10 Vgl. hierzu Heinz Brüggemann: «Aber schickt keinen Poeten nach London!» Großstadt und literarische Wahrnehmung im 18. und 19. Jahrhundert. Reinbek bei Hamburg 1985, S. 114f.
11 Friedrich Engels: Die Lage der arbeitenden Klasse in England. Nach eigner Anschauung und authentischen Quellen (1845). In: Karl Marx, Friedrich Engels: Werke (MEW), Bd. 2. Berlin 1969, S. 256.
12 Georg Simmel: Soziologie des Raumes (1903). In: Georg Simmel: Schriften zur Soziologie. Hg. v. Heinz-Jürgen Dahme und Otthein Rammstedt. Frankfurt/M. 1986, S. 229.
13 Robert Musil: Der Mann ohne Eigenschaften. In: Gesammelte Werke. Hg. v. Adolf Frisé. Reinbek bei Hamburg 1978, Bd. 1, S. 9f.
14 Karl Kraus. In: Die Fackel, Nr. 415/416, 12 (1911), S. 35.
15 Vgl. hierzu Richard Sennett: Verfall und Ende des öffentlichen Lebens. Die Tyrannei der Intimität. Frankfurt/M. 1986, S. 276ff, 336; Werner Durth: Die Inszenierung der Alltagswelt. Zur Kritik der Stadtgestaltung. Braunschweig 1977; vgl. auch die Beiträge von Jähner, Berking/Neckel und Schlösser in diesem Band.
16 Italo Calvino: Kybernetik und Gespenster. München 1984, S. 103.
17 So bei Ihab Hassan: Cities of Mind, Urban Words: The Dematerialization of Metropolis in Contemporary American Fiction. In: Michael C. Jay/Ann Chalmers Watts (Hg.): Literature and the Urban Experience. Manchester 1986, S. 93–112.
18 Ernst Cassirer: Was ist der Mensch? Versuch einer Philosophie der menschlichen Kultur. Stuttgart 1960, S. 39.
19 Alfred Döblin: Berlin Alexanderplatz. München 1965, S. 84.
20 Walter Koeppen: New York. In: Koeppen, Gesammelte Werke, Bd. 3. Frankfurt/M. 1986, S. 248.
21 Ebenda, S. 251.
22 Robert Venturi/Denise Scott Brown/Steven Izenour: Lernen von Las Vegas. Zur Ikonographie und Architektursymbolik der Geschäftsstadt. Braunschweig/Wiesbaden 1979.
23 Siehe die Schilderung bei Friedrich Christian Delius: Adenauerplatz. Reinbek bei Hamburg 1984, S. 24f.
24 Ich vermute, daß z. B. auch ein anspruchsvolles ‹Grundbuch› zum Thema wie Dieter Hoffmann Axthelms «Sinnesarbeit. Nachdenken über Wahrnehmung» (Frankfurt/New York 1984) letztlich dieser idealistischen Norm gehorcht. Zur Frage der Großstadtwahrnehmung in der Literatur vgl. H. Brüggemann (Anm. 10) und Silvio Vietta: Großstadtwahrnehmung und ihre literarische Darstellung. In: DVjs. 48 (1974), S. 354–373.
25 Vgl. den Aufsatz von Phil Fisher in diesem Band, bes. S. 109ff.
26 An einer «Ästhetik des Anorganischen» arbeitet Dietmar Voss; vgl. seinen Beitrag in diesem Band.
27 Fontanes «Stine», in: Theodor Fontane: Irrungen, Wirrungen. Stine. Werke Bd. 9. München 1969, S. 174f.
28 Fontanes «Stechlin» in: Theodor Fontane. Sämtliche Romane. Frankfurt/Berlin/Wien, S. 270.
29 Walter Benjamin: Gesammelte Schriften (Werkausgabe Bd. 4). Frankfurt/M. 1980, S. 379.

30 Ich profitiere hier von einer Magisterarbeit von Till Bartels über Benjamins Äußerungen zur Photographie im quellengeschichtlichen Zusammenhang.
31 Benjamin, ebd., S. 378.
32 Ebenda.
33 Ebenda, S. 379.
34 Ernst Bloch: Erbschaft dieser Zeit. Frankfurt/M. 1973, S. 212.
35 Ebenda, S. 213.
36 L. Moholy-Nagy: Malerei, Photographie, Film. München 1925, S. 23.
37 Dynamik der Großstadt. Skizze zu einem Film, gleichzeitig zu Typophoto, ebd., S. 114–129.
38 Günter Kunert: Drei Berliner Geschichten. Berlin/Weimar 1979, S. 59ff.
39 Vgl. den Beitrag von Heinz Ickstadt in diesem Band.
40 Paul Virilio: Ästhetik des Verschwindens. Berlin 1986; Der Beschleunigungsstaat oder vom Wohnsitz zum Schleudersitz. In: Panik Stadt. Berlin/Braunschweig 1979, S. 56–62; Krieg und Kino. Logistik der Wahrnehmung. München 1986.
41 Friedrich Balke: Elemente einer Ästhetik der Kriegs- und Kinokultur. In: Kulturrevolution, Nr. 15, Juli 1987, S. 41–43.
42 Zur Entstehung des Films vgl. Ron Gold: Untold Tales of Koyaanisquatsi. In: American Cinematographer, March 1984, S. 63–73.
43 Vgl. hierzu Wolfgang Sofsky: Der Untergang der Städte. In: Frankfurter Hefte Nr. 6 (1983), S. 57–64.
44 Victor Hugo: Notre-Dame von Paris. Frankfurt/M. 1977, S. 152, 201, 151.
45 Vgl. die von Alessandro Carlini und Bernhard Schneider herausgegebenen Bände «Konzept» 1–3: Architektur als Zeichensystem. Tübingen 1971; Stadtbild. Tübingen 1976; Die Stadt als Text. Tübingen 1976.
46 Ludwig Wittgenstein. Philosophische Untersuchungen. Werkausgabe Bd. 1. Frankfurt/M. 1984, S. 245.
47 Ferdinand de Saussure: Cours de linguistique générale. 2. Aufl. Paris 1967, S. 151f, ins Deutsche übersetzt von Jürgen Trabant (Anm. 48, S. 82f).
48 Jürgen Trabant: Die Stadt und die Sprache: Eine Saussuresche Analogie. In: Carlini/Schneider (Hg.): Konzept 3 (vgl. Anm. 45), S. 82f.
49 Roland Barthes: Semiotik und Urbanismus. In: Carlini/Schneider (Hg.): Konzept 3 (vgl. Anm. 45), S. 13–42.
50 Max Bense: Urbanismus und Semiotik. In: Carlini/Schneider (Hg.): Konzept 1 (vgl. Anm. 45), S. 101.
51 Ebenda, S. 103.
52 Ebenda.
53 Vgl. den Aufsatz von Heinz Ickstadt in diesem Band.
54 Von den hier einschlägigen Anthologien vgl. z. B. Stadtansichten. Gedichte Westberliner Autoren. Berlin 1977; unter den Romanen: Bodo Morshäuser: Berliner Simulation. Frankfurt/M. 1983.
55 Paul Wühr: Das falsche Buch. Frankfurt/M. 1985, S. 31ff.
56 Uwe Johnson: Berliner Sachen. Frankfurt/M. 1975, S. 77f.
57 Helmut Heißenbüttel: Ödipuskomplex Made in Germany. Gelegenheitsgedichte. Totentage, Landschaften 1965–1980. Stuttgart 1981, S. 95.
58 Hans Joachim Schädlich: Ostwestberlin. Reinbek bei Hamburg 1987, S. 163–180.

Günter Samuel

Vom Stadtbild zur Zeichenstätte

Moderne Schriftwege mit Rücksicht auf die Ewige Stadt

«Ade, Begriff der Welt, Stadt der nichts gleich gewesen»
Andreas Gryphius

Von der Schwierigkeit, sich (in) Rom zu ergehen

In Wolfgang Koeppens Rom-Bericht ruft der ermüdende Gang durchs «Totenreich» der vatikanischen Sammlungen die surreale Vision von einem letzten Papst hervor, der, während die tödlichen Raketen schon unterwegs sind, sich mittels Rollschuhen noch seiner überlieferten Besitztümer vergewissert, seine Auslaufspur durch scheinbar endlose Korridore zieht, um zuletzt, kein Wunder, aufs Haupt der Medusa zu stoßen.

1985 brach der Schriftsteller Günter Herburger auf, seinen Körper via Marathonlauf ins abgesteckte Straßennetz der Ewigen Stadt einzuschreiben und bei dieser Art öffentlicher Selbsterprobung, «Hitze- und Erinnerungsschlag» verbindend, einige kulturelle Seitenblicke und Reminiszenzen, gleichsam zeitgemangelt oder in Pillenform, zu erhaschen, die, nachträglich mitverwertet, auch den Geist zu seinem Recht kommen lassen.[1]

Spornt der Anblick steinerner Statuen und verkehrsentleerter Stadtinnenräume nicht nur zu rückerobernd sportlicher Leistung an, sondern setzt er gar Fußnoten zu Rom, Anmerkungen zum Text der Stadt in Gang? Oder macht der körperliche Aneignungsversuch bloß deutlich, daß die Geschichte auf der Stelle tritt, es nichts mehr zu erzählen gibt? – Sind umgekehrt die Zeugen der Vergangenheit überhaupt noch erreichbar? Können wir im Zeitalter des massentouristischen Flughafenpassagierumschlags wirklich in Rom noch ankommen? Sind wir nicht, verkehrsbeschleunigt, medial verbildet, demnächst elektronisch verschaltet, überall und nirgends zugleich, Nomaden in verfliegender Zeit[2], Kabel im Kopf, doch sonst ohne Nabelschnur? Gilt es vielleicht, gegen die drückenden Mauern der Geschichte anzurennen, um durchs Vergessen hindurch die Gegenwart zu gewinnen oder ihr gewachsen zu sein? Jedenfalls kann die (Wieder-)Entdeckung der Langsamkeit, können Fußgängerzonen im alten Stadtkern nicht über die Relativität von Wahrnehmung und Geschwindigkeit hinweghelfen, darüber, daß die Geschwindigkeit unserer zeitbestimmenden Verkehrs-Technik, deren Form sich tendenziell vom «Gestell» (Heidegger) zum «Projektil» (Virilio) verwandelt, keine beiläufig erkenntnisfördernde Wahrnehmung mehr zuläßt, auch wenn wir uns immer noch, vorübergehend, als Fußgänger bewegen.

Nach Paul Virilio ist die Geschwindigkeit der unerklärte Krieg im Zentrum unserer Zivilisation, der letztlich den Triumph der Zeit über den Raum herbeiführen soll. Sie reißt die strukturellen Bezüge des Stadtgeflechts auseinander, zerstört die Großstadt als Ort der ebenso architektonischen wie sozialen Integration, läßt die Wahrnehmung der Dinge nur durchs Verschwinden zu, kinematographisch oder mit technisch synchronisiertem Körper.[3] Geht der Marathonlauf als individuelles und gesellschaftliches Ereignis der Selbstbehauptung bis an die Grenze des Opfers, um das Netz eines unverbildeten Zusammenhangs wieder zu knüpfen[4], so wird von der militärischen Geostrategie die Großstadt, die Metropole insgesamt als potentielle Opfergabe behandelt, deren Realisierung heute von einer elektronisch vorbestimmten Augenblicksreaktion abhängig ist.[5]

Was gibt es in Rom noch zu suchen, wie kann es bewegen, wenn doch der Druck der Geschichte zu dem der Gegenwart dort hinzukommt? *Viel alte Bausubstanz* und lauter Postkartenmotive! Rom ist ja von alters her so sehr mit Bildern, Träumen, Mythen, mit Geschichte und Geschichten besetzt, so voller schon gebahnter, abgelaufener Wege, daß es die Entdeckungszüge des Flaneurs im Unscheinbaren der anderen Stadt, Paris, der «Hauptstadt des XIX. Jahrhunderts», überlassen mußte.[6] Paris konnte noch zur Innenraum-Landschaft werden, Rom war es immer schon. Es war eine Stadt der Pilger und Reisenden, der Bildungsreisenden und derjenigen, die die Reise in die Ferne mit der Reise in die angeeignete Vergangenheit verbanden, um ins Zentrum der Welt oder ans Ziel der eignen Entwicklung zu kommen. Es ist heute eine Stadt der Touristen, die nach der Bestätigung des schon bekannten Abbilds suchen, mit Schnappschußblicken die Wirklichkeit schwinden lassen, das Bild der unsichtbaren Stadt nicht entwickeln können.

Alle Wege führen nach Rom, und von Rom führt der Weg nach ‹Cinecittà›[7], wenn schon nicht zur Instant-City, dann zur Kulissenstadt. Andernorts greift der Funktionswandel der Großstadt rücksichtslos um sich. Rom zeigt eher archäologische Neigung. Während im Berlin des Jahres 1987 gerade die Folterzellen des ‹Tausendjährigen Reiches› freigelegt worden sind, denkt man in Rom daran, den Schneisenschlag der faschistischen Paradestraße durchs zweitausendjährige Forengelände rückgängig zu machen: Stadtre-vision aus dem Untergrund.

Bleibt bei diesen Haru-/Auspizien, wenn die Dinge sozusagen auf den Punkt gebracht werden, noch ein literarischer Raum für die römische Stadterzählung? Werfen wir einen Blick zurück in die Zeit, als die kinematographische Temporalisierung erst in den Kinderschuhen steckte. Sehen wir zu, wie Rom dem noch unzerstreut fremden, dem Blick aus der Ferne sich zeigte. Befragen wir dann die Gegenwartsliteratur.

Die Ewige Stadt als Traumstadt einer Archäologie des Selbst

Für nicht wenige der namhaften Reisenden, Goethe etwa, war Rom eine Mutterstadt, ein ersehnter, aber auch gefürchteter Ort, ein Ort des Ursprungs, schon bildhaft geortet, dem man sich nur mit großer Befangenheit, nach Umwegen oder mit Verzögerung näherte, besonders wenn es darauf ankam, den Spuren des Vaters zu folgen oder ihn gar zu übertrumpfen.

Auch für Sigmund Freud galt noch eine Variante dieses Verführungsmusters, und es ist keineswegs bloß dem individuellen Zufall geschuldet, daß um 1900 Rom als vorweg erträumte, lange für unerreichbar gehaltene Stadt mit der Erkenntnis des Unbewußten, der Ent-deckung des Traums als der «Via regia» dazu verbunden ist. Freud hat im nachhinein die «Traumdeutung» als «Stück [s]einer Selbstanalyse», «Reaktion auf den Tod [s]eines Vaters» verstanden und das Hinauszögern der sehnsuchtsvoll besetzten Rom-Begegnung unter ödipalen Vor-zeichen gesehn.[8]

Das Rom-Bild, auf die Antike bezogen, hat aber nicht nur die Entwicklung der Psychoanalyse begleitet, sondern ist auch in Freuds theoretische Gedankenbildung eingegangen. Hinsichtlich der Tagträume heißt es in der «Traumdeutung»: «Sie stehen zu den Kindheitserinnerungen in demselben Verhältnis wie manche Barockpaläste Roms zu den antiken Ruinen, deren Quadern und Säulen das Material für den Bau in modernen Formen hergegeben haben.»[9]

Rom erscheint nun als «Hauptstadt der alten Welt» (Goethe) im doppelten Sinn: Hauptstadt auch dessen, was in uns abgelagert, vergessen, verdrängt worden ist, wo wir schon einmal gewesen sind und wieder ankommen möchten, was sich uns aber, Bilder vorschiebend, doch immer wieder entzieht. Aus der Stadt des Bildungsreisenden auf den Spuren der abendländischen Kultur wird dank ihrer Archi-tektonik eine Traumstadt der Archäologie des Selbst.

Freud hat die Arbeit der Psychoanalyse oft mit der archäologischen Grabung verglichen. Jahrzehnte nach der «Traumdeutung», im «Unbehagen in der Kultur», zog er die Ewige Stadt noch einmal heran, um anschaulich zu machen, daß im Seelenleben nichts endgültig verlorengeht, «alles irgendwie erhalten bleibt». Zu der «phantastischen Annahme» gedrängt, Rom sei ein «psychisches Wesen», entwirft er das architektonische Bild einer göttlichen Gleichzeitigkeit, in dem die bewunderten Bauten der Antike als vollständig erhalten am selben Ort inmitten der weitergewachsenen Stadt wiederauferstehen. Doch muß er nach anderthalb Seiten innehalten und das Scheitern seines Modells, der Analogie zum «Seelenleben», dessen Unerreichbarkeit durch anschauliche Darstellung einräumen. Was ihn nicht hindert, anstelle der Architektur den menschlichen Körper, seine Entwicklung heranzuziehen.[10]

Ohne den geheimen Wunsch, die Zerstörungen der Zeit rückgängig zu machen, ist dieser fast rituelle Aufwand kaum verständlich. Nur wäre Rom, so vervollständigt, keine sehnsüchtig besetzte, dem Unbewußten, dem Tod verbundene Mutterstadt, vielmehr ein (Un-)Ort der symbiotischen (Wieder-)Vereinigung, der Selbst-losigkeit. Freud ging es aber bei diesem Vergleich auch darum zu demonstrieren, daß die Totalität der Erinnerung, Substitut eines ursprünglichen Zustands, virtuell bleiben muß, nicht Gegenwart werden kann.[11]

Während der Begründer der Psychoanalyse den Habitus des Bildungsreisenden nicht völlig abzustreifen vermag, ihm als jüdischem Außenseiter jedoch das christliche Rom eher fremd bleibt und sich sein Interesse dort auf die kleine Peterskirche mit dem Moses des Michelangelo konzentriert, auf das Kunstwerk der gesetzgebenden Stammvaterfigur also, ist bei Georg Groddeck, dem Mitbegründer der Psychosomatik, die umgekehrte Bewegung festzustellen: von den Sibyllen des Michelangelo, partiell dem Mutterbild überschoben, von der Kunst überhaupt hin zum römischen Ruinenzauber, der ihn in Rausch versetzt und in Fesseln schlägt.

Allerdings wird angesichts der «düsteren Reste der Riesenbauten» auf dem Palatin auch die geheimnisvolle Forderung, sie zu deuten, verspürt, am Forum Romanum das klar Geordnete, trotzdem Verwirrende der Ausgrabungen bemerkt, tritt die Natur zunächst in ambivalenter Besetzung hervor und beschwört erst der Blick vom mächtigen Rundbau über die Campagna auf Rom eine wunschlose «Märchenstimmung» herauf, die jedoch dem «Gefühl, nicht wieder aus dieser schönsten Welt der unbestimmten Erinnerung herauszufinden», verbunden bleibt.

Natürlich kann der Blick auf Rom nur ein Blick zurück sein. «Es ist alles schon dagewesen, das ist das Herrliche» – diese Quintessenz gilt auch für Groddecks Art der Rom-Beschreibung, wobei im Prädikat aber die männliche Differenz zur romantischen Bindung markiert wird. Der Ruinenzauber verwandelt Rom in die «ein wenig kindische Mutter der Welt», eine Stadtlandschaft, die wie keine andere dem lebendigen Menschenwesen nahekommt und am Ende doch in einem Kunstwerk, dem der vielbrüstigen ephesischen Artemis, einer Über-Mutter, ihr Musterbild findet.[12]

In Freuds archäologischer Utopie verweist das bruchstückhaft Erhaltene auf ein Ganzes, das nicht ursprüngliche Natur, sondern geschichtliches Menschenwerk ist. Seiner (Re-)Konstruktion geht es darum, die Gewalt der sprachlosen Wiederholung zu überwinden, indem einer Geschichte Raum gegeben wird, die so nie wirklich gewesen war. Groddeck dagegen erscheint die Ewige Stadt als Ort der ewigen Wiederkehr, der den geschichtlichen Fortschritt zurückweist. Er sieht das Bruchstück einer umfassend-natürlichen Totalität zugehörig, die den Wunsch nach Vollständigkeit gar nicht erst aufkommen und das Ich im Bann der Vergangenheit eher dem Stimmenklang als der Sprache zuneigen läßt. Am gemeinsamen Bezugsort zeichnet sich hier ein Gegensatz ab, der die ästhetische Moderne durchzieht: einerseits konstruktive Selbstbehauptung, andrerseits rauschhafte Selbstaufgabe.

Geht man davon aus, daß der Ursprung der Architektur in der «Ausformung eines dreidimensionalen Hohlraums» besteht[13], die von Anfang an eine den Körperbezug repräsentativ erweiternde Aussage trägt, der Stadtraum darüber hinaus mit seiner labyrinthischen Durchdringung verschiedener Zeitschichten nicht nur die Realmetapher eines aufnehmenden oder abstoßenden Leibes, sondern auch ein «gleichsam ausgestülptes Gedächtnis» darstellt[14], dann kann die Ruine, die, zweckentbunden, den Blick ins Leere hinter zerstörten Fassaden gestattet, als Metapher der Auslöschung des Gedächtnisses, des Vergessens erscheinen oder als Spur, die wiederum das Vergessen auslöscht. Notwendig sind es zwiespältige Gefühle, die hervorgerufen werden, wenn sie das Stadtbild bestimmt.

Für die dem Zwiespalt ausgelieferte Moderne ist die Ruine nicht mehr allegorisches Zeichenbild der gefallenen Geschichte (Barock) oder symbolische Wiedervereinigung des Menschenwerks mit der Natur (Romantik), sondern widersprüchliche Einheit des Kunstbild gewordenen Bauwerks und der Bewegung, die es zerstört.[15] Wie der Torso markiert die Ruine und damit auch Rom jene Schwelle auf dem Weg zum modernen Verständnis von Mensch und Welt, an der man, janusgesichtig, sowohl vor- als auch zurückblicken kann.

Damit Architektur als träumerisch besetztes Bild in die Erfahrung eingeht, bedarf es einer Gehbewegung im Stadtraum, die, ebenso real wie imaginär, gleichsam die Fäden des Traumgewebes über Straßen und Plätze ziehend, den eignen organischen Körper zum anorganisch anderen der Stadt hin überschreiten läßt. Soll die unbewußte Einschreibung zum lesbaren, doch in jedem Fall unvollständigen Stadttext werden, muß das Gehen und Träumen noch das entsprechend strukturierte Beschreiben hinter sich herziehn. Gegenüber einer «Rhetorik des Gehens», wie sie Michel de Certeau in Anlehnung an die linguistische Sprechakttheorie entworfen hat[16], gilt es, die Differenz zwischen Einschreibung und Beschreibung nicht zu verwischen.

Der Hohlraum des Unbewußten, zu dem die reizüberflutend sich dem Körper entziehende, der Erfahrung keine Zeit mehr lassende Großstadt am Beginn der Moderne wird, verwandelt sich durch die unaufhaltsame Beschleunigung der Waren-, Verkehrs- und Informationsströme zu einem Hohlraum der Funktionen[17], in dem ein endgültig zurückgebliebenes Gehen auf keine Traumbilder mehr stößt, die Kinematographie, die Körperbewegung ersetzend, für Bilderfluchten sorgt, der körperbildbezogene Zusammenhang zwischen Gehen, Träumen und Schreiben zerfällt. Wenn die großstädtische Wirklichkeit formlos auseinanderdriftet, das Schreiben nicht länger auf einen Gegenstand trifft, den es, zunächst immer zerstückelnd, zwischen dem Partiellen und dem Ganzen, zwischen Metonymie und Metapher oszillieren lassen kann, die repräsentative Beschreibung keinen Halt findet, die Erzählung den eingängigen Faden verliert, kommt ein Stadttext nur noch im strukturellen Durchlauf durch die angesammelten Stadtfiktionen zustande.

Im postmodernen Kontext hat die Ruine nichts weiter zu bedeuten, wird zur Kulisse. Ist es Zeit für den Nekrolog auf die Ewige Stadt?

Rom-Bild, Reise, Roman – die bilderstellende Stadt

Bei Wolfgang Koeppen ist die (Vor-)Liebe zu Rom sowohl in einen Reisebericht als auch in einen Roman eingegangen, der deutsche Vergangenheitsbewältigung und Identitätssuche mit den Themen Sexualität, Kunst, Gewalt und Tod verknüpft und verortet.[18]

Als Reisender trägt Koeppen Züge des Bildungsbürgers wie des Flaneurs, ist er einer, der am Ausgangspunkt der ambivalent bebilderten Kindheitserinnerung – düstere Piranesi-Verliese versus romantisch beleuchtetes ‹Fernweh› – nicht wiederankommen mag, der sich eher im Zitatenarchiv der Kulturgeschichte verschanzt, manchmal in formelhaften Aussagen fast erstarrt, das eigene Beteiligtsein hinter dem Willen zum Überblick zurücktreten läßt. «Umwege zum Roman, Kulissenbeschreibungen» – so nannte der Autor seine Reiseberichte.[19] Was aber Rom angeht, war der Roman, ganz ungeplant, schon geschrieben, in eben der Stadt, in der er spielt. Vielleicht ist der eine wie der andere auch ein Umweg zum Selbst.

Die Opposition zwischen dem «Rom des Lichts» und dem «dunkle(n) Rom» zeigt, den Reisebericht strukturierend, einen Zwiespalt an, der die Aufklärung der eigenen Geschichte in Grenzen hält. Der Schlußfolgerung des Piranesi-Abschnitts: «Der Mensch hat sich in Rom gefangen», erwidert die Beschwörung der «Poesie des Urbanismus», der alterslosen «Erzstadt». Das abgeführte «Ich» wird durch den «Reisenden» und das «Du» weitgehend ersetzt, taucht nur hin und wieder aus der Erinnerung auf.

Bezeichnend die Reminiszenz an die erste Ankunft in Roma Termini: Ein Moment der Depersonalisierung, der Ansteckung durch die Menge von «plappernde[n] Marionetten» oder «zwitschernde(n) Vögel(n)» an den Telefonautomaten, des irritierenden Stimmengeräuschs der Geschwätzigkeit mündet in einen an sich sinnlosen Akt der sprachlichen Selbstbehauptung, bei dem übereinstimmendes Handeln, kommunikative Verbundenheit und deren Abwehr zusammenfallen. Doch wird der Gestus des Reiseführers nur kurz unterbrochen und dem angesprochenen Du sogleich das Abtauchen aus der geschäftigen Oberwelt in die mythisch besetzte Unterwelt des Albergo diurno nahegelegt. Was zunächst als Heimkehr des verlorenen Sohnes apostrophiert worden war, wandelt sich durch die Körperpflege auf traditionsreichem Grund in eine Art Neugeburt, nach der es hinübergehen kann zum Thermenmuseum, wo die Marmorbildwerke das idealgeschichtliche Leben verkörpern.

Das gleichsam steinerweichend verwendete Element des Wassers rückt die Beschreibung des antiken Forums mit der des Fischmarkts auf dem Campo dei Fiori zusammen. «Vom Felsen blickt man auf das Forum wie in den Grund eines Sees. Man schaut zweitausend Jahre weit oder zurück. Hier liegt nun das alte Rom, es liegt zu deinen Füßen, es ist kein Hirngespinst der Forschung. Das Forum bietet sich freundlich an, ein lieblicher Garten der Geschichte. Die Ruinen rühren. Genügend alte Ruinen rühren immer. Um die Säulenstümpfe baut sich die Phantasie ihre Paläste» (S. 238). Das im Vergleich signalisierte Befremden, durch unpersönliche Rede, rhetorische Steigerung, Bildebenenwechsel eher verstärkt, nötigt dazu, den Ausweg der Phantasie zu suchen, die allerdings der vorhandenen Palastruinen bedarf, um auf ein weibliches Idealkörperidyll am Rande des Abgrunds zu stoßen.

Die Fisch-Faszination, typisch bei Koeppen, fordert auf dem Campo dei Fiori, im Kontrast zur Blumenschönheit, die Reflexion heraus: «Ihrem Element entzogen, vor aller Augen auf den Tischen der Händler liegend, sind sie doch wie etwas, das der Mensch nicht sehen sollte ... Es ist ein Schauen in die See, in die Tiefe, in das Verborgene, vielleicht ein Blick in uns» (S. 242). Setzt man diesen Spiegelblick noch in Relation zum geschlechtlich nicht festgelegten «riesigen Göttergesicht mit faszinierenden leeren Augen» davor und zum Jonas-Fisch in den Katakomben danach, der Unsterblichkeit symbolisieren soll, aber die Frage nach dem geschlechtlichen Verworfensein aufwirft, so bedarf es kaum des expliziten Hinweises auf Freuds Kastrationssymbolik, um das Ungenügen an der leeren Mitte der antiken Stadt zu verstehen.

Dem musealen «Altersheim» der symbolischen Götter vom Beginn antwortet zum Ende hin das «Leichenschauhaus der Geschichte», die allegorische Trümmerstätte monströser «Schreckbilder» in der vatikanischen Sammlung. Die protzende Vollständigkeit der faschistischen Figurenwelt erscheint dann als lächerliche Potenzreaktion, die zwangsläufig zu den Ardeatinischen Höhlen führen mußte. An den Gräbern dort schließt sich im Namen Piranesis der Kreis des «dunklen Rom».

Dagegen wird noch einmal «aller Zauber Roms» gesetzt, der zwar auch vom Straßenleben des Volkes ausgeht, sich aber zwischen «schönen Trümmer(n)» im Hof der Akademie konzentriert. Fühlt sich das Ich im literarischen Salon plötzlich «gerührt und wie zu Hause», so dementiert der Blick ins Bordell, ohne das «älteste Geheimnis» hinter dem «geblümten Vorhang» ergründen zu wollen, doch sogleich die Übereinstimmung, das Angenommensein.

Am Ende, «draußen vor der Stadt», in der musterhaften Kulisse des Kaisers Hadrian, ist es der «Schmerz der Vergänglichkeit und der Ewigkeit, der Schmerz in der Schönheit Roms», melancholisch abgelesen vom Marmorgesicht des Jünglings Antinous, der, die Häßlichkeit der politisch-kulturellen Aussicht vor Augen, das Ich ins fiktive «Schattenreich der Unterwelt» blicken läßt.

Was im Reisebericht vermieden wird: der Blick hinter den Vorhang des ästhetischen Scheins wird im Roman, der Künstlerfigur in den Mund gelegt, zum Programm einer Poetologie des Zwiespalts: «Ich möchte das entschleierte Bild sehen, selbst wenn ich zur Säule erstarre. Aber vielleicht wäre auch dies noch nicht die Wahrheit, und hinter dem Bild, das mich erstarren ließ, kämen andere Bilder, andere Schleier, noch unbegreiflichere, noch unzugänglichere, vielleicht noch furchtbarere, und ich wäre ein Stein geworden und hätte doch nichts gesehen» (S. 155).

Wo im Reisebericht die Stadtbesichtigung anfängt, bei den «steinernen Zeugen der alten Welt», in der «Welt der schönen Körper», da ist im Roman der Ort des Todes, der von den Nebeln der Agonie getrübten letzten Selbstbespiegelung jener Figur, die den Tod schon einmal nach Rom gebracht hatte und noch dem Bild ihrer antiken Präfiguration begegnet, des Faschisten Judejahn.

Das meint auch: Der Künstler kann überleben, der Schriftsteller kann schreiben, wenn er die Selbstbegegnung im Bild des andern zwar anstrebt, aber ihr doch letztlich aus dem Wege zu gehen versteht. So werden die Bilder, um nicht zu erstarren, wie in einem Spiegel betrachtet oder in die Flucht gejagt, gleichsam symbolisch enthauptet. So bietet die Welt der Fiktion, die Stadt aus der Kulisse ziehend, den Schauplatz der Auseinandersetzung mit sich selbst.

Erzählt wird «Der Tod in Rom» unter Aufspaltung des Erzählers, wobei die Hauptfigur zum Teil als Ich-Erzähler fungiert, der, tonsetzend, aber ohne eigene Diktion, dem eigentlichen Erzähler stellenweise sehr nahe rückt. Dessen Eigenart allerdings zieht sich durch Aufkündigung der auktorialen Präpotenz und Selbstauslieferung an diskursives Gerede in die Rhythmik zurück, mit der die Sprache zwischen metonymisch gleitender Bewegung und rhetorischem Retardieren changiert. Die Möglichkeit anderer Romane und anderer Schreibweisen wird im Vorspann der Handlung, dann in der Liebeserklärung an Rom zugleich angedeutet und abgewiesen. Doch ist die Stadt hier noch einmal als traditionell *symbolischer Ort* gerade dieses Romangeschehens dargestellt.

Dabei spannt sich der Bogen der Handlung, mythologische Versatzstücke streuend, zwischen verlassenem Pantheon und musealem Rückzugsort der Götter, verdichtet sich das (Text-)Geschehen besonders an den erhaltenen Rundbauten der Antike, deren zerfallenes Zentrum allerdings auf der barock-neuzeitlichen Rom-Bühne keinen Platz hat. Nicht das offengelegte Forum, sondern der geheimnisvolle Innenraum der keineswegs neutralen Engelsburg steht im Zentrum des Romans. Es ist die Erzählung, die die leere Mitte der alten Welt ins Abseits drängt.

Während der Reisebericht die Körperlichkeit in der steinernen Statuenwelt nahezu stillgestellt hat, setzt der Roman körperliches Zusammentreffen, Sexualität als rauschhaften, aber christlich deformierten und deshalb obsessiven, ja gewaltsamen Durchbruch des Heidnischen in Szene, der sich der heiteren Emphase des ohnehin schon touristisch besetzten Trevi-Brunnens eher entzieht. Daß es eine gespaltene Sinnlichkeit ist, die im Fall der Hauptfigur von der ästhetisierenden Vorbildlichkeit der humanistisch Gebildeten nicht loskommt, wird schon zu Beginn in der Katzenszene am Pantheon deutlich, Hintergrund auch für das Auftreten Judejahns. In filmartiger *Montage* zwischen Totale und Großaufnahme sind die Themen des Romans so ineinandergeschrieben, daß sich an den Schnittstellen der wahrgenommenen Bilder allegorische Sinneffekte ergeben. Werden die «verrotzten Gesichter» der Kinder zunächst in «kleine Renoirs» verwandelt, erscheinen ihre Beine «wie die Glieder gegossener Plastiken», antwortet sogleich der «Schönheit Italiens» das Gelächter über eine «alte Frau». Von den «Fischköpfe(n)» auf «eklig durchfeuchtete(r) Zeitung» vermag noch der politische Händedruck auf «blutbesudeltem Druckbild» den Blick abzulenken. «Verkniffene Lippen täuschen ein Lächeln vor. Die Katzen knurren und fauchen sich an.» Die wahrgenommene enthüllt den Schein der medial vermittelten Wirklichkeit; die Szene lädt sich selber mit Sinn auf und vertieft den Zwiespalt der Faszination. Der «scharfe Geruch von Ausscheidungen, von Sekret, von Fortpflanzungsgier» wird dem «süße(n) von Altersfäulnis und Eiter» entgegengestellt. Daß die «alte Frau» eine Muttermetapher ist, liegt – Bild über Buchstabe – hier auf der Hand (S. 11).

Im zweiten Teil des Rom-Romans wird die Engelsburg zum heimlich-unheimlichen Ort, der die wichtigsten männlichen Figuren mit einer sinnverweisend ineinanderübergleitenden Parallelmontage sich aneinander vorbeibewegen läßt. Treibt das Gefühl der Beziehungslosigkeit die Hauptfigur Siegfried von der Engelsburg weg zum Badeschiff am Tiberufer, glaubt er, von Knabenschönheit verführt, dort mythischen Spuren zu folgen, so wirft die angeschlossene Parallele von Adolfs «Weg in den Leib der Papstburg», ins «Verlies», in «bodenlose Abgründe» (mit ihrem «Martergerät» als Piranesi-Umsetzung erkennbar) ein düsteres Licht auch auf Siegfrieds Begehren zurück. Während Adolf sich die Gefangenschaft im «tiefsten Kerker» als Freiheit eines Christenmenschen vorstellt: «des Menschen Haupt» «durch die Kloake vom Leib befreit», fallen bei Siegfried ästhetische Bewunderung und körperliche Begierde auseinander, ist die sexuelle Lust von Ekel und Selbsthaß nicht zu trennen. Dem Bad im Tiber, zur «Umarmung des mythischen Elements» vertieft, folgt ein nur kurzer Höhenflug der euphorischen Versöhnung von Antike und Christentum, Körper und Geist (S. 113ff).

Daß der lustvoll-lustgebende Akt der Sexualität dann gerade jener Figur zugewiesen wird, die sich im «Leib der Papstburg», im «Grab des lebendigen Leibes» beinah zu Hause fühlt, dem Faschisten Judejahn, läßt allerdings jede Form der körperlichen Vereinigung problematisch erscheinen. Tatsächlich schießt Judejahns Faschismus der Begierden über das Lustobjekt, über die Aneignung des weiblichen Körpers hinaus, drängt zu gewaltsamem Abstoßen, ja zur Vernichtung von Welt. Nicht voll zur Welt gekommen, kann sein Ich sich nur so als Gegenüber beweisen.[20] Doch ist es schließlich die Stadt, die er beherrschen wollte, der auch sein Leben, sein Körper verfällt. Fast zwangsläufig endet das Nebeneinander von symbolischer Ortsbindung und Montagetechnik in einem Kolportageraum, der den Riß durchs Stadtbild verdeckt. Schließlich war Rom – eigentliches Skandalon für diesen Roman – einst auch faschistische Hauptstadt.

So bringt Rom in der Romanfiktion die extremen Gefährdungen einer zwanghaft sich absetzend noch dem Mutterbild verhafteten Körperlichkeit zum Vorschein, wie sie in den Bildern und Metaphern des Reiseberichts nur angedeutet ist. Auf der Fluchtlinie des erzählerischen Begehrens zeichnet sich am Ende hinter Knabenliebe und Liebe zur Kindfrau die Wunschvorstellung einer reinen, zeugungsfreien, ja übergeschlechtlichen Sinnlichkeit ab[21], die jedoch, im Stadtrahmen zwischen verlassenem Pantheon, düsterer Engelsburg, schmutzigem Tiberbad und musealer «Welt der schönen Körper» nicht situierbar, aus dem römischen Roman hinausweist in die «Wüste», den Anderen Ort von Reise und Roman. Doch zieht dieser Ort, da zuvor wie Rom schon durch Judejahn besetzt, auch die ästhetische Utopie in Zweifel.

Unübersichtliche Abläufe, ohne anzukommen – die sich entziehende Stadt

Keine zehn Jahre nach dem «Tod in Rom» gibt es für die Literatur nicht mehr das Rom der Reisenden und Romanautoren, sondern das Rom der Touristen und Stipendiaten, der auf die Reise Beförderten, wenn man so will.

Der Schweizer Paul Nizon hat im nachhinein Rom als seine «schriftstellerische Geburtsstadt» bezeichnet.[22] Das Bild der Mutter, bei Koeppen verschleiert, wird hier, auf die Großstadt übertragen, direkt mit der Schreibproduktion in Beziehung gebracht. An anderer Stelle ist von der «Stadt als Schleifstein, Herausforderung, Vernichterin, Nähr- und Gebärmutter, als Übermacht» die Rede, von der «Stadt, die – aus Überlebenswillen – das Schreiben in Gang setzt».[23] Für «Canto», das Buch, in dem die Rom-Zeit verarbeitet wird, hat es allerdings der räumlichen und zeitlichen Entfernung bedurft, bis sich das Erleben in «Schreibaktion» umsetzen konnte.[24]

Kein Reisebericht, kein Roman – die Gattungen werden übersprungen, der Titel deutet es an. Und mehr noch, die sprachliche Artikulation, das Schreiben selbst ist Weg und Ziel zugleich, die Erfahrung wird nicht einfach nachvollzogen: «An die Stelle des Abbildbaren ist die Ahnung einer Struktur getreten.» Sie produziert im «Medium der Sprache» ihre eigene Wirklichkeit. Anders gesagt, die Erfahrung muß erst erschrieben werden, nur so setzt sie sich zusammen, vorher ergibt sich kein Sinn. Der Bezug zu dem, was der Erfahrung zugrunde liegt, zur «bodenlosen Ereigniswirklichkeit», wie Nizon es nennt, wird dann nicht so sehr durch Erinnerung als durch Versetzen in die Ausgangssituation des Einschreibens hergestellt, eine auch körperliche Konditionierung, die Entsprechung, sprachliche Umsetzung erlebter Gebärden und Zustände auf dem Papier ermöglichen soll.[25]

Da ist jemand, der scheinbar «nichts Nennenswertes» zu bieten hat, der sich auf das Leben hin und zugleich von ihm weg schreibt, einer, den es nach dem Ort der Erfüllung drängt, der in Rom ankommen, nicht nur unterwegs sein will und doch immer wieder gestehen muß, daß ihm die Einnahme der Stadt, die Annahme durch sie nicht gelungen ist. Gerade deswegen schreibt er die Stadt, so wie er sie vorher gelaufen ist, schreibt er die körperliche Einschreibung im doppelten Sinne ab und sucht Rom auf diesem Wege, durch Sprachzauber gebannt, als eigene Hervorbringung in Besitz zu nehmen.

«Canto» ist bis in die manchmal schwülstige, manchmal verniedlichende Poetisierung hinein ein trotz Kühnheiten nicht rebellischer, sondern versöhnlicher Text, gerichtet an den toten, im Tode bedeutsam gewordenen Vater, den Vater aus dem und im «Anderen Land», das es, so ahnt das berichtende Ich, zu erreichen gilt.

Das Ich, dem es, Rom und Welt gleichsetzend, um nichts anderes geht, als auf die Welt zu kommen, ist immerhin selbst schon Familienvater. Der Wechsel zwischen der Großstadt Rom und dem außerhalb liegenden, schon distanzierten Scheinidyll zum «Familie-Spielen» wird von ihm jedoch vor allem dazu genutzt, den nicht gelingenden Versuch, ins römische Labyrinth ohne Ariadnefaden hineinzukommen, immer aufs neue zu wiederholen. Dabei muß es erfahren, daß es im Grunde «machtlos vor den Toren» bleibt, daß es nur «zwischendurch, beliebig auf Straße oder Omnibus» ein Gefühl der Lebendigkeit spürt. Diese horizontal-räumliche Struktur verschränkt sich erzählerisch mit der ans Vaterbild gehefteten vertikal-zeitlichen. Die römische Gegenwart wird von einer Schicht der Kindheitserinnerungen durchzogen, die Erklärungsmuster für das Mißlingen der Identitätsfindung und der Beziehungen anbietet. Das Bild der «Vaterstadt» kommt gleichsam der Annäherung an Rom, den Ansätzen einer konzentrischen Bewegung, der Inbesitznahme als Mutterstadt immer wieder in die Quere, läßt am Ende den Friedhof mit dem väterlichen Grab, wo einst das kindlich-sprachlose Lachen vom «strafenden Blick» der Mutter getroffen wurde, als das «Andere Land» erkennen.

Das Ich ohne Namen versucht jedoch, dem Toten Vater auch zu entkommen, entdeckt für sich eine «Stadt vor der Moral», glaubt in der vehementen Verneinung der Konventionen und des Geschwätzes Halt zu finden: in einer Verneinung, die nicht als unterbrechendes Schweigen, sondern klangsüchtig rauschhaft in die sprachliche Ordnung eindringt, das Satzkorsett sprengend, die Rede einer lautkombinatorisch von Wort zu Wort delirierenden Suchbewegung überläßt. Nur, bevor dieses Ich mit der «Schreibpassion in den Fingern» das vorsprachliche Mutterterritorium erreichen und auf die «matière» stoßen kann, die es schreibend zu «befestigen» hat, um auf eigenen Füßen zu stehen, muß es erst einmal zur Welt kommen, seine Matrix entdecken.

Die Bewegung des Ichs tendiert dazu, sich zwanghaft zu beschleunigen, die Anschauung beiseite zu drängen, wird, vom lässigen Spazierengehen weit entfernt, eher zum Fahren, zur Geschwindigkeit der Verkehrsmittel hingezogen. «Zu laufen habe ich immerzu. Dabei kann und mag ich nichts anschauen. Aber so die Flanken des Lebens abirren, immerzu, daß es wie Fahrtwind an die Gesichtshälften rauscht. Die Seiten der Stadt abirren. Ich laufe mich völlig aus» (S. 9). Die Großstadt Rom, nur beim flüchtigen Überblick anfangs noch «unberührt» – will sie im Laufen erfahren oder gelesen sein?

Dem Ich ist jedenfalls nichts an touristischen Sehenswürdigkeiten, den Bauwerken, Ruinen und Denkmälern, gelegen. Zwischen beliebiger Einzelheit und gleichgültiger Unendlichkeit setzt es eher auf eine synästhetische Resonanz, darauf, daß es, auch in ihm, «ganz allgemein tönt». Von brüchigen Äquivalenten seiner Vereinzelung berührt, wird es, gerade weil es die Stadt doch in ihrer Ganzheit erfahren will, im «Lauf» durch die Straßen der Stadt bis zu einem Spalt-Punkt getrieben, wo sich die metonymische Wahrnehmung nicht mehr durch innere Bilder halten läßt, wo Bruchstücke des Stadttextes, buchstäblich dissoziiert, in den Bewußtseinsstrom dringen. Der Versuch der Stadteinverleibung kommt so über die Vielzahl der «Leiber aus Stein» nicht hinweg. Die «unverhüllte Stadt», «Mauerleib an Mauerleib», wirft das Ich auf den Boden eines «Steinbruchs» zurück, stülpt ihm, die aufreizenden Rundungen der Frauen mit den steinernen Gewölbebauten verkuppelnd, ihre zwiegeschlechtige Symbolik über: «Frauenstadt. Phallenstadt... Kupplerin Stadt: dein Gefangener» (S. 19).

Das einsam Halt suchende Ich, dem Mauerritzen nicht genügen, fühlt sich leer, ohne Fassung inmitten der gestaltlos bleibenden Stadt, erlebt deren Schauorte nur als «Minutenplätze», «Lebensplätze für Bewußtseinsminuten», die nicht befriedigen, sondern süchtig machen, flüchtet sich aus den Straßenzügen in überschaubare, «vereinfachte Situationen», greift angesichts der «Ummauerung» durchs «Steintheater» zu sinnlos abbrechenden Kommunikationshandlungen wie dem «Wählen auf der Drehscheibe der Telefonapparate», imaginiert schließlich Lebensbilder und Identitäten, weil sich ihm die Gewißheit der Dinge immer wieder entzieht. Da werden trotz der programmatischen Absage Rollen durchgespielt, kleine Geschichten eingesprengt, Romanhandlungen angedeutet und Zusammenhänge erfunden, die es erlauben sollen, dem Druck der Stadt nicht nur standzuhalten, sondern den wirklichen Zugang zur Stadt, aber auch zum anderen Menschen und zu sich selbst zu finden.

Der Wunsch, in der Stadt anzukommen, wird auf die Frau (zurück-) übertragen. Sie läßt das Ich die Rolle eines «Hurenhirten» annehmen, kein Zuhälter, eher ein Beobachter, der auf der Stelle tritt, dem die Stadt aber, «nachtmärisch abwesend», kaum wirklich entgegenkommt. Erscheint die öffentlich zugängliche Frau hier noch einmal als Vermittlerin zur Lebenswelt, so steigt nun aus der realen Körperbegegnung, von Traum und Erinnerung überblendet, das romantisch gefärbte *Bild der Heiligen Hure* empor, mädchenhaft und mütterlich zugleich, aber auch einer zusammensetzbaren Puppe, einem Kunstprodukt zum Verwechseln ähnlich. Der Rückgang zur erzählerischen Kommunikationshaltung kulminiert zwar in der positiv überzeichneten Projektion eines traditionellen Bildes der Stadt; nur findet dies, da es sich keinem Stadtorganismus verbinden kann, nirgendwo Halt.

Der «Hohlraum der Erwartung», nicht Grottaferrata mit Familie, nicht die melancholisch stimmende «Höhle inmitten der Stadt», das mythisch vertiefte Nachtlokal, sondern die «Grotte entfachten Zaubers», in der das Ich sich von der Kindfrau Maria das Vermögen zur eigenen

Rom-Gründung, zur Ankunft im Wort erhofft, «stillt sich nie mit der Gestalt der Erfüllung», bleibt Matrix.

Zwangsläufig ans Unsagbare stoßend, verselbständigt sich dem Ich der «Lauf» durch die Straßen der aus dem Rahmen fallenden Stadt in merkwürdiger Allegorisierung, nimmt die grotesken Züge eines übermächtigen Lebewesens, eines überdimensionalen Mutterleibs an.

Mit dem endgültigen Eingeständnis, nach Rom nie hineingekommen zu sein, an Rom nie heranzukommen, wird die ohnehin eher diffuse als labyrinthische Stadt zum ortlosen Ort, zur Chiffre der unerreichbaren Wirklichkeit, beliebig ersetzbar durch alle Dinge der Welt, die nicht im referentiellen Zeichenbezug, vielmehr im *Sprachgesang* ihren Ausdruck finden.

Der verlassene Körper im Malstrom der Zeichen – die zerfallene Stadt

Anfang der siebziger Jahre erscheint Rom, mit allen Zeichen weltweiter Entwicklung behaftet, als «Abfallhaufen» der abendländischen Kultur.

Rolf Dieter Brinkmann, Lyrikpreisträger, Avantgardist, auf traditionsbeladener Stätte wie ausgesetzt, stürzt sich sofort, gleichsam der Körperbewegung manisch auf dem Fuße folgend, in den Furor des Beschreibens der Stadt. Zunächst als minutiös protokollierende Mitteilung gedacht, um die Verbindung zur daheimgebliebenen Frau nicht abreißen zu lassen, aber auch als Ersatz für den irritierend-fernmündlichen Stimmenkontakt, entfernt er sich mehr und mehr von allem, was Rücksicht verlangt.

In Rom anzukommen, darum geht es bei Brinkmann nicht mehr. Von vornherein schreibt er an gegen den Mythos der Ewigen Stadt, der bei Koeppen und Nizon noch eine zwielichtige Rolle spielt. Um den Preis der Selbstisolation bewegt er sich wie ein Barbar, aber ohne die Heiterkeit des Benjaminschen «destruktiven Charakters» durch den «zerfallenen Traum» der Stadt, streut Wut und Hohn über Bildungsbürger und Touristen, Künstlerkollegen und einheimische Bevölkerung aus. Ähnlich wie Nizon sieht er sich zur Ich-Behauptung gedrängt, zum Protest gegen das falsche Einverständnis. Doch ist sein Verneinungsgestus weitaus radikaler, erfaßt auch das Poetische, schreckt vor der Demontage von Selbststilisierungen nicht zurück. Aus der Perspektive des Einzelnen, der, großgeschrieben, sich gegen den Ballast von Geschichte und Bildung stemmt, gegen massenkulturelle Verödung und innere Verwüstung zur Wehr setzt, gelingen ihm Einsichten und Zustandsbeschreibungen, die die schönen Augenweiden des touristischen Postkartenblicks zerstörerisch decouvrieren, das Augenmerk unnachsichtig auf die Zerfallserscheinungen der Großstadtkultur lenken.

Der Wille zum illusionslos scharfen Blick aufs häßliche Detail wird allerdings von einem Ich getragen, das seine der eigenen Erfahrung immer schon vorgängige Spaltung nicht wahrhaben will, sich provokant als einheitliches Subjekt der «Schnittmusterbogenwelt» entgegensetzt, aus Selbstschutz unversöhnlich seine Stellung behauptet.

Brinkmanns Buch «Rom, Blicke», konzipiert als *Collage* von Briefberichten, Reflexionen, kunstlos gehaltenen eigenen Fotos und Postkarten, Plänen und kartographischen Zeichnungen, pornographischen Bildern, Illustrierten- und Textausschnitten, ist nicht so sehr ein faszinierendes Unternehmen, die Phänomene der Großstadt in ihrer unmetaphorischen Eigenheit vors Auge, zur Sprache bringen, wie es die scheinbar alles einverleibende, aber keineswegs alles goutierende Beschreibung suggeriert; vielmehr dokumentiert es den verzweifelten Versuch, mit allen verfügbaren Mitteln, aus festgefahrenen Zusammenhängen heraus und durch vorgestanzte Codes hindurch, die äußere Wirklichkeit der Stadt in den Griff zu bekommen, sich in deren zeichenhäufender Zersplitterung nicht selbst zu verlieren: Bewährungsprobe des Ichs statt Selbstbegegnung.[26]

Das Sich-der-Stadt-Bemächtigen beginnt mit dem Abstecken des Grundrisses, der die zeitweilige Wohnstätte umreißt, und wird weitergeführt mit der Routenbezeichnung, die Schneisen schlägt ins projizierte Flächennetz der Stadt, um die sich dann, buchstäblich planbeschreibend, der Text des Erlebten lagert. Es zielt in der realen Bewegung durch die Stadt auf die vom Labyrinth befreiende Geometrie römischer Plätze, auf Stellen, wo der Fläche Raum gegeben und ein körperliches Wohlgefühl ausgelöst wird, solange nicht – tagsüber kaum zu vermeiden – fremde, befremdende Körper als Störenfriede der topographischen Selbstbehauptung auf den Plan treten.

Der Annäherung an Rom stehen von vornherein die alltäglichen Begleiterscheinungen des Großstadtlebens im Wege: «... denn das Drängen der Leute, der Straßenverkehr, der Gestank, der Lärm nimmt fast alle Sinne und Energien in Anspruch, so daß einfach kaum etwas bleibt, um sich etwas anzusehen» (S. 34). Von der «beschleunigten Rotation der Großstadt» zu einer Verkrampfung des Körpers gezwungen, die sich letztlich nur in der Schreibklause zu lösen vermag, sind es mehr Vorstöße als Streifzüge, mit denen das Ich der Stadt beizukommen sucht.

Unter diesen Umständen zerfällt diesem Ich das Stadtbild in «lauter Einzelheiten» ohne inneren Zusammenhang, gerät es in einen Erfahrung verhindernden Zirkel der Wahrnehmung. Bemüht, dem Sichtbaren durch «intensive Aufnahme» das beruhigende Gefühl der Selbstgegenwart zu entlocken, stößt es auf ein «totes Leben und Empfinden, das aus den Einzelheiten einen anblickt». So sieht das Ich sich gedrängt, durch bewußte Zerlegung des vorgeblichen Gesamtbildes distanzierende «Einblicke» in die Kulissenwelt zu bekommen. Andererseits sollen gerade die «unscheinbaren, geringen und zufälligen Eindrücke» die «ganze Einsicht in den tatsächlichen Zustand» enthalten. Also jagt die Wahrnehmung den Einzelheiten in der Hoffnung nach, «daß solche winzigen, schnell vorbeispringenden Eindrücke Sinnbilder sind», daß in ihnen sich «plötzlich und unvermutet die ganze auseinandergesprengte Realität» zusammendrängt. Der sinnstiftenden Korrespondenz zur eigenen Vergangenheit ausweichend, gibt es jedoch für das Ich auch im «gesteigerten Augenblick» kein Halten mehr, das es vor dem Gefühl der Zerstückelung bewahren könnte. Schwankend «zwischen ungerührtem Gesichtverziehen und wütendem Hinblicken, zwischen Gleichgültigkeit und distanziertem Abrücken», kann es dem alltäglichen Schrecken, der Sinnlosigkeit nicht entkommen, wird es sich bewußt, daß die «totale Verlassenheit des Körpers» in einer Erfahrung verhindernden Welt nur lauter «einsame Zeichen» hervorbringt.

Brinkmanns Text bewegt sich in diesem Widerspruch, wird durch ihn fragmentiert. Entspricht die Collage dem «total Zusammengesetzte(n)» der großstädtischen Wahrnehmung, gesteht sie doch, indem sie auf das Zeigen, aufs Abbild zurückgreift, auch die Unzulänglichkeit des reinen Beschreibens ein: das Ungenügen der Sprache gegenüber den «zerhackte(n) Impressionen» einer uneinholbar beschleunigten Außenwelt. Die literarische Collage vermag «Regungen, die unterhalb der Wortschwelle liegen», nicht zu treffen. Das Fotografieren ist, für sich genommen, noch unzulänglicher, da es die Gegenwart der Eindrücke gefrieren läßt. Dadurch, daß der Text literarische und pikturale Collage kontrastierend verbindet, fixiert er räumlich die Widersprüchlichkeit der Wahrnehmung und überläßt den immanenten Hang zur filmischen Bewegung einer Bilderschriftlektüre. Sie hat den diskursiv aufgespaltenen Stadttext nicht zu einem sinnvollen Ganzen zusammenzufügen oder den Bildern das abgewöhnte Laufen wieder beizubringen, sondern auf die Leerstellen zu achten, die Unterbrechungen des Ablaufs, das Ungefüge und Unverfügbare, das sich den Wörtern und Bildern gleichermaßen entzieht, der Fassung entkommt.

Das immer wieder von der Häßlichkeit, der Zerstörung, dem Papier-, Blech- und Plastikmüll, vom traumlosen Abfall der Stadt fast überwältigte, aber auch zur Mobilisierung der Sprachkraft herausgeforderte Ich empfindet die Unlebendigkeit der «aufgehäuften Wörter» ebenso als «körperliche Barriere» wie die «historische Erstarrung» in den Bauten und Denkmälern ringsum. Auf dem Primat vorsprachlicher Erfahrung bestehend, sieht es sich in «latente(r) Schizophrenie» dazu gedrängt, mit Hilfe der Sprache gegen das «Ersticken an den Wörtern und Begriffen der Vergangenheit» anzugehen. Das Insistieren auf der vorgängigen Eigenheit des Daseins, das der Nachträglichkeit der Schrift entkommen soll, verwandelt die registrierende Beschreibung in eine mehr oder minder heftige Sprachgebärde. Die einzige Möglichkeit für das Ich, sich der aufgenommenen Bilder zu erwehren, ist, sie zu sprengen – auf die Gefahr hin, im Wortabfall unterzugehen.

Die schon zersetzte Welt der Ruinenstätten aber erscheint dem Ich zwangsläufig wie ein «Spuk der Vergangenheit», der «Schrecken» und «Traurigkeit» auslöst. So sieht es das Kolosseum als «Schutthaufen» und das Forum als «Schrotthalde»: «Altes Zeitungspapier über 3 Jahrtausende geweht, Säulen-Reste, Rundbögen-Stümpfe, Stein-Klötze – wüst durcheinander, Bruchstücke von Wänden, Andeutungen von Treppenstufen – in der Ecke eine große Rolle rostender Stacheldraht – und eine Katze, die geräuschlos am Rand entlangstreicht. 3 Säulen standen sinnlos hoch» (S. 57). Doch zeigt sich (nach dem unterbrechenden Postkartenbild), daß es die Erinnerung an eine kriegerisch zerstückelte Kindheitswelt ist, die, ohne sinnvolle Korrespondenz, zur Abwehrhaltung nötigt. – Das barocke Rom andererseits, raumillusionär Festlichkeit inszenierend, wird als monströse Fassadentäuschung wahrgenommen, als «Steinkulisse» auf «abgetakelte(r) abendländischer Rom-Bühne». Weder den Ruinen noch den architektonischen Schauseiten kann hier ein ästhetischer Reiz abgewonnen werden.

In der seriellen Verwendung vorgefertigter Bilder, von Frauenkörpern und Jagdbombern etwa, die hieroglyphisch den Collagentext markieren, deutet sich allerdings über die Abhängigkeit zwischen technischer Geschwindigkeit, Stadtzerstörung und Verdinglichung des Körpers hinaus auch eine palimpsestartige Traumschrift an, die der Gegenwart des Körpers in der Stadt auf jeden Fall zuvorkommt, dem Ich eine obsessiv wiederholende Blickrichtung aufzwingt, eine Selbstbegegnung verhindert.

Versucht das Ich, zweimal Anlauf nehmend, die eindrucksvolle Beschwörung der individuellen Größe ins Zentrum des Textes zu rücken und das heruntergekommene Denkmal des Giordano Bruno gewissermaßen sich selber aufschwingend sprachlich zu ersetzen, so ist es doch die anonyme Figur eines «nächtlichen Straßenkehrers», die dem Ich schlagartig sein eigenes Verhalten im (literarischen) Stadtraum vor Augen führt: «Er fegte tatsächlich allein, andere waren nicht in der Nähe. Es war etwas total Sinnloses in dem Anblick: etwas gräßlich Überflüssiges auch, und zugleich Lächerliches. – Mitten in der Stadt ein Mann, der allein an irgendeiner Stelle vor sich nachts hinfegt» (S. 144). Konkret vorhanden und zugleich «von allen Seiten», aus der «Leere», der «Stille» mit nicht eindeutig festlegbaren Bedeutungen aufgeladen, die der Sinnlosigkeit Sinn verleihen könnten, ist es ein Sinnbild, das, der Selbststilisierung nur scheinbar absagend, mit der Beseitigung des Abfalls die Zerstörung der Bilder erfaßt.

Da die Präsenz an sich ohne Sinn ist, das bedeutsame Sinnbild im «gesteigerten Augenblick», lesbar gemacht, gerade die trennende Wirkung der Wörter bestätigen muß, kann sich auf der Fluchtlinie des Textes (aus der Stadt, ihrem Bilderzwang, ihren Wörterfallen hinausführend) nur die reine Bedeutungslosigkeit abzeichnen, das Schweigen der Welt hinter den Bezeichnungen, die Eiswüste, das bildlose Dasein, die Leere, «geisterhaftes Nichts», der Tod, der von der Totenwelt befreit.[27] Es ist keine Utopie der Wärme, die der Produktivität auf die Sprünge helfen soll wie bei Koeppen, sondern eine Utopie der Kälte, die der affektiv erhitzt gefräßigen Wahrnehmung ein Ende setzen würde.

Doch wird alles, was mit dem Tod zusammenhängt, durch dieses Ich, obwohl davon magisch angezogen, zugleich abgewehrt, behauptet es die Notwendigkeit einer radikalen Trennung zwischen Leben und Tod, zwischen Sexus und Tod, insistiert es auf der Möglichkeit einer unbelastet selbstgegenwärtigen Körperbeziehung, die nun gerade, wenn irgendwo, in Rom nicht zu realisieren ist. Seine vehemente Abwehr aller «Todessymbole» erfaßt ganz Rom, die zunehmend austauschbar erscheinende Großstadt überhaupt, läßt aus der Metropole allegorisch die Nekropole hervorgehn.

So kann die Wendung gegen Ruinen, barocke Stadtkulisse und Totenkult nicht verdecken, wie sehr der Blick dieses Ichs dann doch einer quasi barocken Perspektive unterliegt, der ja die Faszination durch Verfall und Zerstörung, Häßlichkeit und Ekel als Kehrseite von Macht und Schönheit eigen war. Nur ist es dem modernen Ich nicht mehr möglich, eine Klage über die Vergänglichkeit und den Verlust des Schönen anzustimmen. Die Ent-deckung der kahlen Rückseite hinter repräsentativem Fassadenprunk, das Hervorheben des grotesken Teilaspekts oder die Imagination des der Verwesung preisgegebenen Körperinnern (des Körpers als Ruine) läßt bei aller Abwehr eine Beziehung zur römischen Stadtstruktur erkennen, die geheim bleiben muß. Das zerstückelnde Beschreiben der Stadt wiederholt zwanghaft eine traumatisch erlebte Operation der Entstellung, die der mütterliche Körper erfahren hat. Sie ist es, die das Ich auf Rom fixiert, gerade weil sie es ihm unmöglich macht, sich ein ganzes, ein geschlossenes und zugleich wahrhaftiges Bild des Körpers wie der Stadt vorzustellen.[28] Rom selber wird zum Trauma, die Ewige Stadt zur nicht enden wollenden Stadt, die ephesische Artemis zum Monsterbild.

Als vorläufiger Ausweg nur bietet sich dem Ich ein räumlicher Rückzug an, aus der «Totenstadt» nach Olevano, dem Bergort der deutschen Romantik. Es ist auch ein Rekurs auf die traditionelle *Opposition von Großstadt und ländlicher Natur*, keiner idyllischen Natur allerdings, sondern einer, in der Licht und Wind, die Phänomene des Himmels, ohne den irdischen Plastikmüll vergessen zu machen, die Schreibkraft mobilisieren. Aus dem Eingeständnis des Scheiterns heraus steigert das Ich sich zuletzt in eine Art von mystischem Rausch[29], wobei ihm die Rolle des Straßenkehrers, sprich Bilderstürmers, in der Einheit mit den Naturgewalten herkulisch über den Kopf wächst: «...ich schwang mich in das heulende Windtoben ein und dachte, alles hinwegfegen, den ganzen Spuk der Zivilisation, Plastikfetzen und Autowracks, Madonnen und Fernsehkästen, rostende Blechdosen, Kippen, Plakate, Comics und Kinosäle, hinweggefegt, einfach weg,... die ganze sumpfige schlammige Häßlichkeit der Welt, das Gerümpel, die Flut elender Bilder und Vorstellungen...» (S. 426f). Der so «gesteigerte Augenblick» ist nicht der des Schreckens oder der Erleuchtung, in dem das Ich als anderer dem Selbst begegnet, sondern der des erhabenen Auf- und Überblicks, des erzwungenen Panoramas, in dem das Ich, scheinbar befreit von der Fremdkörper-Welt, aber auch vom eigenen Körper, imaginär seine höchste Steigerung erfährt.

Koeppen, Nizon, Brinkmann – alle drei modernen Schriftsteller lassen erkennen, daß, obwohl Rom zur Kulisse wird, mit ihm schwer fertig zu werden ist, daß es auf der realen wie der literarischen Verfahrensebene zu Rückgängen, dann wieder zu Absetzbewegungen nötigt. – Ist der Mythos der Ewigen Stadt nur eine Männerphantasie? Während der hier abgesteckten Zeitspanne wohnte in Rom viele Jahre die Dichterin Ingeborg Bachmann. Sie glaubte, dort wie selbstverständlich *inmitten* zu leben, eine Heimstatt gefunden zu haben, und war doch, wenn sie schrieb, nicht in Rom, sondern in Wien, der Stadt, von der sie sich ab-schreiben mußte. Die Utopie der Vitalität vor Augen, suchte sie über die südliche Wärme hinaus nach der Flamme, die sie verbrennen sollte.[30] – Wird dann noch wie im Fall Pasolinis die Wirklichkeit zur *gräßlichen Bescherung*, zum brutalen Sieg der verdinglichten Geschwindigkeit über den Körper des Dichters, bleibt dem Mythos der Ewigen Stadt nur die Trivialliteratur als Zufluchtsort – oder das Geschichtsbuch.

Anmerkungen

1 Günter Herburger: Marathon & Manganelli. Ein Lauf durch Rom mit Seitenblicken. In: Frankfurter Rundschau v. 15.3.1986.

2 Vgl. Paul Virilio: Der Beschleunigungs-Staat oder vom Wohnsitz zum Schleudersitz. In: Bauwelt 1978, H. 48, S. 1802ff, S. 1808.

3 Vgl. Virilio: Der Beschleunigungs-Staat, S. 1802f.

4 Vgl. den Beitrag von Berking/Neckel in diesem Band.

5 Vgl. Virilio: Der Beschleunigungs-Staat, S. 1803f.

6 Vgl. Walter Benjamin: Die Wiederkehr des Flaneurs. In: Gesammelte Schriften, Bd. III. Frankfurt/M. 1980, S. 194ff, S. 195.

7 Paul Virilio im Gespräch mit Ulrich Raulff: Leben in Cinecittà. In: Bauwelt 1987, H. 12, S. 410ff.

8 Sigmund Freud: Die Traumdeutung. In: Studienausgabe, Bd. II. Frankfurt/M. 1982, S. 24.

9 Freud: Die Traumdeutung, S. 473.
10 Freud: Das Unbehagen in der Kultur. In: Studienausgabe, Bd. IX, S. 197ff, S. 201–203.
11 Vgl. Guy Rosalato: Das Fragment und die Ziele der Psychoanalyse. In: Lucien Dällenbach/Christiaan L. Hart Nibbrig (Hg.): Fragment und Totalität. Frankfurt/M. 1984, S. 77ff, S. 78.
12 Georg Groddeck: Römische Impressionen. In: Psychoanalytische Schriften zur Literatur und Kunst. Frankfurt/M. 1978, S. 84ff.
13 Renato De Fusco: Architektur als Massenmedium. Anmerkungen zu einer Semiotik der gebauten Formen. Gütersloh 1972, S. 170.
14 Gerwin Zohlen: Text-Straßen. Zur Theorie der Stadtlektüre bei S. Kracauer. In: Text + Kritik, H. 68 (Siegfried Kracauer). München 1980, S. 62ff, S. 71.
15 Vgl. Georg Simmel: Die Ruine. In: Philosophische Kultur. Gesammelte Essais. Berlin 1983, S. 106ff, S. 111.
16 Michel de Certeau: Umgang mit Raum. Die Stadt als Metapher. In: Bauwelt 1978, H. 48, S. 1750ff.
17 Vgl. Ernst Bloch: Erbschaft dieser Zeit. Frankfurt/M. 1972, S. 212ff.
18 Wolfgang Koeppen: Neuer römischer Cicerone. In: Nach Rußland und anderswohin. Frankfurt/M. 1979, S. 227ff; Der Tod in Rom. Frankfurt/M. 1982.
19 Werkstattgespräch mit Hort Bienek. In: Ulrich Greiner (Hg.): Über Wolfgang Koeppen. Frankfurt/M. 1976, S. 247ff, S. 254.
20 Vgl. Hans-Ulrich Treichel: Fragment ohne Ende. Eine Studie über Wolfgang Koeppen. Heidelberg 1984, S. 58ff.
21 S. Treichel: Fragment ohne Ende, S. 76.
22 Christian Fluri/Martin Kilchmann: «Ich bin ein vorbeistationierender Autobiographie-Fiktionär». Gespräch mit Paul Nizon. In: Martin Kilchmann (Hg.): Paul Nizon. Frankfurt/M. 1985, S. 64ff, S. 75.
23 Paul Nizon: Am Schreiben gehen. Frankfurter Vorlesungen. Frankfurt/M. 1985, S. 98.
24 Nizon: Canto. Frankfurt/M. 1976.
25 Nizon: Aktionsprosa. Zit. in: Am Schreiben gehen, S. 48; Gespräch mit Werner Bucher. Zit. in: Kilchmann: «Das Leben schreiben». In: Paul Nizon, S. 11ff, S. 23.
26 Rolf Dieter Brinkmann: Rom, Blicke. Reinbek bei Hamburg 1979.
27 Vgl. Bernd Witte: Vechta. Ein Ort für Rolf Dieter Brinkmann. In: Text + Kritik, H. 71 (Rolf Dieter Brinkmann), 1981, S. 7ff, S. 22f.
28 Vgl. Genia Schulz: Brandblasen der Seele. Zur frühen Prosa und späten Lyrik Rolf Dieter Brinkmanns. In: Merkur 1985, H. 11, S. 1015ff, S. 1016f.
29 Vgl. Witte: Vechta, S. 21.
30 Siehe Ingeborg Bachmann: Zugegeben. In: Werke Bd. 4. München/Zürich 1978, S. 340f; [Ferragosto]. Entwürfe. In: Werke Bd. 4, S. 336f.

Sigrid Weigel

Traum – Stadt – Frau

Zur Weiblichkeit der Städte in der Schrift. Calvino, Benjamin, Paul Nizon, Ginka Steinwachs

Das Verschwinden der Frau in der weiblichen Stadt – Italo Calvino

In der Serie von 55 Städtebildern, die – umrahmt und unterbrochen von Gesprächen zwischen dem legendären Kaiser der Mongolendynastie Kublai Khan und seinem venezianischen Kundschafter Marco Polo – in Calvinos Buch «Le città invisibili» (1972) aneinandergereiht sind, gibt es u. a. die Erzählung von der Entstehung einer Stadt; sie wird an jener Stelle erbaut, an der sich verschiedene Männer in Verfolgung eines gemeinsamen Traums begegnen, um dort, wo sie das Objekt ihres Begehrens verfehlen, Räume und Mauern zu errichten, aus denen dann die Stadt ersteht, in deren Straßen sie tagtäglich zur Arbeit gehen, während sie ihren Traum längst vergessen haben. Diese Geschichte von der Entstehung der Stadt Zobeide[1] referiert auf eine für die Stadtliteratur signifikante Beziehung zwischen Weiblichkeits- und Städtebildern.[2] Die Stadt konstituiert sich hier über den Versuch, dem im Traum zum Ausdruck gebrachten Wunsch Dauer zu verleihen – womit aus dem Träumenden ein Städtegründer wird, aus der Arbeit des Unbewußten die Arbeit des Subjekts im Prozeß der Zivilisation, mit der die des Vergessens einhergeht – als Ort der Abwesenheit der Frau, an deren Stelle sich ein Bund von Männern zusammenfindet, zusammengehalten durch den Mangel des Weiblichen. Das Bild der Frau, im dem sich die Verlockung für den Mann verdichtet, weist dort hin, wo die Frau nicht ist.

Deshalb auch werden die ansässigen Bewohner der Stadt als verständnislos gegenüber den Wünschen der Zureisenden beschrieben. Bei dem Versuch, ihr Traumbild in Mauern einzufangen, haben sich die Männer selbst gefangen, weshalb sie die Stadt heute als eine Falle betrachten. Doch in deren *Topographie*, den «Straßen, die um sich selber kreisen wie an einem Knäuel», haben die Träume der Städtegründer, aus denen die Stadt entsprungen ist, ihre Spuren hinterlassen, welche den Wegen der Verfolgung, des verfolgten und aus den Augen verlorenen Bildes einer Frau, ähnlich sind bzw. diese nachzuahmen suchen. Und darin, daß die

Stadt den *Namen* einer Frau hat, leuchtet noch etwas von dem ursprünglichen Wunsch nach dem Weiblichen auf; die Magie ihrer Benennung, ihrer Schöpfung in Sprache[3], erinnert an den zugrunde liegenden, in der symbolischen Schöpfung aufgehobenen Wunsch.

Alle 55 der unsichtbaren Städte in Calvinos Buch haben Namen, die auch als Frauennamen gelten können: von Diomira, Dorotea, Anastasia über Leandra, Melanie, Adelma bis Pentesilea, Teodora und Berenice, und das in einem Text, dessen Komposition an keiner Stelle den Verdacht aufkommen läßt, es ginge darin um wirkliche Städte, so daß die Weiblichkeit der Städte hier deutlich auf deren imaginären Charakter bezogen ist. Dabei wird aber die Unsichtbarkeit und Unwirklichkeit der beschriebenen Städte nicht als Gegensatz zu realen Städten oder gar zur Stadtrealität verstanden. Eher thematisiert Calvino mit seinen unsichtbaren Städten die reale Macht des Imaginären und den Ort und das Bild der Stadt als Paradigma symbolischer Produktionen: die Stadt als Schauplatz der Schrift. Die Unmöglichkeit, die Städte zu erzählen, wie sie in den Gesprächen zwischen Kublai Khan und Marco Polo zum Ausdruck kommt, wird mit der Serie der Stadtbilder auf grundlegende Strukturen in der Geschichte des Symbolischen bezogen.

In Calvinos Rahmenerzählung geht es um den Versuch des Tatarenkaisers, sein Imperium in Besitz zu nehmen, indem er sich von seinem Kundschafter über seine Städte berichten läßt. Nicht nur das Gespräch zwischen beiden, welches verschiedene Sprachen, auch wortlose Gesten und stumme Kommentare durchläuft, zeigt sich als schwierig, sondern auch das Verhältnis des Gesprächs zu seinem Gegenstand bzw. Referenten. Dabei verlagert sich das Thema von dem Versuch, einzelne Städte zu besprechen, hin zur Reflexion über Muster, Formen, Modelle, über die unsichtbare Ordnung und die Gesetze, die die Städte und ihre Geschichten bestimmen, wobei sich das Ziel der Eroberung und Inbesitznahme ins Unendliche, das heißt Unerfüllbare, verschiebt. Damit wiederholt und reflektiert sich in der Erzählung *über* die Städte etwas, was den Städtebildern selbst eingeschrieben ist: Es werden zum Beispiel Darstellungen als Entstellungen, Zeichen als Spuren eines Anderen, Sichtbares als Bild von etwas Unsichtbarem, Sprache als Täuschung, Szenerien als Wiederholungen, als Rückkehr des Verdrängten beschrieben. Die unmögliche sprachliche Repräsentation der Stadt wird derart auf die Sprache *der* Stadt zurückgeführt.

Das Motiv der imaginären Städte bei Calvino radikalisiert ein Moment, das in der Geschichte der Stadtdarstellungen immer schon enthalten ist: daß nämlich das Bild einer Stadt mehr Denkbild als Abbild ist, daß sich im Bild einer Stadt, sei es im Mythos, im Text oder in ihrer Architektur, jeweils die Ordnungs- und Denkmuster einer Gesellschaft oder Kultur ausdrücken. Die Stadt als paradigmatischer Ort der Zivilisationsarbeit

– als Ort, der sich gegen die äußere Natur abschirmt und in den das Verdrängte in veränderter Gestalt zurückkehrt – läßt sich als verräumlichtes Sinnbild einer Kultur begreifen. In den 55 Geschichten der «unsichtbaren Städte» werden von Calvino in der Rekonstruktion zahlreicher Stadtmythen Muster der darin eingeschriebenen symbolischen Strukturen sichtbar gemacht.

So referiert die Geschichte von der Entstehung der Stadt Zobeide auf Gründungsmythen[4], allerdings in ihrer modernen Version, in der die Erinnerung an die mythische Urszene der Stadtgründung nur noch in Rudimenten ihrer Konstellation sichtbar ist. Die Mauern beispielsweise erinnern an die Funktion der Stadtmauern in antiken Städtegründungsmythen als Schutzwall um die neu errichtete Ordnung, mit welcher diese sich gegen die wilde, ungebändigte Natur draußen abgrenzt, gegen jenen Raum, in dem sich der Heros im Kampf gegen das Chaos als Drachentöter beweist, um im Innern dann als Bürger mit der Frau als Gattin und Mutter seiner Kinder belohnt zu werden. Für das Weibliche versinnbildlicht die Stadtmauer eine Aufspaltung in die ungebändigte weibliche Natur draußen, die im Bild des Drachens, der Hydra, der Chimäre o. ä. auftritt, und in die domestizierte Frau, ihre erstarrte, versteinerte, in den Mauern der Stadt gefangene Existenzweise; die Stadtmauern begrenzen dabei den Ort der Frau im Sozialen als lebendig Begrabene. Die Benennung der Stadt mit dem Frauennamen Zobeide erinnert dagegen an die Allegorisierung der Städte in weiblichen Personifikationen, die zwischen den Extremen der Hure Babylon und dem himmlischen Jerusalem schwanken und in säkularisierten Mythen häufig als Gestalt einer zu erobernden Jungfrau, als verführerische Geliebte oder als bergende, schutzspendende Mutter auftritt.[5] Die Entstehung der Stadt Zobeide ist aber insofern in der *Moderne* anzusiedeln, als ihre Geschichte bereits die Unsichtbarkeit des Weiblichen als stumme Stütze des Systems, welche selbst nicht in Erscheinung tritt[6], voraussetzt und von dem ins Unbewußte abgedrängten Begehren nach dem Weiblichen ausgeht.

Werden die Straßen der Stadt hier als Bühne für die ersehnte Wiederholung einer Traumszene beschrieben, dann wird die Stadt zum Schauplatz einer Schrift des Unbewußten, deren Übergang ins Symbolische sich über die Abwesenheit der Frau herstellt. Ihr Held hat sich vom antiken Heros in das Subjekt der Schrift, in den Autor verwandelt. Seine symbolische Produktion, die an die Stelle der abwesenden Frau tritt, erscheint nun als weiblich. Im eigenen Gefühl seiner Gefangenheit hat er allerdings dessen Voraussetzung, die Versteinerung und Ausschließung des Weiblichen, vergessen. Somit verweisen die Elemente dieser Geschichte auf drei historische Schichten in der Beziehung von Stadt- und Weiblichkeitsbildern: auf die mythische der Stadtgründung mit ihrer Aufspaltung des Weiblichen, auf die Allegorisierung der Stadt als Frau als Frau und auf das weiblich konnotierte Traumbild einer Stadt in der Moderne.

Mit dieser Geschichte hat Calvino inmitten einer Reinszenierung von Stadtmythologie, die sich als strukturales Porträt der Schrift der Städte lesen läßt, die Funktion und den Ort des Weiblichen in dieser Schrift nachgebildet. Ob diese Nachbildung auch als Durchkreuzung wirkt, wird letztlich von der Perspektive und von der Arbeit der Lektüre abhängig sein. Sie wäre dann für die Geschichte der Stadtdarstellungen die «letztmögliche Schrift einer Epoche»[7], letztmögliche Schrift, die als Verräumlichung von Ausdrucksweisen des Subjekts zu betrachten ist. Doch damit wird bei Calvino keine neue Epoche – etwa im Sinne der [‹Postmoderne›] – eingeläutet, sondern er destruiert, ähnlich wie vor ihm schon Benjamin, eine bestimmte, im Kontinuum der Zeit angesiedelte Vorstellung von Zukunft, sei es in ihrer *utopischen* oder in ihrer *apokalyptischen* Version. Während Kublai Khan in seinem Atlas die «noch nicht entdeckten oder gegründeten Gebiete» und die Städte aufsucht, «die von Alpträumen und Verwünschungen bedroht sind», antwortet Marco Polo ihm im letzten Gespräch mit dem Hinweis auf die Flüchtigkeit von Utopie im Aufleuchten, in Fragmenten oder in Signalen, außerhalb der Kontinuität von Raum und Zeit.[8] Er nimmt damit Stellung gegen ein Fortschrittsmodell von Geschichte, ohne sich allerdings an Endzeitvorstellungen anzuschließen, unter deren starrem Blick auf die Vernichtung die bestehenden Gegensätze und Differenzen im Sozialen aus dem Blick, das heißt in Vergessenheit geraten. Die Hölle, so Marco Polo, wird im tagtäglichen Zusammensein unter uns gebildet. Auch in diesem Sinne erscheint die Stadt bei Calvino als Ort eines verfehlten Begehrens.

Das Ankommen des Städters in den Frauen – Paul Nizon

Neben dieser Arbeit der Reinszenierung gibt es in der Gegenwartsliteratur andere Schreibweisen, in denen die von Calvino sichtbar gemachten Mythen und Strukturen in der Schrift der Stadt ungebrochen fortgeschrieben werden. Der Ich-Erzähler in Paul Nizons Roman «Jahr der Liebe» (1981) beispielsweise könnte dem Personal der Geschichte der Stadt Zobeide entsprungen sein. Nur handelt es sich bei ihm um ein autobiographisches Subjekt, welches sich in einer konkreten Stadt, in Paris, aufhält, um dort seinem Verlangen nach der Frau bzw. «den Frauen» und seinem Wunsch zu schreiben nachzugehen. Die Stadt, die Frau und das Schreiben stehen hier in einem bewährten und bekannten Verhältnis, da sie wechselweise das Ich aus seiner Erstarrung befreien, ihm zu neuem Leben verhelfen sollen. Dabei bedient der Text sich sämtlicher Bilder aus der Geschichte der Stadtliteratur, in denen die Stadt als weiblich allegorisiert, als quasi-organischer Körper sexualisiert wird oder aber den Raum abgibt, in dem Inbesitznahme und Genuß der Frau stattfinden, wobei dieser Akt, einem Initiationsritus gleich, als Ankommen oder Wiedergeburt gewertet wird: als Ermannung bzw. Zum-Städter-Werden. Schon der 18 Jahre früher veröffentlichte Text «Canto», der erste literarische Text Nizons, folgt vergleichbaren Motiven. Auch darin wird der Aufbruch, mit Verweis auf die Entdeckungsreisen der Kolonisatoren, im Effekt auf das schreibende Subjekt zurückbezogen: «Als Kolumbus auf Reisen gehen. In Frauen ankommen.» Und nachdem an anderer Stelle das vielbemühte Bild von den bebenden Schenkeln einer Frau entworfen ist – «Dein Leib. Deine Schenkel, ein Beben in der Stadt?» –, heißt es: «... dies Ankommen in Frauen... Nun ist er eingetreten, Städter geworden.»[9] Nur der Schauplatz hat gewechselt. War es in «Canto» Rom, so ist jetzt Paris die Stadt, die als «gesuchtes Land» (S. 9)[10], als «Nährmutter» (S. 13), als Verkörperung des Turms zu Babel (S. 154), als mit dem Ich «vereinigt» (S. 154), als das Ich umschließend (S. 207), es erdrückend, daß es überquillt (S. 215), oder als Gebärerin imaginiert wird: «NIMM MICH AN, BRING MICH HERVOR, schrie ich zur Stadt, ich schrie, weil sie taub war oder sich kalt gab, jedenfalls mir gegenüber» (S. 141). «Nimm mich an, bring mich hervor, flüsterte ich zur Stadt, wenn ich mich endlich ermannen und losreißen konnte» (S. 145).

Während die Stadt in solchen Bildern als weibliche Allegorie beschrieben ist, die Stadt *als* Frau, stehen Stadt und Frau in anderen Passagen im Verhältnis metonymischer Substitution: Das Verlangen verschiebt sich von der als Körper betrachteten Stadt zum weiblichen Körper oder umgekehrt; das Subjekt steht «zitternd vor Erregung inmitten der Straße» (S. 165). Verschlungen zu werden, Gefangensein, Eroberung, Empfangenwerden, Eindringen und Sichverlieren, das sind seine Lust- und Angstwünsche, die sich wechselweise auf Frau und Stadt richten. Sie dienen der Verlebendigung des männlichen Ich-Erzählers in seiner Furcht vor dem Absterben, dem er auch schreibend entgegenzuwirken sucht. Aus Mangel an Schreibmotivation – «aber was sollte ich schreiben in meinem Schachtelzimmer» (S. 90) – sucht er andere Arten der «Verlebendigungslust»: an der weibleiblichen Stadt. Nicht nur Frauen, sondern auch Schwarze und Araber, die sein Stadtviertel bevölkern, tragen dazu bei, der Umgebung einen exotischen und sinnlichen Charakter zu geben; wie der Kolonisator erlebt der Erzähler sich darin gerne als Konsument. So spricht er, angesichts einer Jugenderinnerung an ein neben ihm liegendes Mädchen, vom «ganzen weiblichen *Besteck*», das auf seinem Lager versammelt war, um dann die einzelnen Körperteile als Partialobjekte des Begehrens der Reihe nach aufzuzählen (S. 102). In der Stadt Paris nun braucht er nie mehr zu darben, denn:

«es war beruhigend und tief wohltuend zu wissen, daß *dieser* Tisch immer gedeckt sein würde in dieser Stadt, so viele Frauen, bereit, dich zu empfangen, so viele Pforten zum Geheimnis, zum Abenteuer, zur Versuchung, nein: zum Leben! Es war, als werde man unaufhörlich durch Frauen neu zur Welt gebracht oder in den Ozean geworfen, ausgeworfen werden können. Ich würde alle Pforten versuchen, ich würde unsterblich zu leben versuchen, schwor und wünschte ich mir, seit ich *dieses* Versprechen der Stadt entdeckt hatte» (S. 118).

Solch ein immerwährend «gedeckter Tisch», an dem er das Verlangen nach dem Weiblichen unendlich ausagieren kann, scheint notwendig, weil die «Verlebendigungslust» durch Schreiben sich nicht so recht einstellen mag: jenes «Gefühl wie beim Schreiben, wenn endlich nicht ich, wenn *es* schreibt» (S. 90). Aus Ermangelung eines solchen Schreibens, das als Schrift des Unbewußten zu verstehen wäre, treten Stadt und Frau für das Subjekt an die Stelle der ersehnten Schrift. Die Stadt ist hier also nicht Schauplatz einer Schrift des Unbewußten, sondern aufgesuchter Behelfsort für die Arbeit des Unbewußten, die durch zahlreiche Körperbilder und Weiblichkeitsimagines animiert wird. Ob hier das Schreiben als Ersatz fürs Leben oder das Leben als Ersatz fürs Schreiben funktioniert, ist nicht mehr zu entscheiden. In einer permanenten Verschiebung seines Erregungsbegehrens zwischen Schreiben, Frau und Stadt bringt das Subjekt einen Text hervor, mit dem es sich als Autor konstituiert.

Paul Nizon tritt damit als später Erbe einer Stadtliteratur auf, deren Entstehung an den Übergang von der Stadt zur Großstadt gebunden war, als die wilden Anteile in die Stadt zurückkehrten und die Stadt selbst zum ambivalent besetzten Ort moderner Mythen wurde. Zwar deuten die Bezeichnung des Ich-Erzählers als «traumgierig» und sein Hang zum Schlafen und zum Warten darauf hin, daß hier eine Neuauflage surrealistischer Literatur versucht wurde[11], doch dem Träumen und Warten wird kaum Raum gegeben. Statt dessen füllen verfügbare Fertig-Bilder aus der Geschichte von Stadt- und Weiblichkeitsmythen die Leere, die in der Einsamkeit des Erzählers entsteht.

Im Unterschied zum Text Calvinos, der in einer Nachbildung von Städtemythen Muster des Imaginären reinszeniert und in den Gesprächen reflektiert, bewegt sich der Text Nizons *innerhalb* der Struktur des Imaginären und schreibt die Mythenbildung fort. Und wollte man Nizons Ich-Erzähler als verspäteten Flaneur betrachten, so unterscheidet er sich vom Flaneur der Moderne darin, daß er nicht schaut, sondern konsumiert, daß er sich nicht im ziellosen Umherschweifen den Ansichten hingibt, welche die Stadt ihm zu bieten hat, sondern daß er zielstrebig der Befriedigung seiner Lüste entgegeneilt – um dabei überwiegend im Bordell zu landen.

Die Flanerie und die Stadt als Schauplatz der Schrift – Walter Benjamin

Als «Promenade ohne festes Ziel» und als Ausgehen «auf die ungeahnten Abenteuer des Auges», bei dem «neue Nähen und Fernen» entstehen, hat Franz Hessel 1929 in seinem Buch «Spazieren in Berlin» das Flanieren bezeichnet, als eine Lektüre besonderer Art:

> «Flanieren ist eine Art Lektüre der Straße, wobei Menschengesichter, Auslagen, Schaufenster, Café-Terrassen, Bahnen, Autos, Bäume zu lauter gleichberechtigten Buchstaben werden, die zusammen Worte, Sätze und Seiten eines immer neuen Buches ergeben. Um richtig zu flanieren, darf man nichts allzu Bestimmtes vorhaben.»[12]

Doch solche Äußerungen *über* das Flanieren finden sich bei Hessel nur verstreut, sein Buch ist mehr Text eines Flaneurs. Dennoch ist sein «immer neues Buch» gleichsam eine Schrift zweiten Grades, die aus der Lektüre der Straßen entsteht. Denn ‹der Flaneur› ist immer schon ein literarisches bzw. ein Schrift-Konzept. Die Figur des Flaneurs ist weniger Repräsentant als Medium einer Schrift, insofern er sich der Lektüre der Stadt-Schrift hingibt, um diese als Subjekt *seiner* Schrift auf dem Papier nachzuahmen. Für diese zeichnet er zwar als Autor, er ist aber nicht ihr *auctor*/autonomer Schöpfer. Wenn das ziellose Umherschweifen als eine Bewegung begriffen wird, die nicht einer phallischen Ökonomie folgt, sondern weiblich konnotiert wird, ist das die Begründung, mit der Flaneuren manchmal ‹weibliche› Züge zugeschrieben werden. Andererseits ist der Flaneur immer auch Beobachtender, und die Frauen sind ein beliebtes Objekt seines Blicks bzw. seiner Schaulust.[13]

Als ein Typ des «profanen Erleuchteten» hat Benjamin den Flaneur in seinem Beitrag «Der Sürrealismus» (1929) entworfen, in jenem Text, der in verdichteter Form seine Theorie der Sprachmagie wie seine Geschichtsphilosophie vom Blick aufs Gewesene enthält, ein Text, den er selbst als «lichtundurchlässigen Paravent vor der Passagenarbeit» bezeichnet hat.[14] Die «Stadt Paris selbst» wird darin als «das Geträumteste» der Objekte der Dingwelt beschrieben. «Und kein Gesicht ist in dem Grade sürrealistisch wie das wahre Gesicht einer Stadt.»[15] Ausgehend von der Funktion des Unbewußten für die surrealistische Tätigkeit, benennt Benjamin hier als Leitmotiv seiner Städte-Schriften die Traumstruktur des Stadtbildes, und zwar nicht das Traumbild einer Stadt, sondern das Geträumte am Bild der Stadt, das heißt ihre den Ausdrucksformen des Unbewußten analoge Gestalt: die Stadt als Labyrinth, als Topographie, als Gewebe, die Straßen von Paris als «Adernetz der Imagination»[16], also die Stadt als Schauplatz einer Schrift, die sich nur einer Lektüre im «Doppelsinn des Wortes Lesen (in) seiner profanen und auch magischen Bedeutung»[17] erschließt. Dies ist eine Lektüre, die die Sprache der Dinge zu entziffern versteht, indem sie sich jenen Mitteilungen überläßt, welche in den sichtbaren Figurationen als flüchtige Bilder mit aufleuchten oder als dialektische sich darstellen. Unter den Typen des profan Erleuchteten, die Benjamin im Aufsatz über den Surrealismus nennt – den Lesenden, den Denkenden, den Wartenden und den Flaneur –, wird der Flaneur deshalb zu einer so wichtigen Figur, weil seine Tätigkeit alle anderen genannten Arten profaner Erleuchtung einschließt.

Wenn Benjamin aber, auf die Hieroglyphenform der Traumsprache anspielend, in seiner bekannten Rezension des Hessel-Buches vom «ägyptischen Traumbuch des Wachenden» spricht und nicht wie Kracauer in den eigenen Flaneur-Texten von «Wachträumen»[18], dann geht es ihm um eine Konstellation, in der der Wachende sich den Bildern und den Strukturen der Traumarbeit überläßt. Paradigma hierfür ist in seinem Passagen-Projekt die Schwelle des Erwachens, welche er bereits in den «Ersten Notizen» als «einzigartige Erfahrung der Dialektik»[19] und in den frühen Entwürfen als «exemplarischen Fall des Erinnerns»[20] umschreibt, ein Fall, aus dem er seine dialektische Methode der Geschichtsbetrachtung gewinnt:

«Mit der Intensität eines Traumes das Gewesene durchzumachen, um die Gegenwart als die Wachwelt zu erfahren, auf die der Traum sich bezieht! ... Jede Epoche hat diese Träumen zugewandte Seite, die Kinderseite.»[21]

Entspricht dieser Konstellation als Zeitstruktur das «Jetzt der Erkennbarkeit», so ist es in topographischer Hinsicht der Übergang, die Schwelle, die Passage, welche sich auch im kultischen Sinne als *rite de passage* verstehen läßt. Im Blick zurück sind es das Hineinragen des Traums in die Wachwelt und der Bezug des Gewesenen auf die Jetztzeit, die Benjamin daran so bedeutsam sind und die seine Schrift von einer einfachen – tatsächlich ja unmöglichen – Verdoppelung des Gewesenen bzw. des Geträumten unterscheiden. Dies macht er deutlich in einer Abgrenzung gegenüber der surrealistischen Stadtmythologie, die mit der Beschreibung der Pariser Passage de l'Opéra seine Passagen-Arbeit nicht unwesentlich angeregt hat, gegenüber Aragons «Le paysan de Paris»: Während Aragon im Traumbereich beharre, ginge es ihm um das Erwachen, um die «Auflösung der ‹Mythologie› in den Geschichtsraum»[22]. Die Topographie der Stadt wird dabei gleichsam als eine dritte Schrift gelesen, die aus der Analogie von Bildern und Strukturen in Mythen und im Unbewußten entsteht: das Bild der Stadt als Drittes, in dem die Korrespondenzen zwischen Kultur- und Subjektgeschichte zur Darstellung kommen. In den vielen Jahren, die Benjamin an dem Passagen-Projekt gearbeitet hat, von den frühen Entwürfen 1927 bis zu seinem Tode im Jahre 1940, haben sich aus diesem großangelegten Projekt mehrere Einzelvorhaben herauskristallisiert, von denen sich für die Grundkonstellation des Erwachens am deutlichsten das Erwachen des Subjekts in seiner «Berliner Kindheit um Neunzehnhundert» von den verschiedenen Ansätzen unterscheiden läßt, in denen er Paris als Bild des 19. Jahrhunderts im Hinblick auf ein erwachendes Kollektiv liest. Immer aber bildet die *Stadt* den Ort des Erwachens und auch den Schauplatz der Schrift, die es zu entziffern gilt.

Der Gang zu den Müttern – Walter Benjamin

Merkwürdigerweise spricht Benjamin in seiner Hessel-Rezension, an deren Anfang er zwei Gruppen von Städteschilderungen unterscheidet, nicht von diesen beiden Stadtbildern, sondern von der Reise ins Ferne und der Reise ins Vergangene, welcher ja sein Berlin-Buch ebenso wie die Paris-Arbeit zuzurechnen wären. Benjamin hatte selbst zuvor einige Reisen in die Ferne beschrieben, Städtebilder über Neapel (1924), Moskau (1927), Weimar (1928) und San Gimignano (1929).[23] Die Hessel-Rezension markiert aber den endgültigen Wechsel zu einem Interesse an der Stadt im Sinne einer Reise ins Vergangene. Mit diesem Wechsel verbindet sich auch ein Perspektivwechsel für die Weiblichkeitsbilder der Stadt. Enthalten die genannten Städtebilder Benjamins auch keine Weiblichkeitsmythen, so hatte er sich doch in Feuilletonbeiträgen auf die bekannten Imaginationen der Stadt als Göttin oder Geliebte bezogen.

«Paris als Göttin» ist eine Rezension aus dem Jahre 1928 überschrieben, in welcher er einen Paris-Roman der Rumänin Marthe Bibesco als «bibliographische Allegorie» liest: Paris als Göttin inmitten einer «unübersehbaren Menge tausendgestaltiger Bücher», mit denen ihr gehuldigt und in denen sie gespiegelt wird. Mit Bezug auf historische Allegorien von der eroberten Stadt deutet Benjamin diesen Stadtroman einer Frau als

> «Gegenbild eines beliebten Vorwurfs der alten Meister. Wie oft zeigen sie uns nicht den siegreichen Feldherrn, wenn er mit repräsentativer Gebärde die Schlüssel einer eroberten Stadt in Empfang nimmt? Hier überreicht mit gleich großer Geste ein erobertes Herz der Stadtgöttin seine Schlüssel.»[24]

Auf die Schwierigkeit für eine Frau, als Autorin einen Standort in einer Bildgeschichte zu gewinnen, welche die Plätze in geschlechtsspezifisch derart eindeutiger Weise verteilt, geht Benjamin in ironischer Wendung ein, wenn er eine Kapitelüberschrift des Romans zitiert, «On n'épouse pas une ville», und ergänzend hinzufügt: «– nämlich Paris, das sie denn schließlich doch in Gestalt eines Fliegerleutnants sich antraut.» Die Heldin mit der Verfasserin des Romans gleichsetzend, sieht Benjamin in dessen Handlung eine (rollen-)verkehrte Einlösung des in der Überschrift verneinten Heiratsbildes. Anstatt auf diese oder vergleichbare Weiblichkeitsbilder zurückzugreifen, ermittelt Benjamin in seinen eigenen Städte-Schriften den Ort des Weiblichen in der Schrift der Stadt und sucht im Stadtbild jene Orte auf, die mit weiblichen Gestalten in Verbindung stehen.

In der Hessel-Rezension, in der das Stadtbuch als Schrift der Erinnerung in den Blick gerät, wird dann der «Gang zu den Müttern» thematisiert, welcher als Motto der «Berliner Kindheit» gelten könnte. Obschon Hessel nicht eigentlich von Kindheit spricht, liest sich Benjamins Hessel-Rezension wie ein Vorentwurf seines eigenen Berlin-Buchs:

«‹Spazieren in Berlin› ist ein Echo von dem, was die Stadt dem Kinde von früh auf erzählte. Ein ganz und gar episches Buch, ein Memorieren im Schlendern, ein Buch, für das Erinnerung nicht die Quelle, sondern die Muse war. Sie geht die Straßen voran, und eine jede ist ihr abschüssig. Sie führt hinab, wenn nicht zu den Müttern, so doch in eine Vergangenheit, die um so bannender sein kann, als sie nicht nur des Autors eigne, private ist.»[25]

Wenn der Gang der Erinnerung zu den Müttern hier als abschüssig bezeichnet wird, dann ist deutlich, daß es dabei nicht um die persönliche Mutter geht, daß der Gang zu den Müttern vielmehr eine Blickrichtung ins Verborgene, Unsichtbare beschreibt. Diese Richtung wird auch von jenen steinernen Figuren bezeichnet, die Hessel als Vertreter eines «Mythos aus zweiter Hand» bzw. als *plebs deorum* bezeichnet hatte und die Benjamin nun als «Schwellenkundige» bzw. als «Hüterinnen der rites de passage» bewertet.

In dem «Tiergarten» überschriebenen Erinnerungsbild der «Berliner Kindheit um Neunzehnhundert» nimmt Benjamin Stellen aus seiner Hessel-Rezension wieder auf. Hessel selbst wird darin – in Anspielung auf Aragons «Le paysan de Paris» – als «Bauer von Berlin» benannt und zugleich verhüllt. Er führt den Ich-Erzähler zu den Müttern des Gartens, mit seiner Hilfe werden die Karyatiden und anderen Schwellenkundigen der Tiergartenvillen «beim Wort genommen»[26]. Wenn der Tiergarten hier als Gebiet zahlreicher Übergänge zwischen Natur und Kultur, zwischen Stadt und Wildnis, zwischen einer magischen Natursprache und den Zeichen der Symbolwelt erscheint, dann sucht Benjamin in der Stadt Orte auf, in denen die Erinnerung an das aus der Stadt Ausgeschlossene aufscheint. Sie werden sichtbar auf dem Wege eines als Kunst erlernten Sich-Verirrens in der Stadt, die damit einem Labyrinth gleichkommt. Im Modus dieser Kunst des Verirrens wird der Gang durch die Stadt zur Lektüre, und das Stadt-Bild wird zur Schrift, in der sich verschiedene weiblich besetzte Orte unterscheiden lassen. So sind die mit den Müttern umschriebenen unterirdischen Bereiche als vorsymbolische zu begreifen, während die Karyatiden und anderen Schwellenkundigen Allegorien bzw. versteinerte Verkörperungen einer Erinnerung an Wildnis oder Mythos *im* Symbolischen darstellen oder, anders formuliert, Bild gewordene Platzhalter des Vorsymbolischen in der Ordnung der Stadt. Diese markieren bzw. bewohnen die Übergänge.

Mit den Bildern und Allegorien, «die über meinem Denken herrschen»[27], vergleicht Benjamin denn auch die Karyatiden, welche die Loggien in den Höfen des Berliner Westens tragen, und zwar in dem Abschnitt «Loggien», den er in der Fassung letzter Hand der «Berliner Kindheit» an den Anfang gestellt hat.[28] Als Schwelle zwischen Innen und Außen, als Ort der «Unbewohnbarkeit» und «Abgeschiedenheit», in dem «die Zeit veraltet», ist die Loggia innerhalb der Topographie der Stadt eine der Kindheit angehörende Variante der Passagen. Sie wird beherrscht von den in Stein materialisierten Allegorien, den Karyatiden. Dabei fällt auf, daß von den Schwellenkundigen Hessels, den «Karyatiden und Atlanten, den Putten und Pomonen», hier die weiblichen Gestalten besonders beachtet werden, ein Verfahren, das damit korrespondiert, daß Benjamin schon in der Hessel-Rezension im Verlauf eines Satzes, grammatikalisch unkorrekt, von der Aufzählung der genannten «Schwellengötter» (pl. masc.) zu der femininen Form «Hüterinnen der rites de passage» übergegangen war. So verschiebt er die Aufmerksamkeit von Hessels «Mythen aus zweiter Hand» zur Bedeutung derartiger Gestalten in der Schrift und entspricht damit der Tatsache, daß sich allegorische Darstellungen in unserer Kultur überwiegend weiblicher (Ver-)Körper(ungen) bedienen.[29] In der «Berliner Kindheit» stehen den Karyatiden andere steinerne Gestalten gegenüber, die nicht als Schwellenkundige gelten können, Gestalten, die gerade nicht zum *plebs deorum* gehören, sondern im Gegenteil, wie Friedrich Wilhelm und Königin Luise im Tiergarten, als Repräsentationsfiguren oder, wie die «strahlende Viktoria» auf der Höhe der Siegessäule, als Allegorien der Herrschaft betrachtet werden müssen.

Bevor aber Benjamin in seinem Text die symbolische Funktion solcher Figuren nachbilden konnte, hat er sich von einer autobiographischen Schreibweise verabschiedet, die noch die Vorstufe zur «Berliner Kindheit», die «Berliner Chronik» prägt, welche er 1932 auf Ibiza aufgezeichnet hat.[30] Mit dem bereits hier zugrunde gelegten topographischen Konzept für die Darstellung der Erinnerung des Subjekts[31], mit der Rede vom Gedächtnis als eines Schauplatzes[32] und mit dem Bild des Verirrens in einem Labyrinth, das auf die Stadt ebenso wie auf die Schrift, konkret die Löschblätter der Schulhefte, Bezug nimmt[33], konkurriert in der «Berliner Chronik» noch ein lebensgeschichtliches Modell autobiographischer Darstellung, wenn nämlich das Bild des Labyrinths auch als graphisches

Schema, in der Form von Stammbäumen, für die Bekanntschaften mit verschiedenen Menschen verwendet wird.[34] Ein solches autobiographisches Konzept, die Darstellung einer Lebensgeschichte als Figuration menschlicher Beziehungen, tritt in der Überarbeitung zur «Berliner Kindheit» ganz hinter eine Topographie von Erinnerungsbildern und -spuren zurück und mit ihm die biographischen, singulären Aspekte hinter die paradigmatischen Konstellationen einer bürgerlichen Kindheit um die Jahrhundertwende: jene «*Bilder*..., in denen die Erfahrung der Großstadt in einem Kinde der Bürgerklasse sich niederschlägt», so Benjamin im Vorwort zur überarbeiteten Fassung der «Berliner Kindheit»[35].

Mit dem Darstellungsverfahren verändert aber auch das Personal seinen Status. Beim Auftreten konkreter Personen wie der Mutter, Großmutter, Freundin, Lehrerin oder der Marktweiber in einzelnen Erinnerungsbildern wird deren Bedeutung im Text unmerklich ins Symbolische hinübergespielt. So wie die Zeichenseite der Sprache nach Benjamin zugleich eine daran aufblitzende magische Bedeutung trägt, erhalten die Figuren in seinem Kindheits-Text zugleich eine symbolische Bedeutung. Als Personal, das die Schauplätze der Erinnerung bevölkert, stehen sie neben anderen Bildern und Gestalten, so daß Kunstfiguren, imaginäre und mythische Gestalten, steinerne und phantasierte Göttinnen gleichberechtigt neben konkreten Personen aus der Kindheit des Ich-Erzählers stehen. Überflüssig hervorzuheben, daß es sich dabei vor allem um weibliche Figuren handelt.

So referiert die Ariadne in dem Abschnitt «Tiergarten» ebenso auf die mythische Führerin des Helden durch das Labyrinth wie auf eine frühe Liebe des Jungen, an deren Namen, Luise von Landau, sich eine magische Erinnerungsspur anschließt, wie sie in dem Abschnitt «Zwei Rätselbilder» beschrieben ist. So erscheint die Tante, die im Erker des Hauses «Steglitzer Ecke Genthiner» Straße haust, als Hüterin eines Gedächtnisses, in dem die Namen der Gewesenen, der Dörfer und Sippschaften, aufbewahrt sind. Und die «einzig weltbürgerliche» unter den «hochherrschaftlichen Wohnungen», die der Junge kennengelernt hat, die Wohnung der Großmutter, wird als «Mutterland» bezeichnet, dies sowohl im Hinblick auf das Gefühl von Sicherheit, welches sie vermittelt, als auch im kolonialistischen Sinne als sicherer Ausgangspunkt für die zahlreichen Reisen der Großmutter, deren Orte dem Jungen wie Kolonien ihres Wohnortes vorkommen. Deren Inbesitznahme durch die Großmutter symbolisiert sich in den Ansichtskarten, welche sie von dort schickt, besonders in deren Verhältnis von Bild und Schrift:

> «Und die große, bequeme Handschrift, die den Fuß der Bilder umspielte, oder sich in ihrem Himmel wölkte, zeigte sie so ganz und gar von meiner Großmutter bewohnt, daß sie zu Kolonien des Blumeshof wurden.»[36]

Als Gegenbild dazu kann der Abschnitt «Markthalle» gelesen werden, in dem diese zu einem mythischen Bild von Fruchtbarkeit und überquellender Sinnlichkeit wird. Die Beschreibung der behäbigen Leiber und der schwerfälligen Bewegungen der Marktweiber inmitten der Früchte und Eßwaren mündet ins Bild vom fruchtbaren, sich hingebenden Schoß, so daß das Nebeneinander von üppigen Frauenleibern und als Waren dargebotenen Eßwaren als Vorstellungsbild für die Verbindung von Fruchtbarkeit und Sinnlichkeit herausgestellt wird. Von hier aus ist es nicht mehr weit zu den Huren, welche den Straßen zugeordnet sind, jenem Ort, von dem das Versprechen ausgeht, sich der Herrschaft der Mutter entziehen zu können, weshalb die Straßen auch als «kupplerisch» bezeichnet werden. Im Unterschied zu solchen *Bildern* wird das Kindermädchen dann über seine *Stimme* erinnert, weil diese als Störung Bedeutung erhält, und zwar in der Situation des allmählichen Erwachens, wenn «der Wintermorgen mich den Dingen in meinem Zimmer anzuvertrauen pflegte»[37].

Am vieldeutigsten aber ist die Gestalt der Mutter im Text. Mehrfach gerät sie im Hinblick auf Nähe oder Ferne, auf Macht oder Ohnmacht ins (Erinnerungs-)Bild. Sichtlich ist von «Mutter» nicht nur in bezug auf die persönliche Mutter die Rede, bezeichnet das Wort auch mythische Orte; oder die der Mutter zugeordneten Bereiche erhalten eine geheimnisvolle Bedeutung, etwa wenn die Ecke im Elternschlafzimmer, in der hinter einem Vorhang die Morgenröcke der Mutter hingen, als dunkler Winkel beschrieben wird:

> «Das Dunkel hinter der Portiere war unergründlich: der Winkel das verrufene Pendant des Paradieses, das sich mit dem Wäscheschrank der Mutter eröffnete ... Derart war der alte, geheimnisvolle Wirk- und Webezauber, der einst im Spinnrad seinen Ort besessen, in Hölle und Himmelreich aufgeteilt.»[38]

Ähnlich der «Nähkasten» der Mutter, der sich in eine geordnete «obere Region» und in einen «finsteren Untergrund, den Wust», teilt und von dem «verrufene Lockungen» für das kindliche Entdeckungs- und Zerstörungsbegehren ausgehen: mit der Versuchung nämlich, die Oblaten, welche auf neuen Garnrollen kleben und die Hohlräume darunter zudecken, mit dem Finger zu durchstoßen und das Loch darunter zu tasten. In anderen Szenen nehmen derartige kindliche Eroberungslüste die Form eines Initiationsritus an, wenn zum Beispiel die «Schmetterlingsjagd» als Wechsel von mimetischer Anschmiegung an die Bewegungen des entfliegenden Tiers zur Habhaftwerdung des Menschendaseins im Fang beschrieben wird oder wenn im Abschnitt «Pfaueninsel und Glienicke» die symbolische Inbesitznahme neuer Territorien durch den Jungen erinnert und das Mißlingen solcher Eroberung als Verlust eines «zweiten Vaterlandes» bezeichnet wird.

Um Benjamins Verfahrensweise zusammenfassend zu charakterisie-

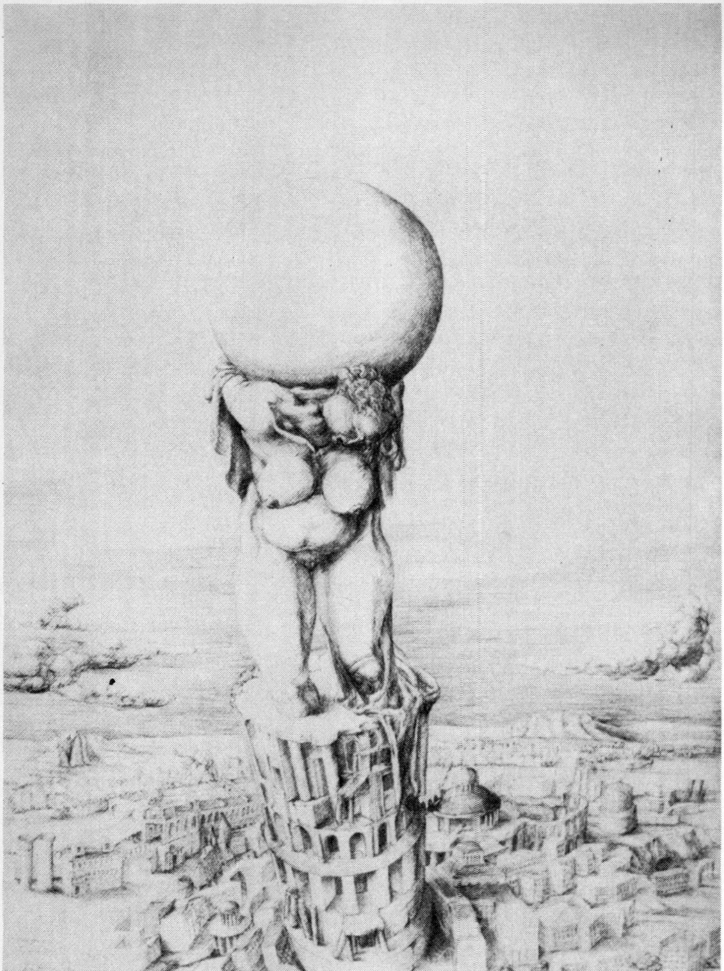

STADTALLEGORIEN VON GISELA BREITLING

Das Denkmal der vergessenen Titanin (1974)

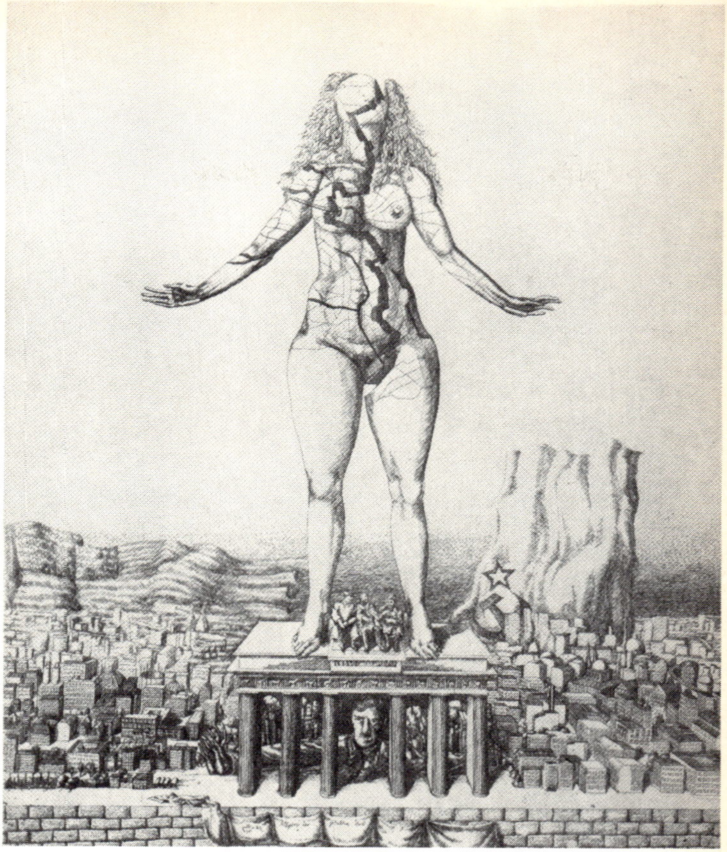

Allegorie der geteilten Stadt (1871)

Das apokalyptische Weib (1967)

ren, läßt sich feststellen, daß er, anstatt Frau und Stadt zu analogisieren, in einem Text, der den Bildern und Spuren der Erinnerung in der Topographie der Stadt folgt, die Signatur des Weiblichen darin nachbildet: eine Semiotik weiblicher Orte in der Schrift, dargestellt in einer Serie von kindlichen Urszenen in der Stadt, denen die Bild- und Zeichenfunktion von Frauenbildern entspringt. Wie präzise er dabei vorgeht, zeigt sich im Vergleich der Fassung letzter Hand mit früheren Textvarianten. Bei der Bearbeitung verzichtete er auf solche Bilder, in denen das Weibliche nur als Metapher fungiert und dabei eine Sexualisierung des Beschriebenen hervorruft wie die Metaphorisierung des Anhalter Bahnhofs als «Mutterhöhle der Eisenbahn»[39] oder die Szene in der Speisekammer, in der das Naschen im Bild der Liebe beschrieben und von einer nach dem Naschen erneuerten Jungfräulichkeit der Speise die Rede ist.[40]

Daß auch diejenigen Szenen weggefallen sind, welche die Straßen, die Huren und das sich dem Geschlechtstrieb öffnende Labyrinth der Stadt thematisieren, wird nicht nur auf die Schreibsituation eines Juden im Angesicht des Faschismus zurückzuführen sein[41], sondern auch darauf, daß diese Bilder in ein anderes Stadtbuch Benjamins Eingang finden sollten, in das Passagen-Buch. In dieser Schrift, die dem Erwachen des Kollektivs gewidmet sein sollte, tauchen die Huren dann als Bewohnerinnen der städtischen Passagen wieder auf. Die Hure wird dort als Allegorie der Moderne verstanden, weil an der Prostitution der Fetischcharakter der Ware am sinnfälligsten erkennbar wird. Die Verkörperung von Schönheit, Lust und Glück im Bild der Frau, diese Aura des Weiblichen, verlöscht als Schein, wenn sie auf den Warencharakter der Frau in der Prostitution stößt. Wenn in diesem Zusammenhang die Frau als Allegorie bezeichnet wird, dann nicht mehr im Sinne einer funktionierenden Darstellungsform, sondern gerade als Auflösung einer solchen Repräsentationsfunktion; denn Benjamin geht davon aus, daß die Entwertung der Dingwelt, die mit der traditionellen allegorischen Darstellung einherging, in der Ware noch überboten wird, vor allem aber in der Hure, wenn «in der Prostitution der großen Städte ... das Weib selber zum Massenartikel wird.»[42] Die Frau ist bei Benjamin also nicht deshalb Allegorie der Moderne, weil sie die Moderne verkörpert, sondern weil in ihr die Entwertung des Lebendigen in der modernen Warenwelt deren Schein zerstreut. Wo wir es «mit der Dirne als der die allegorische Anschauung am vollkommensten erfüllende(n) Ware zu tun» haben, ist «die Zerstreuung des allegorischen Scheins... in dieser Erfüllung angelegt.»[43] Insofern kann Benjamin auch in den Entwürfen zu den «Passagen» schreiben, «daß die Bilder des Weibs und des Todes in einem dritten sich durchdringen, dem von Paris.»[44] Denn die Analogisierung von Frau und Stadt ist von ihm als eine Funktion in der Zerstörung des Organischen analysiert: vormals durch die Allegorie, in der Moderne durch die Ware.

Im Vergleich mit dem Buch Calvinos kann man feststellen, daß beide Autoren, Benjamin und Calvino, im Hinblick auf Weiblichkeitsmythen dekonstruktive Schreibweisen[45] praktizieren, daß sie sich aber darin unterscheiden, daß Calvino nicht mehr auf Reales Bezug zu nehmen beansprucht, wenn seine «unsichtbaren Städte» sich im Bereich des Imaginären bewegen, während Benjamin in sein (Derrida vorweggenommenes) erweitertes Schriftkonzept die Sprache der Dinge einbezieht und ein Bild der Geschichte entwirft, indem er – um seine Formulierung aus dem Surrealismus-Aufsatz aufzugreifen – den Bild- und Leibraum der Stadt zu entziffern sucht.

Der Leibraum der Stadt und die Frau in der Stadt – Ginka Steinwachs

Diese Rede vom Leibraum der Stadt beim Wort genommen – so ließe sich das Konzept des Stadtromans von Ginka Steinwachs, «Marylinparis» (1978), charakterisieren. Der Titel markiert einen doppelten Ort der Frau, *in* der Stadt und *als* Stadt: Marylin als Paris und Mary in Paris, womit der doppelten Perspektive entsprochen wird, die zwangsläufig entsteht, wenn eine Frau als Autorin in die Geschichte der Stadtschriften eintritt. Für sie kann es nicht nur um eine Dekonstruktion der darin eingeschriebenen Weiblichkeitsbilder gehen, sondern sie steht darüber hinaus vor dem strukturellen Problem, daß Bild und Körper der Frau stets als Zeichen in Anspruch genommen werden. Will sie nicht bilderstürmerisch vorgehen, geht notwendigerweise – gleichzeitig mit dem Versuch, in der Stadt einen Ort für die Frau zu entwerfen – die allegorische Funktion der Frau in den Bildern der Stadt als Voraussetzung in ihren Text ein, die Tatsache nämlich, daß in der Geschichte der Stadtliteratur die Frau nicht als Subjekt der Schrift, nicht als Flaneur zum Beispiel situiert ist, sondern eher der Stadtlandschaft, durch die der Flaneur sich bewegt, zugeordnet ist.

Aus der Perspektive der Frau ist das literarische Verfahren der Verkörperung und Verbildlichung in Weiblichkeits-Allegorien und -Metaphern als *Entleiblichung* zu bewerten; von hier aus nimmt der Text «Marylinparis» seinen Ausgang, um in einer buchstäblichen *Ver*leiblichung dieses Vorgangs eine Bewegung in Gang zu setzen, die auf die Rückgewinnung der dabei abhanden gekommenen Sinne aus ist. Das hat nichts zu tun mit einem neuen Körperkult; vielmehr handelt es sich um ein Textverfahren, das in der Reinszenierung vorausgegangener Sinnbildungen – gleichsam in einer Verkörperung der Verkörperung – das herrschende Verhältnis von Idee und Darstellungsmittel verkehrt, um dem Signifikanten, dem Zeichenkörper, gegen den Herrschaftsanspruch des Signifikats zu seinem Recht zu verhelfen. Da sich dies alles in einem Text abspielt, geht es dabei vor allem um den Sprach- bzw., wenn man den Roman hörend rezipiert, um den Lautkörper, weshalb der Roman auch als «Kompendium der Spracherotik» bezeichnet wurde.[46] Im Unterschied zum klassischen Autor-Flaneur, dessen Begehren zwischen Schrift, Stadt und Frau wechselt, entfaltet sich die Lust der Autorin am Text in der Dimension der *Schrift selbst*: als orales Verhältnis zur Sprache, als spielerischer Umgang mit ihrem Wissen und als Phantasie über die Entfaltung aller Sinne. Folgende Aussagen über die Hauptfigur Marylin können auch für die Autorin beansprucht werden.

«marylin bringt sie (die Straßennamen; S. W.) auf ihrer zunge zum schmelzen, die beiden namen entfalten sich zu ihrem vollen geschmack. / marylin läßt das assoziative wohlgefallen zugunsten des artikulatorischen wohlgefallens daran fahren. / sie hat ein verhältnis. / sie hat ein orales verhältnis zu strassennamen, besonders wenn diese eigentlich personennamen sind. namen schmecken, meint marylin, die namen schmeckt» (S. 80).

Sprachlust kommt im Text auch zur Geltung, wenn häufig für eine Sache oder Person eine ganze Serie von Bezeichnungen aneinandergereiht wird, bis sich in der Vielfalt der Bezeichnungen die Gewißheit über das Bezeichnete wie über den Vorgang der Bezeichnung verflüchtigt, oder wenn in der Form von Sprachspielen eingeführte Redeweisen irritiert werden wie «brillat-savarin mit dem guten leumund, der leunase, den leuaugen und leuohren» (S. 221).

Ähnlich wie Benjamin interessiert auch Steinwachs Paris als Metropole der europäischen Kultur, als Welt-Stadt der bürgerlichen Epoche. Allerdings geht es bei Steinwachs weniger um die im Stadtbild zu entziffernden Dauerspuren der bürgerlichen Gesellschaft als um das in dieser Gesellschaft produzierte Wissen und seine Korrespondenzen zu den Sinneswahrnehmungen und Verhaltensweisen der Menschen – gemäß dem als Motto verwendeten Marx-Zitat: «Die Entwicklung der fünf Sinne ist eine Arbeit der ganzen bisherigen Weltgeschichte.» Nicht eine Urgeschichte des 19. Jahrhunderts also, wie sie Benjamin vor Augen schwebte, sondern eine phantasievolle Geschichte der intellektuellen und sensuellen Ausdrucksweisen des bürgerlichen Subjekts. Das von Benjamin im Surrealismus-Aufsatz mit dem Stichwort des Leibraums avisierte Projekt eines «anthropologischen Materialismus» könnte hierfür in Anspruch genommen werden. Steinwachs teilt mit Benjamin ohnehin die Vorschule des Surrealismus und der Tradition mystischer Sprachtheorien.[47]

Hauptfigur und Erzählperspektive sind aufgesplittet in eine weibliche und eine männliche Position, in Gestalt Marylinparis' und ihres Gefährten Arthème Fayard, dessen Name in der Einführung von einer dreiviertel Seite langen Aufzählung von Funktionsbezeichnungen gefolgt wird, während hinter ihrem Namen eine Reihe von Punkten Auslassungen markiert und damit auf ihre Unbestimmbarkeit in einem, dem Erkennungsdienst gleichen, Diskurs anspielt. Der Gang von Marylin durch Paris, teils in Begleitung von Arthème, ist gleichzeitig auf zwei Ebenen angesiedelt. Er ist gestaltet erstens als Aktivierung der Sinneswahrnehmungen, zweitens als Durchquerung des Wissens einiger Klassiker, insbesondere aus dem Jahrhundert der Enzyklopädisten und der Reihe der ‹Meisterdenker› des (Post-)Strukturalismus, wobei diese Durchquerung den Charakter einer Inszenierung bzw. spielerischen Relektüre einiger ihrer Dogmen annimmt. Auf der ersten Ebene werden die bislang unterdrückten Sinne des Geschmacks und Geruchs favorisiert, ihnen sind das erste und das letzte Kapitel gewidmet; denn

«in der literatur und auf dem theater ist bisher mit einer ausschließlichkeit vom sechsten sinn gehandelt worden, die den dritten und besonders den vierten darüber fast in vergessenheit geraten ließen» (S. 189).

Mit dem dritten ist der Geschmacks-, mit dem vierten der Geruchssinn gemeint, während der sechste Sinn hier, einer Zählung in der «Physiologie des Geschmacks» (1825) von Brillat-Savarin folgend, den Geschlechtssinn meint. Dieser ist in dem vorliegenden Text nicht etwa verabschiedet, sondern an den anderen fünf Sinnen beteiligt.

Beide Ebenen, Wissen und Sinne, sind einander so zugeordnet, daß jedes der vier Kapitel einem der Sinne und je einer Wissenschaft gewidmet ist: das erste dem Schmecken und der Logik, das zweite dem Sehen und der Noetik, der Erkenntnislehre, das dritte dem Hören und der Politik, das vierte dem Riechen und der Ethiko-Ästhetik. In diesen vier Kapiteln bewegt sich der Gang durch Paris durch eine Reihe von Restaurants, den Botanischen Garten und die Oper, durch Orte einer im Raum der Stadt angesiedelten Kultur und Natur also. Im ersten und vierten Kapitel treten Marylin und Arthème zusammen auf, im zweiten nur Marylin und im dritten zeitlich gleichzeitigen Kapitel nur Arthème. Zusätzlich zu dieser klaren Struktur sind die einzelnen Kapitel deutlich gegliedert, so daß der Aufbau des gesamten Romans an eine Komposition mehr als an eine epische Gestalt erinnert. Daß mit dieser Anlehnung an Gestaltungsmomente der Musik eher an strenge Komposition denn an ein Gesamtkunstwerk gedacht ist, verdeutlicht sich in der zur Karikatur geratenen Inszenierung einer «Opéra bouffe», einer Freßoper bzw. eines Geruchskonzerts, im letzten Kapitel. Es kommt eben doch auf die richtige Kombination der Sinne an.

Der unter der Überschrift «(ch)orales fest» im ersten Kapitel in Szene gesetzte kulinarische Durchgang durch etliche Pariser Restaurants und Menüs, bei dem der Reihe nach Claude Lévi-Strauss, Michel Foucault, Gilles Deleuze, Roman Jakobsen, Jacques Lacan, Jacques Derrida, Louis Althusser, Michel Serres und Roland Barthes auftreten, raubt den Genannten die Aura ihres Meisterdiskurses und stellt pietätlos Zitate aus deren Schriften in den Kontext und auf die Ebene gastronomischer Überlegungen.

Das zweite und dritte Kapitel stehen unter dem Zeichen des Grafen Buffon, des Verfassers der «Histoire naturelle» und Direktors des «Jardin des Plantes», durch den Marylin und Arthème flanieren bzw. eilen, sie unter der Überschrift «Maryflore», inmitten von Pflanzen, konzentriert auf ihren kurzsichtigen Blick, er unter der Überschrift «Faunarthème», die Tiergehege abschreitend, vor allem hörend. Die Allegorisierung des

Gartens als Frauenkörper wird hier nur noch erinnernd zitiert. Statt dessen bewegt sich die Flanerie der beiden in der Stadt-Landschaft im buchstäblichen Sinne, das heißt in der im Innern der Stadt eingezäunten, territorialisierten, enzyklopädisch angeordneten Natur. Denn der «Jardin des Plantes» erweist sich als Materialisierung der «Histoire naturelle», so daß er eher Überblick und Wissen repräsentiert als Naturerfahrung zu ermöglichen. Das Projekt der «Rückverwandlung von Kultur in Natur», so der Untertitel von Steinwachs' Arbeit über André Bretons «Nadja», stößt also in der Stadt auf die durch den Willen zum Wissen strukturierte Ordnung der Natur – *wenn* sie sich nicht, wie in «Nadja», ersatzweise auf den Mythos einer *weiblichen* Natur richtet. Mit einer im Park hinter Gittern angelegten «Insel des Wucherns» (S. 95) zum Beispiel oder mit dem Hinweis auf ein Vorhaben, «der natur einen altar in form eines steinernen tempels zu errichten» (S. 94), wird der im botanischen Garten repräsentierte Naturbegriff sichtbar gemacht.

Die Flanerie in der wörtlich genommenen Stadtlandschaft läßt sich als absichtsloses Umherschweifen nur schwer bewerkstelligen, wo die möglichen Wege mehr Abdruck eines Wissens als Dauerspuren einer Geschichte bzw. Schauplatz eines sozialen Gedächtnisses sind. Ergebnis einer in die Stadtnatur verlagerten Flanerie wäre also, daß sich in deren Topographie nicht das Traumgewebe einer Stadt zeigt, sondern vielmehr die Schrift bürgerlichen Naturbewußtseins erkennbar wird. Auf diesem Wege wird die Dialektik von Kultur und Natur in der Stadt, die sonst, das heißt aus der Perspektive des männlichen Autor-Flaneurs, gern auf die Bilder weiblicher Stadtmythen projiziert wird, *direkt* entzifferbar. Der Spaziergang Marylins durch diese Anordnung ruft ihren Widerspruch gegen die in der Ordnung des Gartens sichtbare Maxime hervor: «das wahre ist das ganze. / marylin hält dem ganzen, das war, den bruchteil entgegen, der sich aus dem gewesenen ganzen retten läßt» (S. 89). Möglicherweise ist dies eine auf Benjamin zurückgehende Alternative zur Ästhetik des Erhabenen in postmodernen Katastrophentheorien.

Anmerkungen

1 Es handelt sich um die erste Geschichte im dritten Kapitel unter der Überschrift «Die Städte und der Wunsch 5». Italo Calvino: Die unsichtbaren Städte. München 1985, S. 53/54.

2 Zu diesem Zusammenhang vgl. meinen Beitrag: ‹Die Städte sind weiblich und nur dem Sieger hold.› Zur Funktion des Weiblichen in Gründungsmythen und Städtedarstellungen. In: Sigrun Anselm/Barbara Beck (Hg.): Triumph und Scheitern in der Metropole. Zur Rolle der Weiblichkeit in der Geschichte Berlins. Berlin 1987, S. 207–227.
Teresa de Lauretis hat in ihrem Buch «Alice Doesn't: Feminism, Semiotics,

Cinema» (Bloomington 1984) Calvinos Geschichte der Stadt Zobeide als Paradigma für die Bedeutung der Frau für das herrschende semiotische Konzept gelesen. Sie geht dabei allerdings nicht auf die spezifische Geschichte von Stadtdarstellung bzw. -schrift ein. Ich danke Leslie Adelson für den Hinweis.

3 Zur Magie der Benennung vgl. Benjamins Theorie der Sprachmagie, vor allem in seinem Beitrag «Über Sprache überhaupt und über die Sprache des Menschen». In: Walter Benjamin: Gesammelte Schriften. Hg. v. Rolf Tiedemann und Hermann Schweppenhäuser. Frankfurt/M. 1980, Bd. II, S. 140–157. *Im folgenden wird Benjamin nur noch unter Angabe von Band und Seitenzahl nach dieser Ausgabe zitiert.*

4 Vgl. z. B. Klaus Heinrich: Das Floß der Medusa. In: Renate Schlesier (Hg.): Faszination des Mythos. Studien zu antiken und modernen Interpretationen. Basel/Frankfurt/M. 1985, S. 335–398. Und Horst Kurnitzky: Ödipus. Ein Held der westlichen Welt. Über die zerstörerischen Grundlagen der Zivilisation. Berlin 1978.

5 Beispiele dazu in meinem in Anm. 2 genannten Beitrag.

6 So die Formulierung Julia Kristevas für die Funktion der Frau im Symbolischen. In: Produktivität der Frau. In: alternative Nr. 108/109 (1976), S. 166–172.

7 Jacques Derrida: Grammatologie. Frankfurt/M. 1974, S. 43.

8 Calvino: Die unsichtbaren Städte, S. 191/92.

9 Paul Nizon: Canto. Frankfurt/M. 1976, S. 82/83.

10 Dies und die folgenden Zitate aus Paul Nizon: Das Jahr der Liebe. Frankfurt/M. 1981.

11 Vgl. etwa die Deutung von Dolf Oehler: Ein Marodeur der Avantgarde. In: Paul Nizon. Hg. v. Martin Kilchmann. Frankfurt/M. 1985, S. 162–172. – Erstaunlich finde ich die überwiegend positive bis emphatische Besprechung der Romane Nizons in der Literaturkritik, sind doch seine Texte voll von bekannten Klischees männlicher Subjektivität. Das merkwürdigste Beispiel ist Peter Burris Besprechung «Im Anfang war die Frau», die Nizons Programm des «Eintauchens ins Leben» in Gestalt weiblicher Projektionen als «postmodern» bewertet. In dem genannten Autorenband S. 227–243.

12 Franz Hessel: Spazieren in Berlin. Neuausgabe unter dem – wahrscheinlich marktgerechteren – Titel «Ein Flaneur in Berlin». Berlin 1984, S. 145.

13 In der Lektüre der von ihm als gleichberechtigte Buchstaben gewerteten Dinge und Menschen nennt Hessel auch eine Reihe von Frauengestalten: von den «langbeinigen Mädchen» (8), den «kleinen Fräulein von Wertheim und Tietz» (32), den Tippfräulein und der «Nachkriegsberlinerin», die er als «junge Avant-Garde» bezeichnet (37), über die «Damen Babylon und Renaissance» im Tanzpalast (50), die Zirkusfrauen im Lunapark und die Tanzmädchen aus der Revue bis hin zu dem weiblichen Teil der versteinerten Vertreter eines «Mythos aus zweiter Hand» (155), wie sie in Häusereingängen, an Fassaden und in öffentlichen Räumen als Mauerwerk zu finden sind und die für Benjamin besonders wichtig werden sollten. – Siegfried Kracauer spricht in seinen Flaneur-Texten davon, daß die «Ausschweifungen» des Umherschlenderns reizvoller seien als die Begegnungen mit einzelnen Frauen, so daß hier das Verführerische der Straßen das der Frauen substituiert. Das läßt sich deuten im Kontext eines Schriftkonzepts von Flanerie und vergleichen mit der von Kracauer beschriebenen Lust bei der *Tätigkeit* des Schreibens als «zweckloses Tun», das ihm ebenfalls mehr galt «als eine Frau oder die Freunde». Vgl. dazu seine Texte «Erinne-

rung an eine Pariser Straße» (1930) und «Das Schreibmaschinchen» (1927). In: Straßen in Berlin und anderswo. Berlin 1987, S. 7–11 und 82–86. An seinem Beispiel wird die Beziehung von Schrift, Stadt und Frauen im Flanerie-Konzept besonders deutlich.

14 So in einem Brief an Scholem. In: Walter Benjamin: Briefe. Hg. v. Gershom Scholem und Theodor W. Adorno. Frankfurt/M. 1978, Bd. II, S. 489.

15 Benjamin. Bd. II, S. 300.

16 Benjamin. Bd. V, S. 1208.

17 Benjamin. Bd. II, S. 209.

18 Benjamin. Bd. III, S. 198. – Kracauer, S. 41.

19 Benjamin. Bd. V, S. 1006.

20 Benjamin. Bd. V, S. 1057.

21 Benjamin. Bd. V, S. 1006.

22 Benjamin. Bd. V, S. 571.

23 Vgl. dazu Peter Szondi: Benjamins Städtebilder. In: ders.: Lektüren und Lektionen. Frankfurt/M. 1973, S. 134–149.

24 Benjamin. Bd. III, S. 142. Vgl. dazu Bernd Witte: Ein ungeschriebenes Buch lesen. In: Norbert Bolz/Bernd Witte (Hg.): Passagen. Walter Benjamins Urgeschichte des XIX. Jahrhunderts. München 1984, S. 7–12. – Ein Jahr nach dem Artikel «Paris als Göttin» greift Benjamin das Thema noch einmal unter der Überschrift «Paris, die Stadt der Spiegel» auf, um über die «Wechselwirkung von Stadt und Buch» zu schreiben. Die Stadt als Buch, als Ansammlung von Büchern, die Büchermassen als Liebeserklärungen an die Stadt, die Plätze der Stadt als unentzifferbare Schrift, die Stadt als Spiegel und das Bild von Paris im Spiegel der Seine: der Text wirkt wie ein Memorieren der verschiedenen Varianten der genannten Wechselwirkung (Bd. IV, S. 356–359).

25 Benjamin. Bd. III, S. 194. – Zur Schwellenkunde als Kernstück Benjaminscher Theorie vgl. Winfried Menninghaus: Schwellenkunde. Benjamins Passage des Mythos. Frankfurt/M. 1986.

26 Benjamin. Bd. IV, S. 238. – Zur «Berliner Kindheit» vgl. Anna Stüssi: Erinnerung an die Zukunft. Walter Benjamins «Berliner Kindheit um Neunzehnhundert». Göttingen 1977.

27 Benjamin. Bd. IV, S. 294.

28 Das wiederaufgefundene Manuskript aus dem Jahre 1938 ist jetzt im Druck erschienen und stellt die einzige überlieferte Fassung der «Berliner Kindheit» dar in einer von Benjamin selbst vorgenommenen Anordnung (Frankfurt/M. 1987).

29 Zum Problem weiblicher Allegorien vgl. einschlägig Marina Warner: Monuments & Maidens. The Allegory of the Female Form. London 1985. Ferner meinen in Anm. 2 genannten Beitrag und folgende Aufsätze: Silke Wenk: Der öffentliche weibliche Akt: eine Allegorie des Sozialstaates. In: Frauen. Bilder. Männer. Mythen. Kunsthistorische Beiträge. Hg. v. Ilsebill Barta u. a. Berlin 1987, S. 217–238. Brigitte Wartmann: Warum ist ‹Amerika› eine Frau? Zur Kolonialisierung eines Wunsch(t)raumes. In: A. Dinnebier/B. Pechan (Hg.): Ökologie und alternative Wissenschaft. Berlin 1985. Cillie Rentmeister: Berufsverbot für die Musen. In: Ästhetik und Kommunikation Nr. 25 (1976), S. 92–113.

30 Nicht, daß Benjamin darin einer illusionären Unmittelbarkeit, einer ‹Lebensschrift› gefolgt wäre; vielmehr berichtet der Autor, der sonst stets vermied, das ‹Ich› zu gebrauchen, darüber, daß «dies Subjekt, das jahrelang im Hintergrund

zu bleiben war gewohnt gewesen, sich nicht so einfach an die Rampe bitten ließ», und über die «Vorkehrung des Subjekts, das von seinem ‹Ich› vertreten, nicht verkauft zu werden, fordern darf» (Bd. VI, S. 476). Vgl. schon seine frühen Überlegungen zum ‹Ich› im «Tagebuch» in der «Metaphysik der Jugend» aus dem Jahre 1913, in denen er von der «Thronbesteigung eines, der abdankt», spricht (Bd. II, S. 109). – Unter dem Aspekt der Verhüllung diskutiert Manfred Schneider die «Berliner Kindheit». In: Die erkaltete Herzensschrift. Der autobiographische Text im 20. Jahrhundert. München 1986.

31 Siehe die Formulierung «Lebens-Bios-graphisch» in Benjamin. Bd. VI, S. 466.

32 Benjamin. Bd. VI, S. 486.

33 Benjamin. Bd. VI, S. 469.

34 Benjamin. Bd. VI, S. 491.

35 Benjamin: Berliner Kindheit um Neunzehnhundert. Frankfurt/M. 1987, S. 9.

36 Ebenda, S. 50.

37 Ebenda, S. 29.

38 Ebenda, S. 62/63.

39 Benjamin. Bd. IV, S. 246.

40 Benjamin. Bd. IV, S. 250.

41 Einzelne Abschnitte der «Berliner Kindheit» erschienen zuerst in der «Frankfurter Zeitung» und in der «Vossischen Zeitung» zwischen Dezember 1932 und August 1934, ab Mai 1933 unter einem Pseudonym. Scholem hatte Benjamin geraten, den Abschnitt «Erwachen des Sexus» wegen der Verbindung von Judentum und Sexualität darin nicht zu veröffentlichen. Weitere Stellen bzw. Themen, die in der Überarbeitung wegfielen, sind solche, die in andere Projekte eingegangen sind, z. B. Überlegungen zur Photographie, zur Sprachtheorie und zum Choc.

42 Benjamin. Bd. I, S. 668.

43 Benjamin: Briefe. Bd. II, S. 752.

44 Benjamin. Bd. V, S. 1233. – Bei Christine Buci-Glucksmann kommt wegen ihrer Akzentuierung des Androgynen und Utopischen die semiotische Bedeutung des Weiblichen bei Benjamin zu kurz (Walter Benjamin und die Utopie des Weiblichen. Hamburg 1984).

45 Benjamins Verfahren der Konstruktion ist die Destruktion als Voraussetzung eingeschrieben. Vgl. Bd. V, S. 587.

46 So der Titel des Nachwortes von Tilbert Stegmann zu Ginka Steinwachs: marylinparis. montageroman. Basel/Frankfurt/M. 1979. Die folgenden Seitenangaben im Text beziehen sich auf diese Ausgabe. – Vgl. auch Sigrid Schmid-Bortenschlager: Konstruktive Literatur. Französischer Einfluß auf die deutschsprachige Literatur, exemplifiziert an den «manuskripten». In: Sprachkunst. Beiträge zur Literaturwissenschaft. Jg. X (1979), Jahressonderband «Komparatistik in Österreich». Wien 1979, S. 138–155.

47 Vgl. Ginka Steinwachs' Arbeiten über den Surrealismus: Mythologie des Surrealismus oder die Rückverwandlung von Kultur in Natur. Basel/Frankfurt/M. 1985. – Auch die Verbindung von Schmecken und Sprechen kann sich auf Benjamin berufen, der dieses Motiv, als in der barocken Bilderschrift verborgenes, in seinem Trauerspielbuch herausgearbeitet hat. Vgl. Benjamin. Bd. I, S. 383.

Heinz Ickstadt

Kommunikationsmüll und Sprachcollage

Die Stadt in der amerikanischen Fiktion der Postmoderne

> «In New York City, as in cities generally, one seems to lose all substance, and becomes surface in a world of surfaces. Everything is external and I remember my hat and coat, and all my other surfaces, and nothing else.»
>
> Emerson, *Tagebücher 1842*

Dem amerikanischen Gegenwartsroman ist die Stadt als Gegenstand des Erzählens abhanden gekommen; denn selbst wo sie in scheinbar ungebrochener Referentialität als Ort erzählten Geschehens benannt und für den Leser empirisch identifizierbar wird, gibt sie sich zugleich als Phantasie- und Wortstadt zu erkennen. Barthelmes oder DeLillos New York, Pynchons San Francisco und Los Angeles sind sowohl gefundene wie erfundene Städte; sie verweisen auf sich selbst als Sprachkonstrukte wie auch auf den Konstruktcharakter dessen, was sie als ‹Wirklichkeit› bezeichnen. Der Text als Stadt thematisiert die Stadt als Text, und in dieser eigentümlichen Verschränkung von Referentialität und Selbstreferenz erscheint die fiktionale Stadt «entstofflicht»[1], wird umgekehrt in potentiell endloser Brechung das Fiktionale und Phantastische als Wirkkraft des Realen aufgedeckt. Dieser unstabile Status der erzählten Realität sprengt, verwischt zumindest Genregrenzen: Dem Diskurs der Alltagserfahrung sind Diskurselemente des Utopischen und/oder Dystopischen beigemischt – Fiktion (als Erfundenes, doch möglichst Wirkliches) droht ständig in eine Wirklichkeit einzubrechen, die selbst bereits von Fiktionen durchsetzt ist. In der postmodernen Stadt des Textes ist die geographische Stadt Umschlagplatz individueller wie kollektiver Phantasien. Ihre Skyline, ihr Straßennetz, die Konfigurationen ihrer Innen- und Außenräume sind – so etwa bei Pynchon – metaphorisch verknüpft mit den Schalttafeln und Zeichensystemen der Medien- und Massenkommunikation. Kurz, die Stadt der literarischen Postmoderne fungiert als Metapher und Synekdoche für eine (Stadt übergreifende und Stadt abstrahierende) urbane Welt, die sich im Netzwerk ihrer Kommunikationssysteme gleichsam verdoppelt hat. Diesen Stadtdiskurs der jüngeren amerikanischen Literatur möchte ich zunächst zu seinen Wurzeln im Stadtroman der klassischen Moderne (Dreiser, Dos Passos, Fitzgerald) zurückverfolgen und dann in einem zweiten Teil die verschiedenen Formen seiner Inszenierung am Beispiel von Geschichten und Romanen Donald Barthelmes, Thomas Pynchons, Samuel Delaneys und Don DeLillos untersuchen.

1.

In seiner Architekturgeschichte von Manhattan, «Delirious New York», hat Rem Koolhaas dem Artifiziellen und Phantastischen in der Stadtgeschichte selber einen Platz gegeben. Nicht nur, daß Manhattan als eine Art architektonisches Palimpsest betrachtet werden kann, auf dem private und kollektive Wunschbilder der Stadt ihre Spuren hinterlassen haben. Das grundlegende Modell der New Yorker Stadtplanung (das «Gitter» von 1807, das dem noch leeren Stadtraum für alle Zeiten ein Ordnungsraster regelmäßiger Blöcke und Planquadrate auferlegte) verkündet programmatisch die Überlegenheit des Geistes über die Natur: «In its indifference to what exists, it claims the superiority of mental construction over reality. Through the plotting of its streets and blocks it announces that the subjugation, if not obliteration, of nature is its true ambition.»[2] Inbegriff dessen, was Koolhaas «urbanism of the fantastic» nennt, ist jedoch die Konsum- und Vergnügungsstadt Coney Island, die Manhattan zugleich imitiert und modelliert – eine aus dem Wohn- und Produktionsraum Stadt ausgegrenzte, enttabuisierte Zone, ein «Laboratorium des kollektiven Unbewußten» und ein städtischer Simulationsraum, in dem Wünsche symbolisch erfüllt und Phantasiebilder der Stadt technologisch getestet werden, bevor sie später in die Gestaltung des realen Manhattan zurückfließen. «Coney Island is the incubator for Manhattan's incipient themes and infant mythology», schreibt Koolhaas. «Coney Island is a foetal Manhattan.»[3]

Die Beziehungen zwischen der realen Stadt und der Stadt der Illusion sind ebenso vielfältig wie assoziationsträchtig: Coney Island bietet Erholung von der Metropole, nicht als Flucht in die Natur, sondern gerade weil es ein Spiegel- und Gegenbild der Stadt bietet, deren sinnliche Reizung intensiviert, die «Künstlichkeit der neuen Metropole» in der Künstlichkeit seiner eigenen Strukturen und in den Sensationen seiner Schaustellungen zugleich wiederholt und übertrifft. Als ganz und gar erfundene Stadt verkörpert Coney Island das geheime Wunschleben der Metropole, das es für kurze Zeit befriedigt und immer wieder neu entfacht. Es fungiert daher sowohl als «permanente Verschwörung» gegen die Wirklichkeit der städtischen Alltagswelt wie auch als permanente Reklame für die Möglichkeiten des neuen metropolitanen Lebens. Seine künstliche Stadt-

Coney Island

landschaft offeriert sich als technologische und architektonische Wunderwelt: die «glitzernden Türme» des Luna Park («graceful, stately and imposing»[4]) nehmen die Skyline von Manhattan um Jahre vorweg. Als «fantastic city of fire…, fabulous beyond conceiving»[5] lockt sie abends die Massen mit dem Versprechen einer demokratischen Teilhabe an einer Märchenwelt von Reichtum und Luxus, die ihnen die reale Welt verweigert. Mit grausiger Folgerichtigkeit kommen daher die in der Metropole Gescheiterten zu Hunderten nach Coney Island, um – wie zeitgenössische Quellen berichten – mit dem Blick auf die zur schönen Realität stilisierte Kulisse ihrem Leben ein Ende zu machen. Der Bezug zwischen Traumstadt und Realstadt ist damit aber noch nicht ganz ausgeschöpft: Coney Island intensiviert den Nervenkitzel Manhattans, indem es die tatsächlichen und eingebildeten Gefahren der Stadt wie auch die apokalyptischen Drohungen der antistädtischen Rhetorik ritualistisch in Szene setzt und so symbolisch kontrolliert. (Im Fall der inszenierten Feuersbrünste, «Fight the Flames», ging die Kraft der Simulation freilich so weit, daß die New Yorker Presse das Feuer, das Coney Islands «Dreamland» tatsächlich vernichtete, lange Zeit nicht ernst nahm, weil sie das Ereignis in gewohnter Weise für bloße Täuschung hielt.) Schließlich fungiert Coney Island nicht nur als technisches und architektonisches, sondern auch als kulturelles und gesellschaftliches Experimentierfeld: In der karnevalesken und quasi-rituellen Zone des Vergnügungsparks sind die geltenden Normen der viktorianischen Kultur außer Kraft gesetzt. Durch die Maschinerie des Vergnügens (Achterbahnen, Liebestunnel, Riesenschleudern) wird ein heterogenes und noch unvermischtes Publikum über geltende Klassen-, Sprach- und Geschlechtergrenzen hinweg in ekstatische Berührung gebracht. Insofern ist Coney Island in der Tat, wie einer seiner Historiker schreibt, ein «Laboratorium» der entstehenden Großstadtkultur.[6] Sie infiltriert die etablierte Hochkultur in dem Maße, wie die Traum- und Konsumbilder der Vergnügungsstadt sich in der realen Metropole einnisten oder wie umgekehrt New York mit dem Ausbau seiner Verkehrs- und Kommunikationsmittel sich Coney Island tatsächlich und symbolisch einverleibt.

Die amerikanische Kultur des 20. Jahrhunderts hat, im Zeichen von Großstadt und Konsumgesellschaft in der Nachfolge von Coney Island vergleichbar künstliche (oder, wie Eco schreibt[7], «absolut falsche») Städte etabliert, die, da sie nur auf ein Ziel hin organisiert sind (nämlich auf Konsum in seiner doppelten Form als Vergnügen und Warentausch), Strukturen des gesellschaftlichen Systems isolieren und modellhaft offenlegen. Wie die Vergnügungsstädte der Jahrhundertwende sind Disneyworld und Disneyland oder auch die Spielerstadt Las Vegas Kompensationsräume urbaner Alltagserfahrung, aber auch der Metropole ausgelagerte Modelle künftiger Stadt, in denen im Gewande des Künstlichen und Phantastischen die noch verborgene Entwicklung des gesellschaftlichen Lebens vorweggenommen scheint.

Diese Doppelstruktur der Metropole als Erfahrungsraum wie auch als Ort von Fiktion und (Vor-)Täuschung hat sich des literarischen Stadtdiskurses längst bemächtigt und sich Strukturen früherer Diskurse (Stadt – Land, Realstadt – utopische Stadt) einverleibt. Während die Stadtliteratur des späten 19. Jahrhunderts vom zunehmenden Sog der empirischen Stadt bestimmt war – der Erforschung und Beschreibung ihrer sozialen Topographie, ihrer Fabriken, Elendsviertel, ihres Reichtums, ihrer Laster etc. –, läßt ihre Entwicklung nach der Jahrhundertwende die umgekehrte Tendenz einer wachsenden Entstofflichung erkennen. Die konkrete Materialität der Stadt wird zunehmend vom Bild der Stadt als einem künstlichen System urbaner Zeichen überlagert. Dieser Sprung, der im Übergang vom Realismus zur Moderne anzusiedeln wäre, hängt mit der grundlegenden Umpolung des Diskurses über die Großstadt zusammen, die nun nicht mehr als Natur-, sondern als Mentalraum und als Artefakt verstanden wird.[8] Der literarische Diskurs, der in ihm angesiedelt ist, verdoppelt – gleichsam als «Coney Island of the mind» – die Künstlichkeit der Metropole in der neu gewonnenen Freiheit eines konstruktivistischen Stadterzählens.

Der Übergang läßt sich vielleicht am besten am Vergleich von Dreiser mit Dos Passos illustrieren. Dreisers Stadtromane sind zentriert in einem Augenblick des Staunens, wenn seine landflüchtigen Protagonisten die neue Metropole zum erstenmal erblicken: «Here was life; he saw it at a flash. Here was a seething city in the making... The world was young here. Life was doing something new.»[9] In solchen Augenblicken offenbart sich die Stadt als wahrhaft neue Welt, und es wird deutlich, daß Dreiser den Mythos Amerika – den Traum von Möglichkeit, Abenteuer, Selbstverwirklichung im offenen Naturraum jenseits von Zivilisation – unter den Bedingungen der Großstadt noch einmal formuliert. In «Sister Carrie», seinem ersten Roman, ist die Stadt zuallererst ein Raum des Wünschens und der zufälligen Wunscherfüllung: von prächtigen Fassaden, Boulevards, Kaufhäusern, der sinnlichen Gestalt der Waren, der magischen Kraft des Geldes. Entsprechend ist die Metaphorik des Buches durchsetzt mit Bildern aus der Märchenwelt von 1001 Nacht, evozieren die Kapitelüberschriften Schlagertexte der neuen Populärkultur – als habe Dreiser dem Produktionsraum Stadt die Illusionsstadt Coney Island gleichsam eincodiert. Bei Dreiser, schreibt Philip Fisher, sei die Stadtwelt eine Welt der Träume und der Träumer – eine Landschaft aus stein- und dinggewordenen Wünschen, die selber wiederum Gegenstand des Wünschens werden: «A world of translated desire» und insofern ein narzißtischer Raum par excellence, in dem das Wünschen unerfüllbar in sich selber kreist.[10] In «Sister Carrie» präsentiert Dreiser eine städtische Gesellschaft, die sich in Phantasien des Begehrens entfaltet und aufzehrt – so wie die Stadt als Produkt und sinnliche Gestalt einer Ökonomie verstanden werden muß, die von der Produktion von immer neuen Wünschen abhängt: Carrie wie die urbane Welt, die sie verkörpert, bezieht ihre Dynamik «aus einem Ideal der produktiven Unzufriedenheit, des unablässigen Begehrens»[11]. Entsprechend signalisiert das Erlahmen der Wunschkraft den stetigen Verlust von Lebensenergie. Die gegensätzlichen, aber komplementären Lebensläufe Carries und ihres Liebhabers Hurstwood ähneln, wie Philip Fisher ausführt, den «Lebensgeschichten von Konsumgütern, die nur so lange Wert behalten, wie sie frisch sind: «Hurstwood... ist abgenutzt wie ein Paar Schuhe. Die Bowery ist ein Abfallhaufen abgenutzter und verbrauchter Menschen»[12].

Der Roman steht unzweifelhaft in der Erzähltradition des Realismus; gleichzeitig weist jedoch die Auflösung realistischer Erzählkategorien (wie etwa die Auflösung von ‹Charakter› oder die narrative Reorganisation der Zeit um Augenblick und Zufall) nicht nur auf spätere Entwicklungen im Umkreis der Moderne, sondern auch auf jene Veränderung der Lebenszusammenhänge und Wahrnehmungsweisen in der Stadt (auf beschleunigte Zeiterfahrung, Diversifikation des Sehens und Empfindens), die nur wenig später Georg Simmel in Berlin und Robert E. Park in Chicago im Rahmen ihrer stadtsoziologischen Untersuchungen konstatierten.[13] Dreisers unstabile Heldin – deren ‹Charakterlosigkeit› ihr Überleben in der Stadt durch unbegrenzte Wandlungsfähigkeit erst ermöglicht – definiert sich jeweils neu aus der Gelegenheit des Augenblicks. Bindungslosigkeit und antizipatorische Offenheit, die Hingabe an den Erfahrungsfluß, sind Aspekte einer Lebensform und Wahrnehmungsweise, die an den Energieraum Stadt gebunden sind. Carries innere Verwandtschaft mit der Stadt zeigt sich in ihrer Faszination durch das Theater und ihrer schnellen Karriere im Reich von Illusion und Image: Am Ende ist sie kaum noch anders sichtbar als auf Photos und Plakaten, den Wunschbildern einer öffentlichen, inszenierten Existenz. In der Metaphorik des Theaters wird gleichsam die Stadt selbst zur Schau gestellt: Inszenierung und Rollenspiel, das Spektakel von Aufstieg und Fall, sind Elemente einer theatralisierten Konsum- und Oberflächenwelt, deren Vitalität, Instabilität und Illusionscharakter Dreiser zu einem Drama metropolitaner Existenz – von Vanitas und Lebensfülle – stilisiert.

Obwohl in Dreisers Romanen Illusion und Illusionszerstörung geradezu Bedingung großstädtischen Lebens sind, fungiert die Metropole quasi als Naturraum, sind die Wahrnehmungs- und Verhaltensweisen seiner Protagonisten gesteuert durch das wirkende Naturgesetz. Dagegen ist in «Manhattan Transfer» die Stadt als gewaltige Maschine konzipiert, die Bewußtsein usurpiert und dem eigenen Rhythmus unterwirft. Bewegungsenergie und Fragmentierung sind daher nicht nur zentrale Topoi des Romans, sondern auch Aspekte seiner Erzählstruktur. Der Bewegung der Straße, die sich fortsetzt in der Geschwindigkeit der Verkehrsmittel, im Bild der Stadt selbst als System-in-Bewegung, entspricht der Stadtmensch als ‹drifter›, dessen Identität sich unter dem ständigen Ansturm der Eindrücke ‹zerstreut› – so wie sich etwa eine der Hauptfiguren als fragmentiertes Ich erfährt, zerlegt in Sequenzen isolierter Posen und Gesten. Dos Passos setzt in gewisser Weise Dreisers Stadtdiskurs in «Sister Carrie» fort; aber er besetzt den Dreiserschen Entwurf mit den negativen Signalen der Mechanisierung, Fragmentierung, Sinnentleerung. Doch ist sein Versuch, die Metropole als bewußtseinsformendes und -deformierendes System darzustellen, mit einem Innovationsschub in ihrer ästhetischen Gestaltung verbunden. Dos Passos' «simultane Chronik» New Yorks zwischen circa 1890 und 1920 sprengt die Erzählkonventionen realistischer Repräsentation: In harten Schnitten und gleichsam im räumlichen Nebeneinander wird aus den zerstückelten Lebensgeschichten unübersichtlich vieler Protagonisten Stadtgeschichte zusammengesetzt – die Geschichte New Yorks als Zentrum von Immigration und Klassenkonflikt, als Stadt im permanenten Zustand der Veränderung, als Stadt immer neuer Technologien und ständig wuchernder Zeichen. Dem Entwurf der Stadt als System urbaner Zeichen entspricht die Selbstthematisierung des Textes als Konstrukt aus städtischen Diskursen: aus Diskursen *über* die Stadt (etwa dem utopischen oder dem biblisch-apokalyptischen) und aus Diskursen *der* Stadt (wie etwa Zeitung und Reklame). Die Hoffnung, die Dreiser um die Jahrhundertwende in die Dynamik der expandierenden Metropole investiert hatte, wird hier, so scheint es, auf die Kunststadt des Textes übertragen, die Dos Passos als Collage aus Schlagertexten, Werbeslogans, Schlagzeilen, Zeitungsausschnitten, den verschiedensten Materialien der neuen Konsum- und Stadtkultur, zusammensetzt.[14]

Insofern bleibt in Don Passos' Roman der Status der Großstadt auf eigentümliche Weise ambivalent: Sie ist nicht nur entfremdete (und entfremdende) Anti-Natur, sondern auch «Vitalitätschiffre»[15], nicht nur destruktives Erfahrungsfeld, sondern auch energetisches Stimulans. Dos Passos demontiert den Dreiserschen Mythos der Metropole als Möglichkeitsraum auf der inhaltlichen Ebene, erneuert ihn jedoch auf der ästhetischen Ebene in der abstrahierenden Verfügung über die empirische Stadt als Rohmaterial der künstlerischen Phantasie.

Je deutlicher die Romane der zwanziger Jahre den künstlichen Charakter der Stadt thematisieren, desto deutlicher setzen sie Signale von Realitätsverlust und Sinnverfall. Je mehr die Zeichen wuchern, desto leerer werden sie, desto mehr entäußert sich die Stadt zu reiner Oberfläche. In den Romanen, die Dreisers Stadtmythos am radikalsten demontieren[16], wächst der Abfall von Dingen, Menschen, Träumen. «The city seen from the Queensboro Bridge», schreibt Fitzgerald in einer Sprache, die an den frühen Dreiser ebenso wie an zeitgenössische Schilderungen der Kulissenstadt Coney Island erinnert, «is always the city for the first time, in its first wild promise of all the mystery and the beauty in the world» [17]. In «The Great Gatsby» ist New York Ort par excellence der leeren und der falschen Bilder, ein symbolischer Raum des Begehrens und der Selbstschöpfung durch den Kauf von Lebensfülle. Entsprechend laufen die Protagonisten des Romans ständig Gefahr, mit den öffentlichen Bildern zu verschmelzen, in denen sich das kollektive Wünschen gleichsam institutionalisiert hat: mit Plakaten, Zeitschriftenphotos, Film- und Reklamebildern. Anders als Dreiser, der das Wechselspiel von Illusion und Illusionszerstörung zu einem lebenszyklischen Mythos der Großstadt stilisiert hatte, macht Fitzgerald New York zum Ort massiven Traumzerfalls. Der Träumer Gatsby, dessen Selbstentwurf im Erwerb der schönen Daisy («gleaming like silver, safe and proud above the hot struggle of the poor») Erfüllung sucht, scheitert an der inneren Korruptheit einer auf Warentausch gegründeten Gesellschaft, die er in der Intensität seines Wünschens zugleich repräsentiert und transzendiert. Gatsbys zerstörter Traum von Daisy verfließt so mit den zerbrochenen Illusionen kollektiver Projektion: mit dem falschen Glanz der Metropole, die dem Ankömmling wie eine neue Welt erschienen war, mit der zerstörten pastoralen Welt, die ihr vorausging, und schließlich mit dem nostalgisch evozierten Bild eines verlorenen Ursprungs, der Entdeckung des noch unberührten Kontinents, als der Mensch «zum letzten Mal in der Geschichte» ein Objekt gefunden hatte, «das seiner Fähigkeit zu staunen angemessen war». Am Anfang des Romans wird das Klischee, das Leben beginne mit jedem Frühjahr neu, mit dem Film in Verbindung gebracht, in dem Zeit reversibel ist und jeder Augenblick unendlich oft wiederholt werden kann. Die Hoffnung Gatsbys stützt sich auf diesen Glauben – wogegen, in der Bildlichkeit des Romans, die Zeit irreversibel in nur eine Richtung strömt. In Fitzgeralds entropierender Welt häuft sich deshalb Traummüll in immer größeren Massen an, wie etwa in der Aschenlandschaft der städtischen Müllhalde oder im symbolischen Aschenstaub, der Sedimentation des Irrealen, der zunehmend Räume und Dinge befällt. Dem entspricht ein Erzählstil, der die Oberflächenphänomene der urbanen Welt romantisiert und zugleich ironisch verzeichnet, der eine Maske von Realität entwirft, die, wie Jean-Louis Baudry in einem anderen Zusammenhang bemerkt [18], «eine Oberfläche ist, die nur sich selbst verbirgt und doch, insofern sie suggeriert, *daß* sich etwas hinter ihr verbirgt, uns daran hindert, sie als bloße Oberfläche zu betrachten». Dies scheint mir recht genau die eigenartige Bildstruktur dieses Romans zu treffen, der Personen und Dinge auf Zeichen reduziert, die zwar leer sind, aber in ihrer Bezeichnung der Abwesenheit von Sinn gleichsam noch Sinn zitieren. Obwohl Gatsbys Hoffnung in «eine orgiastische Zukunft» als Illusion entlarvt wird, ist es allein die Kraft seiner Geste («the immense vitality of his illusion»), die gegen den

Sog nostalgisch erinnerter Vergangenheit ankämpft, ohne ihn freilich umzukehren: «So we beat on», heißt es am Ende, «boats against the current, borne back ceaselessly into the past.»

In den Depressionsromanen von Nathaniel West wird auch dieser Rest von Sinn noch abgebaut: West ist das letzte Verbindungsglied in einer literarischen Stadtgeschichte von Zeichenwucherung und Wirklichkeitszerfall, die von Dreiser zu Pynchon und Barthelme führt. «The Day of the Locust» (1939) ist ein Roman über die Fiktions- und Traumstadt Hollywood, deren Irrealität die Wirklichkeit der nahen Metropole bereits aufgefressen hat. Der Film erscheint hier als das Ausdrucksmedium eines kollektiven Bewußtseins, dessen Hunger nach Illusion unersättlich ist – so wie umgekehrt die Filmindustrie sich von den psychischen Kräften einer Gesellschaft nährt, die im Kampf um Erfolg, Ruhm und Reichtum ins Kannibalische regrediert. Die Hauptfigur – der Künstler Tod Hackett, der selbst in diese Welt verstrickt ist, die er moralisch kritisiert – malt an seinem Meisterwerk, «The Burning of Los Angeles», das er unter dem Eindruck der apokalyptischen Entfesselung des Mobs am Ende des Buches zu einer Vision des Untergangs verdichtet. Anders als in «The Great Gatsby» gibt es hier keine rettende Unschuld des Wünschens jenseits der Korruption – hier ist alles korrupt, alles Schein, Maske und Kulisse. Ist so die Traumfabrik einerseits Vampir der kollektiven Psyche, so öffnet sie andererseits Einblick in die innere Verfassung der Gesellschaft: Der katastrophische Zusammenbruch einer Filmkulisse, das bizarre Arrangement zusammengeworfener Versatzstücke, die den Protagonisten an Rosa, Goya und Daumier erinnern (an die Meister von «Geheimnis» und «Verfall»), antizipieren jenes apokalyptische Ende, das auch Hacketts Bild voraussagt. Aber möglicherweise ist die Katastrophe bereits auf andere Weise gegenwärtig. Die Müllhalde «weggeworfener Träume», die Hakkett im Herzen Hollywoods entdeckt, weist auf den fortschreitenden Zerfallsprozeß im Innern des Systems, das ständig Energien absorbiert, um sie dann achtlos auszuscheiden. In Wests Roman ist Dreisers Entwurf der Metropole als neuer Welt in der Reproduktion der Waren und Träume aufgerieben worden; sein «dream dump» markiert die Stadt als gesellschaftlichen Ort der wirkenden Entropie.

2.

Die an allen genannten Texten wahrnehmbare Verflachung des realistischen ‹Charakters› zur zweidimensionalen performativen Figur, die Multiplikation der Bilder und Zeichen wie auch deren Degeneration zu reiner Oberfläche sollten nicht vergessen lassen, daß alle diese Texte dem Umkreis der klassischen Moderne zuzurechnen sind. Das heißt, sie repräsentieren, auch wenn sie die Formen traditionellen Erzählens unterlaufen, eine perspektivisch vermittelte Welt, in deren Bildern, Fragmenten, Abfallbergen die Protagonisten und/oder Erzähler nostalgisch und sinnhaft die Zeichen verlorenen Sinnzusammenhangs erkennen. Bei allen war die konstatierte Abwesenheit semantischer Tiefe nicht nur – wenn auch in unterschiedlichem Maße – mit Formen ästhetischer Innovation verbunden, sondern kulturkritisch gegen eine städtische Konsum- und Massengesellschaft gerichtet, die sich zunehmend in ihre Produkte entäußerte und ihnen so immer ähnlicher wurde. Wie sehr die Verflüchtigung der Welt ins Zeichen den literarischen Diskurs schließlich selbst erfaßt, wird jedoch erst in der Fiktion der Postmoderne deutlich, die – wie etwa die Barthelmes und Pynchons – einerseits an die Montage und Demontage der Stadt in den Konventionen des modernen Stadterzählens anzuschließen scheint, andererseits insofern über sie hinausgeht, als dieses Erzählen bereits selber in das vorgefundene Arsenal der Zeichen eingegangen ist und so zum Spiel- und Formenmaterial des postmodernen Stadtdiskurses werden kann.

Das wird besonders deutlich am Beispiel von Donald Barthelme, dessen Texte aus Elementen einer Welt gebrauchter Zeichen collagiert sind, sich also auf eine Wirklichkeit beziehen, die bereits vertextet ist. Seine Verfahrensweisen scheinen daher denen der Pop-art nicht unähnlich, jener städtischen Kunst der sechziger Jahre, auf deren Objekte und Collagen sich Barthelme in seinen theoretischen Äußerungen gelegentlich bezieht. Für die Vertreter der Pop-art war die Metropole auf doppelte Weise Bedingung ihrer künstlerischen Tätigkeit: New York, meint Robert Rauschenberg, sei «ein Irrgarten unorganisierter Erfahrungen, bevölkert vom Unerwarteten, Veränderung ist unvermeidbar»[19]. Das heißt, die Stadt verkörpert als Erfahrungsfeld locker strukturierter Anarchie zugleich ein Kompositionsprinzip offener, unerwarteter, ‹aleatorischer› Kombinatorik. Zum andern liefert die Stadt in ihrem Straßenmüll, den achtlos weggeworfenen Gegenständen des täglichen Konsums, das Material für die Collagen und Assemblagen dieser extrem enthierarchisierten kunstvollen Antikunst. Im Pop-Künstler, schreibt Peter Conrad mit Bezug auf Robert Rauschenberg, sei der Flaneur zum Bricoleur geworden. «Bricolage is the assembly of and construction from bric-à-brac»[20]. Das Bric-à-brac, das hier gesammelt wird – Zeitungen, Photographien, Autoreifen, Kleidungsstücke, Comics, Konsumgüter und/oder ihre Verpakkung –, sind jedoch nicht nur Objekte der Alltagswelt, sondern auch Elemente von Zeichensystemen («pre-coded material»), die in der Collagierung immer auch mitzitiert, mitthematisiert werden. Insofern ist, wie Lawrence Alloway ausführt, «das Kommunikationssystem des 20. Jahrhunderts» der eigentliche Gegenstand der Pop-art[21], die zwar ihr Material aus dem Umfeld der Großstadt bezieht, die Stadt jedoch vor allem als Zeichensystem evoziert, das selbst mit einer Vielzahl von Zeichensystemen – den Medien, der Warenwelt etc. – vernetzt ist. Aber wenn sich Pop-art auch unverblümt als Teil jener Alltagswelt der Waren und Zeichen zu erkennen gibt, so unterläuft sie diese zugleich ironisch durch die penetrante Verdoppelung ihrer Strukturen oder auch durch eine Technik, die Harold Rosenberg als «displacement» bezeichnet: die Verlagerung des Zeichens aus dem Kontext seines alltäglichen Gebrauchs in den funktionslosen Kontext des Ästhetischen. Denn der Pop-Künstler, schreibt Rosenberg, ist entschlossen, auf zwei Ebenen zu operieren: auf der Ebene der Stile und Techniken der Massenkommunikation ebenso wie auf der Ebene der Kunst. Die Werke, die er produziert, sind infolgedessen «anxious objects», das heißt Objekte, die – wie Barthelme im Hinblick auf die eigene Produktion ausführt – nie sicher sein können, ob sie «Kunst sind oder ein Haufen Abfall»[22].

«Strings of language extend in every direction to bind the world into a rushing, ribald whole», heißt es in einer frühen Kurzgeschichte Barthelmes.[23] Die Evokation von ‹Ganzheit› kann hier sicher nur ironisch verstanden werden, denn die fortschreitende Versprachlichung der Welt wird in Barthelmes Texten zugleich reproduziert und als Prozeß der Sinnauflösung in Szene gesetzt: «... der Barthelmesche Text [saugt] in einem Verfahren radikaler Enthierarchisierung aller Sinnelemente ununterbrochen und anscheinend unterschiedslos kulturelles Material an, das in Strategien der ständigen Gleich- und Nebeneinandersetzung disparater Wörter, Bilder und Diskursebenen Bestandteil einer entsemantisierten Kunst der bloßen Oberfläche werden soll.»[24] Barthelmes Prosastücke sind – den Collageverfahren der Pop-art hierin durchaus vergleichbar – aus Zeichenschrott zusammengesetzt, ein «Diskursgerümpel»[25] aus ‹small talk› und Alltagsrede, aus wissenschaftlichem und pseudowissenschaftlichem Jargon, aus Werbeslogans, Stereotypen und Motiven der Populärkultur (Radio, Film, Fernsehen, Comics), aus Versatzstücken der Literatur- und Kunstgeschichte. Können Texte, die alle Sinn- und Referenzbezüge so konsequent parodistisch unterlaufen und sich so dezidiert als Sprachkonstrukte inszenieren, überhaupt noch unter dem Aspekt Stadtliteratur betrachtet werden? Das Buch, das eine solche Zuordnung noch am ehesten nahelegt, Barthelmes 1970 erschienener Band «City Life», enthält vierzehn Kurzgeschichten, von denen sich bei weitem die Mehrzahl den referentiellen Implikationen des Titels widersetzt. Auf der anderen Seite ist jedoch keine der verschiedenen Geschichten ganz ohne Bezug zur Stadt. Die erste, «Views of My Father Weeping», variiert und parodiert die Erzählmuster eines spezifisch städtischen Genres, des Kriminalromans; die zweite, «Paraguay», die Städte beschreibt, die auf keiner Landkarte zu finden sind, arbeitet mit Konventionen der Reise- und Entdeckerliteratur des 19. Jahrhunderts; eine dritte entwirft ein imaginäres Museum, eine andere plaziert den Glasberg der erlösungsbedürftigen

Märchenprinzessin präzise in New York an die Ecke von 13. Straße und 8. Avenue etc. Die letzte schließlich, die Titelgeschichte «City Life», parodiert das Genre Stadtliteratur mit seinen Motiven des Einzugs in die Stadt, der Heldin vom Lande und den Verführungen des Großstadtlebens («Elsa and Ramona entered the complicated city»). Das Buch mischt Wort- und Bildtext («At the Tolstoy Museum»), spielt mit der topographischen Ordnung der Seite («Brain Damage»), springt zwischen Lyrik, Prosa und dramatischem Dialog («Falling Dog», «The Explanation»), verwendet verschiedene Kompositionsprinzipien: etwa eine musikalische Struktur mit Haupt- und Nebenthema («Views of My Father Weeping»), ‹cut-up› («Bone Bubbles»), den freien Assoziationsstrom des Joyceschen «run-on sentence» («Sentence»), die schroffe Fügung heterogener Sprachelemente – kurz, es tut alles, um die Konventionen traditionellen (linearen) Erzählens außer Kraft zu setzen.

An aristocrat was riding down the street in his carriage. He ran over my father.

*

After the ceremony I walked back to the city. I was trying to think of the reason my father had died. Then I remembered: he was run over by a carriage.

*

I telephoned my mother and told her of my father's death. She said she supposed it was the best thing. I too supposed it was the best thing. His enjoyment was diminishing. I wondered if I should attempt to trace the aristocrat whose carriage had run him down. There were said to have been one or two witnesses.

*

Yes it is possible that it is not my father who sits there in the center of the bed weeping. It may be someone else, the mailman, the man who delivers the groceries, an insurance salesman or tax collector, who knows. However, I must say, it resembles my father. The resemblance is very strong. He is not smiling through his tears but frowning through them. I remember once we were out on the ranch shooting pecadillos (result of a meeting, on the plains of the West, of the collared peccary and the nine-banded armadillo). My father shot and missed. He wept. This weeping resembles that weeping.[26]

So beginnt die erste Geschichte von «City Life», «Views of my Father Weeping» – mit Leserirritationen, wie sie für Barthelme charakteristisch sind: Die Kutschen der Aristokraten und der Telephonanruf des Erzählers signalisieren Inkonsistenz auf der Ebene der erzählten Zeit. Weiter steht der lakonische Sprachduktus des ersten Abschnitts im Gegensatz zum emotionalen Gewicht des Geschehens: dem Tod des Vaters – ein Widerspruch (wird Traumatisierung oder Gleichgültigkeit signalisiert?), der bis zum Ende der Geschichte nicht geklärt wird. Die Abschnitte eins bis drei konstituieren die Handlungsebene der Erzählung: die Suche des Sohns nach dem Grund («reason») für den Tod des Vaters – ein wucherndes Syntagma, das nicht, wie das Muster des Kriminalromans, das Barthelme hier zitiert, mit der Wahrheitsfindung abgeschlossen werden kann: Das letzte Sprachzeichen der Geschichte ist das Kürzel ‹etc.›. Der vierte Abschnitt führt ein Gegenthema ein, das in analogen Abschnitten den Handlungsablauf immer wieder unterbricht. Dieses Bild des weinenden Vaters ist auf der paradigmatischen Ebene angesiedelt und generiert ein sich verzweigendes Netzwerk von Bildsequenzen und Informationen, das sich zunehmend verselbständigt und der Einfügung in die Handlungsebene widersetzt. Durch die Gleichordnung sehr verschiedenartiger Wortzeichen: father, mailman, tax collector etc., wird die Offenheit und Unabschließbarkeit der Handlung auf der Ebene des Paradigmas verdoppelt. Auf der anderen Seite bleibt das Analogien generierende Bild des «weinenden Vaters» als Emblem rätselhafter, den Zeichensinn überschießender Melancholie außerordentlich suggestiv. Vielleicht könnte man sagen, daß dem Tod des Vaters auf der Handlungsebene die Ohnmacht des Vaters im Paradigma entspricht – des Vaters als Inbegriff persönlicher, weltlicher, transzendenter Autorität, des Vaters vor allem als Garant des geordneten Textes, dessen Entmachtung sowohl in der Unabschließbarkeit des Erzählprozesses wie auch in der enthierarchisierten Reihung seiner Zeichen formal inszeniert wird. Freilich verweigert sich nun gerade die Offenheit der Textstruktur einer solchen allegorisierenden Festschreibung von Sinn – wie sich jedoch auch umgekehrt der evozierte Sinn der bloßen Offenheit des Textes widersetzt. Dieses Paradox inszeniert Barthelme in mehreren Geschichten dieses Bandes, etwa in «The Glass Mountain», wo der Ich-Erzähler – Märchenprinz und sozialer Aufsteiger in einem – den gefährlich hohen Glaspalast erklettert, um die schlafende Prinzessin wachzuküssen. Barthelme verbindet auf witzige Weise die Bildlichkeit des Märchens mit den Motiven des amerikanischen Traums; zugleich verhindert er konventionelle Sinnzuweisung dadurch, daß er – auf dem Höhepunkt der Geschichte – die Ebenen von Zeichensinn und Zeichenträger miteinander vertauscht bzw. sie listig-parodistisch in metonymischer Gleichrangigkeit nebeneinanderstellt: «I approached the symbol, with its layers of meaning, but when I touched it, it changed into only a beautiful princess.»[27] In dieser ironischen Zurückweisung semantischer Tiefe reinigt Barthelme das sprachliche Zeichen von den Sedimentationen massenhaft produzierten kulturellen Wissens, gibt er ihm gleichsam die Freiheit bloßer Materialität zurück. Oder anders: durch die Vertauschung von Signifikant und Signifikat wird der tradierte Zeichensinn Oberfläche und erhält die Oberfläche des Zeichens Sinn jenseits von vor-codierter Bedeutung. Dies eben macht die oft kommentierte Ambivalenz dieser Texte aus, die vor der Folie endlos wuchernder Informationen (und gegen sie) zwischen «permanenter Sinnreduktion» und der Möglichkeit «neuer Sinnbildung» oszillieren.[28]

Wenn in «City Life» überhaupt «Stadtleben» denotiert wird, dann nur als Sprachzustand, nur in diesem Oszillieren zwischen Sinnverfall und neuer Möglichkeit von Sprache. Barthelmes Texten ist die Entmachtung väterlicher Ordnung (von Welt und Text) als Erinnerung an eine bereits vergangene Katastrophe eingegraben – eine Entmachtung, die sie in Strategien der Enthierarchisierung zugleich aufdecken und anarcho-parodistisch auf die Spitze treiben. Doch in der spielerischen Verfügung über eine Trümmerwelt fragmentierter Diskurse vermögen sie durch die Verfremdung des Vertrauten oder auch in der phantastischen Collagierung heterogener Sprachbereiche abgenutzte Sprache wieder aufzufrischen. «O I wish there were some words in the world that were not the words I always hear», seufzt in Barthelmes erstem Roman, «Snow White», die Figur wie auch der Text. In einem sprachreinigenden Wiederaufbereitungsverfahren macht Barthelmes Prosa, wie William Gass es formulierte, «treasure out of trash»[29]. Sie ist daher – in der von Harold Rosenberg konstatierten Ambivalenz des «anxious object» – eine Verdoppelung des sprachlichen Abfalls zeitgenössischer Stadt- und Medienkultur wie auch ein sprachschöpferischer Eingriff in die Umwelt städtischer Diskurse und Zeichen.

Thomas Pynchon verfolgt die Frage nach der kreativen Wiederverwendung gesellschaftlichen Abfalls auf ganz andere Weise: In seinen Romanen wird die Reduktion des Menschen zum Ding und die Überproduktion von Dingen und Zeichen in mehrfachem Sinne zu einem Problem der Geschichte gemacht: des Erfahrens, Erkennens und Erzählens von Geschichte. Mit ihrer Metaphorik der Verdinglichung und der zu bloßem Abfall verkommenen Träume scheinen sie auf den ersten Blick der Erzähltradition Dreisers und Fitzgeralds näher zu stehen als den Sprachexperimenten Donald Barthelmes. Bei Pynchon ist die Stadt nicht Sprachmaterial, sondern topographisch erfaßter Raum von Alltagserfahrungen, aber auch komplexes Zeichensystem, das die Protagonisten umschließt und das sie interpretierend reproduzieren. Die Unabschließbarkeit des Erzählens, die Barthelme in der Oberflächenstruktur seiner Textcollagen als semantische Schwingung zwischen Sinn und Nicht-Sinn erzeugt, ist bei Pynchon auf die Ebene von *plot* und *plotting* verlagert, wo seine Protagonisten im Versuch, eine Wirklichkeit zu erkennen, die möglicherweise Fiktion ist, sich in Fiktionen verstricken, die möglicherweise wirklich sind. Diese Verschränkung ist Gegenstand aller Pynchon-Romane, sie wird jedoch nirgends so unmittelbar mit dem städtischen Kontext verknüpft wie in «The Crying of Lot 49» (1966) und in «A Journey into the Mind of Watts», Pynchons Essay aus dem gleichen Jahr über das schwarze Getto von Los Angeles. Watts, so schreibt er, sei eine Enklave der Realität in einem städtischen Umfeld weißer Phantasie. «For Los Angeles, more than any other city, belongs to the mass media. What is known around the nation as the L.A. Scene exists chiefly as images on a screen or TV tube, as four colour magazine photos, as old radio jokes, as new songs that survive only a matter of weeks.»[30] In «Raceriotland» sei jedoch dieser Schleier der Irrealität zerrissen und eine Wirklichkeit von Konflikt, Schrott und Armut ins Offene gebracht, die sich dem Ansturm des Unwirklichen entgegenstemme. Entsprechend manifestiert sich, so Pynchon, in Watts die Phantasie auf andere Weise; denn hier sind die Trümmer, die der Aufstand von 1965 hinterlassen hat, in Skulpturen und Collagen zu einer spezifischen Kunst des Gettos verarbeitet. Eine von ihnen, deren makabrer Witz und überdeutliche Geste prophetischer Düsternis Pynchons eigenen Verfahrensweisen nahesteht, zeigt einen zerbrochenen Fernsehapparat, in dem ein Totenschädel Scheibe und Röhre ersetzt hat. Sie trägt den Titel «The Late, Late, Late Show».

«The Crying of Lot 49» ist Pynchons komplementäre Reise in das urbane Zentrum der weißen Phantasie, in dem sich das Unwirkliche als Wirklichkeit etabliert hat. Pynchon collagiert in greller Gegenüberstellung Alltägliches und Unheimliches, gibt seinen Comic-strip-Figuren poppige Namen wie Mucho Maas, Genghis Cohen, Manni di Presso u. ä., signalisiert mit übergroßen Sinnplakaten (wie etwa den Anagrammen W.A.S.T.E., N.A.D.A., D.E.A.T.H.) den inszenierten Charakter der erzählten Welt und betreibt unter einer Oberfläche von Parodie und Burleske in der Sinnsuche seiner Heldin die Bestandsaufnahme der amerikanischen Gesellschaft Mitte der sechziger Jahre. Zentral ist eine fiktive Stadt mit dem beziehungsreichen Namen San Narciso, die so nahe bei Los Angeles liegt wie das nichtfiktive Hollywood in Nathaniel Wests Roman. San Narciso, Kapitale eines mächtigen Konzerns der Rüstungs- und Weltraumindustrie und gesichtslose Neugründung im Kontext von TV, Rakete und Computer, ist weniger eine identifizierbare Stadt «than a grouping of concepts – census tracts, special purpose bond issue districts, shopping nuclei, all overlaid with access roads to its own freeway.»[31] Die Protagonistin des Romans, Oedipa Maas, erinnern die Muster ihrer Häuser und Straßen aus der Sicht von oben an den Schaltkreis eines Transistorradios – ein geordnetes Zeichenfeld, dessen Botschaft zu entziffern Oedipa sich aufgerufen fühlt. Denn sie hat den Auftrag erhalten, das Testament ihres ehemaligen Liebhabers, des Industriemagnaten und ‹Gründervaters› von San Narciso, Pierce Inverarity, zu vollstrecken. Die versuchte Bestandsaufnahme des Inverarity-Besitzes, dessen Organisationen und Machtstrukturen ganz Kalifornien überziehen, führt zu einer seltsamen Verrätselung des Alltäglichen und Selbstverständlichen: Die vertrauten Konfigurationen der urbanen Landschaft Südkaliforniens erscheinen ihr wie Chiffren eines Textes, der auf Entschlüsselung drängt. Doch weiß sie, die auf der Suche nach Wirklichkeit aus der angenehmen Fiktion ihres bisherigen Lebens geflüchtet ist, bis zum Ende nicht, ob die phantastische Botschaft, die sie zu entdecken glaubt, wahr ist oder nur Projektion der eigenen Phantasie. Unter den Graffiti an Straßenecken, Häuser- und Toilettenwänden entdeckt sie das Anagramm W.A.S.T.E., Codewort eines Kommunikationssystems der Kommunikationslosen, das sich den Strukturen institutionalisierter Kommunikation widersetzt und dessen Spuren sie schließlich überall wiederfindet. Oedipa nennt es «das Tristero-System» nach dem dämonischen Todeskommando eines fiktiven nachelisabethanischen Mord- und Rachedramas, in das sie durch Zufall oder höchste Fügung (sie vermag das eine vom andern nicht zu unterscheiden) geraten ist. Von da an häufen sich die Hinweise und Ahnungen, ordnen sich die zufälligen Informationsfragmente zu einem durchgehenden Muster, «until everything she saw, smelled, dreamed, remembered, would somehow come to be woven into the Tristero». Ihre Recherchen nach Quellen des Theaterstücks führen sie zur phantastischen Geschichte des «historischen Tristero». Das Tristero-System, erfährt sie, sei ein Geheimbund der Entrechteten, der seit dem Mittelalter in einem anarchistischen Guerillakrieg die Zerstörung der herrschenden Ordnung betreibe, Tristero eine Satansgestalt für die einen, Erlöser für die anderen. Das Code-Anagramm W.A.S.T.E., so entdeckt Oedipa gegen Ende des Buchs, steht für «*W*e *A*wait *S*ilent *T*ristero's *E*mpire» und verbindet so die Idee des entfremdeten Untergrundes mit der Möglichkeit eines anderen Amerika, das sich in den Träumen und apokalyptischen Sehnsüchten seines menschlichen ‹Abfalls› konstituiert. Während ihres Irrgangs durch das nächtliche San Francisco erkennt Oedipa, daß dieses andere Amerika beständig wächst, daß «mit jeder Entfremdung, jedem Rückzug» System übergeht in W.A.S.T.E.

Aber mit den Spuren, die sich häufen, der Evidenz, die sich verdichtet, wächst auch ihr Verdacht, sie könnte am Ende nur den Projektionen ihrer eigenen Phantasie zum Opfer fallen. Sie entdeckt sich mit einemmal in einer Umgebung von Fiktion, Neurose, Wahnsinn, die ihre Hingabe an das Problem Tristero in einem fragwürdigen Licht erscheinen läßt. Ist Tristero mehr als eine schützende Fiktion Oedipas gegen die Leere, die sie umgibt? Nicht Erkenntnis, sondern Flucht in die zwanghaft geordnete Welt der Paranoia? Ist W.A.S.T.E., wie die gegen-entropische Maschine des verkannten Erfindergenies John Nefastis, ein bloßer Traum von Erlösung, während sich in Wahrheit die Gesellschaft in einem nicht umkehrbaren Prozeß auf einen Zustand der Erstarrung zubewegt? Ist W.A.S.T.E. am Ende doch nicht mehr als «waste»? Oedipas zunehmende Erkenntnisungewißheit erklärt sich aus der epistemologischen Prämisse eines Buchs, dessen Protagonisten – wie sie ‹incommunicado› und hinter dunklen Brillen ihre Einsamkeit verbergend – sich in Fiktionen eingesponnen haben, um sich der Bedrängnis der Leere zu erwehren. Wenn aber jede Zusammenhang stiftende Erkenntnis schützende Fiktion des

Bewußtseins ist gegen eine unerträgliche Abwesenheit von Sinn, dann bleibt Wahrheitssuche hoffnungslos verstrickt in eine gänzlich fiktionalisierte Wirklichkeit. Die gigantischte dieser Fiktionen gegen Leere und Tod ist das wirtschaftliche Imperium Inveraritys, dessen Hauptstadt San Narciso sowohl die Selbstbesessenheit des ‹Gründervaters› wie auch die der kollektiven Ordnung des Systems bezeugt. Pynchons Narzißmus-Symbolik verbindet überdeutlich die Verstricktheit des Menschen in die eigenen Sinn- und Ordnungsphantasien mit einem kontinuierlichen Prozeß der Selbstauflösung. Die leitmotivischen Überfälle des Tristero an den Ufern eines spiegelglatten Sees weisen auf den ständigen Verfallsprozeß im Innern des Systems. Inveraritys Traum von immanenter Transzendenz (die versuchte Selbstverklärung im eigenen Produkt) erweist sich als die bloße Transfiguration des Nichts, das sie verbergen soll: Das System reproduziert in seinen Technologien, in den Fiktionen seiner Medien, in seinen Supermärkten, Müllhalden, Städtebildern normiertes Leben und damit eben jene Leere, der Oedipa in der apokalyptischen Schreckensfigur des Tristero Bild und Gestalt zu geben sucht. Insofern ist das Rache- und Verschwörungsdrama, das sie entwirft, in der Tat die «late, late, late show» einer todesinfizierten Stadtkultur («the infected city»).

Dennoch ist die Geschichte, die Oedipa entdeckt oder vielleicht auch nur erfindet, eine in jeder Hinsicht offene Geschichte: Einmal, weil San Narciso «keine Grenzen hat» und sich daher das Netzwerk seiner Herrschaft (wie auch das seiner möglichen Gegenmacht) im Prozeß ihres Erkennens endlos fortspinnt. Zum andern, weil sie bis zum Ende nicht weiß, ob sie erkennt oder nur phantasiert; ob Tristero, wenn es ihn gibt, als Agent entropischer Erstarrung oder apokalyptischer Erneuerung fungiert; ob sie überhaupt Subjekt ihrer Erkenntnis ist oder nur Objekt der Manipulation durch eine höhere Wissensinstanz. Der Mystifikation Oedipas entspricht die aporetische Erzählstruktur des Buches: Zwar scheint Pynchon mit seiner deutlichen Anlehnung an Kriminal- und Agentenroman auf eine besonders ausgeprägte Form des Handlungsromans zurückzugreifen; doch unterläuft er das herkömmliche Schema dieses Genres insofern, als er den Handlungsknoten nicht auflöst, sondern immer weiterknüpft: Jede Entdeckung impliziert eine neue Verwicklung, jede Lösung fordert einen nächsten Schritt. ‹Plot› im Sinne einer geordneten und abschließbaren Handlung wäre nur denkbar auf der Ebene quasigöttlicher Allwissenheit oder aus dem Glauben an die verborgene Ordnung der Geschichte. Oedipa bewegt sich jedoch von Anfang bis Ende an der Grenze solcher Wissensoffenbarung – einer Grenze, die sie nur zum Preis der Paranoia überschreiten kann. Die tragenden Strukturelemente des Romans sind daher Analogie, Wortspiel und vor allem Metapher. Oedipas Erkenntnissuche ist deshalb offen und beliebig fortsetzbar, weil die Metapher auf einen Sinn verweist, den sie zugleich verhüllt: Durch die

Verknüpfung von Informationen, Hinweisen, Assoziationen zu einem sich immer weiter verzweigenden Netzwerk der Zentralmetapher Tristero wächst mit Oedipas Erkenntnis auch das Bewußtsein grundlegender Erkenntnisungewißheit.

Aber Pynchon geht es keineswegs darum, die Kategorie des ‹Realen› in einem rigoros applizierten Erkenntnisrelativismus aufzulösen. Er versucht vielmehr gerade umgekehrt, auf dem schwankenden Boden postmoderner Epistemologie Realität, Wahrheit und Geschichte für das zeitgenössische Erzählen wiederzugewinnen. Denn wiewohl Oedipa in eine gänzlich fiktionalisierte und theatralisierte Realität verstrickt ist, aus der sie nicht entkommen kann (dem ‹Turm› des eigenen Bewußtseins, der Allgegenwart von San Narciso), so ist doch nicht zu übersehen, daß die erzählte Welt von «The Crying of Lot 49» um die Pole von Fiktion und Wahrheit strukturiert ist. Oedipas Progreß aus der Irrealität ihrer suburbanen Existenz zur Erkenntnis von waste/W.A.S.T.E., impliziert die Unterscheidung zwischen Fiktionen, die nur Flucht sind in die Scheinwelt der Phantasie, und solchen, die, wie die Tristero-Metapher, helfen, das Verdrängte, Übergangene und doch Vor-Augen-Liegende wahrzunehmen. Insofern betreibt Pynchon das Geschäft der Aufklärung mit Hilfe der Fiktion gegen die Fiktion. Auch wenn sich der Heldin die Wahrheit des Tristero entzieht, so entdeckt sie dennoch die vielfältig deutbaren

Symptome seiner möglichen Existenz. Sie erkennt die von den herrschenden Fiktionen ausgeschlossene Unterwelt der Stadt, im Abfall aus Dingen, Menschen, Träumen die doppeldeutigen Zeichen des Systemzerfalls: den Text einer urbanen Landschaft, dessen Sinn (falls es ihn gibt, oder wenn es ihn gibt, falls er sich lesen läßt) zwischen Entropie und Apokalypse fluktuiert.[32]

Pynchon erzählt Welt im Bewußtsein ihres Konstruktcharakters und insofern thematisiert sich im Erzählen der Stadt auch das Erzählen selbst. Oedipas Beschreibung ihrer Suche als Progreß durch endlos ineinanderführende Räume entspricht sowohl ihrer Verstrickung in die Labyrinthe subjektiver Projektion wie der Auflösung von Wirklichkeit in eine unendliche Reihe von projizierten, interpretierten und erzählten Wirklichkeiten, durch die Realität und Text verklammert sind, in der sich Gefundenes und Erfundenes, Alltägliches und Phantastisches berühren. Diesen selbstreferentiellen Charakter postmodernen Stadterzählens möchte ich abschließend am Beispiel zweier Romane verdeutlichen, die die Stadt auf sehr verschiedene Weise entwerfen: dem utopisch-phantastischen Roman «Dahlgren» (1975) von Samuel Delaney und Don DeLillos neo-realistischem Roman «Players» aus dem Jahre 1977.

Delaney hat seine Stadt Bellona in einem Territorium angesiedelt, das in einer endlosen Flucht wechselseitiger Spiegelungen im Verlauf des Romans seinen Realitätsstatus mehrfach wechselt: Bellona schwankt beständig zwischen verschiedenen Zuständen von Stofflichkeit, ist Außenraum, Innenwelt und Sprache. Entsprechend kreist «Dahlgren» um das Verhältnis von Realität und Fiktion, ist Text über eine Welt als/aus Text. Die Bilder M. C. Eschers werden mehrfach erwähnt, und in der Tat erinnert der Roman an Eschers in sich kreisende Strukturen: an seine Zeichnungen von Spiralen und Moebius-Bändern, deren Seiten nur eine einzige Oberfläche bilden.[33] Auf ganz ähnliche Weise sind in Delaneys Roman Anfang und Ende, Realität und Text miteinander verschränkt: Der Schlußsatz führt (nach mehr als achthundert Seiten) wieder in den Anfangssatz zurück. Der Anfang, so erfahren wir am Ende aus dem Tagebuch des namenlosen Protagonisten, war ein Traum, und zwar ein Traum, der auf eine Wacherfahrung vor- und zurückverweist, die nie ganz bewußt wird. Der Protagonist, der sich an Teile seiner Vergangenheit, aber nicht mehr an seinen Namen erinnern kann, kommt in den Besitz eines Notizbuchs, das möglicherweise sein eigenes ist und dessen noch leere Seiten er mit Gedichten und Notizen füllt. Textpassagen aus dem Tagebuch des unbekannten Besitzers dringen in die Erzählung des Protagonisten ein. Sätze, Textabschnitte durchwandern als wörtliche Zitate verschiedene Erzählinstanzen, von Passagen auktorialen Erzählens zu solchen des Ich-Erzählens und umgekehrt. Text ist auf diese Weise der Erfahrung nachgeschrieben oder vorgeschrieben: Das/der gegenwärtige Ereignis/Text scheint nur die Duplizierung von bereits Geschriebenem/Geschehenem. Der Protagonist, der «Kid» genannt wird, überführt entweder Erfahrung in Text oder erkennt Text als der Erfahrung vorgängig. Zugleich wächst die Erinnerung an eine Identität, die nie vollständig wird. Denn das Ende wiederholt in spiegelbildlicher Verkehrung den Anfang auf doppelte Weise: Wenn Kid Bellona verläßt, begegnet er einer in die Stadt einziehenden Gestalt, der er am Anfang begegnet war, als er die Stadt betrat und sie die Stadt verließ. Gleichzeitig fällt Text/Bewußtsein zurück in Traum/Erfahrung.

Ähnlich unstabil und offen wie die Identität des Protagonisten scheint die kollektive Identität der Stadt zu sein. Am Anfang begegnen wir den Spuren einer Katastrophe, die am Ende erst hereinbricht. Insofern wird die Stadtwelt als apokalyptische wie auch als post-apokalyptische erzählt: als gezeichnet von einem vergangenen Ereignis, das sich immer noch vollzieht (Bellona wird allmählich von Zerstörung aufgefressen), während apokalyptische Zeichen (der Doppelmond, das riesenhafte Anwachsen der Sonne) auf eine Katastrophe verweisen, die zugleich zukünftig, gegenwärtig und vergangen ist. In Bellona ist Zeit entweder suspendiert oder aber eine andere («Maybe time is just running backward here. Or sideways»). Calkins, der mysteriöse Herausgeber der «Bellona Times», konstruiert Zeit in willkürlicher Verfügung über Vergangenheit und Zukunft. Der Protagonist – abwechselnd Kid oder auch Kidd genannt: in adoleszenter Queste nach dem eigentlichen Namen und mythische Figur in einer gottverlassenen Welt, die Mythen wuchert – überspringt entweder Zeit erinnerungslos oder lebt in einer eigenen Zeitdimension.

Bellona hat eine erkennbare Topographie, verändert aber seine Lage ständig. Es liegt irgendwo in der Mitte der USA, aber in unstabilem geographischen Bezug zu anderen amerikanischen Städten, auf die es in der üblichen Brechung utopisch-dystopischer Erzählkonvention zugleich verweist und von denen es sich deutlich unterscheidet. So ist in Bellona der Raum selber unstabil: Links und Rechts sind vertauschbar. Wie die Muster eines Kaleidoskops verändert die Stadtlandschaft ständig ihre Raumstruktur – die gleichen Häuser bieten zu verschiedenen Zeiten verschiedene Ansichten der Stadt. Sie ist in einen Nebel gehüllt, der eine zeitliche Orientierung unmöglich macht: Wenn er vorübergehend aufreißt, gibt er den Blick frei auf einen ominösen Doppelmond und auf eine noch bedrohlichere Riesensonne, die den Horizont zu verschlingen scheint. Bellona ist apokalyptischer und anarchischer Raum, in dem zwar noch die Reste einer Sozialstruktur sichtbar, gesellschaftliche und vor allem wirtschaftliche Ordnung jedoch aufgehoben sind. Dafür gibt es die Selbstorganisation der verschiedenen gesellschaftlichen Gruppen: die Vigilante-Gruppen einer schemenhaften Mittelklasse, die Kommune der Flower Children, vor allem aber das ritualisierte Leben der «Scorpions», einer schwarz-weiß gemischten Straßenbande gesellschaftlicher Randfiguren (von Dieben, Zuhältern, Punks, Drogensüchtigen – des menschlichen Abfalls in Bellona), in der Violenz und Zärtlichkeit, Phantasie und Realitätssinn, Schizophrenie und halluzinatorische Klarheit sich berühren. Ihr Anführer ist Kid(d), dessen Selbstverwirklichung als Dichter zu seiner möglichen Selbstauflösung in der Geisteskrankheit parallel verläuft. Ambivalenzen wie diese finden sich als Gleichwertigkeit des Gegensätzlichen und Widersprüchlichen auf allen Ebenen des Buchs: Anfang und Ende, Traum und Bewußtsein, Welt und Text, Anarchie und Ordnung etc. Sie setzen sich fort in den sexuellen Praktiken der «Scorpions», die die binären Strukturen bestehender Hierarchien auf ihre Weise unterlaufen. Insofern ist Bellona («burning city», «internal city», «city of reconstituted disorder») Projektionsraum der Phantasie – nicht nur dystopische, sondern auch utopische Stadt, zerstörter *und* befreiter Raum, gezeichnet vom katastrophischen Zusammenbruch des Ordnungszentrums, aber auch Spielraum zur Erprobung flexibler Ordnungen an den Randzonen von Bewußtsein und Gesellschaft.

DeLillo verortet dagegen seine Figuren in geographischen, ökonomischen und gesellschaftlichen Räumen, deren Textur und Oberfläche er sehr präzise registriert. «Players» entwirft New York als Alltagswirklichkeit, die es jedoch zugleich durch Strategien der sprachlichen Stilisierung und der formalen Selbstemphase als inszenierte kenntlich macht. Die Spieler – wie auch die Realität, in der sie sich bewegen – sind insofern auch Gespielte, In-Szene-Gesetzte, Manipulierte. Ich möchte die Verfahrensweisen dieses selbstreferentiellen Realismus nachfolgend kurz verdeutlichen.[34] DeLillo analysiert, wie er sagt[35], die psychische Befindlichkeit seiner Figuren aus ihrer Beziehung zu den Gegenständen, die sie umgeben oder mit denen sie sich umgeben haben – als Innensicht, die in der Ansicht eines Innenraums verdoppelt wird. Aber anders als in den traditionellen Verfahrensweisen des Realismus sind bei DeLillo Räume und Gegenstände nicht nur die äußeren Zeichen der Personen, zu denen sie gehören, sondern die Personen sind, wie es in «Players» heißt, «in den Dingen anwesend», so wie umgekehrt Dinge und Räume in den Menschen sind und sich ihrer bemächtigt haben. Diese magische Durchdringung von Innen und Außen, die als eine Art Echoeffekt die Verdoppelung des Ichs in seiner Alltagswelt zur Folge hat, äußert sich auf andere Weise in der Prädominanz abstrakter Muster, die Innen und Außen gleichermaßen strukturieren: das Flugzeug (im Prolog «The Movie»)[36], die architektonische Innenwelt des World Trade Center oder der Wall Street (Büroräume, Fahrstühle, Cafeterias), das Apartment von Lyle und Pammy samt Fernseher, in dem der Innenraum zentriert ist, das Motel des Epilogs etc. – dies alles sind systematisierte und nach außen abgeschirmte Räume, in denen sich Alltagsleben ritualisiert und wiederholt. Die Protagonisten des Romans sind daher keine realistischen Figuren, sondern sie leben Muster (Sprachmuster, Handlungsmuster), oder sie leben in solchen Mustern, die ihnen vom Environment New Yorks, dem Spielfilm des Prologs, von TV-Programmen, Kommunikationssystemen, den Formen korporativer Organisation vorgegeben sind. Insofern sind sie Oberflächen in einer Welt der reinen Oberfläche, in der jedoch Zeit verrinnt und die verdrängte Ahnung von Tod und Zeitlichkeit als Langeweile die Ordnungen des Alltags infiltriert. Wiederholung (oder auch die Variation des Immergleichen) ist das Kompositionsprinzip einer als Oberfläche konstruierten Erzählwelt. Sie wird in stilistischen Verfremdungen des Alltäglichen – im Wiedererkennen des Oft-Gesehenen, im Überlappen von wahrgenommenem Gegenstand mit seiner photographischen Duplikation, im *double-take* oder im *déjà vu* – zugleich thematisiert und aufgebrochen. Denn das Vor-Augen-Kommende wird als scheinbar Erinnertes unvertraut und Realität in der selbstreferentiellen Problematisierung ihres vertrauten Erscheinens unheimlich. Das Unheimliche ist insofern Aspekt einer Wirklichkeit als Routine, als es den künstlichen Charakter des Gewohnten aufdeckt und damit die latente Bedrohung ins Bewußtsein ruft, welche die Rituale des Alltags verbergen sollen.

«Empty landscapes», sagt DeLillo über «Players», «seem to inspire games»[37]. Die Spiele, die seine Protagonisten entwerfen, entspringen der Spannung zwischen der kodifizierten Außen/Innenwelt und einem Verlangen nach größerer Komplexität. (Redensarten wie «Am I too complex...?», «This is metaphysical» signalisieren einen unbefriedigten Hunger nach Transzendenz, der die Figuren zwar in die Dinge hineindrängt, aber als latentes Unbehagen auch wieder in sie zurückfließt.) DeLillos Spieler suchen diese Komplexität jedoch nicht außerhalb des Systems («The outside world... I thought we had effectively negated it»), sondern sie transzendieren es und schreiben es zugleich fort in den extravaganten Formen der eigenen Systembildung. Im Terroristen-Spiel, auf das sich Lyle einläßt, gelingt ihm durch die riskante Auslegung der Spielregeln die Änderung der Rolle, die er nach den Szenarios der andern spielen sollte. Doch obwohl er in dieser komplexeren Systematisierung mehr ‹Außenraum› wahrnimmt als zuvor (das ‹Spiel› führt ihn weg vom Zentrum in die Randzonen der Stadt, läßt ihn Dinge sehen, welche die habitualisierte Wahrnehmung kaum registrierte), bleibt er am Ende im ‹Motel›, dem Inbegriff künstlichen und unendlich reproduzierten gesellschaftlichen Innenraums. Lyle wird so als Sprecher jenes Satzes identifizierbar, mit dem das Buch beginnt: «Someone says: Motels. I like motels. I wish I owned a chain, worldwide. I'd like to go from one to another to another. There's something self-realizing about that.»[38]

Die widerspruchsvolle Vorstellung von Komplexion durch die Addition des Immergleichen, von Selbstentdeckung durch Besitz, von Selbst-

verwirklichung durch bloßes In-Bewegung-Sein zieht sich durch das ganze Buch. Sie kristallisiert sich in dem Wort «transient», dessen Assoziationsradius (flüchtig, vorübergehend, vergänglich, sterblich) vor allem Lyles Frau Pammy absteckt. Sie gebraucht es zum erstenmal in Verbindung mit dem World Trade Center, in dem sich die Büroräume ihres Arbeitgebers, des Grief Management Council (eine Agentur für Seelenberatung in Trauerfällen), befinden: «To Pammy the towers didn't seem permanent. They remained concepts, no less transient for all their bulk than routine distortion of light. Making things seem even more fleeting was the fact that office space at Grief Management was constantly reapportioned. Workmen sealed off some areas with partitions, opened up others, moved out file cabinets, wheeled in chairs and desks. It was as though they'd been directed to adjust the amount of furniture to levels of national grief...»[39] Wird hier das Herzstück von Kapital und Kapitale zur Innenarchitektur der kollektiven Seele stilisiert, so erscheint umgekehrt der ständige Umbau von Grief Management wie eine Parodie auf die sich in Abriß und Aufbau ständig reproduzierende Stadt. Gegen Ende des Buches verbindet Pammy «transient» mit einem anderen Bild der Metropole. Nach dem jähen Zusammenbruch ihres ‹Spiels› durch den Selbstmord ihres Freundes Jack sieht sie ein New York, das sie aus ihren Sprach- und Wahrnehmungsmustern bis dahin ausgeschlossen hatte: New York als sinnenfüllende «oral city» wie auch als «komplexe Textur» jenseits von Systematisierung.

The ghost engines droned everywhere – down sewers, under basement stairways, in air conditioners and cracks in the pavement. All these complicated textures. Clownish taxis bearing down. Sodium vapor lamps. The city was unreasonably insistent on its own fibrous beauty, the woven arrangements of decay and genius that raised one's sensibility a challenge to extend itself. Silhouettes of trees on rooftops. Garbagemen at midnight rimming metal cans along the pavement. And always this brassy demanding, a soul that imposes and burdens and defrauds, half mad, but free with its tribal bounty, sized to immense design. She walked beneath a flophouse marquee. It read: TRANSIENTS. Something about that word confused her. It took on an abstract tone, as words had done before in her experience (although rarely), subsisting in her mind as language units that had mysteriously evaded the responsibility of content. Trans-zhents. What it conveyed could not itself be put into words...[40]

Wie Pynchon in «The Crying of Lot 49» verbindet DeLillo mit dem Bild der nächtlichen Stadt das Chaos (oder die offenere, reduzierte Ordnung) des aus den Mustern des Systems Ausgeschlossenen: heterogene Wahrnehmungsvielfalt, das Anders-Mögliche, die Randfiguren der Gesellschaft (Pynchons «waste», DeLillos «transients»), die unstabilen Randzonen des Wortes vor seiner Erstarrung in festgeschriebener Bedeutung und schließlich das Bewußtsein von Sterblichkeit, das Grief Management durch die Kodifizierung der Gefühle zu verwalten sucht.

3.

Bei DeLillo (wie auf etwas andere Weise bei Pynchon) scheint das Stadterzählen der Postmoderne zu seinen Anfängen bei Dreiser zurückzukehren. Auch bei ihm ist die Stadt Illusions- und Wirklichkeitsraum, Ort par excellence der Warenkonsumption, Umschlagplatz von Gütern, an denen sich Bewußtsein festgesaugt hat. Pynchons Autowracks in «The Crying of Lot 49» (die Relikte und Reliquien von Hoffnungen, Träumen, Lebensgeschichten), DeLillos Supermärkte (in seinem jüngsten Roman «White Noise»), «where we wait together, regardless of age, our carts stocked with brightly colored goods»[41] – sie sind ein Echo jener Dreiserschen «Zärtlichkeit für den dinglichen Abfall unseres Begehrens»[42], die seine Idealisierung der Warenwelt als melancholisches Memento des Verfalls von Anfang an begleitet. Allerdings sind die Unterschiede überdeutlich. Die Strukturen der narzißtischen Verstrickung im eigenen Produkt (der Reproduktion des Ichs in den Dingen wie in der Oberflächenwelt der Stadt), die Dreiser durch die Mythisierung der Metropole ideologisch verdeckte, wird in den Formen postmodernen Erzählens in greller Selbstthematisierung aufgedeckt. Denn durch die Verdoppelung der Metropole im alles umspannenden Netzwerk ihrer Kommunikations- und Produktionssysteme sind die Zeichenwelten von Stadt und Text unauflöslich ineinander verschränkt. Deshalb kann sie nicht mehr wie noch bei Dreiser als ‹Gegenstand› der Fiktion fungieren; vielmehr ist sie als sich im Text reproduzierendes Zeichensystem zugleich Subjekt und Objekt des Erzählens. Auch in DeLillos scheinbar so Dreiserschen Formulierung «[the city's] soul... sized to immense *design*» verfließen Stadt und Text im Begriff von «design» als planvoller Ordnung. Dem Design der postmodernen Textstadt ist somit die Stadt doppelt eincodiert: als Diskurs von Zentrum und System (Pynchons San Narciso, DeLillos Innenräume) wie auch als desystematisierender Diskurs von Peripherie, Außenraum und Untergrund – als dezentrierte Ordnung des Erzählens hat sie Teil an beiden. DeLillos Diktum, wonach leere Landschaften zum Spiel herausfordern, trifft nicht nur auf seine Spieler-Protagonisten zu, sondern auch auf den spielenden Autor selbst, der im Regelspiel des Textes zugleich System reproduziert und unterläuft, Erzählordnung einreißt und neu entwirft. In der offenen Struktur der zwischen Konstruktion und Destruktion oszillierenden Textstadt nehmen die Fiktionen der literarischen Postmoderne die heftig entropierenden Zeichensysteme ihrer Kultur in sich auf und erforschen zugleich die Möglichkeiten ihrer schöpferischen Subversion vom Rande her. Insofern spricht aus ihren Collagierungen und Inszenierungen des Inauthentischen, der Oberfläche, des bloßen Abfalls und Bric-à-bracs der Stadt und ihrer Kommunikationssysteme nicht nur der Schrecken des fortdauernden Verfalls, sondern auch die Lust, im Spiel mit den Versatzstücken der Kultur in ihr, durch sie und gegen sie zu überleben.

Anmerkungen

1 Die Entstofflichung der Stadt im zeitgenössischen amerikanischen Roman wurde von Ihab Hassan festgestellt: Cities of Mind, Urban Words: The Dematerialization of Metropolis in Contemporary American Fiction. In: Jay/Watts (Hg.): Literature and Urban Experience. New Brunswick (N.J.) 1982, S. 93–112.

2 Rem Koolhaas: Delirious New York. London 1978, S. 13.

3 Ebenda, S. 23.

4 «Now were the waste was...-rise to the sky a thousand glittering towers and minarets, graceful, stately and imposing. The morning sun looks down on these as it might upon the magically realized dream of a poet or a painter» (Lindsay Denison: The Biggest Playground on Earth. In: Munsey's Magazine, August 1905; zitiert nach Koolhaas, S. 22).

5 «With advent of night a fantastic city of fire suddenly rises from the ocean into the sky... Fabulous beyond conceiving, ineffably beautiful, is this fiery scintillation» (Maxim Gorki; zitiert nach Koolhaas, S. 22).

6 John Kasson: Amusing the Million. Coney Island at the Turn of the Century.

New York 1978, S. 8. Die Amusement Parks entstanden fast zur gleichen Zeit wie die Nickelodeons, die Groschen-Kinos der Jahrhundertwende, als Institutionen einer neuen städtischen Populärkultur der unteren Schichten, die bis zu ihrer späteren Integration in die dominante Kultur (in den zwanziger Jahren) durchaus auch alternative Züge trug.

7 Umberto Eco: Die Stadt der Automaten. In: Über Gott und die Welt. München 1987, S. 78.

8 Vgl. etwa Frank Lloyd Wrights Rede über Die Kunst und Fertigkeit der Maschine. In: Schriften und Bauten. München 1963, S. 52–73, oder auch Georg Simmel: Die Großstädte und das Geistesleben. In: Das Individuum und die Freiheit. Essais. Berlin 1987, S. 192–204.

9 Theodore Dreiser: The Titan. New York 1914 (1. Kap.: «The New City»).

10 Philip Fisher: Looking About to See Who I Am: Dreiser's Territory of the Self. In: English Literary History 44 (Winter 1977), S. 728–48.

11 Walter Benn Michaels: Sister Carrie's Popular Economy. In: The Gold Standard and the Logic of Naturalism. Berkeley (Cal.) 1987, S. 31–53 (zit. S. 42).

12 Philip Fisher: Acting, Reading, Fortune's Wheel – Sister Carrie and the Life History of Objects. In: Eric J. Sunquist (Hg.): American Realism. Baltimore 1982, S. 259–277 (zit. S. 274).

13 Georg Simmel: Die Großstädte und das Geistesleben (s. Anm. 8); Robert E. Park: The City: Suggestions for the Investigation of Human Behavior in City Environment. In: American Journal of Sociology 20 (1915), S. 577–612.

14 Da die Collage bei Dos Passos im Bewußtseinsstrom der verschiedenen Protagonisten verankert bleibt, kommt es freilich nicht zu jener «Selbstentfaltung des Materials», die – wie Harald Jähner in seiner Analyse von Döblins «Berlin Alexanderplatz» feststellt – die «literarisch rekonstruierte Stadt» aus ihrer Bindung an die urbane Realität löst. Harald Jähner: Erzählter, montierter, soufflierter Text. Frankfurt/M. 1987, S. 10f.

15 Hartwig Isernhagen: Ästhetische Innovation und Kulturkritik. Das Frühwerk von John Dos Passos 1916–1938. München 1983, S. 128.

16 Dreiser tut dies selber in seinem ebenfalls 1925 erschienenen Roman «An American Tragedy», in dem er das frühere Bild der Stadt als Möglichkeitsraum kulturkritisch revidiert. Nur der 1932 erschienene Roman von Henry Roth «Call It Sleep» fügt sich in die Darstellung der Stadt als Zentrum einer sinnlosen Konsumkultur nicht ein. Roths Geschichte des jüdischen Einwandererkindes David Schearl, das sich zwischen verschiedenen Kulturen und Sprachen zurechtzufinden versucht, endet in der visionären Verschmelzung der Stimme Jehovahs mit der Stimme der Stadt. Im übrigen soll keineswegs geleugnet werden, daß die Geschichte des literarischen Stadtdiskurses, die dieser Essay (re-) konstruiert, der Analyse Fredric Jamesons (Postmoderne – Zur Logik der Kultur im Spätkapitalismus. In: Huyssen/Scherpe [Hg.]: Postmoderne. Reinbek bei Hamburg 1986) verpflichtet ist. Das heißt, sie betont in der Geschichte des modernen amerikanischen Romans die Herausbildung einer literarischen Struktur der Oberfläche wie auch die fortschreitende Verschränkung von Realität und Fiktion; und sie sieht bei Barthelme, Pynchon, Delaney und DeLillo (allesamt virtuose Spieler mit Fiktionen des Realen) Jean Baudrillards Theorie der Simulation bereits vorgebildet (vgl. etwa: Agonie des Realen. Berlin 1978). Die fortdauernde Tradition des realistischen Stadtdiskurses in der Literatur der ethnischen Minderheiten bzw. im Roman der vierziger und fünfziger Jahre bleibt dagegen unberücksichtigt.

17 Francis Scott Fitzgerald: The Great Gatsby. New York 1925, S. 69.
18 «For while there is clearly a mask, there is nothing behind it; it is a surface which conceals nothing but itself, and yet in so far as it suggests there is something behind it, prevents us from considering it as a surface» (zit. nach Judith Williamson: Decoding Advertisements. London 1978, S. 71).
19 Zit. nach Peter Conrad: The Art of the City. New York 1984, S. 301.
20 Ebenda, S. 303.
21 Lawrence Alloway: American Pop Art. New York 1974; sowie Alloway: Topics in American Art since 1945. New York 1975, S. 117–160.
22 Harold Rosenberg: The Anxious Object. Chicago 1966, und: Art on the Edge. Chicago 1975. Das Barthelme-Zitat ist einem Interview entnommen: J. D. Bellamy (Hg.): The New Fiction. Interviews with Innovative American Writers. Urbana (Ill.) 1974, S. 51f.
23 «Sprachschnüre erstrecken sich in alle Richtungen, um die Welt zu einer hastenden, lästerlichen Ganzheit zu verpacken» (The Indian Uprising. In: Sixty Stories. New York 1981, S. 113).
24 Winfried Fluck: «No figure in the Carpet» – Die amerikanische Postmoderne und der Schritt vom Individuum zum starken Signifikanten bei Donald Barthelme. Ms. für Poetik und Hermeneutik XIII. Ms., S. 7.
25 Jürgen Peper: Barthelmes Snow White: Ein Moment in der Geschichte kultureller Dekonzeptualisierung. In: Amerikastudien 31 (1986), S. 155–171 (Zitat S. 157).
26 Donald Barthelme: Views of My Father Weeping. In: City Life. New York 1970, S. 3–17 (Zitat S. 3f.).
27 Donald Barthelme: The Glass Mountain. In: City Life, S. 63–72 (Zitat S. 71).
28 W. Fluck (s. Anm. 24), Ms., S. 18.
29 William Gass: The Leading Edge of the Trash Phenomenon. In: Fiction and the Figures of Life. New York 1970, S. 97–103 (S. 103).
30 «Denn mehr als jede andere Stadt gehört Los Angeles den Massenmedien. Was dem Rest der Nation als L. A.-Szene bekannt ist, existiert hauptsächlich als Bilder auf Leinwand oder Mattscheibe, als vierfarbige Magazinphotos, als alte Radiowitze oder neue Songs, die höchstens eine Woche überleben» (meine Übersetzung aus: The New York Times Magazine, 12. Juni 1966, S. 34, 35, 78, 81–82; Zitat, S. 78).
31 Thomas Pynchon: The Crying of Lot 49. New York 1966, S. 13 (dt.: Die Versteigerung von No. 49. Reinbek bei Hamburg 1973). Zu Pynchons Roman siehe unter vielen anderen auch: Tony Tanner: City of Words. London 1971, S. 153–180; Heinz Ickstadt: Thomas Pynchon, Die Versteigerung von No. 49. In: Ordnung und Entropie. Reinbek bei Hamburg 1981, S. 104–127, und Wendy Steiner: Collage or Miracle: Historicism in a Deconstructed World. In: S. Bercovitch (Hg.): Reconstructing American Literary History. Cambridge (Mass.) 1986, S. 323–351.
32 Obwohl der Roman von der Unerkennbarkeit der Welt ausgeht, etabliert er Kriterien relativer Erkenntnis. So ist Oedipas Fiktion von Tristero realitätshaltig, weil sie ihr erlaubt, Chaos wahrzunehmen. Sobald sie jedoch an Tristero glauben würde, verlöre sie ein wie immer ungesichertes Bewußtsein von Realität an Fiktion und Paranoia.
33 Samuel Delaney: Dahlgren. Boston 1977; mit einem ausgezeichneten Vorwort von Jean Mark Gawron. Zu Escher vgl. Douglas R. Hofstadter: Goedel, Escher, Bach. London 1979, sowie Bruno Ernst: Der Zauberspiegel des M. C.

Escher. München 1978. Eschers unbestimmte und paradoxe Strukturen, seine «unendlichen» Spiralen wurden von verschiedenen Kritikern zur Erklärung spezifischer postmoderner Textbildungsverfahren (die Unstabilität und Nicht-Entscheidbarkeit ihrer Sinnfiguren) herangezogen. Maurice Couturier und Regis Durand tun dies für Barthelme (Barthelme and the Escherian perception). In: Barthelme. London 1982). Ähnliches ließe sich für Pynchon und für Delaney sagen.

34 Was DeLillos auf sich selbst verweisenden Realismus betrifft, so ist es wahrscheinlich kein Zufall, daß er einem seiner Protagonisten den Namen Segal gibt. Ebenso wie es übrigens kein Zufall sein dürfte, daß Delaney den mysteriösen Herausgeber der «Bellona Times» Calkins nennt – nach dem Erfinder des Science Fiction-Comic: Buck Rogers.

35 An Interview with Don DeLillo. In: Contemporary Literature 23 (1982), S. 30f.

36 In diesem Prolog läßt DeLillo seine sieben noch namenlosen Protagonisten im abgeschirmten Innenraum des Flugzeugs einen Film betrachten, dessen Handlung (ein terroristischer Einbruch in scheinbar gesicherte Räume) das Geschehen vorwegnimmt, an dem sie selbst beteiligt sind.

37 Interview, S. 22.

38 Don DeLillo: Players. New York 1977, S. 3. Nur am Rande sei vermerkt, daß sich damit auch bei DeLillo lineares Erzählen als zirkulär erweist und so als künstliche Ordnung zu erkennen gibt.

39 «Pammy erschienen die Türme keineswegs dauerhaft. Sie blieben Konzepte, trotz ihrer Masse nicht weniger beständig als eine ganz gewöhnliche Veränderung des Lichts. Was alles noch unstabiler zu machen schien, war die Tatsache, daß die Büroräume von Grief Management immer wieder neu aufgeteilt wurden. Arbeiter trennten Räume ab, machten dafür andere auf, verschoben Karteischränke, bewegten Stühle und Schreibtische hin und her. Es war, als hätte man sie angewiesen, den Umfang des Mobiliars dem jeweiligen Stand der nationalen Trauer anzugleichen...» (meine Übersetzung, S. 1a)

40 «Die Geistermaschinen dröhnten überall – unten in den Abwasserkanälen, unter den Treppen zum Souterrain, in Entlüftungsanlagen und Sprüngen im Straßenasphalt. Alle diese komplexen Gewebe. Komische Taxis, die herangeschossen kamen. Natriumlampen. Die Stadt insistierte gegen alle Vernunft auf ihrer fasrigen Schönheit, den verwobenen Systemen von Zerfall und Genius, welche die eigene Sensibilität herausforderten, sich ihrer Größe anzugleichen. Baumsilhouetten auf Flachdächern. Straßenreiniger, die um Mitternacht Metallbehälter scheppernd über das Pflaster rollten. Und immer dieses dreiste Verlangen, ein Geist, der sich aufzwingt, sich aufbürdet, der betrügt, halb verrückt ist, freizügig mit den Stammesgaben, zu riesigem Design geweitet. Sie ging unter der Leuchtschrift eines Obdachlosenheims. Es sagte: Durchreisende. Etwas an diesem Wort verwirrte sie. Es erhielt plötzlich eine abstrakte Tönung, wie dies in der Vergangenheit auch schon bei anderen Worten der Fall gewesen war (aber nicht oft), die in ihrem Kopf als Spracheinheiten weiterlebten und sich auf geheimnisvolle Weise der Verantwortung fester Bedeutung entzogen. Durchreisende. Was es vermittelte, war selbst nicht in Worte zu fassen» (meine Übersetzung, S. 206f.).

41 Don DeLillo: White Noise. New York 1986, S. 326.

42 Richard Poirier: Embattled Underground. In: New York Times Book Review (1. Mai 1966), S. 23–26.

Harald Jähner

Tour in die Moderne

Die Rolle der Kultur für städtische Imagewerbung und Städtetourismus

Nach einem Beschluß der Stadtverwaltung von Silver City im US-Staat New Mexico mußte jeder, der sich am 4. Juli 1987, am amerikanischen Nationalfeiertag, vor die Haustür begab, eine Sonnenbrille tragen, insbesondere jeder, der an der Parade zum Unabhängigkeitstag teilnahm. Der Grund: Eine Werbeagentur sollte gigantische Gruppenfotos und Straßenszenen aufnehmen, um den Werbespruch der Stadt zu illustrieren: Silver City – unsere Zukunft ist so hell, daß wir alle Sonnenbrillen brauchen.

So hell, daß sie keine Werbeanzeigen braucht, ist die Zukunft von Silver City jedoch nicht. Die Sonnenbrillenkampagne der amerikanischen Provinzgemeinde ist ein abstruses Beispiel einer nur wenige Jahre alten Form der Städtewerbung, ohne die heute kaum noch eine Kommune auszukommen glaubt: die Imagewerbung. Seit 1982 ‹penetriert›, wie es in der Werbebranche heißt, Berlin den Slogan «tut gut», Hamburg setzt sich als «Das Hoch im Norden» in Szene, die Megalopolis Ruhrgebiet beschwört sich in doppelseitigen Illustriertenanzeigen als «ein starkes Stück Deutschland». Gemeinsam ist den Kampagnen das Bemühen, die Stadt als Wohn- und Industriestandort und als Fremdenverkehrsziel aufzuwerten und sich dabei als aufregend, pulsierend, prosperierend, faszinierend und schlichtweg wohltuend darzustellen. Während Berlin intensiv um Touristen wirbt und die Imagekampagne mit der herkömmlichen Produktwerbung, nämlich dem Versprechen eines hervorragenden Reiseerlebnisses, verbindet, sind die Hamburger und die Kampagne der Ruhrstädte Imagewerbung reinen Stils. Die Hamburg-Werbung zielt, indem sie den lebendigen Handel, die Kreativität seiner Bewohner, den Erfolg seiner Unternehmen herausstreicht, konsequent auf die Unternehmerschaft. Sie soll motiviert werden, in Hamburg zu investieren und dort neue Industrieanlagen zu errichten. Mit Aktionen wie der Verlosung von Gratis-Teilnehmerkarten am Kolloquium «Wirtschaftspartner China» oder der Verlosung eines Gründerzeitschreibtischs an einen Existenzgründer versucht die Agentur Wilkens Ayer ein «ökonomisch umsetzbares, positives Erscheinungsbild Hamburgs zu kommunizieren».[1] Der Imagekampagne liegt die Einsicht zugrunde, daß neben dem beschleunigten allgemeinen Strukturwandel der Kommunen «Ereignisse im Bereich der Wirtschaft, der Politik, der Ökologie dem Ansehen Hamburgs geschadet» haben.[2] Mit einem schlechten Image haben vor allem die PR-Strategen des Kommunalverbandes Ruhrgebiet zu kämpfen. Ihre Kampagne «Ein starkes Stück Deutschland» zielt darauf, die gängigen Vorstellungen vom Ruhrgebiet als bankrottes Kohlelager durch konträre Aussagen zu unterlaufen. Sie präsentierten großformatig lauter Dinge, die man vom Ruhrgebiet nicht erwartet: Villen im Grünen, Balletmädchen, Caféhäuser, Künstler, Sinologen.

Gemeinsam ist den Kampagnen, daß sie den Erlebnis- und Unterhaltungswert der Stadt in den Vordergrund stellen. Auch da, wo die ökonomischen Vorteile der Stadt für die zu gewinnenden Unternehmen herausgestellt werden, ist die Effektivität der Stadt Effekt ihres urbanen Erlebniswerts. Für John Neumeier, Chefchoreograph des Hamburger Balletts, ist, so der Text einer Anzeige, «Hamburg ein guter Platz für Pläne, die reif sind für Taten. Das Umfeld inspiriert. Der Rückenwind ist stark. Und das Leben hier ist angenehm.» So angenehm, daß in einer späteren Anzeige die Agentur den Chef des Hotels Atlantic sagen läßt: «Im Schlaf unserer Gäste regeneriert sich die Weltwirtschaft.»

Wenn es denn nur so wäre. Ihr Erscheinungsbild verändernd, kämpfen die Städte um die Neubesetzung verlorener Positionen. Den Wettlauf um das Optimum einer im folgenden erst noch näher zu bestimmenden urbanen Attraktivität mittels verschiedener Formen von Werbung, zu denen nicht nur die konventionellen Medien, sondern etwa auch die Inszenierung von Urbanität mittels Kultur gehört, kann erst richtig ermessen, wer sich die tiefgreifende Krise vor Augen führt, die die Städte gegenwärtig durchzustehen haben. Sie sind, um es nur wenig überspitzt zu sagen, ökonomisch überflüssig geworden.

Daß Städte sich wie Industriekonzerne anpreisen, daß sie Millionen-Budgets trotz extrem hoher Streuverluste und einer allenfalls mittelfristigen Wirkung für Anzeigenkampagnen ansetzen, zeigt, daß sie, bildlich gesagt, hungrig sind und daß der Kuchen, der zu verteilen ist, für alle nicht reichen wird. Die herkömmlichen urbanen Industrie- und Handelszweige gehen unaufhaltsam ihrem Ende entgegen; der ökonomische Strukturwandel hinterläßt im radikalen Falle – Beispiel Cleveland (USA) – Gespensterstädte: vergifteten Boden und Heere von Arbeitslosen. Die Städte kämpfen, soweit sie es noch können, arbeitsteilig um den begrenzten Anteil neuer Wirtschaftsbereiche: Während die PR-Strategen das Erscheinungsbild polieren, hofieren die Bürgermeister untertänigst die Manager der großen und kleinen Industrie. Dabei wissen oder ahnen die Großverkäufer städtischen Terrains, daß nicht nur ihre Stadt, sondern die Stadt überhaupt für die Industrie entbehrlich geworden ist.

Der rasche Datentransfer macht es technisch möglich und ökonomisch rationell, nicht nur Verwaltungsbereiche, sondern auch die Produktion selbst zu dezentralisieren und auf der schon sprichwörtlichen grünen Wiese anzusiedeln. Der avancierte Produktionsort der Gegenwart ist nicht mehr die Stadt, sondern ein wenige Kilometer breiter Streifen längs der Autobahnen, an denen in den immergleichen fensterlosen Quadern vollautomatisch Joghurtbecher, Lenkräder, Eßtische, Fernseherchassis oder Halbleiterplatten hergestellt werden.[3] Die Produktion wird per Kabel überwacht, gesteuert und mit anderen dezentralen Produktionsstätten vernetzt. Die Zeit, daß ein Automobil aus Teilen montiert wurde, die, wenn nicht an einem Ort, so doch zumindest in einer Stadt hergestellt wurden, ist schon seit einigen Jahrzehnten vorbei; heute bezieht selbst eine Schreibmaschine oder ein simpler Wecker seine Innereien aus der ganzen Republik, wenn nicht aus der gesamten westlichen Hemisphäre.

Totale Vergesellschaftung ist heute unabhängig von der Konzentration der Menschen in räumlicher Dichte. Der Strom der Botengänger in den Städten ist durch den Datenfluß ersetzt worden, die Masse der Arbeiter durch den Effekt der Roboter, die Nachbarschaft der Büros durch die Leitgeschwindigkeit der Glasfaser, die Schnelligkeit der Zeitungsjungen durch die Pünktlichkeit der Tagesthemen. Ein Bewohner der Hallig Hooge ist heute virtuell nicht uninformierter als der Großstädter, er kann sich, soweit er über die notwendigen Kommunikationsapparaturen verfügt, ohne nennenswerten Standortnachteil in viele Arbeitsprozesse integrieren.

Auch für den Konsumenten, der in Sachen Politik, Kultur, Mode, Lebensstil auf dem neuesten Stand bleiben will, ist die Stadt keine notwendige Existenzbedingung mehr, da es im elektronisch vernetzten ‹Weltdorf› zu jeder Information von jedem Terminal aus gleich weit entfernt ist.

Doch Hölderlins Beobachtung, daß, wo die Gefahr wächst, auch das Rettende mithält, erweist sich auch diesmal als richtig. Gegenläufig zur Bedrohung der Stadt durch ihre Überflüssigkeit gewinnt sie, die Stadt, seit einigen Jahren beständig an Attraktivität.

Urbanität, noch vor 15 Jahren eine nahezu unbekannte Kategorie, die allenfalls eine Handvoll Soziologen beiläufig gebrauchte, ist heute zum Zauberwort des Zeitgeistes geworden. Aus Gründen, die gerade mit der Entbehrlichkeit der Stadt zusammenhängen, wächst ihre Anziehungskraft in kultureller, theoretischer und, aus verwandten Motiven, letztlich auch wieder ökonomischer Hinsicht. Herrenmagazine, Kulturzeitschriften und Illustrierte bringen regelmäßig Beiträge zum ‹Metropolenvergleich› heraus. Der Begriff ‹Metropole› ist eines der bestklingenden und unbestrittensten Modewörter der letzten Jahre, von Bürgermeistern wie linken Kulturstrategen gleichermaßen stolz im Munde geführt. In den Yuppie-Lokalen der deutschen Provinzstädte redet man über die neuesten Treffs im New Yorker TriBeCa, als lägen sie gleich um die Ecke.

Wer hier mitreden will, kennt sich auf den Ramblas Barcelonas ebenso aus wie in den Seitengassen der Piazza Navona. Seit Jahren erleben die Reiseveranstalter von City-Flügen und Kurzreisen ständig steigende Zuwachsraten.[4] Im Herbst und Frühjahr suchen immer mehr Menschen Erholung nicht auf Amrum oder in Zermatt, sondern in Amsterdam, Paris und Zürich. Die Städte antworten auf den Trend mit steigenden Investitionen in den Kulturbereich und in Förderungsmaßnahmen zum Ausbau der gastronomischen Infrastruktur. Ebenso stark macht sich die modische Renaissance der Stadt in der ästhetischen und soziologischen Theorie bemerkbar. Auch hier wurde die Stadt zum erregendsten Topos der letzten Jahre, bot sie doch die Chance, abstrakte Theoreme auf einer faszinierend sinnlichen Ebene durchzuspielen. Die Vorreiter kamen hier einmal mehr aus Paris: Mit dem Sammelband «Ville Panique» des Centre de Création Industrielle im Centre Pompidou[5] begann die Welle der theoretischen Exploration der Stadt auf dem hypersinnlichen Niveau der Katastrophe. Feuersbrünste, Krieg, Pest und Panik bildeten das noch recht grobschlächtige Szenarium, auf dem die Stadt als Spektakel verhandelt wurde. Parallel dazu begann der inflationäre Zug der Flaneure auf Benjamins Spuren und die minutiöse Rekonstruktion der städtischen Zivilisationsgeschichte unter systematischen oder lokalgeschichtlichen Aspekten. Wie der «Kampf des Dichters mit der Geistermenge der Worte in den leeren Straßen»[6] wurden der Ausbau der Gasbeleuchtung und des elektrischen Lichts, die Entwicklung der Kanalisation, die Techniken der Bestattung in den Großfriedhöfen zu essayistischen Modethemen.[7]

Die Koinzidenz von touristischem und theoretischem Interesse ist kein Zufall. Woraus aber erklärt sich die plötzliche Beliebtheit der Stadt als Ort erholsamen Spazierens und als Topos ästhetischer und sozialwissenschaftlicher Reflexion? – Galt doch die Stadt noch vor wenigen Jahrzehnten allenfalls als notwendiges Übel, wenn nicht als Menetekel der gesellschaftlichen Katastrophe – mit Ausnahme der Betrachtungen einiger abgebrühter Avantgardisten. Während sich die großen Städte in den letzten Phasen ihres industriellen und infrastrukturellen Aufschwungs befanden, sahen nur wenige, wie Heinrich Mann, in ihnen eine «Menschenwerkstatt» für einen neuen, auf demokratische Weise zivilisierten Menschentyp. Im Deutschland der Weimarer Republik überwog die Angst vor der Großstadt, gesteigert noch durch die Ungewißheit, zu welcher Größe, Dichte und Gewalt sie in ihrer unabgeschlossenen Entwicklung noch fähig sei. Der beißende Rauch der Fabriken, die vielbeschworenen «Menschendünste» in den Straßen, die Angst, «sich in ein Netzwerk zu verlieren, dessen ganze Zusammensetzung überhaupt noch kein Mensch entwirrt hat»[8], lassen die Stadt in den zwanziger Jahren meist im Zeichen der Hölle erscheinen. Selbst ein überzeugter Großstädter wie Alfred Döblin kann nicht umhin, ins Zentrum seines Großstadtromans «Berlin Alexanderplatz» die panische Angst zu stellen, in die die Stadt jenen versetzt, der sich ihrer Macht nicht fügt.[9]

Heute hat sich die Stadt vom Schreckbild totaler Vergesellschaftung zu deren Idyll gewandelt. Immer noch reagiert der Mensch auf die Methoden und Formen seiner Vergesellschaftung mit Angst, aber diese haben seit langem nichts mehr mit der Stadt zu tun. Daß «der ständige Lebensaufenthalt in einem wohlgeordneten Staat etwas durchaus Gespenstisches hat», wie Musil im «Mann ohne Eigenschaften»[10] schrieb, hat durch die Intensivierung der Kommunikationstechniken drastisch zugenommen. Während sich die elektronische Verwaltung der Welt in rasantem Tempo komprimiert und intensiviert, nimmt die mechanische und physische Verdichtung der Gesellschaft ebenso ab wie die Sichtbarkeit der Produktion des gesellschaftlichen Reichtums, wodurch dessen Wurzeln mehr denn je verschleiert werden. Der «technologische Schleier»[11], der sich als nur scheinbar funktional bestimmter Zusammenhang über die warenproduzierende Gesellschaft legt, hat mit der elektronischen Verdichtung an mystifikatorischer Kraft gewonnen. Nicht mehr das Räderwerk der Städte oder der Dschungel der einst als undurchdringlich halluzinierten Stadt lösen heute aktuelle Ängste vor der gesellschaftlichen Allmacht aus, sondern die banale Allwissenheit jener immer kleiner werdenden Rechner, die jedes Einwohnermeldeamt mit der transzendentalen Universalität der globalen Datenmenge vernetzen. Der Ahnung einer an Intensität zunehmenden Vergesellschaftung fehlt es jedoch an sinnlich stofflicher Erfahrung, wodurch, wie nicht zuletzt der massive, häufig irrationale Widerstand gegen die Volkszählung zeigt, das Gefühl der ‹Geisterhaftigkeit des Lebens› noch wächst. Topoi wie der ‹Big Brother›, die ‹Brave New World› oder der ‹gläserne Mensch› sind heute zum Gesprächsstoff breiter, selbst eher unpolitischer Kreise geworden.

In dieser Situation bekommt alles, was einst die Schrecken der Stadt ausmachte, entspannende Funktion. Gerade das Tumultuarische, oft nur als tumultuarisch ersehnte und nachhelfend entsprechend halluzinierte Getriebe der Stadt, ist unter heutigen Bedingungen ein idyllisches Tableau – eine Real-Metapher für eine Gesellschaft, die an ihrer Abstraktheit leidet. Die sinnliche Zusammenballung der Menschen in der großen Stadt verwirrt die meisten Menschen nicht mehr, sondern orientiert sie umgekehrt über ihre Existenz, indem sie ihnen ein interpretierendes, erleichternd konkretes Inbild der Vergesellschaftung anbietet, viel konkreter, als die Gesellschaft in Wirklichkeit ist. Denn wie alle Orientierungsarbeit hinkt auch die nach Interpretationsmustern suchende Stadtwahrnehmung der realen Entwicklung der Lebensbedingungen hinterher.

Dieses Erkenntnisinteresse an der Stadt teilt der Gesellschaftswissenschaftler mit dem Städtetouristen – nur die Arbeitsweisen und -mittel unterscheiden sie. Rußgeschwärzte Arbeiterviertel, die letzten Katakomben der Schwerindustrie, Relikte aus den Kindertagen des Massenverkehrs und übelriechende Kanalisationsnetze werden zu Objekten einer obskuren archäologischen Begierde, die Historiker, Kulturwissenschaftler und Touristen vereint.

Der Schlüssel zur Erkenntnis bei der Erforschung der historischen Entwicklungsstufen einer Stadt ist dabei vergleichbar mit dem Schlüssel zur Entspannung und Erholung beim realen Stadterlebnis: In der turbulenten, lärmerfüllten, alle Sinne okkupierenden Stadt sucht der Tourist das Eintauchen in die in Spuren und Reliktschichten noch vorhandene Genesis seiner gesellschaftlichen Existenz – auch wenn ihm das nicht immer bewußt ist. Erholung stellt sich ein durch die Interpretation der gesellschaftlichen Zusammenhänge im Idyll. So erklärt sich die touristische Beliebtheit der Flohmärkte, die in unendlichen Variationen von Feilschhändeln jene schmutzig-schöne Urszenerie des Kapitalismus präsentieren, dem der alltägliche Reproduktionsprozeß scheinbar gänzlich entwachsen ist. Die Grammatik des Plunders läßt mitten in der modernen Stadt deren Frühform entstehen: das unsichtbare Millionenheer der Hände, die die Dinge abgewetzt haben, die Sprache des Gebrauchs, die Spuren der Geschichte, das Zusammentreffen verschiedener Kulturen im Zeichen des noch überschaubaren Warentauschs. Es ist kein Zufall, daß eine neue Form städtischer Fremdenverkehrspolitik, die nicht nur beschreibend wirbt, sondern auch in die Stadtgestalt selbst eingreift, mit der Förderung der Flohmärkte begann. Die Idyllisierung des gesellschaftlichen Zusammenhangs ist der gemeinsame Nenner fast aller postmodernen Strukturmaßnahmen in den Innenstädten. So führt eine Linie vom Flohmarkt zur Renaissance der Passage, die, wie etwa die auf ihre Einweihung Ende 1987 zugehende Gloriapassage am Kurfürstendamm, als Herzstück einen «Marktplatz» aufweist, von ihren Planern selbstverständlich als «urbanes Ereignis» apostrophiert.[12] Es wäre jedoch ein Mißverständnis zu glauben, die Idyllisierung wäre auf jene naiven, künstlichen Momente beschränkt. Die versinnbildlichende Funktion der Stadt ist allgemein, die jugendlichen Subkulturen dienen ihr ebenso wie die Kneipen, die Kunst und die Straßenprostitution. Martialisch aufgerüstete Punks, deren Haut aus den Fetzen blitzt, selbst Alkoholiker in den Subway-Stationen gehören zum Background der modischen Selbstdarstellung der Städte, wenn auch weniger in den aus politischen Rücksichten betulichen offiziellen Fremdenverkehrsprospekten als in den Vermittlungen der Modezeitungen, der Trendillustrierten und Lebensstilmagazine. Der Tourist sucht in der Stadt die «tausend Menschendünste», von denen Richard Dehmel noch mit Ekel sprach, das Gedränge in den Straßen, den real gewordenen Pornofilm im Sex-Club. Für die amerikanische Ausgabe der Modezeitschrift «Vogue» wird Berlin zum Touristentip Nr. 1, weil einem angeblich in kaum einer anderen Stadt der Welt so viele schöne Menschen mit unverhüllt sexueller Neugier offen in die Augen schauen und weil sich nirgendwo sonst so viel Sex und Kultur lustvoll in Leder und Gewalt kleiden.[13] «Die meisten Menschen erhoffen, daß das Wochenende ein Moment der Entspannung und des Glücks im vertrauten Familienkreis ist», heißt es im brancheninternen Band «Die Werbung für Berlin». Aber da dies meist nicht gelingt, «suchen die Menschen nach Möglichkeiten, ein garantiert zufriedenstellendes Wochenende sicherzustellen. Berlin kann dieses Wochenende offerieren ... Da Berlin all das seinen Besuchern versprechen kann, bietet sich für die Stadt die Chance, eine sozialpsychologische Ventilfunktion zu übernehmen.»[14]

Sozialpsychologisch gesehen bietet die Stadt die Gesellschaft zum Anfassen. Die konkrete Materialität der City hat angesichts der Immaterialisationstendenzen der zeitgenössischen Kommunikation offenbar magischen Reiz, folgt man der Beschreibung des «neuesten Menschentyps der Großstädter» im Zeitgeistjournal «Tempo». Dort heißt es über den Metropolengänger: «Der Gänger ist sinnlich wie eine Katze, wach, wendig, und was er tut, ist von zauberhafter Unwirtschaftlichkeit. Er riecht an sonnenwarmen Hauswänden, streichelt wie beiläufig rot-weiß lackierte Absperrungen, quietscht mit dem Finger über das Vitrinenglas der Geschäfte und fragt schweigsame Ausländer, die auf den wie Arrestverschärfungen anmutenden Betonblumenkübeln sitzen, nach der Uhrzeit.»[15] Da ist er wieder, der gute alte Mann in der Menge von Edgar Allan Poe, da sind die altbewährte Metapher vom Großstadtdschungel, versteckt in der «Katze, wach und wendig», und das brave Bild von der Stadt als Arrestanstalt. Nur ihren Schrecken haben diese Bilder verloren, sind, mit dem gewissen Prikkeln, das ihnen geblieben ist, zur erholsamen Freizeiteinstimmung geworden. «Tempo» folgert denn auch: «Geh-Mann und Geh-Girl haben es sich in dieser Fremdheit längst auf ihre Art gemütlich gemacht. Sie erleben die moderne Stadt als Heimat-Maschine. Als einen gewaltigen Automaten, der auf eine harte, elektrisierende, staubtrockene Weise das Gefühl produziert, zu Hause zu sein.»[16]

Für den leidenschaftlich postmodernen Großstädter ist Fremdheit eine entspannende Kategorie, geradezu Voraussetzung zur Gemütlichkeit. Dieses scheinbare Paradox enthüllt ein weiteres: daß nämlich das Vertraute gespenstisch geworden ist. Das Wohnzimmer, in dessen Sitzlandschaft der blaue Widerschein des Fernsehers zuckt, ist in dieser ebenso modischen wie sensitiven Wahrnehmung unheimlicher als der gemütliche Innenraum der Stadt, die freilich wieder nur als Medium, als ‹Heimat-Maschine› begriffen wird. Darin spiegelt sich die Künstlichkeit, das Inszenatorische der zeitgenössischen Stadt, die sich auch der Wahrnehmung des gutwilligen, euphorischen Betrachters als bewußt zugespitztes, subventioniertes ästhetisches Ereignis erschließt.

Auch die nach neuen Investitionsstandorten Ausschau haltende Industrie erwartet von den Städten, die um sie werben, die Zurschaustellung von Gesellschaft durch die Erhöhung des urbanen Niveaus. Denn wie für den Touristen besteht auch für die Industrie die Bedeutung der Stadt, nachdem die Bevölkerungskonzentration und die städtische Infrastruktur für die Produktion bedeutungslos geworden sind, in der, um es grob zu sagen, Unterhaltungsfunktion der Stadt. Bei der Reproduktion der Arbeitskraft durch die Erholung der Sinne liegt der betriebswirtschaftliche Nutzen der Stadt für den Unternehmer vor allem im intellektuellen Training, dem sie seine Mitarbeiter beinahe spielerisch unterzieht. Ein Arbeiter, der den Werktag lang Bildschirmarbeit leistet, darf nicht auch noch den Feierabend vor dem Fernsehgerät verbringen. Die Heterogenität der Stadt wirkt der geistigen Ermüdung entgegen, die monotone Arbeit verursacht. Sie hält den Angestellten geistig beweglich und versetzt ihn in die Lage, sich auf verändernde Arbeitssituationen schneller einzustellen.

Wie die Stadt im großen Zeitmaßstab entlastende Funktion ausübt, indem sie den Besucher mit lebendigen sozialen Eindrücken versorgt, trägt sie auch im kleineren Maßstab, im Ablauf eines Tages, zur Reproduktion der Ware Arbeitskraft bei. Gerade den von der digitalisierten Kommunikation gestreßten Angestellten in technisch avancierten Betrieben vermag die Stadt mit einer Fülle von speziellen Freizeitangeboten wie durch ihre sinnliche Vielfalt im allgemeinen schneller wiederherzustellen als das platte Land.

Das wichtigste Motiv in der Palette neuer Gründe, die die Industrie trotz allem in der Stadt verbleiben läßt, bezieht sich auf die Stadt als Laboratorium neuer Bedürfnisse, Absatzmärkte und Ideen. Der Leiter der Abteilung Planung beim Kommunalverband Ruhrgebiet, Stephan Reiß-Schmidt, formuliert die optimistische Perspektive der Stadt als kreativitätsförderndes Ambiente so: Alles deute darauf hin, daß «De-industrialisierung und technologische Entwicklung nicht zu einem Bedeutungsverlust städtischer Lebensformen und zur Disurbanisierung, sondern eher zu neuen Impulsen für ihre Erneuerung und Entwicklung werden können. Die Stadt mit ihrer wirtschaftlichen, wissenschaftlichen, kulturellen und sozialen Vielfalt wird als Zukunftslabor der Gesellschaft mehr denn je unverzichtbar, weil Innovation auch künftig vor allem aus intensiver und direkter persönlicher Interaktion, wie nur die Stadt sie ermöglicht, entsteht.» [17] Im Klartext heißt das, die Industrie braucht eine lebendige Stadt, um der geistigen Verelendung wirksam entgegenzutreten, die der extrem spezialisierte Arbeitsprozeß mit sich bringt. Neue Impulse kann nur der Angestellte entwickeln, der außerhalb der Monokultur seines Arbeitsplatzes möglichst vielfältige Erfahrung mit Menschen macht – die Stadt hilft ihm dabei mit sanftem Zwang.

Natürlich hat die Wirtschaft auch ein Interesse an der Stadt als einem Ort, wo sich produktbezogene und objektivierbare Erkenntnisse gewinnen lassen, wo die Stadt also als experimentelles Labor im strengen Sinne ‹benutzt› wird. Wichtigere wirtschaftliche Produktivkräfte im Wettlauf um Kreativität und Innovation aber sind die latenten Anregungen, die eine lebendige Stadt unwillkürlich ihren Bewohnern vermittelt. Sie bewirkt eine Art permanenter Aktivierung der Allgemeinbildung und trägt insofern dazu bei, die negativen Auswirkungen hochgradiger Spezialisierung zu kompensieren und die Arbeitskräfte zu jener Innovation auch des Grundlagenwissens zu befähigen, die die technische Entwicklung in immer kürzeren Abständen mit sich bringen wird. Ein die Ausbildung dieser Flexibilität des Bewußtseins förderndes Trainingsfeld, das für die Wirtschaftskonzerne notwendig ist, wollen sie in der nationalen und internationalen Konkurrenz bestehen, ist die Stadt. Wie der Tourist, wie der modebewußte ‹Großstadtfreak›, wie die neuere sozial- und geisteswissenschaftliche Theoriebildung hat deshalb auch die Industrie ein starkes Interesse an jenem Zauberwort Urbanität, das inzwischen im Zentrum jedes Stadtentwicklungskonzepts steht.

Dem allseitigen Bedürfnis nach erhöhter Urbanität stehen in der städtischen Wirklichkeit Tendenzen wie die Verödung der Innenstädte, die Auslagerung von Arbeitsplätzen und Einwohnern auf Kosten der Kernstädte, die Monopolisierung des Einzelhandels und des Handwerks entgegen. Durch eine Reihe von Strukturmaßnahmen wirtschaftlicher, städtebaulicher und kultureller Art versuchen die Städte, den Erosionsprozeß aufzuhalten und verlorene Funktionen durch neue zu ersetzen.

Durch die Wiederherstellung der alten Blockrandbebauung, durch die eklektizistische Zitierung tradierter Architekturelemente wird ein ‹Rückbau› zu den gewachsenen Stadtstrukturen angestrebt. Die Schaffung und Rekonstruktion von Plätzen, die Arrangierung von steinernen Sitzgruppen im Stadtraum, die Errichtung von Brunnen als öffentliches Pendant zum heimeligen Kaminfeuer gelten als infrastrukturelle Maßnahmen zur Belebung der urbanen Kommunikation. Die Orientierung an mediterranen Piazze, die begriffliche Jonglierei mit Stelen, Foren und Campanili enthüllen auch dem Ungläubigsten die Nähe der gegenwärtigen Stadtplanung zum Theaterwesen. Als gälte es, dem Wort Boulevardtheater eine ganz wörtliche Dimension zu geben, wird die postmoderne Kulissenstadt konsequent ‹bespielt›. Unter der Beratung der amerikanischen Groß-Environment-Künstlerin Marilyn Wood engagierte beispielsweise das Berliner Verkehrsamt im Sommer 1986 Tänzer und Gaukler, die den zentralen Breitscheidtplatz und andere Orte in der City jeweils unangekündigt zur Bühne machten und den längst nicht mehr verdutzten Passanten unter Einbeziehung von Laternen und Brunnen als Requisiten kurze Tanz- und Ballettszenen boten – oder aufdrängten, wie man will. In Paris verwandelt Max Hergé Hochhäuser mittels riesiger Diaprojektoren in Projektionsflächen; in immer mehr Städten werden öffentliche Plätze und Straßen zu Bühnen und Ausstellungsgeländen. Die ehemals agitatorischen Prinzipien des antiautoritären Straßentheaters der Studentenbewegung werden dabei ebenso von den städtischen Kulturverwaltungen aufgegriffen und zur urbanen Inszenierung umfunktioniert wie Elemente des russischen Proletkults aus den Kindertagen der Sowjetunion. Zur Berliner 750-Jahr-Feier wurde der Große Stern, ein Verteilerkreis mit fünf Ausfallstraßen rund um die zur Erinnerung an den Deutsch-Französischen Krieg von 1870/71 errichtete Siegessäule, an vier Wochenenden für den Verkehr gesperrt und zur Bühne für Freilichtrevuen zur Berliner Geschichte. Auch die Kirche hat sich auf die propagandistische Kraft des Straßentheaters großen Stils besonnen und in Berlin unter der Regie von Frank Burckner wiederholt ganze Straßenzüge und Plätze zum Spielort von Hunderten von Laiendarstellern gemacht. Der Regisseur über seine Inszenierungen, über die die «Bauwelt» in einer Vorbemerkung schreibt, daß sie wie alle Straßentheater überhaupt «kostengünstiger, innovativer und vor allem imagefördernder als Anzeigenkampagnen und Verkehrsamtswerbung» seien: «Wenn man so arbeitet, hören größere Menschenansammlungen auf, Masse zu sein, es entsteht eine neue Wirklichkeit: Menschen baden in Menschen, werden offen, schnell, wach, machen blitzschnell Kontakte, können sehr still sein und hohe Konzentration atmen. Für Schauspieler sind solche Veranstaltungen ein großes Glück: ein dankbareres Publikum werden sie selten finden. Und die Plätze, die Spielorte, sie bekommen durch diese Ereignisse einen Erinnerungswert: man zieht in die Stadt ein anderes Netz.»[18]

Deutlich wird das unterschwellige Interesse, die verlorene städtische Dichte, wenn auch nur momentan durch ein theatralisches Ereignis, in welchem die Zuschauer selbst zum Bestandteil der Inszenierung werden, wiederzugewinnen: «Menschen baden in Menschen» – diese bis vor kurzem mit Angst vor Krankheiten, Ausdünstungen, Fanatismus und Gewalt verknüpfte Vorstellung des Eintauchens in die Menge ist nunmehr zum luxurierenden Erlebnis geworden, das sich ähnlich wie das Keuchen von zehntausend Marathonläufern und das Bild der später von ebenso vielen Plastikbechern übersäten Laufstrecke, um ein ähnlich inszenatorisches Stadterlebnis zu nennen, in die Erinnerung an jene Orte einschreiben soll.

Vorreiter in der Indienstnahme der Kultur in den Prozeß einer Neudefinition des Urbanen ist unter den europäischen Kommunen Paris. Wen wundert's? Denn Paris, die Stadt mit dem zentralistischsten Machtanspruch in Europa, ist durch die neuen dezentralen Kommunikationstechnologien besonders bedroht. Besonders aufwendig sind hier deshalb auch die Maßnahmen, mit denen die Metropole ihren hauptstädtischen Anspruch behaupten will. Zum Symbol der kulturellen Offensive der Stadt wurde das 1976 fertiggestellte Centre Pompidou.

Mit dieser Ausstellungs- und Veranstaltungsmaschine, die schon von weitem an Fabrik, Lagerschuppen, Messehalle, Kaufhaus und Raffinerie zugleich erinnert[19], hat sich die Kultur direkt in den ‹Bauch von Paris› gesetzt, in jenes alte Markthallenviertel, das in ungezählten Romanen, Reiseberichten und Filmen zum Inbegriff des städtischen Stoffwechsels wurde. Sich morgens um fünf Uhr zwischen Huren, Ganoven und rüde Herkulesse zu begeben, die halbe Kälber auf ihren nackten Rücken schleppten, galt jahrzehntelang als das Städteerlebnis schlechthin. So symbolisch der Abriß der Hallen für den Strukturwandel der Städte steht, so symbolkräftig ist das Kulturzentrum, das an ihre Stelle trat. Täglich von bis zu 30000, jährlich von 7,7 Millionen Besuchern frequentiert, ständig einer Vielzahl von Ausstellungen gleichzeitig Raum bietend, bis 22 Uhr, bei einigen Ausstellungen bis zwei Uhr morgens geöffnet, ist das Centre Pompidou zur größten Publikumsattraktion Frankreichs, wenn nicht Europas geworden. Konsequent trägt es seine Massenwirksamkeit nach außen: Leuchttafeln zeigen die Zahl der Besucher an, die sich aktuell im Gebäude aufhalten, die transparenten Röhren der Fahrtreppen und Rundgänge verwandeln das Publikum selbst in stolz präsentierte Lebendexponate. Der konsequente Populismus der französischen Kulturpolitik findet im Centre Pompidou ihren sinnfälligen architektonischen Ausdruck. Das demonstrativ Maschinenhafte des Gebäudes verrät die Kompensationsfunktionen städtischer Kultur: Sie hat die sinnliche und ästhetische Qualität zu ersetzen, die der Stadt als handwerkliches und industrielles System verlorengeht. An die Stelle des physischen Zentrums, des ‹Bauchs›, der Waren und Menschen gleichermaßen verschlingt, tritt die Kultur, um ihn zu ersetzen.

Auch die neueren Großprojekte der französischen Kulturoffensive, besetzen mit Vorliebe brachliegende Territorien des städtischen Verkehrs und Versorgungswesens. Das Museum des 19. Jahrhunderts, das größte Museum Europas, hat sich im ehemaligen Gare d'Orsay, der technologische Museumspark La Villette wiederum auf dem Gelände eines ehemaligen Schlachthofs eingerichtet.

Auch in anderen Städten Europas ziehen massenhaft Kulturzentren in aufgegebene Fabriken ein. Allerorten wirbt man mit der Veredlung der rohen Arbeit durch Kultur, so in Hamburg: «In die Hallen der ehemaligen Kampnagelfabrik kehrt die Sinnlichkeit schweißtreibender Arbeit zurück, nur unvergleichlich kunstvoller, wenn die besten Tanztheatergruppen aus Europa, Afrika, den USA und Japan im Sommer '87 ihre neuesten Produktionen vorstellen.»[20] Eine der atmosphärisch gelungensten Veranstaltungen des Berliner Stadtjubiläums, das Westhafenfest, zog für 14 Tage in die rauhe Kulisse des verkehrsmäßig weitab gelegenen Hafens. Längst üben rußgeschwärzte Lagerhallen, verwaiste Bahnhöfe, aufgelassene Fabriken nicht mehr nur auf die künstlerische Avantgarde, die sie

entdeckte, ihren Reiz aus. In immer weiteren Kreisen werden jene Überbleibsel der Industriearchitektur zu beliebten Spazierterrains. Ausgerüstet mit spezialisierten Reiseführern oder in kundiger Begleitung durch entsprechende Führer, werden viele Monumente der vergangenen Industriekultur zu touristischen Wallfahrtsorten. Mythische Qualität, wie sie nicht nur im Falle der Ausstellung «Mythos Berlin» dem Gelände des ehemaligen Anhalter Bahnhofs in Kreuzberg angerühmt wird, besitzen jene Ruinen, weil sie Ursprungsmetaphern für die Gesellschaft darstellen, die um so dankbarer wahrgenommen werden, als die Gesellschaft ihre eigene Konstitution permanent verrätselt.

Vor allem im ebenso geschichtsträchtigen wie abrißwütigen Berlin haben Besuchsreisen den Charakter archäologischer Exkursionen angenommen. Kulturhistorische Rundfahrten befahren teils markante, teils verborgene Stätten der kulturellen, industriellen und politischen Geschichte. Von Historikern sachkundig geführte Spaziergänge führen auf geschichtlicher Spurensuche durch sandige Stadtbrachen, ehemalige Vergnügungsparks, alte Gleisanlagen, vorbei am Führerhauptquartier, vorbei am ehemaligen Rundbau des Zirkus Busch, vorbei am ehemaligen Bankiersviertel. Eine Zeitlang konnte man sich in der staatlichen Kunsthalle einen Walkman leihen und audionautisch durch die Sehenswürdigkeiten der Stadt leiten lassen. Das Stadtjubiläum hat diesen Service überflüssig gemacht, da mit Akribie die letzten Geheimnisse der Stadt in Ausstellungen dokumentiert und teilweise auf Schrifttafeln vor Ort fixiert worden sind.

Die gesamte Stadt wurde in ein Museum der Geschichte und Gegenwart verwandelt, das archäologische Erkundungen unter nahezu allen Aspekten anbot – vor allem in die noch immer unbewältigt magischen zwanziger Jahre. Damals brachte die Stadt jenes ‹roaring› hervor, das nach einer unverwirklichten Idee des Künstlers und Spurensammlers Raffael Rheinsberg aus einer Lautsprecherinstallation über das verwaiste Brachgelände am Anhalter Bahnhof schallen sollte: das Kreischen der ankommenden Züge, das Brummen der Droschken, die Rufe der Gepäckträger und Zeitungsjungen, das ineinanderverwirrte Sprechen der Menschenmenge.

Die Erfolgsaussichten dieser städtebaulichen und kulturellen Versuche, verlorene Urbanität zurückzugewinnen oder neu zu bestimmen, hängen vertrackterweise von der Fülle der Faktoren ab, die Urbanität ausmacht. Entsprechend schwer ist diese Mischung von Einzelfunktionen zentral zu beeinflussen, zu verdichten oder gar herzustellen. Als klassisches Schreckbild gescheiterter Urbanitätsstrategien kann noch immer die Fußgängerzone gelten: Von der Idee her ein durchaus respektabler Versuch, die Fehler der in den fünfziger und sechziger Jahren zuallererst am Autoverkehr interessierten Stadtplanung wiedergutzumachen und

Schon
B·Z
gelesen?

die Straße wieder zu einem lebendigen Forum zu machen, offenbart die Fußgängerzone in der Praxis nur noch viel krasser den Raubbau, den die gesellschaftlichen Entwicklungen der vergangenen Jahrzehnte am Gesicht der Öffentlichkeit geleistet haben. Denn die Fußgängerzone hebt die totale Privatisierung und Intimisierung der Gesellschaft nicht auf, sondern bringt sie durch die Entmischung der städtischen Funktionen, durch die Versammlung der Menschen nur zum Zwecke des Konsums, bis in die Physiognomie der Gesichter hinein um so schonungsloser zum Ausdruck. Das ‹Prinzip Fußgängerzone› hängt als Damoklesschwert über allen Versuchen, den Erosionsprozeß der Städte aufzuhalten und ihnen ‹künstlich› neues Leben einzuhauchen. Die Gefahren, denen die Planer städtischen Lebens ausgesetzt sind, bestehen vor allem darin, daß der Zentralismus, der notwendig ist, um effektive Maßnahmen durchzusetzen, der Dezentralität widerspricht, die Urbanität wesentlich ausmacht. Das gilt auch in kulturpolitischer Hinsicht besonders für das filigrane, empfindliche Gespinst der kulturellen Szene, die aufgrund ihres hohen Stellenwerts für das städtische Image einer Stadt verstärkt ins Rampenlicht des politischen Willens gerät. Die Aufgabe, die gewachsene kulturelle Szene einer Stadt in den Dienst der Imagewerbung zu stellen und sie mit den Erfordernissen einer breitangelegten PR-Strategie zu konfrontieren, birgt erhebliche Risiken. Die Politiker müssen im eigenen Interesse auf politische Einflußnahmen bei der Propagierung thematischer Kampagnen verzichten, während die Kultur- und Kunstproduzenten Berührungsängste mit einer für sie geradezu erschreckend breiten Zielgruppe abzubauen haben. Mit Recht wehren sie sich aber dagegen, in staatliche Repräsentationsbemühungen eingebunden zu werden, die die Authentizität im Verhältnis von Künstler und Publikum überdecken. «Hier sind offensichtlich Leute am Werk, die an die Rauschzustände des beginnenden Jahrhunderts anschließen und die Massen mit Größe, Pracht und Triumphgefühlen für sich vereinnahmen wollen», schreibt Wulf Eichstädt über die «Bau- und Kulturoffensive von Paris».[21] Wohlgemerkt: wollen. Denn die pure Repräsentationslust findet an dem immanenten Kritikpotential der Kunst ihre Grenze. Wird sie überschritten und geht die Kunst im Werbeeffekt unter, so verliert die Präsentation sofort ihren Reiz. Am schalen Beigeschmack, den viele Veranstaltungen der neueren Kulturpolitik hinterlassen, scheitert auch das Renommierbedürfnis der Regierenden.

An der Differenz zwischen dem bei allem demonstrativen Pathos spielerischen Centre Pompidou und der kalten Pracht des Musée d'Orsay läßt sich die Grenze zwischen der Förderung und der Überforderung von Kultur genau beobachten. Die Vereinnahmung von Kunst durch die grandiose Geste der Präsentation bringt sie um ihre Antriebskräfte; selbst der Belle Époque geht, verschweigt man ihre Schattenseiten, die Luft aus:

«In den Angeboten eines überbordenden Kulturbetriebs verlöschen die Werke.»[22] Das Fingerspitzengefühl zu entwickeln, das nötig ist, um zu beurteilen, ob ein kulturelles Großprojekt zu bloßer Akklamation verkommen oder ob es ein Anlaß nachdrücklichen Erlebens sein wird, fällt den politischen Entscheidungsträgern wahrscheinlich leichter, wenn sie intensiver auf die Bedürfnisse des Publikums rekurrieren, das im städtischen Kulturerlebnis einen Schlüssel zum Begreifen seiner gesellschaftlichen Existenz sucht. Die nachdenkliche Wahrhaftigkeit der Kunst, ihr unerbittlicher Formwille, ihre Kritik und ihre bewußte Zersplittertheit werden allzuleicht der vollmundigen Selbstdarstellung des Großveranstalters Stadt oder Staat preisgegeben, der naturgemäß die Absicht des Ganzen vor das Erlebnis des Besonderen stellt. In Anbetracht des zunehmenden Gefühls der Unwirklichkeit des gesellschaftlichen Zusammenhangs stellen kulturelle Inszenierungen, die die «Ideologie eines totalen Veranstaltens»[23] als einzig manifestes Interesse erkennen lassen, nur ein weiteres Element jenes ‹gespenstischen Lebens› dar, dem der Kulturrezipient, zumal der Stadtreisende, gerade entkommen will.

Anmerkungen

1 Öffentliches Marketing: Hamburg. Das Hoch im Norden. Hg. von der Stern-Anzeigenabteilung. Stern Bibliothek. Hamburg 1986, S. 18.
2 Ebenda, S. 8.
3 Eine Übersicht über gegenwärtige volkswirtschaftliche Theorieansätze zur Land-Stadt-Verschiebung der Produktion liefert Peter Hall: Die Zukunft der Metropole. In: Die Zukunft der Metropolen. Ausstellungskatalog der Technischen Universität Berlin. Berlin 1984, S. 37ff. Eine knappe und klare Darstellung verschiedener Zukunftsszenarien der Stadtentwicklung findet sich auch in Winfried Hamanns Beitrag «Künstliche Paradiese». In: Winfried Hamann/ Thomas Kluge (Hg.): In Zukunft. Berichte über den Wandel des Fortschritts. Reinbek bei Hamburg 1985.
4 Vgl. die statistische Untersuchung von Martin Lohmann. In: Städtetourismus. Referate des Fachkurses «Strategisch planen im Städtetourismus» des Deutschen Seminars für Fremdenverkehr. Typoskript Berlin 1986.
5 Ville Panique. Hg. vom Centre de Création Industrielle im Centre Georges Pompidou. Paris 1977 (dt.: Panikstadt. Berlin/Braunschweig 1979).
6 Vgl. Walter Benjamin: Über einige Motive bei Baudelaire. In: ders.: Charles Baudelaire, Frankfurt/M. 1974, S. 114.
7 Als symptomatisch seien die von Hermann Glaser herausgegebene Reihe «Industriekultur deutscher Städte und Regionen» genannt, besonders die von Jochen Boberg, Tilmann Fichter und Eckhart Gillen herausgegebenen Bände «Die Metropole. Industriekultur in Berlin», die neo-empirischen Untersuchungen Wolfgang Schivelbuschs, die «illustrierte Reisemontage» «Das Paris der Surrealisten» von Pierre Gallissaires oder der Bestseller-Roman «Das Parfum» von Patrick Süßkind, der dem Gestank des vorrevolutionären Paris zur literarischen Wiederbelebung verhalf. Indiz für die Hochkonjunktur des Stadt-The-

mas ist auch das zunehmende Interesse nichtfachlicher Leser an der ehemals reinen Architekten- und Ingenieurszeitschrift «Bauwelt», die darauf ihrerseits mit einer Öffnung zu allgemeineren kulturhistorischen Themen reagiert.

8 Robert Musil: Der Mann ohne Eigenschaften. Gesammelte Werke, Bd. 1. Reinbek bei Hamburg 1978, S. 156.

9 Zum Zusammenhang von Tumult, Schrecken und (Selbst-)Erkenntnis in der Stadtwahrnehmung Alfred Döblins verweise ich auf meine eigene Untersuchung. Harald Jähner: Erzählter, montierter, soufflierter Text. Zur Konstruktion des Romans «Berlin Alexanderplatz» von Alfred Döblin. Frankfurt/M. 1984.

10 Robert Musil: Der Mann ohne Eigenschaften, S. 156.

11 Theodor W. Adorno: Spätkapitalismus oder Industriegesellschaft? In: ders.: Gesellschaftstheorie und Kulturkritik. Frankfurt/M. 1975, S. 173.

12 Vgl. die Werbeanzeige im Katalog zur Ausstellung «Mythos Berlin». Berlin 1987, S. 68.

13 Edmund White: Berlin – bright lights, black leather. In: Vogue (american issue), Oktober 1985, S. 520.

14 Öffentliches Marketing: Die Werbung für Berlin. Hg. von der Stern-Anzeigenabteilung, Stern Bibliothek. Hamburg 1986, S. 51.

15 Peter Glaser: Der Metropolengänger. In: Tempo. September 1987, S. 125.

16 Ebenda.

17 Stephan Reiß-Schmidt: Stadt und Arbeit. Strukturwandel und neue Aufgaben. In: Bauwelt 24 (Juni 1987), S. 861.

18 Frank Burckner: «unerhört», «Luther ist tot»: Stadt als Spielort. In: Bauwelt 12 (März 1987), S. 431.

19 Vgl. Bazon Brock: Die Kulturmaschine: Centre Pompidou. In: Merian 12/36, S. 36f.

20 Hamburger Sommer 87. Prospekt der Hamburg Information GmbH 1987.

21 Wulf Eichstädt: Die alte Pracht der Zukunft. In: Die Tageszeitung, 18. Mai 1987, S. 11.

22 Peter Iden, Kunst ist nicht für alle da. In: Frankfurter Rundschau, 28. Juni 1986.

23 Ebenda.

Hermann Schlösser

Bequem sei der Weg und lockend das Ziel

Die Städte in den Reiseführern

Links vorn wächst ein stattlicher Baum, der seine Wurzeln nicht in der Natur, sondern im Bilderbuch hat. Dahinter lagert breit der Karl-Marx-Hof, in dem sich 1934 kämpfende Arbeiter gegen den austrofaschistischen Heimatschutz verschanzt haben. Seit der großen Ausstellung «Traum und Wirklichkeit» 1985 in Wien bürgt er im Reiseprogramm des aufgeklärten Touristen für authentisch erlebbare Wirklichkeit. Der Traum aber läßt auch nicht auf sich warten: Mit sangesfreudig aufgerissenen Mündern reiten drei Wiener Sängerknaben auf einer dicken Burenwurst durch den besternten Himmel. Und ganz im Hintergrund nur, als dunkle Silhouette, taucht das eigentliche Herzstück und Wahrzeichen Wiens auf: der Stephansdom. Das Zentrum im Abseits. Über allem aber leuchtet als mildes Mondgesicht der Kopf des Kaisers Franz Joseph, der das schöne Ensemble in ein sanftes Zwielicht taucht. Ein sehr gelungenes Bild auf dem rosa Umschlag eines Wien-Führers entnimmt so der großstädtischen Umgebung einzelne Elemente, um sie nach allen Regeln der Kunst neu zu arrangieren.

Ein solches Bild bietet freilich mehr an als die einfache Ansichtskarte.

Und genau auf dieses ‹Mehr› scheint es anzukommen. Als ob die Schönheiten des unmittelbar Vorhandenen nicht genügten, müssen sie durch ästhetisierende Operationen hochgesteigert werden, bis aus der alltäglichen Großstadt ein Ambiente für faszinierendes Erleben geworden ist. Postkarten, Posters, Prospekte der Stadtwerbung bekunden vielgestaltig, daß Stadträume heute wieder begehbar gemacht werden, indem sie zu Bild-Ensembles stilisiert werden. Für den Städtebewohner zeigt sich das in Festen, Ausstellungen, aber auch in einer Tendenz postmoderner Architektur zur Fassadenkunst.

Den Bedürfnissen des Reisenden entspricht die Stadt, insofern sie bereisbar ist. Nun sind Städte auf ebenso viele Arten bereisbar, wie die Bedürfnisse der Reisenden vielfältig und in sich widersprüchlich sind. Wie diese Bedürfnisse sich niederschlagen in der Herstellung bereisbarer Räume und was dabei aus den Städten wird, läßt sich dem Zustand der Textsorte ‹Reiseführer› entnehmen, der den historischen Stand mindestens der Reisekultur reflektiert: Der Kavalierstour des Adels im 17. und 18. Jahrhundert entsprach das enzyklopädische, faktenpralle Handbuch, der großbürgerlichen Bildungsreise die kunstgeschichtlich belehrte Sehschule. Und den Ansprüchen mittelständischer Massentouristen genügte als erster der praktische Baedeker, der über alle Sehenswürdigkeiten der Welt seine Sterne verhängte und Nützliches über Kleidung, Klima und Ernährung zu sagen wußte. Aktuellste Stadtführer versehen den spätbürgerlichen Individualreisenden nicht mehr nur mit Serviceleistungen und Sternchen. Sie nutzen vielmehr alle Präsentationsformen der Reiseführer-Geschichte in synchroner Inszenierung, um damit Stadträume zu Erlebniseinheiten zu steigern.

Das Erlebnis als Wegweiser

«Dieses Wien»[1], das Stadtbuch, dessen Titelbild oben als Emblem postmoderner Wahrnehmung herhalten mußte, bietet alles an, was über Wien, und wie man es erleben kann, zu sagen wäre. Im Untertitel heißt das Buch «Ein Führer durch Klischee und Wirklichkeit», wobei die souveräne Konjunktion ‹und› eine Entscheidung umgeht, die andere Reiseführer durchaus vornehmen. Aber zur Behauptung, Wirklichkeit könne unmittelbar, unverfälscht angeboten werden, gibt sich das Buch nicht naiv genug. Und für die Auflistung grober Klischees ist es sich zu fein. Wien wird also als Widerspiel von Jugendstilschönheit und Arbeiterkultur, von Psychoanalyse und Habsburgermythos präsentiert, wobei nicht in jedem Fall klar ist, was als Klischee, was als Wirklichkeit aufzufassen wäre.

Wirklichkeit, so heißt die Lösung der Autoren, ist gut und schön, aber so ein richtiges Klischee ist schließlich auch nicht reizlos. Wer Wahrheit sucht, dem wird etwa mit kritischen Hintergrundberichten zur Umweltpolitik oder zu Geschäftspraktiken der Wiener Sängerknaben gedient. Wer aber in Wien den schönen Schein sucht, der braucht deshalb auch nicht zu einem anderen Führer zu greifen. Man erzählt ihm etwa die Geschichte des Hauses Habsburg. Und für die Freunde der Simulation, die die Mythen der Vergangenheit nur in Gänsefüßchen goutieren, also in Reprisen, in denen sie ‹schon wieder gut› sind, gibt es noch die Anekdote vom Pensionisten Horvath dazu, den ein Wiener Hotel als Double des Kaisers Franz Joseph angestellt hat, was einmal mehr und unter anderem das Weiterleben des Hauses Habsburg beweist: als Fotomotiv.

Bei aller Ironie ist das Buch voll seriöser Informationsabsichten, mit jeder Information erschließt sich eine weitere Erlebnismöglichkeit im Stadtraum Wien. Die Geschichte der Wiener Frauenbewegung geht zum Beispiel von Straßen und Gebäuden aus, die Namen berühmter Frauen tragen. Und eine Stadtbeschreibung, die die Romane Heimito von Doderers als Sehschule benutzt, beweist unter anderem, daß nicht der Produzent, sondern der Rezipient entscheidet, was Reiseführer, was literarische Kunstform ist. Die Geschichte der Wiener Arbeiterbewegung wird vor allem in Interviews mit Zeitzeugen präsentiert und trägt somit auch zur Intensivierung dessen bei, was dem Touristen unter dem Namen Wien schmackhaft gemacht werden soll.

Auch ein kleiner Beitrag über das Philosophieren in Wien dient den Zwecken des Reiseführers. Österreichs Philosophen, heißt es da, seien immer schon damit beschäftigt gewesen, Schein und Wirklichkeit als ineinander verschlungene Harmonie zu denken. Wenn das die Fachphilosophen taten, dann kann der Reisende erst recht davon ausgehen, daß gerade in der innigen Durchdringung von Wahrheit und Schein, von Klischee und Herz die Wirklichkeit Wiens zutage tritt. Philosophen und Reisende sitzen zwar durchaus nicht immer und überall einverständig im selben Boot, wie sich noch zeigen wird. Aber daß in Wien alles ‹anders› ist, das erklärt seit einiger Zeit auch eine Reihe poetischer Plakatwände den Bewohnern und Besuchern der Stadt. Vielleicht will Wien durch subventionierte Stilisierung intellektuelle Sehnsüchte auf sich ziehen, die auch anderswo zum Ausdruck kommen: Nicht nur in Wien will man wieder offenlassen, was Traum, was Wirklichkeit sei, will man beides aufheben im intensiven Erlebnis zerstreuter Reize.

Was ein guter Reiseführer dazu beiträgt, wurde an diesem ersten Beispiel schon deutlich. Er gibt nicht nur inszenierte Atmosphären, er bietet inszenierte Informationen. Er versieht die Reisenden mit schönen Bildern und zeigt ihm die Wege, auf denen er diese Bilder ‹live› erreicht. Somit markiert der Führer Knotenpunkte im Beziehungsgeflecht bereisbarer Räume und hat Anteil an der Umwandlung einer Stadt in ein Reiseziel. Genauer zu begreifen wäre nun, wie diese Umwandlung vor sich geht.

Umständliche Produktion eines Reiseziels

Reiseziele sind nicht einfach da. Sie müssen aus der Fülle des Vorhandenen hergestellt werden. Die Frage nach dem ‹Wie› könnte politökonomische, soziologische, kulturkritische Antworten herausfordern. Die folgende beschränkt sich aufs Texttheoretische und betrachtet die Fabrikation der Reiseziele nur, soweit sie mit Hilfe eines Reiseführers durchgeführt wird.

Alle konstitutiven Merkmale der Textsorte Reiseführer bestimmen sich aus dem Gebrauchswert für die Zielgruppe Touristen. Nun ist diese Gruppe kein einheitliches Gebilde, auch wenn manche Reiseführer das fingieren. Ob der Führer knapp, informativ, sachlich daherkommt oder ob seine Präsentationsform daran erinnert, daß er seiner Beredsamkeit wegen einmal zum Namen ‹Cicerone› kam, das hängt nur vom Zweck ab, für den er verfaßt wurde. Klaus-Peter Klein[2] hat in seiner Reiseführer-Typologie die spezifischen Nützlichkeiten einzelner Reiseführer aufgezählt: Auto-, Fahrrad-, Wanderführer etc. informieren den Reisenden über das, was ihn zum Reisenden erst macht: die Fortbewegungsarten. Restaurant- und Hotelführer verhelfen ihm zu dem, was Reiseführer-Prosa ‹das leibliche Wohl› zu nennen beliebt. Kunst-, Sport-, etwa auch Sex-Führer (die Klein nicht erwähnt) liefern Hilfen zur sinnvollen oder jedenfalls anregenden Füllung der Urlaubszeit.

Der neueste Trend der Tourismusindustrie geht nun dahin, die Reiseangebote sehr subtil aufzufächern, um den vielfältigen Neigungen all derer entgegenzukommen, die unter dem Namen ‹Touristen› durch die Welt fahren. Auch die neue Vielfalt der Reiseführer-Literatur trägt dieser Tendenz zur Diversifikation der Angebotspalette Rechnung. Tramper, Geschäftsreisende, Senioren, Frauen, Jeansträger – jeder Untergruppe, sofern ihr genügend Käufer angehören, wird ein besonderes Wien, Rom, Mexico City oder Paris präsentiert.

Klaus-Peter Klein führt in seiner Typologie die Städte oder Landschaften unter dem Namen «geographischer Referenzbereich» ein. Man kann das auch einfacher als Reiseziel bezeichnen. Wie auch immer es beschrieben, bestimmt, benannt, erreicht wird, ein Reiseziel muß der Reiseführer anbieten. Das gehört zu seinen Grundbedingungen, ist aber doch nicht so selbstverständlich, wie es klingt.

Zielbewußtes Reisen steht nämlich durchaus im Widerspruch zu jener Zersplitterung der Reise- und Erlebnisformen, die sich in den subtilen Spezifikationen der Reiseführer-Typologie durchaus zeigt. In der gleichzeitigen Literatur und Theorie werden Folgen daraus gezogen, von denen der Reiseführer nichts weiß. So griff Dietmar Kamper den kolonialistischen Zug an, der aus allen Gebieten der Erde touristische Reiseziele macht.[3] Als Alternative dazu erscheint, etwa in Rolf Dieter Brinkmanns

Text «Rom, Blicke»[4], die ziellose Bewegung, in der jedes denkbare Ziel zur Station eines endlosen Wegs wird, weil seine Bedeutung sich verflüchtigt, sobald es erreicht scheint. Daß der Weg selber das Ziel sei, ist eine Erfahrung, die in vielen Reise- und Schreibformen unseres Jahrhunderts ausgedrückt ist.

Diese Erfahrung ist allerdings nicht ohne Krise zu haben. Manfred Frank widmete dieser Krise seine motivgeschichtliche Untersuchung «Die unendliche Fahrt»[5]. Hier ist als adäquater Ausdruck unendlicher Fahrten der unendliche Text dargestellt, in dem sich die Verbindung lockert, die zwischen den Elementen der vorfindlichen Realität und den Elementen eines beschreibenden Textes bestehen kann. Wenn jedes Ziel, aber auch nur jeder Abschluß immer wieder verzögert wird, bleibt das immanente Sinngefüge nicht intakt. Gerade die Reise ist eine wirksame Metapher für die Verflüchtigung aller Ziele, sei's im Leben, sei's in der Kunst.

Unendlicher Text dieser Art wäre etwa Peter Roseis «Entwurf für eine Reise ohne Ziel»[6], tauglich vielleicht als Reiselektüre, als Reiseführer aber schwer zu brauchen.

Der Reiseführer ist kein unendlicher Text. Wer ihn benutzt, wird sich keine Wahrnehmungs- und Identitätskrisen einhandeln, bloß weil er in Urlaub fährt. Alljährlich peilen die touristischen Massen – zu denen Intellektuelle bekanntlich auch gehören – sehr genau ihre Reiseziele an. Mit Hilfe ihrer verläßlichen Führer suchen sie Orte auf, die eine Reise wert sind. Da sie beim derzeitigen Service-Standard der Führer ihr Ziel in der Regel auch finden, können sie von dem absehen, was gleichzeitig in Literatur und Theorie zur Sprache kommt. Auch das ist weniger selbstverständlich, als es scheint.

Zielverflüchtigung und Wahrnehmungskrise sind ja nicht nur kapriziöse Manifestationen postmodernen Zeitgeists. Sie können sich auf den Verlauf von Reisen auch dann auswirken, wenn der Reisende nichts darüber gelesen hat. Fredric Jameson[7] wies darauf hin, daß es zunehmend schwieriger wird, in einer großen Stadt sich zurechtzufinden, weil Orientierungspunkte wie Kirchtürme, Flüsse usw. immer weniger auffallen. Auch die Einheitlichkeit der modernen, funktionalen Architektur, die immer gleichen Plakatwände multinationaler Konzerne, schließlich und nicht zuletzt die Bewegungen des Massentourismus selber sorgen dafür, daß die Städte einander ähnlicher und damit als potentielle Reiseziele unkenntlich werden.

Beobachtungen dieser Art wurden von Paul Virilio zur Behauptung verschärft, die Beschleunigungen unserer Bewegung und die Mediatisierung unserer Kommunikation führten dazu, daß es bald nichts mehr geben werde, was man mit guten Gründen als Realität bezeichnen könne. Das führt unter anderem auch zu einer wesentlichen Veränderung etwa des berühmten Reiseziels Rom:

«Abgesehen von der historischen Nostalgie liegt Rom nicht mehr in Rom und die Architektur nicht mehr in der Architektur, sondern in der Geometrie und im Zeit-Raum der Vektoren. Die Ästhetik der Gebäude verschwindet in den *special effects* der Kommunikations- und Verkehrsmaschine, in ihren Transport- und Übertragungsapparaten.» [8]

Den Anspruch auf Besonderheit, den eine Stadt wie Rom sich in verschiedenen Formen erworben hat [9], bestreitet Virilio nicht. Der Grund dafür liegt aber nicht mehr dort, wo andere von Realität reden, sondern eben in jener historischen Nostalgie, von der absehen muß, wer sehen will, wie es wirklich um die Welt steht.

Der Reiseführer möchte nun, daß sein Benutzer sich in der Welt trotz allem gut zurechtfinde. Was Virilio als nostalgische Schwundform en passant erledigt, ist genau der Raum, in dem jedenfalls der traditionelle Reiseführer seinen Reisenden vorübergehend ansiedeln möchte. Somit produziert der Reiseführer als Teil der Kommunikationsmaschine seine ‹special effects›, kann man im Sinne Virilios sagen. So bleibt aber unerklärt, warum das dem Reisenden egal ist, während er das Forum Romanum fotografiert. Ihm erscheint in seinem Sucher gewiß als Realität, was sich dem Philosophen als reine Bewegung darbietet. Hier sitzen Philosoph und Reisender nicht mehr in einem Boot. Während der eine abstrahiert, sammelt der andere.

Der Reisende, der Bilder statt Theorien sucht, muß aber auf seine Art auch ein Ästhetiker des Verschwindens sein, was dem Theoretiker wiederum recht geben mag. Man kann Ziele nur aufmerksam anschauen, wenn man von anderem absieht. [10] Beim Absehen ist der Reiseführer ebenso behilflich wie bei der Konstruktion des Sehenswürdigen:

«Rom ist heute eine Viermillionenstadt. Der jährliche Bevölkerungszuwachs erreicht die 100000-Grenze. 1985 wird mit 5 Millionen, bis zur Jahrtausendwende mit 8 Millionen gerechnet. Diese bevölkerungspolitische Entwicklung vollzieht sich jedoch außerhalb der Aurelianischen Mauern und hat deshalb auf das historische Rom keinen wesentlichen Einfluß, wenn man vom Verkehrschaos absehen will, das durch die in grauen Zementblocks wohnenden Millionenmassen aus den Vorstädten verursacht wird.» [11]

Diese Passage eines Rom-Führers führt vor, wie man als Reisender auf einfachste Art ans Ziel kommt. Von Aurelianischen Mauern eingeschlossen, wird man am Ende sein Auge starr auf die Kunstschätze des historischen Zentrums richten, damit man nichts von dem sehen muß, was Virilio – und nicht nur er – gerade für das wichtigste Phänomen unserer Zeit hält: vom Verkehrschaos der «Millionenmassen», die aus ihren «grauen Zementblocks» heraus das Zentrum überfluten, dem der Tourist samt Führer sich verschrieben hat.

Beiläufig kann man hier auch sehen, wie der Reiseführer selbst in Details Realität nicht beschreibt, sondern stilisiert. Die dominierende Farbe in italienischen Vorstädten ist nicht grau, sondern ein dunkles, ins Ocker gehende Gelb. Das kann jeder wissen, der sich einmal aus dem Zentrum hinausbewegt hat. Aber in der Farbenlehre des Reiseführers ist grau, nicht gelb die Signalfarbe für neuzeitliche Verelendung.

Ein wohl älterer Typus des Reiseführers versucht also, den Reisenden ungeachtet störender Einflüsse zu einem sehenswürdigen Ziel zu lenken. Dabei bleibt notwendigerweise viel auf der Strecke. Nur wenn das Drumherum verschwindet, entsteht das Ziel, ein Arrangement aus Gewußtem und Sichtbarem, aus Gefundenem und Erfundenem. Reiseführer neuesten Datums erschöpfen sich allerdings schon nicht mehr in dieser Zielherstellung. Die Räume sind weiter geworden, die Blicke weitschweifiger. So erschließen sich dem Reisenden auch die Städte, in denen die Aufbereitung von Zielen schwieriger ist als in Rom. Andererseits nehmen aber auch die Erlebnis- und Wahrnehmungsweisen der Touristen andere Formen an. Der Reiseführer nimmt Anteil an beiden Veränderungen. Folgen wir erst der einen, dann der anderen.

Mexico City – touristische Aufbereitung eines problematischen Stadtraums

Wolfgang Abels «Praktische Reiseinformationen für Individualreisende» geben dem Besucher Mexico Citys u. a. folgenden Rat:

> «Mannigfaltig der Diebesmarkt auf der Plaza Languilla am Sonntag, Einkaufsmöglichkeiten für fast alles (hoffentlich finden Sie Ihre Kamera hier nicht wieder).»[12]

Das erscheint zunächst als sachliche Information, als Orts- und Zeitangabe für eine ‹shopping tour›. Befolgte man den Tip, könnte er sich als Handlungsanweisung für ein Abenteuer entpuppen. Schließlich wird hier dem Reisenden empfohlen, Hehlerware zu kaufen, weil er ohnehin dauernd damit rechnen muß, bestohlen zu werden. In dieser kleinen Abenteuer-Inszenierung trägt ein Strukturproblem der Stadt – Kriminalität – zur Steigerung des Reiseerlebnisses bei.

Nun ist nicht jeder willens und fähig, Bedrohungen in Reisegenuß umzuwandeln. Probleme wie Kriminalität können Reisende aber auch nicht ohne Beratung vermeiden, wenn sie Städte wie Mexico City besuchen. Das ist bedrohlich, aber auch faszinierend. Aus beidem zusammen mischen erfahrene Regisseure die Angstlust, den Thrill. Reisende älteren Schlages wissen trotzdem einen Führer zu schätzen, der die Angstlust aufs leicht konsumierbare Maß reduziert.

Doug Richmonds «Travel Info für Abenteurer»[13] befriedigt trotz seines

Namens das Touristenbedürfnis nach dem Sicheren und Schönen. Für Besuche der Boulevards in Mexico City empfiehlt er das Wochenende, «wenn die werktäglichen Massen nicht da sind», und rät, nicht allzu weit aus der City hinaus zu flanieren, weil es dann bald «trostlos» wird. Unterkunft soll der Reisende allerdings in den Vororten suchen, wo «die wohlhabenden Einheimischen» wohnen. Er soll wie sie «mit den ausgezeichneten Bussen» in die City pendeln, um dort das Sehenswürdige zu genießen.

Als besonders sehenswürdig empfiehlt Richmond die Wohnung des «jüngst verstorbenen Präsidenten Venustiano Carranza», in der es zum Beispiel «geschmackvoll arrangiertes Kirchenglasfenster» zu bewundern gibt. Das einzige, was bei diesem Kunstschatz stört, ist das moderne Gebäude nebenan, das nicht zur Noblesse der Präsidentenvilla passen will. Aber jeder Tourist, wie gesagt, beherrscht die Kunst des Wegsehens und beruhigt sich gern im abschließenden Kommentar seines Führers:

> «Die Wohnung ist ein Beweis dafür, daß der Präsident eines Landes, in dem die Menschen in Erdhütten leben, nicht unbedingt zusammen mit seinen Wählern im Schmutz leben muß.»[14]

Nicht unbedingt – das glaubt der Tourist um so lieber, als er auch auf seiner Reise nicht unbedingt mit den Bewohnern seiner Ziele zusammen im Schmutz leben will. Reisen ist vorrangig Lustbefriedigung. Die wichtigen Bemühungen um einen «Tourismus mit Einsicht» finden ihre Grenze an der Bedürfnisstruktur des Touristen, dem eine konsumorientierte Tourismusindustrie die Welt vor allem unter dem Aspekt ihrer genüßlichen Bereisbarkeit präsentiert.[15]

Freilich tut nicht nur der Reiseführer das Seine, den Reisenden die Welt angenehm zu machen. Anläßlich der Fußballweltmeisterschaft in Mexico City wurde die Straße zum Stadion geteert. Das Stadion liegt aber nicht im Zentrum, sondern in der Vorstadt Nezahualcoyotl. Diese Vorstadt zählt zu den größten Slumgebieten der Welt. Zur Schonung der WM-Besucher wurde die Straße entlang eine drei Meter hohe Mauer gezogen, die mit bunten Murales, einer Spezialität mexikanischer Kunst, bemalt wurde. Die Laune des Touristen wurde danach nicht mehr durch den Anblick häßlicher Holz- und Wellblechhütten getrübt. Die Kosten dieser Mauer wurden den Bewohnern des Viertels als Straßenanliegergebühr berechnet.

Diese Geschichte erzählt der Reiseführer «anders reisen: Mexico» von Roland Motz und Gaby Otto.[16] Es spricht für Ernsthaftigkeit, daß dieser Führer seinen Lesern Geschichten zumutet, die die Lust aufs Reisen in Frage stellen. Das lange Kapitel über Mexico City liefert sogar überwiegend Material, das eine Reise dorthin zum fragwürdigen Unterfangen werden läßt.

TLALPAN

Nun darf aber kein Reiseführer den potentiellen Touristen vom Reisen abhalten, das widerspräche seiner Funktion. Aber Beschränkung aufs Sehenswürdige oder bloß Abenteuerliche erlegen die Autoren Motz und Otto sich deshalb nicht auf. Im Vorwort zu ihrem Buch setzen sie sich ernsthaft mit den Schuldgefühlen auseinander, die der europäische Tourist – als Nachfahre der Kolonisatoren – hat und, da es nach «anders reisen» geht, auch haben soll. Das «Verstehen», das die Autoren in ihrem Buch anbieten, soll auch einen Teil der moralischen Schuld Europas abtragen. Sobald aber dies «Verstehen» auf einer wirklichen Reise stattfindet, vollzieht sich eine unausweichliche Dialektik: Wer mit Verständnis reist, reist mit besserem Gewissen, ist also von der Schuld gerade entlastet, die man ihm zum Bewußtsein gebracht hat. Der moralische Appell ermöglicht eine Reise nach Mexiko dadurch, daß er sie in Frage stellt. Das spricht nicht gegen den moralischen Appell und vielleicht auch nicht einmal gegen das Reisen. Es zeigt nur einmal mehr die Grenzen, die die touristische Reiseform der Welterkenntnis setzt. Auch den Autoren Motz und Otto ist sie bewußt, sie thematisieren die Zwiespältigkeit des Reisens in ihrem Führer ausdrücklich.

Das verhindert nicht, daß der Führer dieser Zwiespältigkeit selber unterliegt. Durch aufklärende Absolution allein wäre das Reiseerlebnis noch nicht gewährleistet. Auch der gewissenhafte Reisende sucht unterwegs nicht nur Moral. Die kann er auch zu Hause haben. Der Text des «anders reisen»-Führers vermittelt auch mehr. Der Wahrnehmungsapparat des kritischen Individualreisenden, für den die Reihe des Rowohlt-Verlags verfaßt ist, reagiert auf die komplexe Realität so sensibel, daß er seine Eindrücke nicht nur in Alternativen und Oppositionen moralischen und politischen Räsonnements gespiegelt sehen will. Das äußert sich darin, daß der Stadt – sei's mit, sei's gegen den Willen der Autoren – eine Faszination zuwächst, die man nach Lektüre der politischen Einschätzungen gar nicht mehr erwartet hätte. In tradierten, konventionellen Bildern hält etwas im Text Einzug, was die Faszination der Stadt beschwören und zugleich formelhaft deuten soll: «Mexico City ist der Turmbau zu Babel des 20. Jahrhunderts.»[17]

Wenn ein Bibelzitat im Gebrauchstext Einzug hält, dann werden vor allem die poetischen Valeurs der alten Worte und Bilder genutzt, um den Reisereiz zu steigern. Trotzdem kann man unterstellen, die Behauptung, Mexico City sei der Turmbau zu Babel des 20. Jahrhunderts, habe auch eine Bedeutung. – Der Vergleich zwischen Babel und einer neuzeitlichen Großstadt war schon im 19. Jahrhundert gängig. Karl Riha hat den ambivalenten Gehalt dieses Vergleichs herausgearbeitet: Babel stehe als «Symbol für die Verderbtheit der großen Städte oder ihre Vergänglichkeit», diene aber auch als «Ausdrucksmetapher für die bestaunte und bewunderte Größe und Herrlichkeit der Großstadt»[18]. Das Gefühl, in der Großstadt geschehe Verbotenes, mischt sich also mit der Lust an der Überschreitung der Grenzen, die vor dem Verbotenen errichtet sind. Döblins «Berlin Alexanderplatz» drückt die Brisanz dieser gemischten Empfindung deutlicher aus als die älteren Schriftsteller Hebbel, Glaßbrenner, Laube und wer sonst noch den Babylon-Vergleich benutzt hat. Bei Döblin erscheint Berlin als die «Hure» Babylon, und wo das Wort Hure auftaucht, ist klar, daß (und welche) Zweideutigkeiten gemeint sind.

Im kurzen Satz des Reiseführers findet aber weder die literaturwissenschaftliche Differenzierung zwischen symbolischem Bildinhalt und ausdrucksmetaphorischer Bildfunktion ihre Entsprechung, noch wird beides so sinnfällig verkuppelt wie in Döblins literarischer Aneignung des alten Motivs. Mexico City wird auch gar nicht mit der Stadt Babel verglichen, sondern mit dem Turmbau dortselbst. Die Stadt ist also in diesem Vergleich nicht als Raum, sondern als Bauvorgang anwesend, und zwar, wie man bei 1. Mose 11 nachlesen kann, als frevlerischer, der Strafen zu gewärtigen hat.

Wächst also Mexico City ebenso hybrid und vermessen in die Breite wie einstmals der Turm von Babel in die Höhe? – Was der Reiseführer mit seiner Modifikation eines bewährten Topos der Großstadtbeschreibung erreichen will, wird deutlicher, wenn man die apokalyptischen Dramatisierungen weiterverfolgt, die das biblische Zitat einleitet.

1985 wurden weite Teile Mexico Citys durch ein Erdbeben zerstört. Ausführlich widmet sich «anders reisen: Mexico» dieser Katastrophe:

> «Im September 1985, im gleichen Monat, als Fritz Langs infernalischer Film ‹Metropolis› in den Kinos der Stadt mit großem Erfolg läuft, erlebt Megalopolis das Inferno live.» [19]

In der Koinzidenz von Film und Erdbeben, die man ebensogut, wenn nicht besser für Zufall halten könnte, gleitet der alte Topos vom Sündenbabel hinüber in den neuen vom Inferno, das der Mensch in der Konsequenz seiner neuzeitlichen Allmachtsphantasien auf sich zieht. Die Katastrophe des Erdbebens wird also gedeutet durch Babels Turm und den – genau besehen nicht gar so ‹infernalischen› – Film «Metropolis». Damit wird ein Unfall angereichert mit Assoziationen, die den Leser irgendwie mythisch berühren sollen, ohne daß eine bestimmte mythologische Tradition aufgerufen würde. Das Schlußwort des Erdbeben-Kapitels erweitert das Tableau noch um die außereuropäische Variante, indem es das Erdbeben als Erfüllung einer heiligen Schrift liest:

> «Erdbeben werden das Land aufwühlen, Feuer und Asche werden das Land unter ihrer Last begraben, prophezeiten die Azteken den spanischen Siegern in der Stunde der endgültigen Niederlage.» [20]

Der Turmbau zu Babel, ein Erdbeben, Fritz Langs Kinofilm und die Prophezeiungen der Azteken werden hier zusammengefaßt, um die faszinierende Aura der Stadt Mexico City zu deuten. Freilich gehört jedes dieser Elemente einer bestimmten mythologischen Tradition an, und ob ihre synkretistische Mischung die Bedeutung der Einzelteile potenziert oder nivelliert, mag fraglich bleiben. Nivelliert wird auf jeden Fall die Katastrophe des Erdbebens, und der Stadtraum Mexico City lädt sich mit diffusen Bedeutsamkeiten auf, die den aufklärerischen Absichten der Autoren durchaus zuwiderlaufen.

Ein Reiseführer muß kein sprachliches Kunstwerk sein, in dem die Teile das Ganze so erklären, daß das Verständnis des Ganzen die Teile wiederum erläutert. ‹Klassische› Hermeneutik versagt, wenn die einzelnen Bilder sich nicht zu einem Ganzen fügen sollen. Gerade dieses Versagen aber kann wieder Gegenstand der interpretierenden Anstrengung werden: Daß viele subjektive Einzelperspektiven in der Summe gerade zu einem objektiven Bild führen, war die Voraussetzung für die Erzählbarkeit der Stadt. John Dos Passos etwa hat seinen Roman «Manhattan Transfer» eindrucksvoll auf dieser Voraussetzung aufgebaut.[21] Heute unterliegt aber jede Tendenz zur Gesamtschau erkenntniskritischen und ästhetischen Zweifeln. Auch wer diese Zweifel nicht teilen möchte, wofür es Gründe geben mag, muß dennoch zur Kenntnis nehmen, daß nicht einmal in der Kunst die Einzelperspektiven noch zum in sich stimmigen Bild addiert werden, sondern fragmentarisch bleiben, sich überlagern, einander ausschließen und widersprechen.[22]

Die Reiseführer, um das Thema nicht aus dem Auge zu verlieren, artikulieren keine ästhetischen und schon gar keine erkenntniskritischen Zweifel. Trotzdem überlagern sich auch ihre Wirklichkeitsbilder, überschneiden, widersprechen einander in vielen Details. Die kleine Mythenkritik hat das zwar nicht bewiesen, aber doch am überschaubaren Beispiel gezeigt. Würde man aber darüber hinaus Summen aus den Reiseführerdarstellungen ziehen, bestätigten sie jeden Zweifel an der Glaubwürdigkeit der Gesamtschau: Daß Mexico City Umwelt-, Bevölkerungs- und Verkehrsprobleme hat und trotzdem eine starke Faszination ausüben kann: wer wüßte das nicht bzw. könnte es sich nicht denken? Solcher Erkenntnisse wegen braucht man weder einen Reiseführer zu lesen noch zu reisen.

Aber Erkenntnis ist ebensowenig Wunschziel des Reisenden wie moralische Integrität. Was man auf Reisen erwerben bzw. bestätigen will, kann zwar die Form des Wissens annehmen, ist aber nie völlig identisch mit dem Willen zur Wahrheit. Wahrheit ist dem Reisenden ja nur zugänglich als das Ereignis, das ihm persönlich zustößt. Den dramatischen Mythologisierungen ist ebenso wie den praktischen Tips und Infos zu entnehmen, daß die Reiseführer nicht dem Wunsch nach Wahrheit entsprechen, sondern dem nach authentischem Erleben. Nicht Wien, Rom, Mexico City, Paris, also die beschriebene Stadt ist der Hauptbezugspunkt, sondern der Rezipient, der Reisende, dem die Stadt zubereitet wird.

Die Voraussetzungen des touristischen Blicks

Der DuMont-Verlag warb für seine Reiseführer eine Zeitlang mit dem Slogan: Man sieht nur, was man weiß. Im Sinne dieses Satzes versorgen konventionelle Reiseführer wie Baedeker, Grieben, Guide bleu etc. ihre Leser mit einer Fülle von Informationen. Der Reisende weiß also eine Menge über das, was er sieht, wenn er schließlich ankommt. An dieser wahrnehmungslenkenden Wissensvermittlung setzt die Reiseführerkritik ein, die mehr sein will als eine Überprüfung der Hotelanschriften.[23]

Reiseführer neuesten Datums unterscheiden sich allerdings von ihren älteren Verwandten auch durch die Überzeugung, daß die glatte Übereinstimmung von vorgefertigter Information und tatsächlichem Reiseeindruck nicht nur langweilt, sondern auch mißtrauisch macht. Daß die Tourismusindustrie ihre Kunden oft mit Surrogaten abspeist, während die Reisenden Echtes und Unverfälschtes haben wollen, ist offenkundig. Deshalb wird ein Reiseführer sich noch lange nicht etwa Jean Baudrillards Analyse der «Agonie des Realen»[24] zu eigen machen und dem Reisenden erklären, daß sein Bedürfnis nach dem Unverfälschten selbst verfälscht sei, weil die Realität nur noch von Medieninszenierungen simuliert, nicht aber mehr erlebt und präsentiert werden könne. Baudrillards zynische Erkenntnistheorie hat in der Welt des Reiseführers ebensowenig Platz wie Virilios nihilistische Geographie.

Wenn Reiseführer also heute das bloß Touristische kritisieren und in ‹Tips für Kenner› oder ähnlichen Rubriken dem Echten Raum geben[25], dann mag das ein wenig hinter dem fortgeschrittensten Zeitgeist zurückbleiben, der auf Echtes nicht mehr setzt. Es spekuliert aber auf einen Touristentyp, der der Ansicht ist, jede Information lege schon eine Barriere zwischen die bereiste Stadt und die unmittelbare Anschauung, weshalb es ratsam wäre, ungeführt zu sehen, was man nicht weiß. Die Reiseführerliteratur in ihrer eifrigen Suche nach neuen Käufern läßt es sich aber nicht nehmen, den Reisenden auch auf seinen empfindsamen Schleichwegen noch zu begleiten.

Nun soll der individuelle Reisende also offen sein für Eindrücke, auf die er gerade nicht vorbereitet war. Auch und gerade in einer so erschlossenen Stadt wie Paris wird der Reiseführer ihm folglich keine Ziele, sondern Wege anbieten:

«Mit offenen Augen umherstreifen, sich dabei auch von Zufällen leiten lassen und, wenn sich die Gelegenheit bietet – sie bietet sich eigentlich immer –, mit Anwohnern quatschen, das ist sicherlich eine der besten Methoden, den Kontinent der Stadt zu erforschen.»[26]

In organisierter Spontaneität will man also den Zirkel von Wissen und Sehen hintergehen, auf den der DuMont-Führer vor wenigen Jahren noch stolz hinwies. Was hier statt dessen angeboten wird, läßt sich wohl mit dem Ausdruck ‹zerstreute Intensität› kennzeichnen. Es wäre das Etikett für viele Wahrnehmungsweisen unserer Zeit. Aber stärker als etwa das Wien-Buch, von dem anfänglich die Rede war, fabriziert «anders reisen: Paris», aus dem obiges Zitat stammt, vor, was der mit Anwohnern quatschende Alternativtourist erleben wird, wenn er durch Paris schlendert. Seine Aufmerksamkeit wird daher nicht für die Fragwürdigkeit der Unterscheidung von Klischee und Wirklichkeit geschärft. Vielmehr wird ihm die ‹bunte› Alternativkultur als authentische Wirklichkeit präsentiert, die sich von der Scheinwelt des Touristenghettos positiv abhebt. Damit thematisiert der Führer den Zirkel von Wissen und Sehen nicht, sondern schlägt ihn so elegant, daß man ihn nachgerade vergessen kann. Und in diesem Vergessen gelingt er besonders schön, wenn er die etablierten Sehenswürdigkeiten umkreist, die dadurch ein anderes Ansehen erhalten:

«Die Mona Lisa ‹muß man schließlich gesehen haben›. Muß man wirklich? Niemand soll davon abgehalten werden, sich in den Louvre zu stürzen oder zu den Impressionisten ins Jeu de Paume zu pilgern, bewahre! Nur: Gerade Museen, die man nicht ‹gesehen haben muß›, können einen ganz starken Reiz ausüben.»[27]

In Begriffen Gotthart Wunbergs, der das «Wiedererkennen»[28] als Grundprinzip moderner Wahrnehmung beschrieben hat, kann man beschreiben, was hier passiert: Informationen, in vergeßbarer Form serviert, verschaffen dem Touristen das nötige Wiedererkennungserlebnis dergestalt, daß die «proleptische Differenz» beibehalten wird. Das heißt, der Reisende erkennt wieder, was er schon weiß, aber nicht ganz in der Form, die er erwartet hat. Die ‹Differenz› oder Leerstelle, die zwischen der Vorstellung und der Wahrnehmung des Vorhandenen klafft, wird vom Reiseführer inszeniert, daß es dem Reisenden vorkommt, als habe er sie selber ausgefüllt. Er kann also die Mona Lisa beruhigt ansehen; denn er tut es nicht mehr, weil man es muß, sondern weil er ganz allein es will. Zu dieser Verinnerlichung des Bildungswissens hat ihm der Reiseführer verholfen. Deswegen steht in diesem Paris-Führer wie in vielen anderen Führern auch die Versicherung, man wolle den Touristen nicht bevormunden und mit Wissen überfahren, sondern ihn nur anregen, ihm Lust machen. Anregen und Lust machen sind aber genaugenommen keine Aktivitäten eines Führers mehr, sondern eines

Verführers. Und in der Tat wird in vielen Reiseführern der letzten Jahre ein erotisierter Ton angeschlagen, der die zielgerichtete Erfahrung eines festgefügten Stadtzentrums ersetzt durch die je eigene Liebesaffäre mit diversen Stadtteilen.

Diese Liebesaffäre führt zu einer intensiven Erfahrung vieler Einzelmomente, trägt aber damit zur Verflüchtigung der Stadt als einmaligem Wesen bei. So bedeutend die bauliche, historische, politische Signifikanz einer Stadt wie Paris auch sein mag, so wahr ist es doch auch, daß die Besonderheit der Stadt nur dem aufgeht, der sie als besondere sucht. Wie beschrieben, hilft der Reiseführer dem Reisenden bei seiner Suche, indem er ihm Sehenswürdigkeiten und Bedeutsamkeiten verschafft. Daß dabei die Stadt dem Reisenden jemals als Ganzes gehören wird, ist zweifelhaft. Fetischistisch ist die Liebe zu großen Städten, sie sucht Augenblickserscheinungen und Einzelheiten, kein vollkommenes Wesen für immer. In dem, was die Reiseführer erzählen, verweisen sie den Städteliebhaber durchaus aufs Einmalige und Besondere. Die Muster, in denen erzählt wird, sind aber dieselben für alle. Sie machen die Städte einander gleich. Auch das ist nicht ohne Sinn. Der Reisende kann Unvergleichliches vergleichen und wählen. Keine Stadt erscheint ihm als die einzig wahre, jede andere hat auch ihre Reize. Treue ist keine Eigenschaft des Reisenden, auch der Reiseführer hält ihn nicht dazu an. Zielverflüchtigung und Wahrnehmungskrise können in einer erotisierten Reiseform also auch lustvoll sein.

Vielleicht nicht der einzelne Führer, wohl aber jede Serie, der fast jeder Führer angehört, treibt damit aber in ein Paradox, das von der erotisierten Stimmung allenfalls überspielt wird: Der angespannten Konzentration aufs bedeutende Einzelne entspringt die Verflüchtigung des Ganzen. Rom, Paris, welche Stadt auch immer, unterscheiden sich durch Sehenswürdigkeiten. Da aber überall Sehenswürdigkeiten zu holen sind, werden alle Städte egal schön, werden der Erlebnisform ‹Metropolen-Besichtigung› subsumiert.

An der Reiseführerliteratur ist also vieles zu bemerken: Man kann falsche Sach- und schiefe Werturteile finden, moralische Maximen einklagen, konfuse Mythologisierungen und triviale Verallgemeinerungen feststellen. Schließlich kann man erkenntnisleitende Zirkel und Paradoxe konstatieren.

All diese Bemerkungen könnte man in einem der beiden Kritikmodelle unterbringen, die theoriegeschichtlich in Deutschland aufeinanderfolgten, nicht ohne sich zu überschneiden. Die Auswirkungen der Texte auf den – konstruierten – Leser ließen sich verschärfen zu theoretischer Ideologiekritik, wie sie in der Folge der studentischen Protestbewegung in die Literaturwissenschaft eingeführt worden ist.[29] Die Fragen nach Konstitutionsbedingungen der Texte dagegen ließen sich genauer beantworten in diskursanalytischer Dekonstruktion, wie sie in der Nachfolge Foucaults und anderer in der BRD zur Zeit unternommen wird.[30]

Die hier angebotenen Variationen über das Thema Reiseführer sollten zu beiden Modellen theoretisierter Kritik Distanz halten. Ideologiekritik wie Diskursanalyse zielen auf einen hohen Grad der Verallgemeinerbarkeit. Der Anspruch hier ging aber aufs Besondere. Einzelne Reiseführer sollten um Auskünfte über derzeitige Stadtvorstellungen gebeten werden. Mehr nicht. Was in eklektischer Aneignung unterschiedlicher Theorieelemente entsteht, nähert sich freilich einem viel älteren Muster: der hermeneutischen Textauslegung, die durch Lektüre den ‹Sinn› von Texten erweisen will.[31]

Nun ist aber das Verschwinden des Sinns und die Vernichtung des Besonderen ein Sachverhalt, der dem hermeneutisch motivierten Leser nicht entgehen kann, wenn er nach eigenem Anspruch aufmerksam liest. Gerade den Verlust eines irgendwie vorausgesetzten Sinns wird er als das Besondere des neuzeitlichen Textes lesen. Indem er aber auf der Lesbarkeit noch des Bedeutungslosen besteht, traut er sich eine Strategie gegen den völligen Bedeutungsverlust zu. Aber diese Strategie mag eine subjektivistische Willkür sein. Diesen Vorwurf kann man höchstens entkräften, indem man ihn selbst als erster erhebt.

So ist es denn zufälligste persönliche Neigung, daß der Betrachter am Ende zum Anfang zurückkehrt. 1987 war in Wien die große Manierismus-Ausstellung «Zauber der Medusa». Ihr Erfolg läßt sich gewiß nicht nur aus kunsthistorischen Meriten erklären. In Thema und Präsentation artikulierte diese Schau ein Zeitbedürfnis, das ein Handzettel, der bei der Ausstellung im Künstlerhaus verteilt wurde, mit folgenden Stichworten charakterisierte: «Komplexität und Widerspruch. – Die Postmoderne. Zerrissene Gebäude. Verfremdete und ironisierte Säulen. Wandernde Städte. Objekte als Momumentalbauwerke.»

Kein Reiseführer will Gebäude zerreißen. Säulen verfremden oder ironisieren kann er allenfalls in milder Form, und auf wandernde Städte kann sich seine klare Zielansprache nur schwer konzentrieren. Trotzdem zeigt auch diese Textsorte den Wandel der Wahrnehmungsformen an. Wenn sich die Beziehungen zwischen Schein und Wirklichkeit verwirren, wird auch der Reiseführer nicht starr auf festem Zielbewußtsein beharren. Wenn die großstädtische Wirklichkeit für die repräsentierende Beschreibung zu komplex, zu häßlich oder gar zu unwirklich geworden ist, dann wird der Reiseführer seine eigene Wirklichkeit in ästhetisierender Aufbereitung von Informationen um so besser verkaufen können. Und da schließlich der narzißtische Individualtourist Vorschriften und Anweisungen nicht erträgt, wird ihm all das so serviert werden, daß er glauben kann, er habe sein Reiseerlebnis vollkommen selber gemacht. Der Reiseführer, dies in Walter Benjamins Worten «durch und durch positive Buch»[32], genügt also in seinen fortgeschrittenen Formen ästhetischen Ansprüchen der Zeit durchaus. Auch der postmoderne Stadtbesucher wird nicht so bald auf ihn verzichten müssen.

Anmerkungen

1 Elisabeth Hirt/Ali Gronner (Hg.): Dieses Wien. Ein Führer durch Klischee und Wirklichkeit. Wien 1986.
2 Klaus-Peter Klein: Reiseführer. Gebrauchsliteratur für unterwegs und zu Hause. In: Der Deutschunterricht, H. 2 (1985), S. 18–28.
3 Dietmar Kamper: Das Verschwinden der heiligen Geographien. In: Tumult 3, Expeditionen. Weinheim/Basel 1982, S. 39–46.
4 Rolf Dieter Brinkmann: Rom, Blicke. Reinbek bei Hamburg 1979, S. 352 und passim.
5 Manfred Frank: Die unendliche Fahrt. Ein Motiv und sein Text. Frankfurt/M. 1979, insbes. S. 163–200.
6 Peter Rosei: Entwurf für eine Reise ohne Ziel. Salzburg 1975.
7 Vgl. Fredric Jameson: Postmoderne – Zur Logik der Kultur im Spätkapitalismus, vor allem S. 96f. In: Andreas Huyssen/Klaus R. Scherpe (Hg.): Postmoderne. Zeichen eines kulturellen Wandels. Reinbek bei Hamburg 1986, S. 45–102.
8 Paul Virilio: Ästhetik des Verschwindens. Berlin 1986, S. 72.
9 Vgl. Hermann Schlösser: Rom – ein abendländisches Reiseziel. In: Universitas, H. 7 (1987), S. 632–643.
10 Vgl. Gert Mattenklott: Kalte Augen, und: Das gefräßige Auge oder: Ikonophagie. In: ders.: Der übersinnliche Leib. Beiträge zu einer Metaphysik des Körpers. Reinbek bei Hamburg 1982, S. 47–102.
11 J. M. Wiesel: Rom. Kunst- und Reiseführer. 7. Auflage Stuttgart/Berlin/Köln/Mainz 1980, S. 10.
12 Wolfgang Abel: Mexico, Belice, Guatemala. Praktische Reiseinformationen für Individualreisende. Badenweiler 1985, S. 59.
13 Doug Richmond: Mexico. Travel Infos für Abenteurer. Bd. 13. Hattorf am Harz 1984; zu Mexico City S. 215–237.
14 Richmond: Mexico, S. 221.
15 Unter dem Titel «Tourismus mit Einsicht» organisierten tourismuskritische Gruppen auf der Internationalen Tourismus-Börse 1987 in Berlin Veranstaltungen gegen den herrschenden Konsumtourismus, dem sie aber außer vernünftigen Ansichten wenig entgegenzusetzen hatten. So jedenfalls Edith Kresta: Tourismus-Börse: Gnadenlose Reiselust. In: taz 10. 3. 1987.
16 Roland Motz/Gaby Otto: anders reisen: Mexico, Reinbek bei Hamburg 1986, S. 164.
17 Motz/Otto: Mexico, S. 176.
18 Karl Riha: Die Beschreibung der «großen Stadt». Zur Entstehung des Großstadtmotivs in der deutschen Literatur. Bad Homburg/Berlin/Zürich 1970, S. 53.
19 Motz/Otto: Mexico, S. 176.
20 Motz/Otto: Mexico, S. 181.

Die Welt des Geistes und des Geldes

DEUTSCHLAND

«Die Schwärmerei für die Natur . . .

...kommt von der Unbewohnbarkeit der Städte.»

Bertolt Brecht: «Me-ti. Buch der Wendungen»

Das könnte ein Grund sein, warum Menschen mit der Sehnsucht nach einem Häuschen im Grünen, und sei es noch so klein, besonders eifrig sparen.

21 Vgl. Volker Klotz: Die erzählte Stadt. Ein Sujet als Herausforderung des Romans von Lesage bis Döblin. München 1969 und Reinbek bei Hamburg 1987; zu Dos Passos S. 317–371.

22 Vgl. Lucien Dällenbach / Christiaan L. Hart Nibbrig (Hg.): Fragment und Totalität. Frankfurt/M. 1984, insbes. Hart Nibbrig: Schnitt, Riß, Fuge, Naht. Notizen zur Relation von Ganzem und Teil in neueren deutschen Gedichten, S. 350–367.

23 Neben Klein: Reiseführer (s. Anm. 2) leistet eine solche Kritik auch Ernst Wagner: Anmerkungen zu Romreiseführern. In: Gruppe Neues Reisen (Hg.): Reisebriefe 15/16. Berlin 1986, S. 16–32.

24 Jean Baudrillard: Agonie des Realen. Berlin 1978.

25 Ausdrücklich mit dieser Ansicht tritt neben «anders reisen» z. B. auch die Reihe «dtv MERIAN reiseführer» an.

26 Klaus-Jürgen Gerke: anders reisen: Paris. Reinbek bei Hamburg 1982, S. 9.

27 Gerke: Paris, S. 252.

28 Gotthart Wunberg: Wiedererkennen. Literatur und ästhetische Wahrnehmung in der Moderne. Tübingen 1983, S. 187.

29 Vgl. etwa Christa Bürger: Textanalyse als Ideologiekritik. Zur Rezeption zeitgenössischer Unterhaltungsliteratur. Frankfurt/M. 1973.

30 Vgl. Horst Turk / Friedrich A. Kittler (Hg.): Urszenen. Literaturwissenschaft als Diskursanalyse und Diskurskritik. Frankfurt/M. 1977, vor allem die Einleitung der Herausgeber, S. 9–43.

31 Vgl. Uwe Japp: Hermeneutik. Der theoretische Diskurs, die Literatur und die Konstruktion ihres Zusammenhangs in den philologischen Wissenschaften. München 1977.

32 Walter Benjamin: Baedeker bedankt sich. In: Gesammelte Schriften, Bd. IV. 1, 2 (Werkausgabe Bd. 11). Frankfurt/M. 1972, S. 450.

Helmut Berking
Sighard Neckel

Stadtmarathon

Die Inszenierung von Individualität als urbanes Ereignis

1.

Nach dem vielbeschworenen Tod der Metropole, dem pathetischen Gerede von Unregierbarkeit, von Krise und Zerfall, nach den teils gehässigen, teils melancholisch gestimmten Diskursen über die Stein- und Schrottwüsten der Moderne, nun wieder: Stadtkultur, Kulturstadt, ‹citylife›, Urbanität als Lebensstil.

Die Metropolen sind wieder da. Dies wirkt um so überraschender, als sich an der ökonomisch-ökologischen Krisenkonstellation ‹Stadt› ebensowenig geändert hat wie an dem Umgang mit deren Folgen. Die Wahrnehmungsmuster und sozialen Arrangements allerdings sind folgenreich verschoben worden. Schon die Rede vom Tod der Metropole gab ihren verborgenen Referenzpunkt preis, indem sie mit jener anderen vom Ende des Subjekts so unhintergehbar interferierte. Und selbst die Grundmelodie der Kulturkritik, die im Laufe der Zeit alle fundamentalen Oppositionen von Stadt und Land, Masse und Geist, Klasse und Rasse durchspielte, um so den Expressionen ganzer Epochen quasi zu ihrer Einheit zu verhelfen – schien nicht auch sie einzig vom drohenden Ende des bürgerlichen Individuums beherrscht?

Jede dieser Erzählweisen bestätigt, wogegen sie faktisch polemisierte: daß Urbanisierung und Individualisierung ursächlich zusammengehören, daß die Stadt, diese Zivilisationsinstanz sui generis, immer wieder Antworten bereithält, nach denen niemand gefragt hat. In der symbolischen Ordnung des städtischen Raums finden sich die Individuen heute in Ungewißheitserfahrungen verstrickt, die das moderne Selbst vielleicht wirklich auf jenen berühmten ‹Haken› zu reduzieren vermögen, an den allenfalls noch die Kleidungsstücke der Rollen gehängt werden. Es ist jedenfalls kein Zufall, wenn das Hohelied der Urbanität gegenwärtig zum Lobgesang der Individualisierung gerät.

Individualisierung bedeutet in diesem Zusammenhang nicht und kann nicht bedeuten die Restitution der alten liberalen Idee des um Eigentum und Familie zentrierten Subjekts. Wenn der soziokulturelle Wandel die subjektiven Tiefendimensionen erreicht, denen die institutionellen Muster der Lebensführung ihre sozialintegrativen Bedeutungsgehalte wesentlich verdanken, verlieren die um Arbeit, Beruf und Familie organisierten Identitätsentwürfe einen Teil ihrer prägenden Kraft.[1] Mit dem Regime reflexiver Modernisierung, die nicht mehr auf traditionale Bestände, sondern auf ihre eigenen Grundlagen trifft und die Moderne sich gleichsam selbst zur Tradition werden läßt, beginnt eine neue Runde der Vergesellschaftung. Der einzelne wird nun zur «lebensweltlichen Reproduktionseinheit des Sozialen».[2] Hieraus resultieren paradoxe Verhaltenszumutungen. Denn Individualisierung heißt gleichermaßen Erhöhung der subjektiven Freiheitsspielräume *und* vollkommene Marktabhängigkeit, Subjektivierung *und* Standardisierung des Ausdrucksverhaltens, gesteigerte Selbstreflexivität *und* überwältigende Außenkontrolle.

Ob in der Kunst, in Literatur und Politik oder in den alltäglichen Handlungen ganz alltäglicher Menschen, unübersehbar ist, daß die kulturellen Monopole auf den legitimen Ausdruck, auf Anwesenheit im Korpus der dominanten Kultur zunehmend verblassen und die Polysemie der Zeichen ehedem fraglos Gegebenes endgültig unter sich zu begraben scheint. Die individualisierte Gesellschaft läßt den sozialen Kurswert des Besonderen, diesen – wenn auch schwachen – Nachhall des ‹Erhabenen› in schwindelnde Höhen schnellen.

Jemand sein heißt sichtbar sein, die eigene Existenz gekonnt und unverwechselbar in Szene setzen und sie demonstrativ gegen andere behaupten. Dazu gehört die ebenso virtuose wie charakterlose Handhabung der kulturellen Kompetenzen und *modi consumendi*, die, soweit sie Distanzen schaffen, auch Distinktionen gewähren.[3] Schon ein kurzer Blick auf die alltäglichen Affären um Stil und Stilisierung zeigt nicht nur eine vom Pathos des Besonderen besessene Allgemeinheit; deutlich wird auch, wie sehr die Menschen sich dessen bewußt sind, daß Identität so ohne weiteres nicht mehr zu haben, sondern der Effekt einer merkwürdigen Mischung aus subjektivem Schicksal, kombinatorischem Geschick und inszenatorischen Fähigkeiten ist, erfolgreiche Identitäts*politik*[4] also zum Fokus des Daseins gerät.

Die in sich widersprüchliche Entwicklungsdynamik von gesellschaftlicher Detraditionalisierung und Individualisierung bildet die Basis für die Verallgemeinerung einer Vergesellschaftungsform, die früher als Signum der höheren Stände galt. *Lebensstile* scheinen jene Leerstellen zu füllen, die der gegenwärtige Modernisierungsschub im Austausch zwischen Individuum und Gesellschaft hinterläßt, indem sie sowohl die Individualisierungsstrategien der Subjektivität als auch die Standardisierungszwänge des Sozialen zu tragen vermögen. Als eine Art «mittlere Allgemeinheit» (Hegel) ermöglichen sie einen nicht-individuellen Umgang mit Individualisierungszumutungen und erlauben zugleich, daß sozial Typisiertes unverwechselbar Individuelles ausdrückt, kurz: Sie gewähren die doppelte Gnade, jemand zu sein und es nicht allein sein zu müssen.

Schon um die Jahrhundertwende hat Georg Simmel diesen Vergesellschaftungsmodus ins Zentrum seiner Theorie der Moderne gerückt.[5] Es ist die moderne, auf Arbeitsteilung und sozialer Differenzierung beruhende Geldwirtschaft, welche Indifferenz und Charakterlosigkeit, diese Markenzeichen des Geldes, in das soziale Leben einschleust und so die Rationalisierung der Lebensführung nach ihrem eigenen Muster erzwingt. Die Individuen, die sich aufgrund der Kluft zwischen objektiver und subjektiver Kultur in der ‹kulturellen Logik der Dinge› nicht wiederfinden, reagieren mit der Stilisierung des Lebens, um damit dem indifferenten Charakter der Wirklichkeit zu entgehen. Simmel hat dies am Beispiel vor allem der großstädtischen Lebensweisen und der Mode gezeigt: Distinktion und Distanz, Imitation und Zusammenschluß vermittels gleich-gültiger Objekte.

«Der Mangel an Definitivem im Zentrum der Seele treibt dazu, in immer neuen Anregungen, Sensationen, äußeren Aktivitäten eine momentane Befriedigung zu suchen; so verstrickt uns dieser erst seinerseits in die wirre Halt- und Ratlosigkeit, die sich bald als Tumult der Großstadt, bald als Reisemanie, bald als wilde Jagd der Konkurrenz, bald als die spezifische moderne Treulosigkeit auf den Gebieten des Geschmacks, der Stile, der Gesinnungen, der Beziehungen offenbart.»[6]

Und dennoch sind es gerade die Stile und Stilisierungen, die im Einspruch gegen Indifferenz und Allgemeinheit unwahrscheinliche Leistungen erbringen. Sie kultivieren und erhöhen nicht nur das Unterschiedsempfinden und befriedigen die neue Sehnsucht nach Bedeutsamkeit; vielmehr scheinen sie selbst als bevorzugte Strategien der Sinnfindung und Bedeutungskonstitution zu fungieren. Denn die Ästhetisierung und kulturelle Überhöhung des Alltags, die im Mittelpunkt jeder Stilisierungsleistung steht, öffnet erneut einen Zugang zur Kultur der Dinge, indem sie diese ihrerseits individualisiert und so bedeutsam macht. Angesiedelt irgendwo zwischen kritischem Animismus und handfestem Fetischismus, regulieren moderne Lebensstile den Austausch mit der Welt der Objekte, die – nun ausgestattet mit der magischen Kraft des Besonderen – zur persönlichen Note erklärt und als symbolische Grenzen für die Territorien des Selbst wie der Gruppen und Klassen fungibel gehalten werden. Darin aber liegt ihr tatsächlicher Sinn: daß sie Modernitätszumutungen mittels einer Ästhetisierung und Kulturalisierung alltagspraktisch handhabbar und damit in gewisser Weise auch beherrschbar machen.

Daß die ‹neue Unübersichtlichkeit› die topographische Szene unserer

Geistesgegenwart verwirrt, ist sichtbarster Ausdruck jener ‹Sehnsucht nach Bedeutsamkeit›. Paradigmatisch ist auch hier der Terrainwechsel der Diskurse, der semantische Salto aus dem Bedeutungszentrum ‹Gesellschaft› in den gleichsam ethnologisch ausladenden Begriff ‹Kultur›.[7] Zumindest auf der symbolischen Ebene hat sich der Gestaltwandel von der Industrie- zur Kulturgesellschaft längst vollzogen. Kein soziales Phänomen – von Alltags- bis Wohnkultur, von Arbeits- bis Verständigungskultur –, das dieser Prädikation des Besonderen entginge. Der Blick aufs Ganze, vor einer Dekade noch der Stoff, aus dem die Helden schöpften, scheint heute allenfalls zu lähmen. Die Revolutionäre, Sozialarbeiter und Reformer mußten dem Ästheten weichen, der soziale Wohnungsbau ging zwanglos im Museumsboom verloren. Die gnadenlose Erhaltungssucht macht noch den letzten Fetzen zum Kulturgut, und selbst der Taktstock Herbert von Karajans wird, zum Ausstellungsobjekt erkoren[8], weit vor seiner Zeit dem drohenden Vergessen schon entrissen.

Jenseits des Spektakels, der Festspielkulturen und Sammlerleidenschaften aber wirken die risikoreichen, auf Stil und Stilisierung aufliegenden Identitätspolitiken, in denen die Menschen neue Selbstverhältnisse erproben. Es sieht so aus, als ob die Modernisierung des Sozialen mit dem Verzicht aufs Allgemeine zusammenfiele, als ob der Rückzug ins Private, die Selbstbezüglichkeit des Selbst genau jene Handlungsorientierungen offerierte, die eine hochgetriebene Individualisierung auch verlangt. Daß die Dezentrierung der Diskurse nicht zwangsläufig mit der Dethematisierung sozialer Konflikte zusammenfällt, diese im Gegenteil eher vervielfältigt werden, haben die neuen sozialen Bewegungen bewiesen. Keine Problematik, selbst des Privaten, die heute nicht politisierbar wäre. Überall finden sich neue Wohn- und Lebensformen, machen sich subpolitische Netze des Alltags, veränderte Einstellungen zu Beruf, Familie, Geschlechterverhältnis und Politik bemerkbar. Bemerkbar macht sich freilich auch, daß eine verzauberte Individualität das soziale Klima rauher werden läßt. Insofern verrät ‹Hubert›, diese ebenso geniale wie blöde Erfindung der Werbung, mit seinem Slogan «frech kommt weiter» längst kein Geheimnis mehr. Dem vereinzelten Einzelnen wird die Welt zur Herausforderung, der Alltag zur Überlebensbühne. Es sind vor allem die jüngeren, gut ausgebildeten großstädtischen Teile der ‹neuen› Mittelschichten, die in dieser «Politik der Lebensstile»[9] Zeichen setzen, die – karrierebewußt, leistungsorientiert, hedonistisch, fortschrittskritisch und ökologisch sensibel in einem – Vollkornkost und schnelle Autos lieben, die Nutzung von High-Tech mit Natürlichkeitserfahrungen konnotieren.

Als Experimentierfeld der Moderne wird die Stadt zum Abenteuerspielplatz des Selbst. Wer heute New York, Rom oder Kairo übersteht, in Rio oder Nairobi der Geißel Gottes entgeht, hat Bewährungsproben bestanden, kann Geschichten erzählen, in denen es wieder Helden, ‹action›,

Sensationen gibt. Im geheimen Einverständnis mit der Produktionslogik jener Zeichen von Bedeutsamkeit schieben sich die Inszenierungen der Stadt und die des Selbst mehr und mehr ineinander. Allerdings darf dabei eine für die modernen Lebensstile unverzichtbare Ressource nicht unerwähnt bleiben – eine Ressource, die bei adäquater Nutzung der ihr zugeschriebenen kulturellen Codes genau das gewährt, was das moderne Selbst so schwer entbehrt: Selbstgewißheit und die sozial prämierte Praxis, sie am eigenen Körper zu erzeugen. «Die Individuen», so Volker Rittner, «gewinnen in einer paradoxen Volte zum Zivilisationsprozeß ihr Selbst über den Körper zurück.»[10] Kraft des Bündnisses von Sport, Mode und Ökologie avancierte der wohlgeformte Körper zur kulturellen Norm und Sportlichkeit zum Lebensgefühl der 80er Jahre, wird Selbstvertrauen zu Körpervertrauen, Identitätspolitik zur Körperpolitik und Lebensstil mehr und mehr zum ‹body-styling›. Als steter Anlaß der Sorge und Pflege, aber auch als Ort, an dem die beliebten Zeichen der Zeit evoziert und präsentiert werden, hat der Körper eine sinnstrategisch unhintergehbare Position erlangt. Erst an und durch den eigenen Körper erweisen Ästhetisierung und Kulturalisierung ihre bedeutungskonstituierende Kraft, werden Schönheit, Jugendlichkeit, Gesundheit – diese Wunder der Natur, die nicht gewährt, sondern im Schweiße täglicher Anstrengung erworben sein wollen – zur Repräsentanz eines Selbst, das so Leistungswillen und Charakter dokumentiert, Asketismus mit Spaß verbindet und das Glück in der Entfremdung wirklich findet.

Sicherlich lassen sich ganz unterschiedliche soziale Brennpunkte ausmachen, die diese Muster veranschaulichen. Ein Ereignis von höchster symbolischer Dichte aber bietet sich für die symptomatische Lektüre des Verhältnisses von Urbanität und Individualisierung unmittelbar an. Der *Stadtmarathon* – ein Spiel auf Leben und Tod, in dem die Menschen, ähnlich wie im klassischen Duell und doch um Welten verschieden, «freudig eine Verabredung mit dem Schicksal auf sich (nehmen), sowohl in bezug auf den Körper wie den Charakter»[11] – trägt alle Zeichen der modernsten Modernität. Er verdeutlicht als situative Vergesellschaftungsform die neuartige Phänomenalität des Sozialen, präsentiert die Inszenierung von Individualität als kollektives Ereignis, er vermittelt moderne Stadterfahrung mit gleichsam archaisierenden Erzählweisen. Kurz, der Stadtmarathon *ist* die normativ zum Bersten geladene Inszenierung der individualisierten Gesellschaft als Schauspiel, ein symbolisches wie reales Ereignis, das von den heute gefragten Rollenbesetzungen und Charaktereigenschaften distanzlos erzählt.

2.

Marathonläufe gehören in die Stadt. Waldstrecken werden allenfalls Anfängern empfohlen, die zum ersten Mal in gesunder Luft mit den 42,195 km sich konfrontieren wollen. Auch der Marathon in kleineren Gemeinden hat nichts von dem Reiz, der der metropolitanen Rennerei nachgesagt wird.

Marathonläufe gehören in die Stadt, in die große Stadt. So gewöhnlich das Bild von den startenden Massen vor den städtischen Wahrzeichen schon geworden ist, es hat fast 2500 Jahre gedauert, bis der klassische Lauf nicht mehr Städte verband, sondern die Stadt selbst durchmaß. Angefangen hat es – wie fast immer – in den USA, wo in den 70er Jahren der Stadtmarathon zum Spektakel wurde, der Aktive, Sponsoren und Zuschauer gleichermaßen anzog, Krönung der Jogging-Welle, die das Land damals einem flagellantischen Wahn gleich zu erfassen begann. Mit dem Zug in die Stadt ist der Marathon das geworden, was wir heute unter ihm verstehen. Als olympische Disziplin zwar nicht der Antike, wohl aber der Moderne seit 1896 bekannt, galt er lange Zeit als unmenschliche Anstrengung von Exzentrikern, einem zivilisierten Europäer irgendwie auch unwürdig. Als 1960 der Äthiopier Abebe Bikela barfuß den olympischen Marathon von Rom gewann und ohne ersichtliche Anstrengung das Ziel am konstantinischen Triumphbogen durchlief, schrieb «Die Welt» am darauffolgenden Tage noch:

> «Marathon, das ist eine unheimliche Angelegenheit. Da werden Menschen auf eine Distanz geschickt, die kein vernünftiger Mensch jemals laufen würde. Wer Marathon läuft, muß seinen Verstand am Start zurücklassen, will er über die Runden kommen.»[12]

Zwei Jahrzehnte später wälzen sich wöchentlich Tausende vernünftiger Bürger der westlichen Hemisphäre durch die Straßenschluchten ihrer Metropolen, und Hunderttausende schauen ihnen zu. 1981 verlegt der Charlottenburger Sportclub seinen Berlin-Marathon vom Grunewald an den Kurfürstendamm, und damit beginnt auch in Deutschland die Stadt das Maß zu werden, vor dem sich Willenskraft und Ausdauer, Schnelligkeit und Standvermögen des Läufers zu bewähren haben. 30000 Bundesbürger sollen im letzten Jahr mindestens einen Marathon hinter sich gebracht haben[13], Tausende werden mehrmals gelaufen sein, und einige Hundert Entschlossene sind es, die sich, sei es privat, sei es in eigens darauf spezialisierten Reiseunternehmen, auf internationale Städtetour begeben, bis auch sie beim «Marathon Hauts-de-Seine», bei der «Battle of Atlanta» oder dem berühmten «New York Marathon» dabei waren. Längst vergessen sind die Warnungen vor der Unvernunft, die «Die Welt» noch dem afrikanischen Marathonsieg hinterherschickte und die sich

1964 wiederholten, als derselbe Abebe Bikela in Tokio wiederum gewann und seine völlig erschöpften Konkurrenten am Ziel noch mit gymnastischen Übungen beschämte.

Heute ist der Marathon ein Volkssport der vernünftigen Leute geworden, die Leidenschaft der Lehrer, die Obsession der Techniker und der Angestellten, der Ingenieure, der Ärzte und Intellektuellen. Männer wie Frauen durchlaufen die Strecke, im Durchschnitt knapp unter vierzig Jahre alt; und es dürfte kein Zufall sein, daß die Sozialstruktur der Marathonläufer mit jener der urbanen Mittelschicht fast identisch ist. Der Marathonläufer nämlich bedarf persönlicher Tugenden, die in der Klassengesellschaft deshalb ungleich verteilt sind, weil sie nicht jedem gleichermaßen nützlich sind. Zu ihnen gehören: Vertrauen auf die eigenen Fähigkeiten, Glaube an Zukunft und Vernunft sowie ein Drang zur rücksichtslosen Selbstverbesserung. Zwei bis drei Jahre regelmäßigen Trainings bedarf es gewöhnlich, bis sich der vorher ungeübte Läufer auf die große Distanz wagen darf, mindestens zwei Stunden täglich wollen geopfert und circa 140 km wöchentlich müssen absolviert werden, bis endlich die 42 km durchlitten werden dürfen. Sinn erhält das tägliche Laufen, das sich im Training aus Gründen der Physis nicht über die magische Grenze von etwa 30 km hinauswagen darf, nur in Kenntnis seiner Wirkungen für das Erlangen des letzten Ziels. Das Marathontraining setzt auf die Steigerung der Leistung über die Zeit, in der sich nicht etwa die besonders gekonnte Durchführung dieser Sportdisziplin entwickeln soll, sondern erst die Bedingung ihrer Ausübung selbst. Damit verlangt es die innere Bereitschaft zu einem Befriedigungsaufschub in einem Ausmaß, wie es unter allen Sportarten wohl einzigartig ist. Hier liegt einer der Gründe, warum die Mittelschichten den Marathon als sportliche Aktivität besonders bevorzugen. Ihnen ist er distinktive Praxis, weil sich im Marathon positionsbedingte Einstellungen zum Selbst verwirklichen lassen, die in ihrer Leidenschaft für die durch Arbeit und Erziehung verbesserungsfähigen Leistungen des einzelnen anderen Gruppen in der Gesellschaft nicht derartig zugehörig sind. Der Marathon gehört in den Kreis jener Arten von Freizeitsport, deren Profil Pierre Bourdieu zufolge schon aus sich heraus dafür sorgt, daß sie zum Hort des Kleinbürgertums werden. Wie etwa auch die Gymnastik erhält das Training des extremen Dauerlaufs Sinn nur

> «in abstrakter Kenntnis von Übungen, die sich ... ihrerseits auf eine Abfolge abstrakter, in sich zunächst isolierter und dann auf eine bestimmte Zielsetzung ... hin organisierte Bewegungen beschränken ... Verständlich wird damit auch, weshalb solche Aktivitäten gleichsam von selbst die asketisch geprägten Erwartungen derjenigen erfüllen, die als gesellschaftliche Aufsteiger bereits in der Anstrengung selbst Befriedigung finden und die – Sinnbild ihres ganzen Daseins – bereitwillig auf momentane Belohnung zugunsten späterer verzichten.»[14]

HENNES
Kappa
3695

Bourdieus Schilderungen der Bewegungsmuster und Motivstrukturen serieller Sportübungen erinnern an jene von Arbeit und Berufstätigkeit. Und doch haben die Mittelschichten den Dauerlauf historisch erst für sich entdecken können, nachdem er *keine* Arbeit mehr war und damit vom Geruch des Niedrigen befreit, der ihm so lange anhaftete, wie man zu fremden Diensten lief. Der Hochadel des 16. bis 18. Jahrhunderts hielt sich laufende Boten für den Nachrichtenverkehr, und den fürstlichen Pferdekutschen eilten oftmals ‹Vorläufer› voran, die über Land den Weg zu erkunden und in der Stadt die Ankunft der nachfolgenden Herrschaft zu vermelden hatten.[15] Die ersten Wettrennen ließ der Adel in den Gärten seiner Residenzstädte unter seinen Lakaien ausrichten, bis sich endlich Anfang des 19. Jahrhunderts empörte Stimmen gegen die ‹widerliche Menschenhetze› erhoben und der Wettlauf sich auf die Jahrmärkte verlegte:

> «Die Schau-Schnell-Läufer des Jahrmarktes waren die letzten Heroen des vortechnischen Zeitalters. Sie traten an gegen Rennpferd, Eisenbahn und Velociped – und trugen den Sieg davon... Mit dem Ende des 19. Jahrhunderts war dieser Kampf des Läufers gegen die Technik endgültig verloren. Von nun an konnte man nur noch gegen die Uhr... rennen. Die resignative Erkenntnis, daß die abstrakte... Zeit niemals mehr einzuholen und zu besiegen sein würde, ist der historische Moment, in dem an die Stelle des Berufsläufers, der einen Auftrag zu erledigen hatte, der Juxläufer und der Sportläufer treten, die vorgeben, nur noch um ihr Vergnügen zu rennen.»[16]

Heute ist es das Verhältnis zum eigenen Körper, das außerhalb jedes bewußten Strebens den Marathon für bestimmte soziale Kreise prädestiniert. Der Leib will nicht nur fortwährend und berechnend trainiert, er will und muß auch genauestens versorgt und gepflegt werden. Der Marathonläufer ist daher einer streng gesundheitsbewußten Ernährungs- und Lebensweise ebenso zugetan wie jedem Exzeß abhold. Er ist der Prototyp jener Gruppe von Menschen, denen Gesundheit zum Wert an sich geworden ist, weil sie in ihr den Körper als vielleicht letzte sichere Sinninstanz am zuverlässigsten bewahrt sehen. «Ich liebe meinen Körper, sonst würde ich nicht laufen», heißt es in einem marathonischen Bekennerschreiben in der Zeitschrift «sports»[17], und der äußeren Hülle des strebsam-schönen Ichs gelten alle atavistisch anmutenden Kulte der Vorbereitung auf den großen Lauf, die sich allerdings auf eigentümliche Weise mit den avanciertesten Techniken der persönlichen Effektivierung paaren. Rolf Lindner nennt die Marathon-Bewegung daher nicht zu Unrecht die «dynamischere Variante der postmodernen Reform-Kultur»[18].

In der Küche des Läufers ist die Vollkornmühle ebenso selbstverständlich neben den isotonischen Durstlöschern aufbewahrt, wie sich in seinem Kopf spirituelle Neigungen mit den Wissensbeständen der modernen

Forschung vertragen. Besonderes Interesse bringt der Marathonläufer nicht nur dem Körper als Rohstoff seiner Leistungskraft entgegen, sondern ebenso dem Instrument, mit dessen Hilfe der Leib über die Strecke getragen werden will, dem Schuh. Für ihn kann im High-Tech-Jargon geworben werden, weil der Marathonläufer dieser Sprache ebenso mächtig ist wie der Lyrik einer schon älteren Lebensreform. «Fersenstabilisatoren» gegen «Übersupination», «biomechanische Funktionselemente im Vorderfußbereich», «progressive Schockdämpfung» und Vorrichtungen «zur Stoßabsorption und Pronationsreduktion» werden dem Kunden angetragen, der den Wert derartiger Innovationen des Laufschuhs gewöhnlich zu schätzen weiß. Computererstellte Laufprogramme in einer Sportbekleidung aus synthetischen Fasern zu absolvieren, die ursprünglich für die Raumfahrt entwickelt worden sind, und gleichzeitig den «Laufurlaub in garantiert baubiologischen Nichtraucherhäusern bei hundertprozentiger Vollwertkost» zu bevorzugen: diese postmoderne Kombinatorik stellt nur in den Extremen dar, was für den Lebensstil der urbanen Mittelschicht mittlerweile genauso alltäglich geworden ist wie für die Architektur jener Straßen, die als Kulissen der läuferischen Bewährungsproben dienen. Im ‹Marathon› stapeln sich die Zitate zum Gewölbe des modernen Ichs auf, gehen klassische Ideale, robuste Natur, funktionale Technik und der Zierat moderner Selbstinszenierung in jedem Läufer eine Verbindung ein, deren Außenseite sich nirgends so effektvoll dokumentieren kann wie eben in der heutigen Stadt. Daher scheint sie gegenwärtig geradezu sein natürlicher Ort geworden zu sein, gegen den jeder außerstädtische Raum in irgendeiner Hinsicht defizitär erscheinen müßte. Die Stadt, für Walter Benjamin noch die Realisierung des alten Menschheitstraums vom Labyrinth[19], transformiert sich im Marathon zur Ordnung des Wegs, die – aus Leibern gebildet – keinen einzigen Irrweg mehr kennt.

Als Ereignis ist der Marathon das kollektive Ergebnis jener individuellen Bestrebungen, die der Stadt als sozialem Raum bedürfen. Für sich und gegen sich wird gelaufen, mit und vor den anderen wird um den Erfolg gerungen, der beim modernen Marathon schon in der Bewältigung der Strecke selbst gesehen wird. In seiner Zusammenfassung der je einzelnen Ziele zu einem Wettbewerb vor der Masse des staunenden Publikums symbolisiert der Marathonlauf die innerstädtische Konkurrenz heutiger ‹Leistungsträger›. Er stellt dabei eine besondere Form der Konkurrenz dar. Deren innerer Zweck besteht nicht direkt im Besiegen des Gegners, sondern in der Erreichung eines persönlichen Ziels, das jeder der Bewerber für sich anstrebt, ohne dabei auf die Niederlage der anderen immer schon angewiesen zu sein. In dieser Subjektivität des zu erreichenden Ziels beruht der Marathon, formal betrachtet, auf dem Prinzip des Individualismus, und es wird kaum ein Zufall sein, daß Georg Simmel, der Soziologe der Individualisierung schlechthin, gerade den ‹Wettlauf› als Beispiel nahm, um den für die bürgerliche Gesellschaft typischen Individualismus der Konkurrenz zu erläutern.[20] Die aristokratische Ehre etwa hatte sich letztlich im möglicherweise tödlich verlaufenden Duell zu erweisen; das bürgerliche Individuum dagegen verhält sich in der Verwirklichung seiner Leidenschaften so, «als ob kein Gegner, sondern nur das Ziel auf der Welt wäre».[21] Versachlicht, nämlich als Wettbewerb von Leistungen, die zu erbringen nicht jeder gleichermaßen in der Lage ist, vollzieht sich die bürgerliche Konkurrenz, deren Intensität durch das Bewußtsein von der Leistungskraft des Gegners wohl noch zu steigern, nicht aber auszulösen ist. Die Konkurrenz des Marathons wie die des Marktes, die beide ideell um das jeweils eigene Ziel geführt werden, erreichen ein Stadium der Objektivität, das vorbürgerlichen Gesellschaften vollkommen fremd war. Darum auch behält selbst derjenige Teilnehmer des Marathons seine Ehre, der das Ziel als letzter erreicht. Diskriminiert müssen sich nur diejenigen fühlen, deren Leistungskraft sich nachträglich als von vornherein ungenügend erwiesen hat: Sie werden nach Ablauf einer Sollzeit vom ‹Besenwagen› aufgesammelt und unter dem Lächeln der verbliebenen Zuschauer zum Ziel gefahren. Ihr Versuch gilt als eitle Überschätzung und verweist auf den Mangel einer Eigenschaft, deren Existenz zum Credo jedes Läufers gehört: souveräne Selbsteinschätzung.

Dagegen ist Schmähungen nicht ausgesetzt, wer die Strecke phasenweise nur im Gehen zurücklegt. Denn wenn die Konkurrenz im Marathon auch ein Kampf ohne fremden Gegner ist, so ist er doch einer, bei dem es um den Wert der Anstrengung selbst geht, und dieser demonstriert sich in der entkräfteten Gangart ebenso wie im sicheren Laufschritt des Athleten. Die gewöhnliche Welt kalkulierender Nützlichkeitserwägungen blamiert der Marathonläufer mit dem Glanz von Bestrebungen, die ihren Zweck zunächst nur in sich selber finden. Wie immer es auch um die subjektiven Motive tatsächlich bestellt sein mag, dem Läufer eilt der Ruf voraus, ohne weitergehendes Interesse nur der eigenen Bewährungsprobe verbunden zu sein. Im Marathon verwandelt sich das laufende Individuum zum Träger der schönen Idee eines verträglichen Egoismus, transzendiert sich zum Platzhalter des kollektiv geteilten Sinns einer völlig egozentrischen und gleichwohl sozialen Tat: mit der Trägheit von Körper und Geist ringen, die Strecke besiegen, den inneren Schweinehund bändigen und damit eine menschliche Größe zeigen, zu der von Natur und Temperament aus zwar nur wenige veranlagt sind, an die zu glauben aber eben deshalb ein jeder gern bereit ist. Von außen besehen, bieten sich die subjektiven Motive der Teilnahme an der mitunter existentiellen Bewährungsprobe ebenso als Mittel zur Produktion anerkannter sozialer Werte dar, wie deren persönliche Zuschreibung vom einzelnen Läufer aus dazu benutzt werden kann, noch in der unmäßigsten Anstrengung subjektive Befriedigung zu gewinnen. So mischen sich hier die vormodernen

Kriterien eines erfolgreichen Kampfes mit dessen modernen Intentionen. Wie im Duell zählt letztlich Ausdauer und Geschick des Körpers, regrediert Macht auf deren Urbild von Kraft und Stärke. Wie beim Preiskampf des Marktes aber liegt der Zweck des Tuns nicht im Ruin des anderen, sondern zunächst im eigenen Erfolg, der – als Ziel jedem einzelnen zugestanden – den fremden Ruin natürlich zur Folge haben kann.

3.

Am Startplatz des Marathons geht ein Heer von Individuen auf die Strecke, die sich alle Selbstzweck sind und gerade deshalb eine soziale Einheit bilden, die jeden einzelnen übersteigt. Die parallelen Bestrebungen aller richten sich auf ein für alle gleiches Ziel, ohne daß irgendeinem Teilnehmer der Gewinn versagt bleiben müßte, nur weil er dem anderen zugefallen ist. Damit schält sich im Marathon ein Beziehungsgeflecht heraus, das Simmel zufolge sein Vorbild in der religiösen Gemeinde hat.[22] Deren wesentliches Merkmal ist es, daß der Wetteifer der Gebotserfüllung, der Devotionen, der Askese und Gebete die Glückseligkeit des einen durch die des anderen nicht ausschließt und jedem nur nach seinen Werken vergolten wird. In der ‹Läufer-Messe›, die gleich der anschließenden ‹Nudelparty› zum festen vorabendlichen Ritual einer jeden Marathonveranstaltung gehört und in der sich die Teilnehmer vor dem Auffüllen ihrer Kohlehydratreserven selbst zur religiösen Gemeinde versammeln, findet das sakrale Exempel noch heute seinen Nachhall.

Den religiösen Urgrund des läuferischen Ehrgeizes erkennt der am Rande stehende Zuschauer, der über Stunden die gequälten Körper an sich vorbeiziehen läßt, allerdings besser als der Läufer selbst, dessen Aufmerksamkeit ganz auf die eigenen Beine, auf Atmung, Uhr, Kilometermarke, Zwischenzeit und die nächste Verpflegungsstation gerichtet ist. Dem Betrachter bietet sich der Marathon als rituelle Praxis, als Opfergang im Laufschritt dar, der neben den einzelnen Menschen auch die Werte des Sozialen über die Strecke trägt. So getrennt Zuschauer und Läufer auch sind, so vereinigt haben sie an demselben transzendenten Ereignis teil, gibt es doch auch dem Zuschauer Gelegenheit, an der Bekräftigung sozialer Leitbilder mitzuwirken. In Symbolen und Riten, in Festen und Umzügen verkörperte sich von jeher Gemeinschaft, evozierte sie Sichtbarkeitszeichen, Glaubensbekenntnisse und Erfahrungsräume ihrer selbst. Émile Durkheim hat die fundamentale Opposition zwischen Sakralem und Profanem und damit die Konstitution des Heiligen aus der periodisch wiederkehrenden und bestätigenden Verdichtung des Kollektivs zu erklären versucht.[23] Die Menschen erleben die übernatürliche Kraft der Sozietät und verehren als Heiliges, was Effekt archaischer Vergesellschaftung ist. Im rhythmischen Klatschen, das den Marathonläufer meist über die gesamte Distanz wie eine Klangwand begleitet, feiert sich die Gemeinschaft selbst. Unbarmherzig peitscht es auch den schon Geschwächten zu einer letzten Anstrengung auf und signalisiert damit die Anwesenheit einer moralischen Idee, vor deren Erhabenheit die bleierne Schwere des einzelnen Beinpaars nicht zählt. «Unerbittlich», so berichtet der «Tagesspiegel» vom Berlin-Marathon, «skandiert die Menge auf den letzten Kilometern ‹Weiter, weiter›, ‹Durchhalten, durchhalten›, wo die Augen der Läufer schon längst um Gnade flehen.»[24]

Wer vor dem Altar steht, muß das Opfer auch erbringen, wer eine Nummer hat, muß laufen, so will es das Protokoll. Auf dem letzten Abschnitt der Strecke schließlich, wenn auch der geübteste Läufer eine physiologische Schranke mit äußerster Willenskraft zu durchbrechen hat, wenn der Körper nicht mehr von den Kohlehydraten, sondern einzig von der eigenen Substanz zehrt und der Sauerstoff zwangsläufig knapp wird[25], schiebt sich die Opferhandlung vollends in das Zentrum des Geschehens. Der Tod, im Marathon zum Unfall erklärt, mit dem niemand wirklich rechnet und der doch manch einen hierbei schon ereilt hat, muß jetzt besonders stark gebannt werden, und seine zumindest symbolische Anwesenheit läßt die Läufer ihre letzten Kräfte verschwenden und die Zuschauer tausendfach zur magischen Formel greifen: ‹Du schaffst es!› Allerdings scheinen deren Deutungen kulturell zu variieren. Während der Läufer etwa in Rom durchaus mit der Häme der Zuschauer zu rechnen hat[26], steht in Boston eine ‹Crowd Control› bereit, um die Begeisterung am Straßenrand zu dämpfen, die die Strecke zu verstopfen droht. Überraschende Leidenschaften werden auch aus Hamburg vermeldet: «Die Bürostadt lebt.»[27]

Die Ausführlichkeit, in der die Gefühlsregungen und die inszenatorischen Leistungen des Publikums bei jedem Bericht eines Marathons geschildert werden, verweist auf die besondere Funktion, die ihm in der Dramaturgie des Großereignisses zukommt. Stellt es doch den unabdingbar notwendigen Präsentationsrahmen derjenigen Eigenschaft dar, die im Marathon für jeden seiner Teilnehmer insgeheim auf dem Spiele steht: *Charakter*. In dessen Darstellung und Akklamation verbinden sich jene, die ansonsten auf verschiedene Rollen verteilt sind. Marathonläufe nämlich eignen sich in hervorragender Weise dazu, allen sichtbar Merkmale der Persönlichkeit zu beweisen, die sich in den ruhigeren Bahnen des Alltagslebens nur selten demonstrieren lassen, gerade deshalb aber als gleichsam letztinstanzliche menschliche Wesenseigenschaften eine hohe soziale Bewertung erfahren: Mut, Kampfbereitschaft, Haltung. Marathonläufe enthalten schicksalhafte Situationen, bieten ‹action›. Für Erving Goffman ist jede Form von ‹action›, ist jede Variante einer Handlungssituation, die die Bereitschaft zu einem freiwillig eingegangenen Risiko erfordert, immer auch ein Charaktertest.[28] Sich um ihrer selbst willen den ungewissen Folgen eines Kampfes zu stellen, den die meisten Menschen gewöhnlich besser vermeiden wollen, erlaubt, sich selbst und anderen die Bewältigung des persönlichen Ernstfalls zu zeigen und darin ebenso Ausdruck zu erzeugen wie Profil zu gewinnen. Sich diesen Folgen auch noch in Konkurrenz zu anderen auszusetzen, erlaubt die Inszenierung dessen, was Goffman «Charakterwettkämpfe»[29] nennt. Charakterwettkämpfe durchziehen die Fugen des täglichen Interaktionsgeschehens ebenso, wie sie zum psychologischen Inventar von Spielbanken, Autorennen und extremen Sportarten wie eben dem Marathon gehören. Für Akteur wie Zuschauer bieten sie besonderen Reiz:

> «Was für ihn ein Charakterwettbewerb, ein Augenblick der Wahrheit bedeutet, ist für uns ein Mittel, unsere Moral zu massieren ... Ehrenwerte Menschen werden in ihren Szenen von Schicksalhaftigkeit uns allen gefahrlos erreichbar gemacht, damit wir uns mit ihnen identifizieren, wann immer wir uns von unserer realen Welt abwenden. Durch diese Identifikation kann der in der schicksalhaften Betätigung bestätigte Verhaltenskodex – ein Kodex, der zu aufwendig und zu schwierig ist, um im täglichen Leben ganz eingehalten zu werden – geläutert und bekräftigt werden. Ein Bezugsrahmen zur Beurteilung der täglichen Handlungen wird gesichert, ohne daß seine Kosten bezahlt werden müssen.»[30]

Auch wenn der starke Charakter des risikobereiten Läufers insgeheim für diejenigen, die am sicheren Rand stehen, nur Geringschätzung empfinden und seine Selbstachtung gerade aus dem Kontrast zu ihnen beziehen mag, als gemeinsame Veranstaltung aller Rollenträger hat die Marathondramaturgie des einsamen Kampfes mit sich selbst und der öffentlichen Zurschaustellung der gequälten Körper einen derart versöhnlichen Charakter, daß es selbst einem eher ‹cool› gestimmten Beobachter des Zeitgeistes wie Jean Baudrillard beim Anblick eines New York Marathon nach eigenem Bekunden «die Tränen in die Augen trieb».[31] Die emotionale Intensität, mit der der Marathon von der Straße aus begleitet wird, mag ihren Grund nicht zuletzt darin finden, daß in ihm scheinbar die Reduktion aufs Einfache wieder gelingt, inmitten der urbanen Zentren der Vermittlung das Unvermittelte aufersteht, sich die Ziele des einzelnen mit den Wünschen der Vielen zwanglos vertragen und damit eine Sentimentalität ausgelöst wird, die überall dort statthat, wo man beglückt vermutet, längst Verschwundenes zufällig wiederentdeckt zu haben. Dichotomische Muster, die die Wahrnehmung des modernen Lebens durchziehen, lösen sich in den Augen des Publikums stundenweise auf, merkwürdig außer Kraft gesetzt und anwesend zugleich. Individuum und Gesellschaft, Stadt und Natur erscheinen nicht länger gegensätzlich, sondern glücklich vereint, ohne sich dabei aber jeweils verflüchtigt zu haben. Öffentlich wird demonstriert, wie auch menschliche Krisen entlang sozial verbindlicher Ideale bewältigbar sind, und doch bestätigt der Marathon nicht nur die gesellschaftlichen Wertmuster, sondern etabliert in der Inszenierung einer unverstellten Wirklichkeit gleichzeitig auch andere, die mit der Alltagskultur des modernen Lebens gerade nicht übereinstimmen. In dieser Synthese fühlt sich jeder für sich und fühlen sich alle zusammen gleichermaßen gut aufgehoben. Der Stadtmarathon ist das Wunschbild seines Veranstaltungsorts. Er vermag es, die persönliche Erfahrung von Stadt als Bewährungsprobe, als Prüfung und existentiellen Kampf inszenatorisch aufzunehmen und dabei noch einen Schein auf deren Utopie zu werfen.

Die Gewohnheit des Leibes ans Gehen als das Normale, notierte Theodor W. Adorno, stamme aus der guten alten Zeit:

> «Es war die bürgerliche Weise, von der Stelle zu kommen: physische Entmythologisierung, frei vom Bann des hieratischen Schreitens, der obdachlosen Wanderschaft, der atemlosen Flucht. Menschenwürde bestand auf dem Recht zum Gang, einem Rhythmus, der nicht dem Leib von Befehl und Gehorsam abgerungen wird. Spaziergang, Flanieren waren Zeitvertreib des Privaten, Erbschaft des feudalen Lustwandelns im neunzehnten Jahrhundert.»[32]

Dann kam das Marschieren in Mode, die technisch geführte Formation, die wieder den Laufschritt übte, in Stahlgewittern standhalten sollte, die dem Alltag schließlich das Grauen und dem Laufen den Ausdruck des Schreckens zurückgab.

Im Marathon inszeniert sich Versöhnung. Er will deshalb als eine besondere Art von Festumzug verstanden sein. Prozessionen, die ältesten Formen ritueller Um-Gänge, kennen kein eigentliches Innen und Außen. Sie präsentieren sich als streng hierarchische, um ein einziges Zentrum – das Allerheiligste – angeordnete Veranstaltungen, die wesentlich sind, was sie bedeuten: Repräsentation, bestätigende Verkörperung einer vorbürgerlichen hierarchischen Ordnung. Während die Repräsentationsmuster im ‹Paradieren› sich verweltlichen und so politisch bedeutsam werden, erweist sich im Unterschied dazu erst die Demonstration als die vielleicht bürgerlichste Form des Umzugs: ein dezentriertes, gleichwohl kollektives Unternehmen, das gegen definierbare andere das ‹Andere› zu behaupten versucht. Im Marathon zerbricht das Prinzip der Repräsentation vollends. Weder hierarchische Ordnung noch dezentrierte Einheit, sondern hochindividualisierte Vielheiten, die nur mehr für sich selber stehen, verhelfen der modernsten Modernität wenn nicht zu ihrem Begriff, dann immerhin zum Ausdruck.

Anmerkungen

1 Vgl. die Beiträge in Reinhard Kreckel (Hg.): Soziale Ungleichheiten (Sonderband 2 «Soziale Welt»). Göttingen 1983.
2 Ulrich Beck: Risikogesellschaft. Auf dem Weg in eine andere Moderne. Frankfurt/M. 1986, S. 209.
3 Einige gegenwärtig auffällige Formen distinktiver Praxis haben wir darzustellen versucht. Vgl. Sighard Neckel: Bluffen, Täuschen und Verstellen. Bemerkungen zu einer Variante des Leistungsprinzips. In: Freibeuter 32 (1987), S. 81–88; Helmut Berking: Fremde Blicke – Vertraute Gefühle. In: L'80,43 (1987), S. 92–99.
4 Ein zentraler Begriff in den soziologischen Studien Erving Goffmans.
5 Vor allem im letzten Kapitel seiner «Philosophie des Geldes» (4. Aufl. München/Leipzig 1922), das dem Stil des modernen Lebens gewidmet ist. Zur Diskussion vgl. David P. Frisby: Georg Simmels Theorie der Moderne. In: Dahme/Rammstedt (Hg.): Georg Simmel und die Moderne. Frankfurt/M. 1984.
6 Georg Simmel: Philosophie des Geldes, S. 551.
7 Zur Kulturalisierung der Gesellschaftsauffassung vgl. Helmut Berking: Kultur – Soziologie: Mode und Methode. In: Berking/Faber (Hg.): Kultursoziologie. Symptom des Zeitgeistes? Würzburg 1988 (im Erscheinen).
8 Wie in der Ausstellung «Berlin, Berlin» zur 750-Jahr-Feier der Stadt zu bewundern war.
9 Einige Dimensionen einer ‹Politik der Lebensstile› sind bisher schon von uns untersucht worden. Zur Präsenz von Lebensstilen in der politischen Symbolik vgl. H. Berking/S. Neckel: Der alltägliche Protest gegen das Allgemeine. In: Merkur 40 (1986), Nr. 451/52, S. 875–879; zum Bedeutungsgehalt von Lebensstilen in der Politik Sozialer Bewegungen vgl. H. Berking/S. Neckel: Politik und Lebensstile. In: Ästhetik und Kommunikation 17 (1987), Heft 65/66, S. 47–57; zum Einfluß von Lebensstilen auf Parteien und politisches Wahlverhalten vgl. H. Schwengel/H. Berking/S. Neckel: Lebensstile, Politik und die Kultur des Wählens. In: Die Neue Gesellschaft/Frankfurter Hefte 34 (1987), Nr. 6, S. 544–549.
10 Volker Rittner: Zur Soziologie körperbetonter sozialer Systeme. In: Friedhelm Neidhardt (Hg.): Gruppensoziologie (Sonderheft 25 der Kölner Zeitschrift für Soziologie und Sozialpsychologie 1983), S. 234.
11 Erving Goffman: Interaktionsrituale. Frankfurt/M. 1986, S. 265.
12 Die Welt vom 12.9.1960, zitiert bei Hermann-J. Pölking: Barfuß zum Olymp. Rassismus und Black Power im Sport. In: Ewald Lienen u. a. (Hg.): Oh!lympia. Sport, Politik, Lust, Frust. Berlin 1983, S. 192.
13 Vgl. die Angaben in der Zeitschrift «sports», Nr. 5/1987.
14 Pierre Bourdieu: Historische und soziale Voraussetzungen modernen Sports. In: G. Hortleder/G. Gebauer (Hg.): Sport – Eros – Tod. Frankfurt/M. 1986, S. 111.
15 Vgl. Stephan Oettermann: Läufer und Vorläufer. Zu einer Kulturgeschichte des Laufsports. Frankfurt/M. 1984.
16 Ebenda, S. 155f.
17 Rudi Holzberger: Die süße Droge Laufen. In: «sports», Nr. 5/1987, S. 170ff.
18 Rolf Lindner: Marathon: Die Bewährungsprobe als Massenbewegung. In: konkret, Nr. 12/1985, S. 30.

19 Vgl. Walter Benjamin: Gesammelte Schriften, Bd. V.1. 2. Aufl. Frankfurt/M. 1982, S. 541.
20 Vgl. Georg Simmel: Soziologie der Konkurrenz. In: ders.: Schriften zur Soziologie. Hg. von H.-J. Dahme und O. Rammstedt. Frankfurt/M. 1983, S. 175ff.
21 Ebenda.
22 Ebenda, S. 180f.
23 Émile Durkheim: Die elementaren Formen des religiösen Lebens. Frankfurt/M. 1981.
24 Der Tagesspiegel vom 1. Oktober 1985, S. 12.
25 Von der physiologischen Seite her betrachtet, stellen die Opferhandlungen im Marathonlauf längst kein Geheimnis mehr dar. Vgl. die bis in das Detail jeder Körperfunktion gehenden Studien in «The Marathon: Physiological, Medical, Epidemiological, and Psychological Studies». In: Annals of the New York Academy of Sciences, Volume 301/1977.
26 So jedenfalls berichtet Günter Herburger: Marathon & Manganelli. Ein Lauf durch Rom mit Seitenblicken. In: Frankfurter Rundschau vom 15. März 1986, Seite ZB 2.
27 Die Erlebnisberichte von Stadtmarathonläufen in der einschlägigen Fachpresse sind Legion. In diesem Falle vgl. den Bericht in spiridon 6/1986, S. 12.
28 Vgl. Erving Goffman, Interaktionsrituale (Anm. 11), 233ff.
29 Ebenda, S. 259.
30 Ebenda, S. 288.
31 Vgl. Jean Baudrillard: Amerika. München 1987, S. 33.
32 Theodor W. Adorno: Minima Moralia. Frankfurt/M. 1986, S. 212f.

Für sachdienliche Hinweise bedanken wir uns im übrigen bei Dr. Günter Scharf, Bremen (Bestzeit: 2,57'), und Dr. Rainer Paris, Göttingen (Bestzeit: 3,49').

Eike Gebhardt

Die Stadt als moralische Anstalt

Zum Mythos der kranken Stadt

> When a man is tired of London, he is tired of life;
> for there in London is all that life can afford.
> Samuel Johnson

> We shall solve the City Problem by leaving the city.
> Henry Ford

Eine alte Legende erzählt von der pathogenen Stadt – vermutlich in direkter Fortführung der Fabel vom Sündenbabel. Sie wird mit Vorliebe von Ordnungspolitikern jeglicher Couleur beschworen und hat fraglos etwas mit der Unsanktionierbarkeit zu tun: Wenn keine übersichtliche Gemeinschaft das Verhalten kontrolliert, breche die ungezügelte Natur durch. Ihr matter Nachhall, die Mär von der entfremdenden, weil entwurzelnden Urbanität, wird vor allem von Städtern selbst verkündet, die als Entsprechung auch gleich die Fiktion vom unverdorbenen Land dazu erfanden: dort gedeihe unverfälschte Menschlichkeit in allen Lebenslagen.

Die Fiktion schuf sich ihre Fakten, und viele der Vorurteile haben sich schlicht verselbständigt, haben als Mythen mit Erklärungswert und polemischem Potential überlebt. In der Vergangenheit, besonders wohl an jener traumatischen Epochenschwelle zum industriellen Zeitalter, häuften sich in der Tat Symptome, die die älteren, moralisch gefärbten Vorurteile zu bestätigen, ja konkret einzulösen schienen – und damit die Moralismen unnötig machten, die gleichwohl in jenen von Gott zur Natur verschobenen Metaphern weiterlebten: Bilder von Fäulnis, Verfall und Verwesung, von zum Himmel stinkenden Zuständen[1], von lebenden Kadavern und verdorbenen Charakteren, von Kampf und Konkurrenz, von der drohenden Verwilderung der mühsam befriedeten Gemeinschaft, eben der Zivilisation.

Die Stadt als entfesselte Natur? In der Tat, zwischen Natur und Unnatur schwankt ihr Charakterbild in der Geschichte. So stehen Stadtkritiker vor einem ähnlichen Konflikt wie ehedem die Kontrahenten der Naturrechtdebatte. War der Naturzustand nun die ungezügelte Wildnis, die es per Sozialvertrag zu zähmen galt, oder war sie der Zustand der Unschuld vor der Gesellschaft?

Natur und Natürlichkeit waren freilich kaum jemals mehr als ein Propagandamittel. Rousseaus Mahnung zur Rückkehr meinte anderes als Goethes Ausruf, nirgends sei so viel Natur wie in Shakespeares Charakteren. Und Becketts «il n'y a plus de nature» verprellt gleichermaßen Grüne wie jene Essentialisten der Menschennatur, die immer schon genau wissen, was dieser am Stadt- bzw. Landleben jeweils frommt oder schadet. Natur wird vor allem beschworen zur Legitimation bestimmter Lebensformen – und zur Stigmatisierung von Alternativen (als ‹unnatürlich›): ein Argument gegen menschliche Intervention; sich selbst überlassen, wisse die weise Natur am besten, was gut sei. So gesehen schrumpft der moralische Primat der Natur zur Aufforderung der Ergebenheit, zur Selbstentmündigung.

Hieraus wohl erklärt sich ein Leitmotiv der antiurbanen Kreuzzüge: die normative Besetzung des Gegensatzes natürlich-künstlich (d. h. vom Menschen geschaffen). Aus offenbaren Gründen wurden Städte schon an der Epochenschwelle der Neuzeit zu Enklaven, in denen sich die Idee des Fortschritts, also des qualitativ Neuen entfalten konnte. Den Vertretern zeitloser Werte und transhistorischer Wahrheiten waren daher Städte wegen ihrer Plastizität und des entsprechenden Persönlichkeitstyps schon immer ein Greuel, zumindest aber suspekt. Natur ist zeitlos und zyklisch, mithin Modell des Bewährten, Richtigen, Guten – und Schönen. Noch heute artikuliert sich Stadtkritik zumeist vor diesem Hintergrund, wie eine beliebige Auswahl urbaner Makel offenbart. Das Wort ‹Stadt› selbst ist zu einem Sammelattribut geworden für Unüberschaubarkeit und Wucherung, Masse, Lärm, Schmutz, Smog, Verbrechen, Übervölkerung, Hektik, Kommerzialisierung, Entfremdung, Entwurzelung, Anonymität, Funktionalisierung, Zersplitterung, Chaos, Prostitution, Rauschgift, Künstlichkeiten, Ersatzbefriedigungen, Bürokratisierung, Mechanisierung, Intellektualismus, Moden – kurzum alles Perversionen eines unterstellten gesunden Naturzustandes: einfach, direkt, stabil, sauber, gesund, überschaubar, eben die befriedete Natur. Ist aber der Stadtdschungel, die Stadtwüste nicht Natur?

Doch die Ambivalenz des Naturbegriffs einmal beiseite: Ist die Rede von der Unnatur der Stadt, von der ‹kranken Gesellschaft›, überhaupt mehr als eine polemische Metapher? Unterscheiden muß man wohl zwischen der bildhaften Rede von der sozialen Pathologie (die sozusagen ein kollektives Subjekt unterstellt) und den individuellen Störungen, die sich in klinischen u. a. Statistiken niederschlagen. Für das zugrunde liegende, ebenfalls rein metaphorische Modell der ‹mental health› suchten schon Kingsley Davis u. a. in der unübersehbaren Literatur vergeblich nach einer analytisch brauchbaren Definition.[2] Wie Natur verkörpert der Norm- und angebliche Normalzustand zudem ein kulturspezifisches Ideal, vor dem denn auch andere Kulturen als krank, gestört, unnatürlich gelten. (Entsprechend hatten z. B. amerikanische Psychologen dereinst

Ichstörungen in der gesamten vietnamesischen Bevölkerung diagnostiziert.)

Zum sozialen Problem wird vor allem sichtbares Problemverhalten. So galten etwa Prostitution und Rauschgifthandel auf den Straßen, nicht aber Callgirls, Massagesalons und privat verschriebene Psychopharmaka durchweg als *soziale* Probleme. Jene Gruppen zudem, die ihre Symptome verstecken oder anonym bleiben können, die in Familien aufgefangen werden, die mobil genug sind oder über Enklaven verfügen, um Störungen woanders ausleben zu können – oder, wie sie womöglich gar keine sind –, tauchen in den Statistiken kaum auf. Und diese müssen auch nicht die gut belegte Tatsache berücksichtigen, daß Städter sich ganz allgemein eher der – naheliegenden – sozialen Institutionen bedienen als Bewohner dünner besiedelter Gebiete.[2]

Auch heute noch fasziniert an den streitbaren Schriften über Stadtpathologie eine oft unverfrorene Vermengung von Ursachen und Folgen («Blaming the Victim», so der Titel eines bekannten Buches), und der Schirmbegriff ‹soziale Probleme› war und ist wohl noch heute vielfach eher Dekret als Diagnose. Denn auch *für wen* etwas ein Problem ist, würde zur Diagnose eines *sozialen* Problems gehören. Thomas Szasz, dem wir viele Einsichten über die Soziogenese psychischer Erkrankungen verdanken, hat angesichts solcher Willkür gerügt, daß der Mangel an Möglichkeiten oft als Unfähigkeit, also als individuelle Charakterstörung, diagnostiziert wird. Sogenannte soziale Krankheiten sind, so hat sich herausgestellt, fast immer *schicht*spezifisch, nicht *stadt*spezifisch. Mit Städten hat soziale Pathologie vor allem insofern zu tun, als in *bestimmten* Städten eben bestimmte Schichten und Persönlichkeitstypen vorherrschen. Die Detroiter Innenstadt, fast ausschließlich von Minderheiten bevölkert, weist andere ‹Symptome› auf als das New York der Yuppies und der Firmen der Weltfinanz.

Gibt es also ein Definitionsmonopol für den Krankheitsbegriff? Unter Medizinern wird dies heute kaum noch bestritten, und die Berufsverbände untersuchen selbst seit geraumer Zeit die weltanschaulichen Prämissen ihrer Krankheitsvorstellungen. Freuds verengter Blick ist heute ein Gemeinplatz, aber noch die Klassiker der «Social Class and Mental Illness»-Studien warnten nicht ohne Grund, «that a psychiatrist tends to diagnose according to his professional orientation or ideology».[3] Die Methode formt sich, schafft sich ihr Material, die Perspektive ihre Fakten. «To see things is ... to put things», faßte Henry James diesen Sachverhalt nüchtern zusammen. Eine unheilige Allianz aus Puritanern (Sündenbabel), Psychiatern (Ichverlust), Ordnungspolitikern (babylonische Verwirrung, Unregierbarkeit) und Naturfetischisten (künstlich, mechanisch) hat, oft übrigens in Personalunion, eine Ikonographie der Stadt entworfen, die vor allem von stadtmüden Städtern verkündet wird, die zwischen kokettem Nihilismus und Sehnsucht nach dem ganz Anderen oszillieren. Nur: auch ihre Stadtmüdigkeit hat vermutlich wenig mit der Stadt an sich zu tun.

Fast immer steht denn auch für Liebe und Haß der Stadt an sich eine *bestimmte* Stadt – und darin ein bestimmter Zustand – Modell. Amerikanische Intellektuelle konnten zum Beispiel ihre eigenen urbanen Auswüchse rügen, europäische Städte jedoch lieben und loben. Daumier sah London als Apokalypse des Industriezeitalters, glorifizierte aber Paris, das andere Zeitgenossen jedoch gleichfalls als Pfuhl beschrieben. Andere Städte sind jeweils einfach keine Städte oder Ausnahmen. Die Jeunesse dorée sucht sich andere urbane Paradiese als Provinzgroupies, die ihr ‹Mainhattan› preisen, und die deutschen Landfreaks von Lüchow-Dannenberg können sich oft durchaus mit Rom oder Bombay anfreunden.

Zum anderen wird bei all den Abhandlungen über Stadterfahrung, Stadtmythos etc. oft eine idealtypische Stadt unterstellt, die ihre Bestimmungen selbst aus jenen Mythen zieht, die sie doch belegen soll. Natürlich gibt es die ‹Stadt an sich› gar nicht, sowenig wie den Menschen an sich, für den sie gut oder schlecht ist. Allerdings ist es eine relevante Frage, wann und unter welchen Umständen die Quantität der Einwohner in eine andere Umfeldqualität umschlägt[4], die Verhaltensweisen ermöglicht, die in geordneten Gemeinwesen eher unwahrscheinlich sind. Ob man diese Möglichkeiten als Fluch beklagen, ja sie als Ursachen für unerfreuliche Symptome sehen sollte, ist wohl weithin eine ideologische Frage. Jedenfalls gebe es «little evidence that urbanites are more stressed, disordered, alienated, or unhappy than ruralites», schließt lakonisch eine kritische Überblicksstudie.[5] Interessieren werden uns also vor allem die Begriffsautomatiken, die den Mythos von der kranken Stadt nähren und zu mitunter skurrilen Blüten treiben.

Gefehlt hat es nicht einmal an Versuchen, die (moderne) Stadt gleichsam naturgesetzlich zu diskreditieren. So schloß etwa Henry Adams, daß der Verfall der städtischen Kultur beispielhaft sei für das zweite Gesetz der Thermodynamik.[6] Ganz ähnlich argumentierten Soziologen noch bis Mitte dieses Jahrhunderts, wenn sie als Naturzustand der ‹gesunden› Gesellschaft einen kleinstädtischen, nicht selten gar pastoralen Organismus propagierten – ein Modell, das urbane Wucherungen wie New York schon sozusagen ex definitione krank ‹machte›. Mit Recht hatte C. Wright Mills diese normative Begriffsfolie als «professionelle Ideologie der Sozialpathologen» angeprangert.[7] Auch Wissenschaften haben ihre Moden.

Modellmetaphern haben die Tendenz, sich zu verselbständigen, Wahrnehmungsfilter zu werden und schließlich Erkenntnisgrundlagen. Daß eine Gesellschaft wie ein Organismus ‹krank› sein könne, setzt stillschweigend den Begriff von Gesellschaft *als* Organismus voraus. Der ist geschichtlich relativ jung, geht auf das späte 19. Jahrhundert zurück (vermutlich auf Cannon, von dem Parsons ihn übernahm und im Begriff vom «sozialen System» als Paradigma in die Sozialwissenschaften einführte). Derzeit meinte Gesundheit eine Art Homöostase (und Krankheit eben deren Störung), heute würden wir sagen: das funktionale Zusammenspiel der Einzelteile – seien es Individuen, Gruppen oder Institutionen –, gleichsam der Organe zum Organismus, der Körperteile zum Gesellschaftskörper. Diese verwegene Metapher – schließlich ‹gehorchen› Menschen nicht ausschließlich Funktionsdiktaten, sondern Normen, deren individuelle Deutung nicht notwendig Funktionsstörungen hervorruft – hat längst ihre eigenen Begriffsautomatiken entfaltet, mit all ihren theoretischen Folge- und Pseudoproblemen.

In einem brillanten rhetorischen Schachzug hatte Durkheim dieses arbeitsteilige Ineinandergreifen als «*organische* Solidarität» strikt von der eher zufälligen, etwa auf bloßer Verwandtschaft, Tradition oder Geographie gegründeten Koexistenz geschieden (er nannte sie «mechanische Solidarität») und so die arbeitsteilige Gesellschaft metaphorisch gleichsam als die ‹natürlichere› Form des sozialen Zusammenhalts propagiert. Den wahren Zusammenhalt schaffe nicht die Traditions- oder Blutsgemeinschaft, in die man bloß hineinwächst, sondern die Verflechtung individueller Interessen. Stillschweigend voraussetzen mußte er dabei allerdings jenen bür gerlichen Individualismus, gegen den doch der honorige Antagonismus von «Gemeinschaft und Gesellschaft» (Tönnies) polemisierte.

Genau diese voluntaristische Prämisse droht das Organismus-Modell zu sprengen. In seinem Rahmen ist ja Krankheit schlicht Funktionsstörung mit der Folge sozialen Zerfalls, ‹Desorganisation›; unschwer erkennt man die konservative Angst vor der Anarchie bzw. milder: ‹Anomie›, nicht zufällig Anathema der funktionalistischen Gesellschaftstheorie. Wer den unterstellten Wertekonsens nicht verinnerlichte, gehöre nicht dazu, sei ein Fremdkörper im Organismus, sei zwar «in but not of the system». Abweichung, gar alternative Wertvorstellungen haben daher ex definitione ihren Ursprung ‹draußen› (wenn auch geographisch drinnen) – eine politisch oft genehme These, blind dafür, daß der normative Kitt selber ein Krankheits-, weil Konflikterreger sein könnte (C. Wright Mills). Schon der Begriff der ‹Abweichung› nämlich setzt voraus, daß soziale Normen für alle Handelnden verbindlich, wenigstens aber relevant sind[8] – eine sicherlich legitime Annahme für geschlossene Gemeinschaften ohne Optionen und Alternativen, eine kühne Unterstellung allerdings für pluralistische Gesellschaftsgebilde wie Städte. Dort ist die Norm des einen die Abweichung des anderen.

Offenbar wurde die stille aber wirksame ideologische Voraussetzung in der sogenannten Chicago School, die Verbrechen und Vagabunden, Scheidungen und Bohèmes etc. als Symptome sozialer Pathologie zusammenfaßte – eben als ‹Desorganisation›. Schon bald jedoch stellte sich heraus, daß gewisse Abweichungen durchaus nicht Symptome sozialen Zerfalls, sondern eher alternativer Lernerfahrungen waren; sie belegten geradezu den sozialen Ziel- und Wertekonsens: Nur die verschiedenen *Mittel* trennten Kriminelle vom Rest der Gesellschaft. Als McKay und Sutherland in den späten 30er Jahren die ausgefeilte Organisation, Ausbildung, Sozialisation, Status- und Sanktionsformen krimineller Subkulturen beschrieben, ließ sich die These von der pathologischen ‹Desorganisation› nicht mehr halten. «The psychological disorganization ... predicted to accompany the social disorganization of urban life has not been confirmed (neither, for that matter, has social disorganization)», weiß man heute.[9] Erst seither bemühen sich Stadtpathologen systematisch um gleichsam sozialökologische Erklärungen – meist freilich ohne den ideologischen Raster des Krankheitsbegriffes ganz aufzugeben.

Spielen wir ein paar typsiche Diagnosen durch – und konfrontieren wir sie mit Alternativdiagnosen.

Daß Städter unter ungewöhnlicher Lärmbelastung litten, ist nur schwer nachzuweisen: «The connection between urbanism and experiencing severe noise ... is not very substantial.»[10] John Cages berühmtes Diktum, es gebe keinen Lärm, nur Klangkompositionen, die wir als solche nicht erkennen, gilt auch und vor allem für Stadtgeräusche. Dezibel sagen wenig aus – nig aus – es ist wie mit der These von der Impulsüberlastung überhaupt: Überlastung setzt immer voraus, daß wir den Impulsen ausgeliefert sind, auf sie reagieren *müssen*. Jeder Mensch aber verfügt über konditionierte Wahrnehmungsfilter. Eher indiziert deren *Fehlen* eine Funktionsstörung. Menschen, die an der Bahn wohnen, hören diese buchstäblich nicht mehr, wohingegen sie weit schwächere Geräusche in der allgemeinen Klangkulisse präzis hören. Auch hier gilt: Lärm allein sagt nichts über Belastung; allein vor dem Hintergrund von Hörgewohnheiten und psychischer Verfassung wäre der meßbare Geräuschpegel überhaupt relevant. Ungewohnte, unvoraussagbare Geräusche werden – unabhängig von ihrem Pegel – oft als Lärm empfunden. Wir erleben das, wenn wir in eine fremde Kultur eintauchen – in Mittelmeerländern etwa der Sprachlärm auf den Straßen, der uns oft fälschlich wilde Spannungen und Konflikte signalisiert. Oder das Quengeln eines Kindes, das Müttern gar nicht mehr auffällt, im Gegenteil ihnen beruhigend klingt. Hier treffen wir auf eine entscheidende Variable, die in den Diskussionen um die Sozialpathologie der Stadt fast immer ausgeblendet bleibt: die Funktion sogenannter psychischer Landkarten (mental maps), die weit über die bloßer Ortsorientierung hinausreicht und gleichsam ein psychosoziales Szenarium absteckt.

Wir alle kennen die ‹typische› Klangkulisse eines bestimmten Viertels, eines Hinterhofs, auch die unverwechselbaren Gerüche, die vorbewußten visuellen Signale wie Bewegungsabläufe der Menschen, Fahrweisen, Silhouetten. Wie Pferde finden wir unseren Weg im Auto nach Hause, oft ohne uns an die Strecke, die Verkehrslage etc. zu erinnern, wenn wir ankommen. Wir tragen eine umfassende Topologie einer Gegend in uns (auch wenn sie fiktiv ist), die wir ‹wiedererkennen›. Offenbar orientieren wir uns in Orten nicht nur nach Wegnetzen und Zielpunkten, sondern auch nach atmosphärischen, sinnlichen Signalen. Nicht nur lehrt also Stadterfahrung die alltägliche Handhabung, sozusagen die kognitive Verwaltung vielschichtiger Impulse zur persönlichen Orientierung; es entsteht offenbar auch eine kumulative Kompetenz, die sich in anderen Lebensbereichen auswirkt – u. a. in der Fähigkeit zu schnellem Wandel von Valeurs und Wertungen, ja zu Identitätswandel[11] in wechselnden Situationen. Die Soziologie der Jugendkriminalität – eines klassischen Stadtsyndroms – nennt dieses Phänomen ‹pragmatische Moral›.[12] Was als Überlebensstrategie seinen zentralen Stellenwert hat, gilt unter Sozialpathologen gerade als Indiz von ‹Indentitätsdiffusion›, als Anomie, als Orientierungs*losigkeit*.

Ganz im Gegenteil wohl. Thomas G. David hat genau in diesem Sinne von einer «environmental literacy» gesprochen – buchstäblich einer Art ‹Bildung› in bezug auf Umfeld und Umwelt hin zur «critical, probing, problem-seeking attitude towards one's surroundings. It entails the active definition of choices and a willingness to experiment with a variety of spatial alternatives and challenge the environmental status quo.»[13] Der helle, schnelle, aufgeweckte Stadtjunge ist kein Mythos – er taucht in Vergleichstests immer wieder auf.

Nur spekulieren kann man zum Beispiel über die Motive, Bevölkerungsdichte als pathologisches Primärindiz anzusehen. Die bürgerliche Gesellschaft formierte sich zuerst in Städten, in denen man mangels moderner Kommunikationsformen sehr persönlich miteinander verkehrte. Das Bild von der Enge des Stadtlebens mag mehr mit diesen körperlich nahen Verkehrsformen zu tun haben (und mit der noch unterentwickelten Privatsphäre) als mit der Bevölkerungsdichte. Heute jedenfalls scheint die Gleichung Bevölkerungsdichte = beengende Lebensverhältnisse schlicht unzutreffend: «Overall ‹crowding› of industrial cities has been *declining* since 1900. Even as cities have been growing in population *size*, they have been declining in population *density* – in crowding.»[14]

Die üblichen Flächenmaße sind für die Bevölkerungsdichte ein abstraktes Kriterium, wenn die Quadratkilometer nicht zum Lebensumfeld gehören:

«Our images of daytime crowding may be exaggerated: we do not really know the hard facts. We do know some facts about nighttime crowding – that is, statistics on the number of persons per room and the number of persons per dwelling unit. The statistics indicate that, if anything, urban residences are *less* crowded than nonurban ones.»[15]

Da freilich der Mythos der krankmachenden Bevölkerungsdichte sich unter Städtern wie unter Stadtverwaltungen beharrlich hielt, meinte man, etwas Menschliches zu tun, wenn man die angeblich Stadtgeschädigten in die Vororte umsiedelte. Die Folge: nicht nur ihr Sozialverhalten änderte sich, auch ihr Wertesystem paßte sich an – in einer Weise, die Kritiker urbanen Lebens gerade der Stadt anlasten wollten:

«The setting they had lived in encouraged frequent, spontaneous and informal contacts. Buildings were close together, with windows near enough to enable adjacent neighbors to carry on conversations while in their respective apartments. Many residents spent substantial amounts of time sitting on the front steps, where they would engage passersby in conversation. Shops, which often occupied the ground floor of the buildings, encouraged additional street activity. ... Low density areas, with distinct separations between residential and business uses, and between housing lots themselves, are incongruent with the numerous spontaneous interactions that were such a key element in the social life of [the city].»[16]

Mehr noch, in den angeblich nachbarlichen Vororten wurden Geld und Arbeit wichtiger als alle gemeinschaftlichen Tätigkeiten – vermutlich eben weil die sozialen Erfahrungsfelder geschrumpft waren. Ja, die sozialen Beziehungen wurden fortan immer häufiger von Konkurrenzverhalten geprägt. Mit anderen Worten: «people became more object-oriented and less people-oriented».[17] Nicht eben eine glanzvolle Bestätigung des von L. Wirth in seinem berühmten Essay «The Urban Way of Life»[18] missionarisch verkündeten Vorurteils, Menschen, die auf engem Raum zusammenleben, müßten zwangsläufig einander als Konkurrenten ausbeuten, so sie nicht durch emotionale Bindungen gleichsam gezügelt würden. Belegen läßt sich dies nicht, im Gegenteil. Stanley Milgrams u. a. Experimente haben gezeigt, daß körperliche Nähe auch zu Fremden asoziales Verhalten eher verhindert.[19]

Bezeichnenderweise lassen Stadtkritiker solche Chancen des Stadtlebens lieber unerwähnt, wenn sie die Tugenden der Vororte ausmalen: Familienzusammenhalt und Teilnahme am organisierten Sozialleben etwa. Daß diese genau die Ursachen für die Leidensformen der Vororte sein könnten (erzwungene Homogenität, kaum Privatsphäre und individuelle Spielräume, keine spontane Öffentlichkeit, kaum Fremdes oder Neues), daß zudem die Tugenden des einen die Laster des anderen sind, daß sich also die Frage der psychisch förderlichen Lebensumstände nicht unabhängig vom Persönlichkeitstyp und den kulturellen Leitvorstellungen beantworten läßt – so zeigen französische Untersuchungen ganz andere Neigungen und Meinungen zum Stadtleben als amerikanische –, diese Einsicht findet sich selten bei Land- und Vorort-Apologeten.

Zum Beispiel brauchen Nordeuropäer und Mittelkläßler die Straße meist nur als Zwischenraum – ‹Korridor›, wie es in der Literatur heißt – zwischen zwei Eigentlichkeiten: Wohnung, Arbeit, Einkauf usw. Für sie ist die Straße kein eigenständiger Erfahrungsraum, nur Mittel zum fernen Zweck. Umgekehrt ist für Südländer und Unterklassen die Straße oft das verlängerte Wohnzimmer, die Piazza, der Spielplatz.

Andere Untersuchungen haben ergeben, daß, nicht unverständlich, Streß den verfügbaren Raum enger erscheinen läßt. Andererseits werden solche Beengungen leicht vergessen oder überlagert unter aufregenden und ablenkenden Umständen.[20] Intelligente und starke Persönlichkeiten können sich zudem über physische Einschränkungen oft leichter hinwegsetzen. Schließlich hat sich einmal mehr die kognitiv-moralische Wechselwirkung bestätigt: Jemand, der meint, er/sie steuere sein Verhalten weithin selber, kann unter beengten Bedingungen besser funktionieren als jemand mit dem Gefühl, die Umstände zwängen ihm sein Verhalten auf, er könne immer nur reagieren.

So schließt denn auch der Ökopsychologe Moos sein abwägendes und ausgewogenes Fazit:

«It is often assumed that crowding has deleterious effects on human functioning, yet the positive influences of high density must also be considered. Humans have a need for stimulation and novelty, which if unsatisfied (understimulation), may result in anxiety, hallucinations, and impaired perceptual and cognitive functioning.»[21]

Diese Bedürfnisse nach «dynamischer Dichte», wie Durkheim das nannte und wie Poeten der Moderne – ein Zufall? – sie beschworen, wollen wir im folgenden beleuchten.

Der vermutlich erste Flächenplan der Behandlung seelischer Erkrankungen wurde im Chicago der 20er Jahre erstellt. Es schien sich immer wieder zu zeigen, daß psychische Krankheiten – bequemerweise nahm man als Indikator den seinerzeit dehnbaren Begriff Schizophrenie – sich im Stadtkern ballten, ihre Dichte zum Stadtrand hingegen abnahm.[22] Schizophrenie in ihrer allgemeinsten Definition hieß ja Persönlichkeitszerfall, Auflösung der Ich-Grenzen etc. Auch hier muß die Systemmetapher das Modell für Gesundheit hergeben. Die Stadt, die dieses Systemmodell herausfordert – es setzt ein einheitliches Telos voraus, das alle Teile zum System ausrichtet, betonen Systemtheoretiker –, fiel denn auch nicht zufällig unter das Verdikt, den Verfall der ganzheitlichen Person zu fördern – so immer wieder Kulturkritiker von Lewis Mumford bis Murray Bookchin. Der Begriff Ganzheit schien ihnen keiner Erklärung bedürftig, ungeachtet der Einwände von Sozialpsychologen wie etwa Gordon Allport, der schon in den 50er Jahren über 500 verschiedene Arbeitsdefinitionen von ‹Persönlichkeit› in der Literatur geortet hatte.

Insofern die Geschichte der Neuzeit die Geschichte der Urbanisierung ist, ist psychische und soziale Fragmentierung zwar auch ein Stadtphänomen, grundsätzlich aber wohl eher ein Epiphänomen der Moderne – Eliots «dissociation of sensibility» ist nur die bekannteste Formel – etwa der Informationsfülle und damit des erweiterten Optionsspektrums. Jedenfalls diagnostizieren seit Jahrzehnten (lange vor den modischen Dekonstruktionstheoremen) Sozialwissenschaftler das Ableben der idealtypisch stimmigen, gefestigten Persönlichkeit (Friedenberg, Keniston, Mischel, Gergen, Cordon u. v. a.). Sie sei unfunktional geworden, ‹horizontale Mobilität› sei angesagt, rascher Identitätswandel auf schnell wechselnde Anforderungen (Toffler). Zwar hatte auch R. J. Lifton in den Chor eingestimmt mit seiner These von der «psychohistorischen Entwurzelung» durch ein «flooding of imagery»; doch er sah darin vor allem die Evolution eines neuen Persönlichkeitstypus: Proteus wurde ihm zum Prototyp der Epoche.[23] Der Meeresgott konnte bekanntlich jede Gestalt annehmen außer seiner eigenen – weshalb er vermutlich nie wußte, wer er ‹eigentlich› war, genauer: Er war nur der, den er jeweils schuf.

Gerade die Zerfallsprozesse freilich, die Fragmentierung, das Morbide und Moribunde, der gärende Sumpf erscheinen in der Literatur oft als quasi-organische Naturprozesse, für die Zerfall nur ein Moment des Zyklus ist. Gerade die Verwesung setze ja Potential frei, sei eine Dekomposition als Vorbereitung zu neuer Komposition. Theorien sozialen Wandels postulieren ähnlich die entscheidenden Auslöser und exemplarischen Arenen für Neuerungen abseits vom funktionierenden Mainstream, an der Peripherie, in Enklaven, Zwielichtzonen, Bereichen des ‹benign neglect›, kurzum in Bereichen gestörter Orientierungssicherheit – oder suspendierter Orientierungsdiktate. (Selbst die Wissenschaftstheorie und Kreativitätsforschung bestätigen diese klassische Boheme-These.) Solche Zwischenräume ergeben sich freilich erst ab einer gewissen kritischen Masse. Städte sind wohl die älteste Gesellschaftsform, die Räume der Anonymität, der Unsanktionierbarkeit bereitstellte, in denen die Tyrannei des Nests unterlaufen werden konnte – Spielräume als urbane Institutionen *ex negativo*. Kein Wunder, daß die Häufigkeit sogenannter ‹autoritärer Persönlichkeiten› bei zunehmender Bevölkerungsdichte abnimmt; ihr Hauptmerkmal ist «intolerance of ambiguity» [24] – also jener Erfahrungszonen, in denen Optionen nicht schon vorentschieden, Abweichler nicht feststellbar, geschweige sanktionierbar sind.

In Städten formierte sich die bürgerliche Kultur, die Polis war ihr Gesellschaftsmodell. Demokratie ist keine Errungenschaft des Landlebens; im Gegenteil tendieren geschlossene Gemeinschaften zu hierarchischen Ordnungen – und diese wiederum zur totalen Erfassung (Waldenfels). Mit Recht hat R. Sennett von einem stillschweigenden bürgerlichen Grundrecht, ‹in Ruhe gelassen zu werden›, gesprochen. (Die ideologische Debatte über die sogenannte Konfliktfähigkeit war womöglich eine raffinierte Taktik der Gemeinschaftsapologeten – davon später.) Mit ähnlichen Gründen hat Erikson die Verweigerung, die Vermeidung schmerzhafter oder bedrohlicher Erfahrungen als ‹aktive Flucht› erklärt und gerechtfertigt. Ganz analog lassen sich ‹Entwurzelung› von einer ‹kranken› bzw. als krank erfahrenen Kultur, ‹Eskapismus› und ‹Entfremdung› vom muffigen Mainstream, die Wahl ‹marginaler Lebensformen›, ‹Aussteigen› usw. begreifen; all diese Stigmata setzen ja, *um* Stigma zu sein, voraus, daß die Kultur, der man ausweichen will, gesund ist.

Abweichendes Verhalten an sich gibt es sowenig wie Chaos an sich: Es ist immer begrenzt und spezifisch – ist also immer zugleich eine implizite Diagnose dessen, wovon es sich absetzt – ganz gleich, ob freiwillig, ob aus einer Art Allergie, ob als Überlebensstrategie. Jede ‹Krankheit› zeigt ihre erregerspezifischen Symptome. Selektiver Eskapismus kann wie selektive Entfremdung durchaus ein Indiz aktiven kognitiven Verhaltens sein. Solche Einsichten der kognitiven Psychologie werfen ein Zwielicht auf die alte These, daß jede Gesellschaft den Grad an Abweichung produziere (und Ausgrenzung praktiziere), den sie brauche, um ihre Grenzen, ihre De-Finition deutlich zu machen. Womöglich ist genau die umgekehrte Tendenz im urbanen Lebensfeld am Werk: Entgrenzung, eine gleichsam strategische Anomie, um Freiräume zu gewinnen, in denen das Ausgegrenzte, nicht Vorgesehene oder unsichtbar Gebliebene dennoch überlebt, gleichsam überwintert. Aus der Not der Unregierbarkeit wird eine Tugend, aus der Unsichtbarkeit eine Überlebenstaktik: Ellisons «Invisible Man» war gleichsam ein Manifest solcher Dialektik von Einsicht und Einstellung.

Auch die vielgescholtene Masse bietet die Chance zur viel- (und aus dieser Sicht falsch) beklagten Anonymität. So müssen sich zum Beispiel Armut und Irrsinn in den Metropolen weit weniger verstecken, entwikkeln oft ein öffentliches Stützsystem allein durch ihre Quantität. Untertauchen zu *können* kommt vor allem den Schwachen und Chancenlosen zugute, letztlich der ganzen sozialen Peripherie. Deren ‹Mitglieder› nämlich – von Obdachlosen, Arbeitslosen bis zu Künstlern und Intellektuellen, ja den zahllosen aus den Institutionen Entlassenen – treiben nicht zufällig in die Städte und nicht etwa in die gemütlicheren und ach so menschlichen kleineren Gemeinden.[25]

Man kann also durchaus von zwei Grundbedürfnissen sprechen, die das Stadtleben erfüllt und das die geschlossene Gemeinschaft verweigert: in Ruhe gelassen zu werden und weg zu können – beides, ohne sich physisch entfernen zu müssen. (Sich verstecken, entkommen war überdies ein durch und durch romantisches Motiv des von der verständnislosen Gesellschaft geknechteten, eingezwängten Individuums.) Daran hat auch die Schein-Urbanisierung westlicher Gesellschaften nach dem Zweiten Weltkrieg, die viele Kulturkritiker vor allem dem Fernsehen anlasten, nichts geändert. Die unmittelbare Erfahrungsvielfalt im Wohnzimmer (das ‹flooding of imagery›) mag zwar zu einer Legitimationskrise der monomanen Gemeinschaft geführt haben; die Optionen, vor denen sie sich vormals abschotten konnte, blieben gleichwohl passiv, die Anwendungsbereiche vorenthalten.

Womöglich entsprechen die veränderten klinischen Symptome der letzten Jahrzehnte – Sinnlosigkeit, Orientierungslosigkeit, Unmotiviertheit etc., die praktisch alle den Verlust sinnvoller Heteronomien beklagen (und sich daher wie ein Lasterkatalog des Funktionalismus lesen) – der Erfahrung, ‹zur Freiheit verdammt› zu sein, die Sartre just zu jener Zeit ebenfalls formulierte. Und ebenfalls inmitten der ‹consensual society› – nicht zufällig wohl die hohe Zeit funktionalistischer Gesellschaftstheorie und der Flucht in die Vororte – begannen Schriftsteller von den Beatniks bis bald danach Bob Dylan jenes Schlüsselthema der amerikanischen Literatur wiederzuentdecken, dem sein berühmtestes Vorbild Huck Finn die Formel geliefert hatte: «to light out for the territories» – die zielfreie Reise mit dem Zweck der Ichbildung. Die Suche selber – grundsätzlich

STAY
JOBS. FOOD. HOMES- GIVE US A BREAK!
STOP!! LOOK! LISTEN!! WE NEED FOOD!
food clothing shelter are BASIC RIGHTS
BREAD NOT
HOMELESS HUNGRY JOBLESS
BOMBS

endlos – ist der Zweck, und mit jeder Erfahrung und damit Perspektive verändern sich wiederum die Ziele, also die Motive. (Wie in Melvilles «Mardi» ist oft Erotik der ‹Beweggrund›, doch die Geliebte ist, so Ferlinghetti buchstäblich in seinem brillanten surrealistischen Roman «Her», eine Selbstprojektion, ein Projekt, ein Entwurf, den einzuholen die eigene Identität erst schafft.)

Kunst und Klinik sind die Schatzkisten der Sozialpathologie – offenbaren sie doch neuralgische Punkte der Erfahrung und zugleich die Vorstellungsräume, in denen sie aufgehoben wären. Beide reagierten auf eine Gefahr, die Sozialkritiker derzeit als Trend zur Fremdbestimmung (Whites «organization man», Riesmans «lonely crowd», Mills' «cheerful robot» u. a.) diagnostizierten und die Robert Seidenberg kurz darauf das «Trauma der Ereignislosigkeit» taufte[26]: ein Zustand, in dem für den einzelnen nichts mehr zu beurteilen und zu entscheiden ist, weil sein Leben und seine Identität zur Reife erstarrt sind. Ihm fallen vor allem Vorortfrauen und die ‹upwardly mobile› zum Opfer – jene also, die sich mit dem Status quo und seinen Werten am reinsten identifizieren, sich also auf eine Identität beschränkt haben: Im Befehlsnotstand stabiler Werte und Selbstbilder schrumpfen eigene Urteile und Entscheidungen zur Wahl der richtigen Mittel und Wege. Die meisten Lebensumfelder zeichnen sich ja nicht dadurch aus, daß sie unser ‹eigentliches› Ich nicht zur Geltung kommen lassen, sondern dadurch, daß sie nicht genug von uns zur Geltung kommen lassen. Die Suche nach der Freiheit draußen war ja schon zu Zeiten des Frontier-Mythos die von Erikson beschriebene ‹aktive Flucht› vor der kranken und fesselnden Gesellschaft. In dem Maße, in dem sich die geographischen Frontiers schlossen, hatten amerikanische Schriftsteller sie in die Städte verlegt. Huck Finns Traum vom unsanktionierten, experimentellen Leben hieß fortan Reisen in der sozialen Wildnis, an die soziale Frontier.

Erikson, die Entwicklungspsychologie und das organische Gesellschaftsmodell mit seiner Reifungsmetaphorik gestanden solche Experimentalräume freilich nur den Heranwachsenden zu (die ihre wahre, reife Identität noch nicht gefunden hätten). Nicht zufällig wohl haben große Metropolen im Schrifttum der Stadtpathologie eine gewisse adoleszente, grundsätzlich unfertige, ‹unreife› Qualität. Reife in westlichen Kulturen heißt ja Stillegung der evolutionären Gärung und des Potentials zugunsten des verantwortlichen Vollzugs von Vorgaben und Aufgaben, einer Identität also, die jugendliche Zielvielfalt und Identitätsexperimente hinter sich gelassen hat. Ähnlich wird die Unregierbarkeit der Städte wie die Unerziehbarkeit eines Jugendlichen beschrieben; sie haben gleichsam ihre wirre Vielfalt und ihre inkompatiblen Lebensformen noch nicht zum Sollzustand einer Mainstream-Identität gestrafft. (Auch hier lassen sich Analogien zur Wissenschaftstheorie ausmachen: eine ‹reife› Wissenschaft sei durch ein Paradigma definiert; mehrere gebe es nur in der ‹präparadigmatischen›, sprich: adoleszenten Gärungsphase.) «New York will be a nice place to live if they ever finish it», spotten die Einwohner über ihre ‹city in progress›.

Metropolen ohne Mainstream verlangen und prämieren also eine andere Sozialisation: die permanente Adoleszenz, eine vitale Identitätslosigkeit, eine *horizontale* Mobilität. Vielleicht auch deshalb erscheinen in unserer Kultur Städte oft ‹unnatürlich›. Mit jeder Initiation in eine neue Altersgruppe sollen ja die Identitäten und Potentiale der vorangegangenen irrelevant, ja tabu werden. Ein Erwachsener ist erwachsen eben dadurch, daß er sich nicht mehr wie ein Heranwachsender verhält. Wir tauschen also gleichsam ganze Aggregate aus statt, wie andere Kulturen, Verhaltenskompetenzen, Sensibilitäten einfach kumulativ zu erweitern und zu verfeinern. Gegen diese reife Selbstamputation rebellieren, scheint es, die ‹gestörten› Verhaltensweisen: Krankheit als Protest.

In mancher Hinsicht war die Frauenbewegung natürlich eine Reaktion gegen diese Reduktion auf eine Identität, und nicht zufällig wurde Sylvia Plaths «Bell Jar» zu einem ihrer Manifeste: «If neurotic is wanting... mutually exclusive things at one and the same time, then I'm neurotic as hell.»[27] Wie praktisch alle emanzipatorischen Bewegungen erstand auch diese in den Städten angesichts noch nicht vereinnahmter Alternativen.

Im Gegensatz zur üblichen Deutung der neuen klinischen Symptome (wie Sinnlosigkeit, Motivationsmangel etc.) als Erfahrung der Identitäts*diffusion* (Mangel an stabilisierenden Heteronomien) würde ich die Erfahrung des zunehmenden Identitäts*zwangs* aus den Symptomen lesen. Wenn nämlich die ‹verinnerlichten› Werte und Ziele zunehmend unter Legitimationsdruck geraten – etwa durch andere Optionen –, ‹identifiziert› man sich nicht mehr zwanglos mit ihnen; sie erscheinen jetzt zunehmend als Fremdbestimmungen.

Wohl nicht ganz zufällig war das organisch-funktionale Gesellschaftsbild zugleich als Handlungstheorie konzipiert. Organe haben Aufgaben, die sie geradezu definieren. Auch ‹Handlung› begreifen wir immer als zielgerichtet; zielfreies Handeln scheint uns ziellos, bloßes Treiben, gar nicht Handeln im eigentlichen Sinn. Ist es Ideologie, so hat es auch Methode: Indem Ziele der Handlung vorausgehen müssen, diese also vorordnen, tendieren Ziele dazu, uns zu entmündigen. Nicht nur entscheiden sie für uns, an unserer Statt, was zuträgliche und abträgliche (oder überhaupt relevante) Erfahrungen sind. Daß der blinde aber verläßliche Vollzug von Zielvorgaben als Verantwortung gilt, führt zur bizarren Konsequenz, daß man durchaus verantwortlich und zugleich, ja eben dadurch, unmündig handeln kann.

Interessen bzw. Ziele zu verfolgen sei ein unverkennbares Symptom von (Selbst-)Entfremdung, notierte – wohl aus dieser Einsicht – in den sechziger Jahren der amerikanische Soziologe Norman Birnbaum.[28] ‹Selbst› ist man/frau – das wissen wir aus all den klassischen Selbstentfremdungsstudien – nicht dort, wo man sich besonders eins mit sich oder einem ‹wahren› Ich fühlt (was immer das sein mag), sondern wo man so handeln kann, wie einem der Sinn steht – wo Optionen also nicht assoziativ vorbelastet und somit eigentlich vorentschieden sind. Über Selbstentfremdung klagen nicht etwa Schauspieler und Salonlöwen, die ‹fremde› Rollen spielen, sondern Menschen mit dem nagenden Gefühl, daß ihre Urteile und Entscheidungen absolut nichts bewirken, ihre Rolle auf die eines Ausführenden beschränkt ist.

Die Vorstellung von einem eigentlichen, unveräußerlichen, in den verschiedenen Lebenslagen sich durchhaltenden ‹Ich› ist – obwohl kulturell keineswegs universal und auch in Europa geschichtlich reichlich jung – uns gleichsam ‹natürlich› geworden. Ein starkes Ich gilt als gesund. Wir definieren es gleichfalls über langfristige Leitwerte wie unsere sogenannten Eigenschaften, Lebensinhalte etc. (Erikson z. B. begriff Ich-Stärke als Folge eines Lebenszwecks.) Deren Aufgabe – und Fluch – ist es, unser Verhalten, ja schon unsere Wahrnehmungen vorzusteuern. Paradox ausgedrückt, ist ein solches stabiles Ich geradezu der Prototyp der Fremdbestimmung: Es übernimmt nämlich automatisch Urteile und Entscheidungen, bevor wir überhaupt anfangen, in einer Situation zu deuten und zu denken. Wir werden durch ein festes Ich also geradezu entmündigt.

Doch «es ist offensichtlich jene grundlegende Annahme von einem ‹starren›, überdauernden Selbstkonzept, welche im Widerspruch zur persönlichen Erfahrung steht»[29], schließt Kenneth Gergen aus dem zeitgenössischen Forschungsstand sowie den klinischen Symptomen und bestätigt damit, daß die literarischen Dramaturgien nur Vorboten von Entwicklungen waren, die heute auf breiter Front zum Tragen kommen.

Gergen spricht hier – indirekt – ein zentrales Thema an: Nicht *bestimmte* Rollen oder Identitäten entmündigen uns, sondern Identitäten überhaupt – wie auch nicht bestimmte Ziele und Werte, sondern die Lebensform der Zielorientierung überhaupt. Erving Goffman hatte den Begriff der «totalen Institution» für solche Umfelder (wie Militär, Krankenhaus usw.) geprägt, die das Individuum auf eine einzige Identität festschreiben, also keine Rollendistanz, geschweige Rollenwandel gestatten. Je nach Standort läßt sich solche Festlegung auf eine Identität und einen Wirkungskreis als Stabilität oder Entmündigung begreifen. In gewissem Sinn wirkt unser Leitbild einer festen Ich-Identität selber wie eine solche «totale Institution».[30]

Wie aber ausbrechen aus diesem Panzer einer festen und monomanen Identität? Für eben jene Beat-Mentalität hatte Lifton den Begriff der «Dialektik von innerer und äußerer Mobilität» geprägt. «As situations change, a person's needs and goals are modified», notieren auch Gergen und Marlowe lakonisch in ihrer vernichtenden Kritik der konventionellen Persönlichkeitstheorien[31] – sekundiert von Theoretikern abweichenden Verhaltens. E. Lemert hat für die situative Zielbildung – also eine Handlungsform, wo Ziele nicht der Handlung vorausgehen und sie steuern, sondern sich erst *während* der Handlung, aus situativen Möglichkeiten ergeben – die Formel von der «contingent valuation» geprägt.[32] Ein solcher Mensch lebt gleichsam in temporären Totalitäten mit Ad-hoc-Identitäten.

Für unseren Begriff einer gesunden Persönlichkeit ist diese Art von situativer Persönlichkeitsspaltung schlicht krank, tendenziell schizoid. Er setzt zunächst eine stabile Schicht kontinuierlicher Einstellungen und Verhaltensweisen für Basisbelange voraus, verfügt aber darüber hinaus – und von diesen Einstellungen potentiell unberührt – über ein Repertoire von Kompetenzen, Sensibilitäten etc., die in jeder Situation je nach Relevanz konfiguriert werden, nie aber das ganze Ich sind. Dieses wäre vielmehr die Summe der einsetzbaren Kompetenzen. So jedenfalls, in Kurzform, ließe sich der Ansatz jener Sozialpsychologen zusammenfassen, die unter dem Titel ‹Situationisten› eine mobile Ich-Identität propagieren.

Für den Begriff von Persönlichkeit, den sie entwerfen, sind große Städte, die sich auf die Verwaltung von Basisbelangen konzentrieren und alles andere frei laufen lassen, wahlverwandte Lebensumfelder. Das macht sie so attraktiv für einen Typus, der die jederzeitige Verfügung über eine ausgefeilte Infrastruktur schätzt, alle anderen Belange aber dem freien sozialen Markt überlassen will. (Liegt hier ein Grund für die oft beschworenen ‹weiblichen› Qualitäten großer Städte?[33] Ein Grund auch für die symbiotische Ballung von Kreativität und Kommerz in Metropolen? Am ehesten finden sich in der urbanen Identitätsfreiheit noch Geschäftsleute und Künstler zurecht – jene Persönlichkeitstypen also, die gewohnt sind, Ziele und Sinn zu *schaffen* statt zu erwarten.)

Mit dem Vorgriff auf solchen freien Sozialmarkt legitimierte sich die vielgeschmähte soziale ‹Rolle›, die angeblich unser ‹wahres› Ich nicht zu seinem Recht kommen läßt. Rollen – im Gegensatz zur monomanen Ich-Identität – gestatten Rollendistanz, Rollenbrechung, also eine gewisse freie Verfügung. Vom Identitätszwang aber und seinem Konsistenzpostulat (nur sich ‹selbst›, mit sich ‹identisch› zu sein) sind Städter durch die Ausweichmöglichkeiten freigestellt.

Diverse Bezugsgruppen, wie sie nur in Metropolen möglich und verfügbar sind (selbst wenn sie, statistisch, selten mehr als zwei, höchstens drei nutzen), erschweren Sanktionen. Was hier nicht geht, verlangt keine Anpassung des Selbst, sondern bestenfalls ein Ausweichen auf andere Optionen. In solcher Lage muß man (Gruppen-)Werte und -ziele nicht verinnerlichen, ist man also in der Tat ‹entwurzelt› – aber nicht nur *von* etwas, sondern auch *zu* etwas hin: wie Bühnen sind Bezugsgruppen zugleich also Bildüngssysteme, eben Spielräume der Ichbildung. Unser «looking-glass-self» nannte schon um die Jahrhundertwende C. H. Cooley diese interaktive Ausformung des Selbst. «They change personalities as they go from group to group»[34] – so sehen denn auch Urbanisten richtig die Wirkung. Nicht nur ornamentale Rollen, Masken werden hier an- und abgelegt, sondern Identitäten durchgespielt; nur kurzfristiger – und aufhebbar – sind die Identifikationen.

Das war u. a. auch der Sinn der ‹theatralischen Sendung›: permanentes Rollenspiel, die Bühne als Freiraum fiktiver Szenarien, die Welt des schönen Scheins als experimentelle Anthropologie. Für die Dauer dieses ‹Spiels› gibt es natürlich den Gegensatz von ‹echt› und ‹unecht›, von wahrem Ich und ‹bloßen› Rollen nicht. Es wäre unsinnig, hier etwa von ‹Täuschung› (bzw. unauthentischem Ich) zu sprechen. Jedes Neue ‹täuscht› die eingefahrene Erwartung. Wo es keine vorgängigen Ziele, geschweige einen Zielkonsens gibt, kann man nicht von Irreführung sprechen; und wo kein eigentliches Ich ist, sondern nur ein kontingentes, situatives, da kann man nicht von Masken sprechen:

«The ... argument that urbanism promotes multiple identities derives not from the number of roles but from the separation of roles. People in rural society tend to play different roles to the same person (while) ... people in urban society tend to play different roles to different people.»[35]

«The implication is that ruralites are compelled to maintain a generally consistent identity for they are constantly with the same people; urbanites need not be consistent – and are more likely to have two (or three, or four) identities.»[36]

Unverkennbar betonen die Urbanisten, daß es sich hier nicht um erlittene Entwurzelung handelt, sondern um freie Wahl unterschiedlicher Identitäten: «The urban-rural difference may reside not in the *number* of roles individuals have, but in the *choice* of roles that they have. The advantage urban dwellers have may be the wider range of options they can take or leave, as their taste dictates.»[37]

Just diese Freiwilligkeit haben Kritiker des Stadtlebens denn auch regelmäßig gerügt. Ihre Rhetorik ist verräterisch. In jenem erwähnten Manifest der Stadtfeinde beklagt Wirth die Verdrängung der «traditional basis of social solidarity» durch «voluntary associations» in der Stadt.[38] Ohne Alternativen seien die notwendigen Beziehungen einfach tiefer, muß man glauben. Freilich, noch immer waren die Philosophen der Notwendigkeit die Moralisten der Unentrinnbarkeit. Flüchtig und oberflächlich seien die menschlichen Beziehungen in großen Städten, heißt es – eine Klage, die potentielle und denkbare Beziehungsformen als die einzig dort herrschenden Beziehungsformen diskreditiert. Hier wird die *Wahl-*

möglichkeit tabuisiert; denn gemeinschaftliche, ja geradezu dorfähnliche Sozialbeziehungen sind dem Städter durchaus zugänglich. Wie gesagt, die Fiktion schafft sich ihre Fakten: Vergleichsstudien mit kleinen Gemeinden verweisen eher auf zahlreichere und tiefere (was immer die Vertikalmetapher bedeuten mag) Freundschaften unter Städtern[39]:

«The city dweller did not lose the capacity for knowing others personally. But he gained the capacity for knowing others only categorically. (He) did not lose the capacity for deep, long-lasting, multi-faceted relationship. But he gained the capacity for the surface, fleeting, restricted relationship.»[40]

Eines scheint freilich zuzutreffen: Stadtleben untergräbt die Zwangsassoziation von Dauer und Güte. Noch heute leiden wir unter diesem unbewältigten religiösen Erbe: Eine menschliche Beziehung sei gut, wenn sie dauert (‹hält›) – unabhängig von ihrem Gehalt; ebenso ein Anzug, unabhängig davon, ob er paßt oder schön ist. Dauer allein aber sagt ja nichts über die Art der Beziehung – diese definiert sich vielmehr durch das, was man miteinander ist, hat oder tut, dauert also gerade so lange wie diese Gemeinsamkeit, und sei es nur für Momente.[41] Ob also die Qualität menschlicher Beziehungen mit Bindung und Nähe zu tun hat, ist zumindest fraglich.[42]

Längst hat die Raummetapher von der ‹Nähe›, wie die von der ‹Tiefe›, eine Eigendynamik gewonnen. Sie läßt nur Entweder-Oder-Optionen (‹Angst vor Nähe›) bzw. *quantitative* Differenzierungen zu. Qualitative, *inhaltliche* Differenzierungen von Nähe wären eine Beschreibung der Ebenen, auf denen eine Beziehung stattfindet – also ein Eingeständnis, daß Nähe nicht umfassend sein kann, selektiv ist und daß gerade mit den Selektionschancen die Chancen menschlicher Nähe wachsen. Optionen aber sollen durch Bindungen ja reduziert werden. Nur: erst sie gestatten die Freiheit der Unterscheidung zwischen Brauchen und Begehren, Bedürfnis nach etwas und Freude an etwas – ein entscheidender Unterschied, der in der so vielfältigen wie einfältigen Beziehungsliteratur meist schlicht unterschlagen wird.

Im Sinne der klassischen Ästhetik ließen sich stadtspezifische Beziehungschancen mit dem Begriff des ‹interesselosen Wohlgefallens› am jeweiligen Gegenüber beschreiben. Statt jemanden zu ‹brauchen›, also zwecks Nutzbarmachung (inkl. emotionaler) zu umwerben, kann man zum Beispiel Freude an ihm/ihr haben. Freude jedoch beschreibt eine grundsätzlich andere Objektbeziehung als Bedürfnis. Es ist wie beim Essen: Man kann aus Geschmack an der Sache essen oder aus Hunger – ein jeweils anderer Rapport zum Objekt. Freude bzw. ‹Wohlgefallen› entstehen umgekehrt erst aus Bedürfnisfreiheit, sind also nicht unter Druck zu setzen, geschweige einzuklagen. Freude kann immer, muß aber nie. Über Wohlgefallen läßt sich nicht verhandeln, wohl aber über Bedürfnisse.[43]

Allerdings bedarf es zum interesselosen Wohlgefallen eines gewissen Abstands, ja eines gewissermaßen unpersönlichen Interesses. Wichtiger als die persönliche Identität – diese kann geradezu eine Beziehungsbarriere bedeuten – wird das Rollenangebot, das unser Gegenüber macht. Dieses Rollenspiel aber – das war wohl die Aufgabe des ‹Theaters als moralische Anstalt› – trainierte für den Umgang mit Fremden, wie R. Sennett feinsinnig anmerkt. Erst solche Selbstinszenierung macht Angebote und steckt den Spielraum ab für die Konstitution einer gemeinsamen Wirklichkeit, in der nicht nur *vorgängige* Identitäten und ihre Interessen verhandelt (‹eingebracht›, sagt man heute, wie eine Investition), sondern im Umgang miteinander erschaffen werden. Die ‹soziale Konstruktion der Wirklichkeit› nennen Soziologen das.

In der Politphilosophie hieß es ‹Öffentlichkeit› – und in der Tat pflegen Städter das öffentliche Leben in allen Aspekten weit mehr als z. B. die tendenziell auf Familie, Nachbarn und Beruf eingeschränkten Kleinstädter und Vorortler. Die für Städte geradezu konstitutive Dialektik von Öffentlichkeit und Privatbereich ist in kleineren Gemeinden weithin ausgeschaltet; sie aber ist eine Prämisse demokratischer Gesellschaftsformationen, und aus dieser Sicht ist der bekannte Liberalismus der Städte und Konservatismus des Landes auch *strukturell* bedingt. Der Umgang in Städten sozialisiert für den Umgang mit dem anderen schlechthin – gegen das sich Gemeinschaften, die von einer vorgegebenen gemeinsamen Identität leben, programmatisch abschotten.

Aus dieser Sicht hat auch die Vorliebe für das Fremde und den Fremden durchaus Methode, die in so vielen Dramaturgien des Stadtlebens erkennbar wird. Erst der/die Fremde schränkt die Selbstinszenierung nicht ein, lädt vielmehr zu ihr ein, zu Projektionen wie zu Vorgriffen, gibt gleichsam einen Vorschuß an Mündigkeit; von diesem Vorschuß lebt der Umgang mit dem Unbekannten. Die Vertrautheit mit dem ‹wahren› Ich des anderen hingegen erfordert die strikte Trennung zwischen ‹Aufrichtigkeit› und ‹Theater spielen›, so wie sie heute fashionabel ist. Wir haben nach dem Kennenlernen gleichsam ein anderes Erkenntnisinteresse am Gegenüber, vollziehen zum Beispiel Gemeinsamkeiten, auf die wir uns geeinigt haben; mit dem (noch) Fremden gilt es, Gemeinsamkeiten zu schaffen, sich in fiktiven Szenarien zu bewegen; Projektion und Lockung sind auf dieser Bühne keine Formen der Irreführung, sondern des buchstäblich kreativen Dialogs.

Dialog und Kommunikation, die mehr sind als Informationstausch, sind notwendigerweise Rollenspiel, leben von Angeboten, Vorgriffen, Andeutungen, Lockungen usw. Zum Dialog gehört die Achtung vor der Selbstdarstellung des anderen, unabhängig von deren Wahrheitsgehalt; sie drückt aus, was der andere will und wäre, gäbe es das (noch) fiktive Szenarium, das man miteinander aufbaut. Solche Inszenierung ist also in vieler Hinsicht ‹ehrlicher› als eine ohnehin illusorische ‹Direktheit›. Autonomie bedingt Indirektheit, den anderen nicht durch direkte Fragen etc. in eine Ecke zu drängen, sondern ihn das gemeinsame Szenarium mitgestalten zu lassen. An der Bekenntnishaftigkeit der heute modischen ‹direkten› Kommunikation, einem Authentizitätswahn, läßt sich ablesen, wie schnell diese zum Monolog verkommt.

Bühne und Stadtraum fordern und fördern ein Erkenntnisinteresse, scheint es, das komplementär zum Kennenlernen ist: Neu-Gier, endlos ex definitione. Vor allem Inhalt wird ihm das Neue an sich, das Finden oder Erfinden von Optionen, zur eigenständigen Erfahrungskategorie. In der Tat scheint es ein quasi-biologisches Bedürfnis nach Neuem für das gesamte Nervensystem zu geben, wie zunehmend kognitive Psychologen und Neurobiologen betonen. Der Vollzug des Vertrauten stumpfe alle Sensorien ab. So wäre die Stadt gleichsam ein ‹natürlicheres› Umfeld für unser Nervenkostüm als die Weder-noch-Siedlungsformen. Erst in unvertrauten Lagen werden Urteil und Entscheidung – also mündiges Verhalten – überhaupt gefordert. Nicht zufällig wohl liegt auch der Bildungsstand von Stadtliebhabern weit über dem Durchschnitt; typisch für sie sind zudem Professionelle und Arbeitslose, Junge und Alte, Singles oder kinderlos Verheiratete [44] – alles, nur nicht der Mainstream der Eingebundenen. Ihre intellektuellen Erwartungen und sozialen Umstände gestatten – und suchen wohl – jene Beweglichkeit, die sie für geschlossene Gemeinschaften wohl zu riskant, gewiß aber zu Störfaktoren machen würde.

Erst im Überfluß, welcher Art auch immer, wird Freiheit der Wahl –Markenzeichen des mündigen Individuums – überhaupt relevant. Reichtum jeder Art ist Reichtum an Optionen, hat also gleichsam einen moralischen Stellenwert, wußte Henry James, der aus dieser schlichten Einsicht die Dramaturgie vieler seiner Romane kristallisierte. Erst der Überfluß verhindert, daß praktische Notwendigkeiten gleichsam ‹natürliche› Prioritäten setzen – oder daß irgendeine Erfahrung aus Mangel an Alternativen ausschließlich wird. Ohne vorgängige Ordnungs- und Sinndiktate nämlich sind alle Erfahrungen zunächst statusgleich; aus ihren ‹naturwüchsigen› Lebenszusammenhängen entbunden, werden sie zu unverbindlichen Ressourcen. Und hier trifft sich die methodische Einstellung der Stadterfahrung mit jener ‹postmodernen› Mentalität, der alles zum Zitat, zur ad hoc einsetzbaren Ressource wird. Und noch der Funktionalisierung des Stadtlebens unter dem Marktdiktat läßt sich so mancher moralische Aspekt abgewinnen: Vorteil einer verdinglichten Welt ist die freie Verfügung über kontextentbundene Erfahrungsmonaden.

Ganz im Sinne des Bildes von der großen Hure Babylon ist es vielleicht sinnvoll, von der Stadterfahrung der Verführung zu sprechen. Verführung – im umfassenden Sinn – ist gleichsam die Heuristik des ‹Neuen an sich›. Wie in der Reklame arbeitet sie mit Willensbrechung, die nicht als solche erfahren wird. Wie diese erstreitet sie gegen ein widerspenstiges Über-Ich einen Spielraum für Erfahrungen, die vormals tabuisiert oder sonstwie unzugänglich waren.

Jeder Wille beruht auf einem bestimmten Vor-Verständnis der Lage. Einstellung und Einsicht, Ethos und Erkenntnis bedingen sich wechselseitig; sie fungieren jeweils als Filter füreinander, der schon die Wahrnehmungen vorordnet. Haupttaktik der Verführung ist daher immer, einen kognitiven Kontext zu schaffen, in dem eine vorgängige Position falsch, irrelevant, schwach etc. wird. Genau das war auch die Funktion des ästhetischen Spiels: alternative Szenarien zu schaffen, in denen das vormals Vertraute verfremdet, relativiert und neu konfiguriert wurde: «New ways of life and new types of people». Neues ist notwendig fremd: die Stadt als Spiel-Raum, «a mosaic of social worlds which touch but do not interpenetrate» – die Neugier und teilnehmende Beobachtung des Anthropologen empfahl der frühe Stadtsoziologe Park als den angemessenen ‹approach› – eine Art selbstreflexives Rollenspiel aus dem Geist des Theaters als moralische Anstalt. Die Topologie der Städte sieht diesen Reichtum an Spiel-Räumen vor, ist die Bühne, auf der sich der Typus des kreativen mit dem des mündigen Menschen trifft.

Zugegeben, auch ich habe aus der Forschung passende Ansätze und Argumente ausgewählt – aus einem einfachen Bedenken: Immer wieder hat man, vor allem bei der Kontroverse um das angeblich pathogene Stadtleben, abstrakte Tugenden ins Feld geführt, die von den Metropolen in der Tat relativiert, auf ihren konkreten und begrenzten Anwendungsbereich zurückgestutzt werden. Relativismus der Werte ist denn auch ein durchgängiger Vorwurf. Nirgends wird freilich offenbarer, daß es bei den angeblichen Tugenden hier wie dort um nichts anderes geht als um die Konkurrenz zwischen monistischen und pluralistischen Weltbildern. Gemeinschaft sei besser als Gesellschaft, unabhängig vom möglicherweise pathogenen Charakter des Gemeinschaftsdrucks; Verwurzelung sei besser als ‹Herumtreiben› – ganz gleich, in welchem dubiosen Nährboden die Wurzeln stecken; Bindungen seien prinzipiell menschlicher und psychisch gesunder als ein ‹Schmetterlingsstil›, unbeschadet der bindungsbedingten Selbstverstümmelung; Ordnung – darüber sind sich Links wie Rechts seit jeher einig – sei in jedem Fall besser als Anarchie, ein starkes, stabiles Ich besser als ein schwaches, manipulierbares etc. ad nauseam. Dabei fällt das alte rhetorische Prinzip ins Auge, das Gegenteil gleich mitzudefinieren und ihm so keine Chance zur Selbstdarstellung zu lassen. Den abstrakten Tugenden enspricht die formale Logik: etwas sei a oder non-a, tertium non datur. Im praktischen Leben freilich ist die Alternative zu A selten Non-A, sondern B, C, D usw.

Die umgekehrte Logik läßt sich denn auch ebensoleicht – und empirisch – vorexerzieren: Gemeinschaft als Tyrannei des Nests, Zielvorgaben als blinder Vollzug, stabiles Ich als starrer Erfahrungsraster etc. Die Alternative zu Ordnung ist eben nicht unbedingt Unordnung, sondern womöglich eine andere Ordnung; von Bindung nicht Bindungslosigkeit, sondern punktuelle Bindung; von Zielstrebigkeit nicht Ziellosigkeit, sondern die Trennung von Basisbelangen (die nicht für jeden dieselben sind) und Spiel; von stabilem Ich nicht Ichverlust, sondern situative Ich-Identitäten.

Die Rede von Krankheit als Problem pluralen Stadtlebens arbeitet mit einem akognitiven Verhaltensmodell. Es setzt stillschweigend voraus, daß *vor*gängige und langfristige Normen, Ziele, Werte, Ich-Identitäten usw. unser Verhalten steuern statt situativer Urteile und Entscheidungen. Mehr noch, es unterstellt die *Relevanz* dieser Leitvorstellungen in jeder Lebenslage, ehe diese vom Individuum überhaupt gedeutet und eingeordnet wird. Just dieses akognitive Modell aber gerät heute zunehmend ins Zwielicht – in dem Maße, als klinische Daten aus städtischen Milieus den Typus der ‹multiple personality› kristallisierten. Er definiert sich nicht durch ein stabiles Selbst (dies nur bei Basisbelangen), sondern durch variabel einsetzbare Erfahrungs- und Verhaltenskompetenzen – kein Indiz für Persönlichkeitsspaltung oder gar Identitätsdiffusion, sondern, wie R. D. Laing diese Art ‹schizoiden› Verhaltens umschrieb: «eine strategische Antwort» auf vielfältige Lebenslagen, die zu widersprüchlichen Identitäten zwinge. So sind die großen Städte womöglich just die Therapie, die man ihnen als Krankheit ankreidet.[45]

«Heimat ist ein Zukunftsbegriff», hat Oskar Negt im Anklang an Novalis gesagt. Heimat des – idealtypisch – mündigen Menschen sind die Städte in ihrer vitalen Identitätslosigkeit. Die Nestwärme der Nachbarschaft schließen sie nicht aus, aber sie ist nur eine im schier unendlichen Spektrum menschlicher Beziehungsarten. Man kann zwar die Gemeinschaft in der Stadt, nicht aber die Gesellschaft auf dem Land haben.

Anmerkungen

1 Siehe z. B. A. Corbin: Pesthauch und Blütenduft. Berlin 1984. Die sanitären Zustände waren beliebt als Beleg – und als umfassendes Bild – des ungesunden Stadtlebens. Bis in die 60er Jahre des vorigen Jahrhunderts wurden z. B. die Straßen New Yorks teilweise gesäubert, indem man Schweine durch sie schickte, offenbar damit sie die Abfälle fraßen.

2 National Center for Health Statistics (NCHS): Vital and Health Statistics, Series 10, Nr. 36. Public Health Service, Washington, U. S. Government Printing Office, 1967. Desgl. Series 10, Nr. 51, 1969; Series 10, Nr. 86, 1971.

3 A. B. Hollingshead/F. C. Redlich: Social Class and Mental Illness. New York 1964, S. 239.

4 G. Simmel: Die Großstädte und das Geistesleben. In: Das Individuum und die Freiheit. Berlin 1984, S. 200.
5 C. S. Fischer: The Urban Experience. New York 1976, S. 176f.
6 Zitiert in M. u. L. White: The Intellectual versus the City. New York 1977, S. 232.
7 C. Wright Mills: The Professional Ideology of Social Pathologists. In: American Journal of Sociology 49 (1943); wiederabgedruckt in ders.: Power, Politics, and People. New York 1967, S. 525–52.
8 In der Tat hat R. K. Merton, ein Parsons-Schüler, auch so etwas wie den Offenbarungseid für den Funktionalismus geleistet, als er – im ‹locus classicus› der Anomie-Theorie – bekannte, die stillschweigende Voraussetzung für Devianz sei eben, daß alle dasselbe Ziel teilen, das aber nicht allen gleichermaßen zugänglich sei (in westlichen Gesellschaften z. B. der materielle Erfolg) Social Structure and Anomie. In: Social Theory and Social Structure. New York 1968, S. 185–214.
9 Fischer: The Urban Experience, S. 177.
10 NCHS 1969 (s. Anm. 2).
11 Kenneth Gergen: The Concept of Self. New York 1971; K. Gergen/D. Marlowe: Personality and Social Behavior. In: K. Gergen/D. Marlowe: Personality and Social Behavior. Reading (Mass.) 1970, S. 3–50.
12 Albert Cohen: Delinquent Boys. New York 1971.
13 T. G. David: On Environmental Literacy. In: School Review 82 (1974), S. 705.
14 Fischer: The Urban Experience, S. 47.
15 Ebenda.
16 H. Gans: The Urban Villagers. New York 1962. Zit. in R. H. Moos: The Human Context – Environmental Determinants of Behavior. New York 1976, S. 128.
17 M. Young/P. Willmott: From Bethnal Green to Greenleigh. In: S. Friedman/J. Juhasz: Environments – Notes and Selections on Objects, Spaces, and Behavior. Zit. in Moos: The Human Context, S. 128.
18 Louis Wirth: Urbanism as a Way of Life. In: American Journal of Sociology 44 (1938), S. 3–24.
19 S. Milgram: Obedience. New York 1973.
20 Cf. D. A. Stokols: A Social-Psychological Model of Human Crowding Phenomena. In: Journal of the American Institute of Planners 38 (1972), S. 72–83.
21 J. P. Zubek: Sensory Deprivation – Fifteen Years of Research. New York 1969. Zit. in Moos: The Human Context, S. 169.
22 R. E. Faris/H. W. Dunham: Mental Disorders in Urban Areas. Chicago 1939.
23 R. J. Lifton: Protean Man. In: Partisan Review 35 (1968), S. 13–27.
24 E. Frenkel-Brunswick: The Intolerance of Ambiguity. In: Journal of Personality 18 (1949), S. 108–143.
25 So gab es z. B. schon zur Jahrhundertwende 104 Obdachlosenasyle in New York, 200 in Chicago, 106 in Philadelphia, 113 in Baltimore, 120 in Washington usw. In Krisenzeiten wie heute beherbergen und versorgen immer weniger eine Klientel von Stadtstreichern und Alkoholikern, sondern die industrielle Reservearmee, die Arbeitslosen und in zunehmendem Maße die durch die Umstände zur Marginalität gezwungenen Normalbürger. Cf. Ted Weiss u. a.: Subcommittee on Housing and Community Development. Anhörung 25. Jan. 1984. S. auch Ted Weiss: Never Again (Abschlußbericht über das Obdachlosenproblem in den USA). U. S. Government Printing Office 1984.

26 R. Seidenberg: The Trauma of Eventlessness. In: Psychoanalytical Review 59 (1972), S. 95–109.
27 Sylvia Plath: The Bell Jar. New York 1972, S. 76.
28 Norman Birnbaum: Critical Theory and Psychohistory. In: R. J. Lifton (Hg.): Explorations in Psychohistory. New York 1974.
29 Kenneth Gergen: Selbsterkenntnis und die wissenschaftliche Erkenntnis des sozialen Handelns. In: Sigrun Heide-Filipp (Hg.): Selbstkonzept-Forschung. Stuttgart 1979, S. 76.
30 Vgl. Eike Gebhardt: Identity Is a Total Institution. In: International Journal of Sociology 5 (1975), S. 3–46.
31 K. Gergen/D. Marlowe: Personality and Social Behavior, S. 50.
32 E. Lemert: Social Structure, Social Control, and Deviation. In: M. B. Clinard (Hg.): Anomie and Deviant Behavior. New York 1964, S. 62f.
33 Eike Gebhardt: Das ewig Weibliche – Eine List der Vernunft? In: A. Schuller/N. Heim (Hg.): Vermessene Sexualität. Berlin/New York 1987.
34 Fischer: The Urban Experience, S. 183.
35 R. Frankenburg: Communities in Britain – Social Life in Town and Country. Baltimore 1965, S. 287.
36 Fischer: The Urban Experience, S. 182.
37 Ebenda.
38 Selbst David Riesman fürchtete, die sog. «voluntary associations» förderten Fremdbestimmung (Individualism Reconsidered. Glencoe 1954, S. 114), seien also so freiwillig nicht.
39 Auf dem Lande seien Freundschaften eher rar, und Mißtrauen oder gar Feindschaft charakterisiere oft die nicht-verwandtschaftlichen Beziehungen zum Umfeld. Vgl. z. B. Young/Willmott (s. Anm. 17); B. Roberts: Organizing Strangers. Austin 1973; E. C. Banfield: The Moral Basis of a Backward Society. New York 1958; L. Wylie: Village in the Vaucluse. New York 1964; G. M. Foster: Tzintzuntzan: Mexical Peasants in a Changing World. Boston 1967; S. Greer: Urbanism Reconsidered – A Comparative Study of Local Areas in a Metropolis. In: American Sociological Review 21 (1956), S. 19–25.
40 L. Lofland: A World of Strangers. New York 1973, S. 178.
41 Genau das ist eben möglich in den ja deshalb so genannten «voluntary associations»: «Its job done, it can go out of business without consequences beyond projects at hand», schließt eine Sammelstudie. C. Smith/A. Friedman: Voluntary Associations. Cambridge (Mass.) 1972, S. 131.
42 «Eine wachsende Hinwendung ‹zu unabhängiger und individueller Lebensführung bei den Älteren› stellte das Münchener Sozialreferat in seiner Studie fest. Und ‹dies bedeutet auch, daß die Neigung, mit Kindern und Enkeln zusammenzuziehen, nicht mehr groß ist. Zu enge räumliche Verbindungen zu Verwandten engen die Bewegungs- und Entscheidungsfreiheit ein, es gilt der Grundsatz: innere Nähe durch Distanz›» (Spiegel No. 40, 28. 9. 87: «Die haben einen Drang zum Leben!»).
43 Entsprechend unterscheidet man z. B. «expressive groups» und «instrumental groups». Vgl. Smith/Friedman: Voluntary Associations, S. 142.
44 R. E. Park: The City: Suggestions for Investigation of Human Behavior in the Urban Environment (1916). In: R. Sennett (Hg.): Classic Essays on the Culture of Cities. New York 1969.
45 R. D. Laing: Self and Others. Harmondsworth 1969. S. auch: P. Berger u. a.: The Homeless Mind. New York 1973.

Walter Prigge
Frank Herterich

Skyline: Zeichen der Stadt

Moderner und Postmoderner Städtebau

Beim Sonnenuntergang blitzt das Licht von Osten durch die Gardinen.[1]

Unter dem Motto «La presenza del passato» präsentierte sich auf der ersten Architekturbiennale (Venedig 1980) eine Internationale der Postmoderne in der spektakulären Form einer Via Novissima: eine in der Filmstadt Cinecittà hergestellte Straße von historisierenden Häuserfassaden, die den Weg in die architektonische Zukunft weisen sollten. Präzise markiert dieses Ereignis einer Präsentation von Architektur als Filmkulisse den aktuellen Bruch in der architektonischen Disziplin: Inszenierung, Fiktion, Darstellung, Sprache lauten die gegenwärtigen Stichworte einer postmodernen Architektonisierung des Städtischen. Nicht ohne Grund steht daher das Medium Film am Beginn einer architekturtheoretischen Erörterung der Darstellungsbeziehungen von Architektur und Stadt mit besonderer Sicht auf das Hochhaus im 20. Jahrhundert.

«Metropolis» und «King Kong»

Ob die in diesem Zusammenhang immer wieder genannten Filme von Lang (1926) und Cooper/Schoedsack (1930) ihren Ruf rechtfertigen, diese Beziehung von Stadt und Hochhausarchitektur kinematographisch wegweisend dargestellt zu haben, kann eine topographische Analyse ihrer räumlichen Qualitäten zeigen; denn zweifellos werden in beiden Filmen großstädtische Motive gleichermaßen eindrucksvoll in Szene, das heißt in Raum und Zeit, gesetzt. Welche Räume inszenieren sie?

«Man könnte heute behaupten, daß das einzige größere Projekt futuristischer Architektur, das je verwirklicht wurde, jenes Modell einer Zukunftstadt in den Ufa-Studios in Berlin war, in dem eine ‹haushohe›, orgelartige Dampfsirene zum blinden, unterirdischen Arbeitseinsatz ruft, während oben in den Straßenschluchten Flug- und Fahrmaschinenkolonnen ihre festgelegten Wege durch die hierarchisch dynamische Licht- und Glasordnung ziehen.»[2]

Aufbau «Metropolis» (1927)

In dieser durch optische Techniken monumentalisierten Studiokulisse erzählt Lang die Geschichte eines ‹von oben› zwecks Herrschaftsstabilisierung inszenierten Arbeiteraufstands, der jedoch angesichts einer durch ihn ausgelösten Flutkatastrophe, welche ‹die da unten› zu vernichten droht, zur Versöhnung zwingt. Diese Auseinandersetzung zwischen den industriellen Klassen prägt hier eine in sich geschlossene, durch soziale Konflikte konstituierte, hierarchisch geordnete Welt, die im futuristischen Raumbild einer vertikal geschichteten Hochhausstadt symbolisiert wird. Die in ihrer vollständigen Künstlichkeit durchschaubare Stadtlandschaft (Studiokulisse), die frankensteinische Schöpfung eines Menschen (Science fiction), die ornamentale Inszenierung der Massen (Disziplinierung) und der strategische Charakter des inszenierten Aufstandes (Herrschaftskalkül) sind als Elemente der Darstellung ‹entfremdeter› Modernität der urbanen Zivilisation im 20. Jahrhundert erkennbar.

Begründete diese aus der Rekonstruktion zeitgenössischer industrieller Wirklichkeit extrapolierte Darstellung von Modernität den futuristischen Ruf des Films, so finden demgegenüber die entscheidenden Handlungssprünge an archetypischen Orten aus der Geschichte der Zivilisation

«King Kong»

statt; das Erdhaus als Ort der Erfindung, die Höhle als Versammlungsraum der Aufständischen und die gotische Kathedrale als Ort der schlußendlichen, ‹vernünftigen› Versöhnung stehen emblematisch den Bürotürmen, Aufzügen und Maschinenhallen gegenüber:

«Die Handlung stolpert also von ihrer großartigen Ausgangsplattform herab wild durch die Jahrhunderte, durch die Geschichte der filmisch verwertbaren mythischen Konstellationen... Aus der ‹schönen neuen Welt› ist der Film unvermittelt in die gute alte Zeit zurückgerutscht, aus der monumentalen Hölle einer organisierten Ausbeutung per Handschlag in ein melodramatisches, christlich-feudalistisches Mittelalter.»[3]

In dieser diachronen Handlungsverknüpfung an mythisch verwertbaren Orten erzählt der Film vom Mythos der Vernunft in der Geschichte der industriellen Zivilisation und ihren immanenten sozialen Widersprüchen.

Anders dagegen die amerikanische Version. Cooper/Schoedsack erzählen die Geschichte des monumentalisierten Affen King Kong (übermächtige Natur), der seine einzige Chance, im Dschungel der Zivilisation (Kultur: New York) zu überleben, verspielt: Seine ‹irrationale› Liebe zu einer Frau verhindert, daß er in der ihm zugewiesenen Rolle eines spektakulär ausgestellten Schaustücks Natur sein Leben fristet. Dieser Film kehrt also zum mythischen Ursprung der industriellen Zivilisation zurück: Kultur/Stadt steht hier als Ganzes der Natur/Urwald gegenüber.

«Es ist kein Zufall, daß in den Filmen über die moderne Großstadt Ideen aufleuchten, die ihren Ursprung im 18. Jahrhundert haben: in der Vorstellung der Stadt als Gesamtform der menschlichen Vernunft, und nicht bloß als Stätte der Produktion und des Tauschs von Gütern ...: sie ist der spezifische Schauplatz dieses Gegensatzes, und sie schafft sich auch immer wieder von neuem jene fiktiven Gewißheiten, deren sie bedarf, um ihre Ideologie am Leben zu erhalten.»[4]

Und es ist kein Zufall, daß die hier vermittelten Gewißheiten sich unterscheiden: in der europäischen Version die Fiktion einer Versöhnung von industriellen Gegensätzen, in der amerikanischen die Gewißheit, daß auch jene Natur letztlich technisch besiegbar ist, die sich einer Kultivierung verweigert. Ufa gegen Hollywood: die auf das Studiodekor setzende expressionistische Inszenierung sozialer Auseinandersetzungen mit ornamentalisierten Massen (welche Goebbels faszinierte) gegen das Symbol des Amerikanismus, der Wille zur technischen Beherrschung von Natur (die Pioniere sind hier ethnologisierende Filmer). Beide Filme thematisieren das Städtische und stellen einen Mythos im Kino dar: Sieg der Vernunft über industrielle Gegensätze, Sieg der Kultur über Natur; und beide Filme vermögen diese Gewißheiten zu vermitteln, weil sie ein expressionistisches Motiv einsetzen, das schon in den literarischen Stadterzählungen des 19. Jahrhunderts erfolgreich erprobt worden war: die Angst zu aktivieren, um sie bändigen zu können. Das eigentlich Faszinierende geht an diesen Filmen jedoch von einer anderen Ebene aus:

«Als *Mythos im Kino* ist demnach die Schicht am Film zu bezeichnen, die nationale, gesellschaftliche, politische Mythen (die Geburt der USA, der Sieg des mutigen Einzelgängers, die Revolution als ein das Heute prägendes Ereignis) ausgestaltet. So leistet der Film Hilfestellung bei der bildsamen Einprägung und affektiven Verankerung von Mythen, die ihre Existenz – der entscheidenden Unterstützung durch den Film zum Trotz – außerhalb des Kinos haben ... *Der eigentliche Kinomythos* entsteht *in* dieser Ausgestaltung: die Ausbildung und Reproduktion einer Serie von Geschehensmodellen und eines bestimmten filmischen Vokabulars ... Wichtig ist nun, daß der Kinomythos aus der Verbindung der Fabelstruktur mit einer recht genau umrissenen ‹Welt› oder besser: einem Raum, besteht ... Kinomythos ist ein Bündel optischer Zeichen, die einen Raum konstituieren – den Raum des Westens, das Labyrinth der Großstadt des Gangsterfilmes, die technisierte Weltraumszenerie der Science fiction.»[5]

Erst jenseits jener ersten Schicht der mythischen Erzählung also wird es kinematographisch interessant – dann nämlich, wenn Filme im Einsatz optischer Mittel eine durch kein anderes Medium herzustellende filmische Räumlichkeit produzieren, die das Publikum mit dem Auge in der Kamera und daher auf eine dem Kino adäquate Art und Weise zu faszinieren vermag. Konstituiert sich diese imaginäre Räumlichkeit des Kinos durch optische Zeichen, die durch den Sinn der Handlung miteinander verknüpft werden, so bleiben dem Film zwei Möglichkeiten, in der Anordnung dieser Zeichen auf den handlungsleitenden Sinn – das ideologische Projekt des Films (Mythos im Kino) – zu reagieren.

Die eingesetzten Zeichen (hier Großstadträume, Hochhausarchitekturen) werden durch die optisch faszinierenden Mittel der Montage und durch die Bewegungstechniken der Kamera, also jenseits ihrer narrativen Funktion für den Sinn der Handlung, mit einer Bedeutung aufgeladen, die den von den Zeichen *repräsentierten* Sinn deformiert und diese Zeichen selbst einer mythischen Verwertung zuführt. Der erzählte Mythos wird potenziert durch die optische Anordnung der bedeutenden Bildräume: Der faszinierte Blick, etwa auf Hochhäuser, produziert die Vorstellung von der modernen Großstadt als natürlichem Ort industrieller Vernunft und Herrschaft über Natur. In dieser Art begründen die Filme von Lang und Cooper/Schoedsack das Genre des Stadtfilms, in dem der Mythos ‹Großstadt› als genuiner Mythos der Neuzeit auf filmische Weise ausgestaltet wird. Das faszinierende Raumbild produziert dabei den Begriff von der Stadt (Manhattan/New York): «Alles vollzieht sich, als ob das Bild auf natürliche Weise den Begriff hervorriefe, als ob das Bedeutende das Bedeutete stiftete.»[6] Die auf das tertiäre Zentrum reduzierte Stadt: der «Mythos verbirgt nichts. Seine Funktion ist es, zu deformieren, nicht etwas zum Verschwinden zu bringen.»[7] Der Mythos leugnet nichts, sondern spricht kenntnisreich von der Macht des tertiären Zentrums über die Stadt so, als sei nichts natürlicher, als das Städtische im Bild von Hochhäusern zu identifizieren – denn nichts ist faszinierender als die Skyline einer Hochhausstadt.

Oder der Film leistet in der optischen Ausgestaltung dieser ‹bedeutenden› Differenz von Raumzeichen und erzähltem Mythos jene prismatische Arbeit der Entzauberung, der heiteren Dekonstruktion des mythischen Raums Großstadt, in der nach Benjamin das menschliche Kollektiv, das Proletariat, aus seiner in der Moderne vorherrschenden «Verlorenheit im Raum» (Lehmann) befreit werden kann. Der Film sollte eine neue Region des Bewußtseins eröffnen:

> «Er ist ... das einzige Prisma, in welchem dem heutigen Menschen die unmittelbare Umwelt, die Räume, in denen er lebt, seinen Geschäften nachgeht und sich vergnügt, sich faßlich, sinnvoll, passionierend auseinanderlegen. An sich selber sind diese Büros, möblierten Zimmer, Kneipen, Großstadtstraßen, Bahnhöfe und Fabriken häßlich, unfaßlich, hoffnungslos traurig. Vielmehr: sie waren und sie schienen so, bis der Film war. Er hat dann diese ganze Kerkerwelt mit dem Dyna-

mit der Zehntelsekunde gesprengt, so daß nun zwischen ihren weitverstreuten Trümmern wir weite, abenteuerliche Reisen unternehmen... Weniger der dauernde Wandel der Bilder als der sprunghafte Wechsel des Standortes bewältigt ein Milieu, das jeder anderen Erschließung sich entzieht und holt noch aus der Kleinbürgerwohnung die gleiche Schönheit heraus, die man an einem Alfa-Romeo bewundert.»[8]

Die Sprache der Stadt

In dieser «Errettung der physischen Realität» (Kracauer) liegt die wirkliche Bedeutung des Kinos für die Darstellung von Stadt und Architektur: das Vermögen des Films, Zeit-Räume des Alltags zu analysieren. Im sprunghaften Wechsel des Standorts vervielfältigen sich die Perspektiven, denen der faszinierte Blick des Zuschauers folgt; aus dieser Bewegung, der Montage ständig wechselnder Einstellungen, resultiert der dynamische Charakter der filmischen Räumlichkeit, die aus nebeneinandergestellten Bewegungsphasen zusammengesetzt erscheint. Auf der anderen Seite nimmt Zeit in dieser simultanen Heterogenität des Raums selbst räumlichen Charakter an:

«Wir bewegen uns im Zeitmedium des Films wie sonst nur im Raume, das heißt, der Richtung nach vollkommen frei, begeben uns von einer Zeitphase in die andere, so wie man aus einem Zimmer in ein anderes geht, trennen die einzelnen Etappen der Geschehnisse voneinander ab und gruppieren sie im großen und ganzen nach räumlichen Ordnungsprinzipien. Kurz, die Zeit verliert hier einerseits ihre ununterbrochene Kontinuität, andererseits ihre unumkehrbare Richtung. Sie kann zum Stehen gebracht werden...»[9]

Voraussetzung dieses eigentümlichen Schwebezustands zwischen Zeit und Raum ist die technisch fabrizierte, irreversible Folge von laufenden Bildern; sie produziert jene imaginäre, faszinierende Räumlichkeit filmischer Simultaneität, welche die historische Zeit des mythischen Projekts, die chronologische Kontinuität der erzählten Geschichte aufsprengt und in dieser Destruktion von ideologischer Kontinuität (ewige Vernunft, natürliche Herrschaft) eine neue, analytische Region des Bewußtseins in der städtischen Wirklichkeit zu eröffnen vermag.

Das Auge sitzt in der Kamera – diese bewegliche Anordnung stellt in der Geschichte von räumlichen Wahrnehmungsmedien einen entscheidenden Konversionspunkt dar: Im Wechsel der Einstellungen wird das zentralperspektivische Prinzip endgültig aufgebrochen. Dieses Prinzip der Darstellung einer Sehweise fixierte den Blick in den Raum auf ein jeweils starres Bild, welches nun prismatisch zerstreut erscheint und zusammengesetzt werden muß, indem die einzelnen simultanten Elemente im Nachvollzug der Bewegung in Beziehung zueinander gesetzt werden.

Diese Aufspaltung / Synthese definiert den analytischen Charakter der filmischen Anschauung des Raums: Film als Raumkunst, welche die Prinzipien urbaner Zeit-Räumlichkeit reproduziert. Auf diese Weise ist das Kino der Ort, wo die Stadt und ihre Darstellung ineinandergreifen; im Film erscheint die Stadt nicht als Bühne der Darstellung (dieser Theater-Aspekt ist im Kino uninteressant), sondern Film ist in dieser Reproduktion städtischer Prinzipien von Zeit und Raum analysierendes Medium der alltäglichen Anschauung des Städtischen, wie sie den Stadtbewohnern zur steten Gewohnheit geworden ist:

«Die Auffassungsart der Bauern ist grundverschieden von der der städtischen Massen. Es hat sich beispielsweise gezeigt, daß ländliches Publikum nicht imstande ist, zwei simultane Handlungsreihen aufzufassen, wie jeder Film sie hundertfach enthält.»[10]

In dieser Darstellung urbaner Zeit-Räumlichkeit spricht der Film die Sprache der Stadt und löst damit andere Darstellungsweisen des Städtischen wie die hier interessierende Architektur der Stadt historisch ab. Im Hinblick auf die architektonische Darstellung der Organisation des Raums weisen antike und mittelalterliche Stadtarchitekturen strukturelle Gemeinsamkeiten auf.

«Die Agora, Sitz der Hestia Koine, bildet den hervorragenden Ort, das Zentrum, das Hauptelement, das Bedeutung schafft, und an dem die Nebenelemente der Häuser, die nun gleichartig und von einheitlichem semantischem Gewicht sind, sich ausrichten. Diese Struktur des Bausystems entspricht der des politischen Systems, nämlich der Isonomie (rechtlich-politische Gleichheit der Bürger) und bestimmt dessen Funktionieren.»[11]

Die mittelalterliche Stadt ist durch Grenzen definiert und im Innern bestimmt vom «Spiel der differentiellen Beziehungen zwischen zwei Arten von Elementen: zellenartige kleine Grundelemente (Einzelhäuser) und Großelemente mit semantischem Gewicht (Kathedrale, Kirche, Paläste, Plätze).»[12] In beiden Fällen handelt es sich um ein nichtverbales Bedeutungssystem des vormodernen Ortungsraums, dessen Spiel von Elementen ohne eine Diskursivierung ‹des Raums› signifikant ist: Architektur als genuine Sprache des städtischen Systems reguliert und ordnet das alltägliche Leben in der Organisation des Raums dominanter religiöser und politischer Praktiken. In der perspektivisch geordneten Stadt der Renaissance wird die Organisation des Raums dann zum Schauspiel ästhetisiert, das auf die malerische Analyse des Raums antwortet und eine dem herrschenden feudalen Publikum entsprechende zentrale Sehweise auf Welt und Raum anbietet. Durch diesen Übergang vorbereitet, bricht jener Zusammenhang von gebauter und sozialer Form auseinander.

«Dieser Rekurs darf jedoch nicht die unumstößliche Tatsache verschleiern, daß die Bausysteme seitdem ihre semantische Autonomie verloren haben: mit ihren spezifischen Elementen allein sind sie zu effektiver Signifikanz nicht mehr fähig. Sie hören auf, die Gesamtheit kultureller Verhaltensmuster zu umgreifen. In ihrer Funktion sozialer Integration sind sie durch neue Systeme wie den Buchdruck und die Telekommunikation abgelöst worden, deren Entwicklung zugleich Ursache und Folge des Verhaltens gebauter Systeme ist. Wo das gebaute System nicht mehr globaler Referent für das Individuum ist, setzt der Übergang vom Ort zum Raum ein.»[13]

Auf diesen Verlust von Architektur als alltäglich praktizierter Sprache der Stadt antwortet das kollektive Bewußtsein mit der ‹imaginaire urbain›, in der das Städtische zum Bild der bedrohlichen zweiten Natur und damit zu einem authentischen Mythos der Neuzeit umgearbeitet wird (literarischen Stadterzählungen, Kinomythos Großstadt). Andererseits wird das Städtische diskursiviert durch jene städte-baulichen Disziplinen, welche die chaotische Unordnung im städtischen Raum der industriellen Gesellschaft klassenspezifisch zu bändigen suchen und die einzig die Ökonomie als Referenten des urbanen Systems utilitaristisch anerkennen:

«Das 19. Jahrhundert sieht ... die Entstehung eines autonomen Diskurses über das Urbane, die Entstehung einer ‹diskursiven Positivität› ... die in einem Zuge sowohl ihren Gegenstand definiert – die Stadt –, als auch ein Faktor ihrer Gestaltfindung wird.»[14]

In diesem historischen Übergang von der ‹Sprache der Stadt› zum ‹Sprechen über die Stadt› hat Architektur ihre Fähigkeit verloren, als kulturelle Praxis stadträumlicher Gestaltung gesellschaftliche Entwürfe anschaulich zu repräsentieren; sie muß ihre Darstellungsmacht an andere Medien abgeben: Gegenüber der abstrakten Rationalität des industriell restrukturierten Stadtraumes ist Architektur ‹bedeutungslos› geworden. Die ästhetischen Oppositionsbewegungen in der Architektur – Jugendstil, Expressionismus, Art deco – verschließen sich dieser Tatsache, indem sie in der semantischen Aufladung der Fassaden ihrer szenisch angeordneten Baumassen darauf beharren, die Sprache der Stadt mit traditionellen architektonischen, einzigartigen Bild-Mitteln zu sprechen. Doch damit ist der ‹chaotische› Raum der Industriestadt nicht mehr zu beherrschen (die erste amerikanische Generation von ‹Wolkenkratzern›: auf den städtebaulichen Zusammenhang bildhaft bezogene hohe Häuser). Erst die europäische Avantgarde des Neuen Bauens erkennt jene Tatsache an, insofern sie sich der Arbeit an einer Architektur verweigert, «deren kulturelle Bedeutung als Teil praktischer Kultur durch die Auffassung begründet wird, das ‹Werk der Abstraktion› bildhaft in einen ‹Stoff für die Phantasie› (Schiller) zu verwandeln».[15] Sie erkennt die Industrie als Faktor der Gestaltfindung der Form des Städtischen an. Führte die moderne Arbeitsteilung (tertiärer Sektor) zur Entwicklung des zentralen Geschäftsviertels, so verlangte diese funktionale Zonierung des städtischen Raumes nach einer spezifischen Typologie der städte-baulichen Gestaltung.

«Es entsteht das stockwerkreiche Büro- oder Mietshaus an der Straße, am Platz, im Gewimmel des Großstadtverkehrs. Die steinernen und die gläsernen Flächen, die Stockwerke ohne jede andere Beziehung zueinander als die der Parallelität, des Nebeneinanders (wie das Leben der Bewohner) ergeben große Horizontalen, Gleitbahnen des Verkehrs, Umführungen um die Ecke, die den Stadtgänger an dem Haus vorbeiziehen wie die Schienenstränge auf dem Pflaster.»[16]

Auf der Suche nach einer den industriellen Gegebenheiten gemäßen Typologie entdecken nun die Architekten jene kinetische, im Medium des Films entwickelte Sicht des urbanen Raums. In der Reflexion auf die durch Kategorien der Bewegung herstellbare Beziehung von Zeit und Raum dekonstruiert die Avantgarde das bürgerliche Haus im städtebaulichen Zusammenhang der Korridorstraße. In den neuen Beziehungen von Oben/Unten, Innen/Außen und des fließenden Grundrisses werden die Gebäudeteile zu reinen Flächen, als praktischer Raumabschluß und Lichtöffnung versachlicht – der Bau verliert seine ästhetische Einzigartigkeit, insofern er wie eine Kiste umkehrbar und auf den ‹vorbeiziehenden› Blick des nicht mehr flanierenden, sondern gehetzten Stadtgängers hin konzipiert ist (so die zweite, europäisierte Generation von Hochhäusern, mit der Plaza als spezifischem Typus des tertiarisierten Raums).

Auf diese Weise werden die kinematographischen Prinzipien der Darstellung urbaner Zeit-Räumlichkeit in den Entwurf einer der Großstadt ‹entsprechenden› standardisierten Typologie von Häusern und Stadträumen übernommen. Entwickelte der Film in diesen Prinzipien die authentische Sprache der modernen Großstadt, so ist seitdem die Wahrnehmung von Architektur im städtischen Zusammenhang auch außerhalb des Kinos an die ‹Grammatik› dieser Sprache gebunden:

«Eine Eile hat sich unserer bemächtigt, die keine Muße gewahrt, sich in Einzelheiten zu vertiefen. Wenn wir im überschnellen Gefährt durch die Straßen unserer Großstädte jagen, können wir nicht mehr die Einzelheiten der Gebäude gewahren. Ebensowenig können vom Schnellzug aus Städtebilder, die wir im schnellen Vorbeifahren streifen, anders wirken als nur durch die Silhouette. Die einzelnen Gebäude sprechen nicht mehr für sich. Einer solchen Betrachtungsweise unserer Außenwelt, die uns in jeder Lage bereits zur steten Gewohnheit geworden ist, kommt nur eine Architektur entgegen, die möglichst geschlossene, ruhige Flächen zeigt, die durch ihre Bündigkeit keine Hindernisse bietet. Wenn etwas Besonderes hervorgehoben werden soll, so ist dieser Teil an das Ziel unserer Bewegungsrichtung zu setzen.»[17]

Die Utopie der Stadt

In der Gestaltung durch die Moderne fand das Hochhaus in diesem Jahrhundert seinen ersten allgemeinen Ausdruck, weltweit als ‹International Style› kolportiert.

Was artikulierte die Moderne durch ihre Ästhetik?

Sie sollte eine der modernen Industriegesellschaft angemessene Baukunst ausdrücken.

Sie sprach von der Nüchternheit und der Rationalität der in den Hochhäusern domizilierenden Geschäftswelt.

Sie offenbarte die industrielle Serienproduktion als Basis des Bauens in den Metropolen.

Sie gab dem Materialismus und der äußeren Egalität der bürgerlichen Gesellschaft Ausdruck.

Mit der Erschließung der Vertikalen wollte sie für Ballungsräume eine neue Ordnung in der Horizontalen implizieren.

Mit der durch die Skelettstruktur gewonnenen Durchlässigkeit zwischen Innen- und Außenräumen manifestierte sie die Offenheit, und mit der Flexibilität der Innenräume die Dynamik der modernen Gesellschaft.

Die Geschichte, die die Moderne erzählte, war klar und einfach. Disziplin rangierte bei ihr höher als Fantasie. Ihr Material waren die Probleme der modernen Industriegesellschaft. Ihr architektonischer Diskurs suchte die Aufgaben zu bewältigen, welche Gesellschaft, Natur und Kultur ihr stellten. Sie kultivierte eine Ordnung, in der durch die Verbindung von Ökonomie, Technologie und Ratio die Emanzipation des Menschen angelegt sein sollte.

Der Entwurf der modernen Großstadt als Reich materieller und geistiger Freiheit fußte für die Moderne auf dem Gedanken, daß die Ökonomie durch die Rationalität zivilisierbar sei.[18] Insofern bewegte sich ihr architektonischer Diskurs in enger Nachbarschaft zum gesellschaftspolitischen. So wurde in den 20er Jahren die vermutete Rationalität großer Trusts als Korrektiv zur kapitalistischen Anarchie angesehen.[19] Die Vorstellung von der Machbarkeit der Welt und die Idee von der Gliederbarkeit des städtischen Raums liegen nahe beieinander.

Seit Amerika sich der modernen Architektur bemächtigt hatte, wurde die Illusion manifest: Rationalität, Disziplin und Ordnung blieben im Städtebau auf der Strecke, während sich die Renditeerwartung der Technologie bediente und die Wahrzeichen des ‹free enterprise› emporschießen ließ.[20] Seit die Krämerseele der Ökonomie die rationelle Bauweise auch noch ihrer rationalistischen Ästhetik beraubte, steht die Frage im Raum, ob die Architektur der Moderne damit vulgarisiert oder auf den Punkt gebracht sei.[21]

Eine verfängliche Situation für eine die Moderne ablösende Architektur; denn stellte sie eine Vulgarisierung in Rechnung, hätte sie sich durch diese hindurch kritisch der Ästhetik der Moderne annehmen und sich mit den in sie eingegangenen Welt-, Menschen- und Stadtbildern auseinandersetzen müssen. Indem die postmoderne Architektur aber die Entblößung der modernen Architektur von ästhetischer Raffinesse für das Wesentliche hielt, mußte ihr die Entfaltung eines opulenten Formenkanons als die eigentliche Überwindung der Moderne erscheinen.

Ein Grund für diese ‹Oberflächlichkeit› der postmodernen Architektur mag auch darin liegen, daß sie, noch bevor die philosophische Kritik der Moderne den Meinungsmarkt erreicht hatte, durch den Markt der Bauästhetik gewissermaßen als Frühgeburt zur Warenwelt gebracht worden war. Jedenfalls begann sie das Bild unserer Städte zu prägen, noch bevor sie eine Auseinandersetzung mit dem Bild geführt hatte, das sich die Moderne von der Stadt gemacht hatte. Suchte die Moderne der Verbindung von Ökonomie, Technologie und Vernunft ästhetischen Ausdruck zu geben, so störte die Postmoderne sich vor allem an der Spröde dieser Verbindung und ersetzte die rationalistische Disziplin der Form durch eine sinnliche Vielfalt. Die ökonomische und die technologische Dimension des modernen Städtebaus blieb unberührt.

Des Kaisers neue Kleider also? Eine in städtebaulicher und funktioneller Hinsicht gegenüber der Moderne unveränderte Hochhausarchitektur, die lediglich mit dem Zuckerguß postmoderner Fassaden und Kronen überzogen und bestückt ist? So könnte eine einfache Diagnose lauten. Dieser abschätzigen Bewertung könnte noch das wohlwollende Zugeständnis hinzugefügt werden, daß die postmoderne Fassadenarchitektur der Auseinandersetzung der Menschen mit Stadt und Bauten die sinnliche Sphäre wiedergewonnen hat, die im Menschenbild der Moderne so diskriminiert war.

Akzeptiert man jedoch das Credo der Postmoderne, daß der Städter nicht nur mit der materiellen Konstruktion der Stadt lebt, sondern auch von den Bildern der Stadt[22], so hat sie Anspruch auf eine Auseinandersetzung mit dem von ihr offerierten Stadt-Bild. Wie artikuliert die postmoderne Hochhaus- und Stadtarchitektur die Elemente des Städtischen in ihrer Ästhetik und in ihrer Raumstruktur? Welche Möglichkeiten der Aneignung der Stadt eröffnet die Postmoderne dem Städter, zu welchem Gebrauch bietet sie sich an?

Das Gerede von der Stadt

Urbanität als die spezifisch städtische Form von Gesellschaftlichkeit verlangt vom Stadt-Bild mehr als gefällige Formen. Die Ästhetik gehört nicht nur dem Reich der Sinne an, und die Ästhetik der Stadt hat einiges zu tun mit dem aufklärerischen Gehalt des Urbanen. Die Stadt als Laboratorium, als Ort zeitlich und räumlich verdichteter Erfahrungen, die städtische Öffentlichkeit als Medium ihrer Verarbeitung, all dies setzt der Stadtarchitektur Maßstäbe.[23]

Die Dynamik und die Flüchtigkeit städtischen Lebens finden in der postmodernen Ästhetik wenig Ausdruck. Das Ornamentale, der Hang zum Historismus, die Neigung zum Monumentalen und der Anschein handwerklicher Fertigung simulieren Erbauliches, Verwurzelung und Beständigkeit von Werten, während all dies in Wirklichkeit zutiefst in Frage gestellt ist. Gerade die Städter wären prädestiniert, das Abenteuer zu wagen, ob es sich in Unsicherheit und Unstetigkeit auch ohne den Zerfall von Persönlichkeit und Gesellschaft leben läßt. Die postmoderne Architektur ist dabei wenig hilfreich – mit Ausnahme vielleicht jener ihrer fast abstrakten Gebilde äußerster Künstlichkeit. Während die Moderne mit dem hybriden Versuch scheiterte, der Stadt die Ordnung der Vernunft angedeihen zu lassen, hat sich die Postmoderne umstandslos auf die Verabreichung ihrer ästhetischen Psychopharmaka verlegt. Oder sollte heute nur mehr eine Scheinwelt die einzig erträgliche aller Welten sein?

Gegen dieses harsche Verdikt könnte eingewendet werden, daß die Postmoderne gegenüber dem totalen Anspruch der Moderne mit ihrem ästhetischen Eklektizismus der Wahrnehmung der Vielfalt neuen Raum gibt. Die Überraschungen, die sie bereithält, die Verführung zur Entzifferung ihrer verwirrenden ästhetischen Zeichen, verlangt dies nicht eine reflektierte Auseinandersetzung? Fordert sie nicht die Annäherung an Neues und Fremdes? Schafft der spielerische und manchmal ironische Umgang mit architektonischen Formen nicht Distanz? Ist all dies nicht im hier intendierten Sinne urban? Auf den ersten Blick scheint es so.

Doch erzählt uns die Postmoderne wirklich von der Vielfalt der Kulturen und der Geschichte? Oder sind ihr Kultur und Geschichte nicht lediglich Material eines Fundus, der zur beliebigen Aneignung geplündert wird?[24] Die Moderne manifestierte ihre kulturelle Hegemonie, indem sie im International Style die Welt mit ihrem eigenen Ausdruck heimsuchte. Die Postmoderne nimmt den vergangenen und gegenwärtigen Welten deren Ausdruck, preßt ihn durch die ästhetischen Raffinerien okzidentaler Architekturateliers und trägt ihn als Meisterwerk zu Markte. Als Weltstadt gilt nur, was durch solcherart Kunstgewerbe geadelt wurde. Ginge es tatsächlich um die den Metropolen eigene Konfrontation von Kulturen und Milieus, so müßten wir nicht in den Hinterhöfen unserer Städte nach kulturellen Zeugnissen etwa des Orients fahnden. Wir fänden sie als deutliche Architektur an prominenten Plätzen. Aber vielleicht läßt sich Frankfurt nicht lumpen und gibt – als Reverenz vor der multikulturellen Gesellschaft – das nächste Hochhaus bei Helmut Jahn[25] als Minarett in Auftrag.

Auch im Hinblick auf die gegenseitige Durchdringung unterschiedlicher Milieus und Lebenssphären[26] gibt sich die postmoderne Architektur nicht sehr urban. Sie hält nicht nur an den Hochhausbauten der Moderne fest, die die Menschen dem draußen pulsierenden Leben entrücken, sondern verstärkt diese Trennung noch, indem sie die Außenhaut der Bauten durch Spiegelglas oder angedeutete Steinquader zum undurchdringlichen Panzer einer abgeschotteten Welt macht. Vom Schwimmbad über die Gourmet-Küche bis zur Sammlung zeitgenössischer Kunst – wie in der Frankfurter Zentrale der Deutschen Bank – ist dieser Hochhauskosmos mit allem gerüstet, was ihn zu einer Arche Noah in der Stadt macht. Wen die Off-limits-Ästhetik der Fassaden nicht auf Distanz hält, der wird hilfsweise durch Absperrungen und Sicherheitsdienste auf die Stadtwelt der Gemeinen zurückverwiesen. Die aus «Metropolis» bekannte strenge Hierarchisierung von Unter- und Oberwelt setzt sich in den korporativ fixierten Etagen der Hochhäuser fort.

Hier und da erhalten die Hochhaustürme großzügig einen Vorplatz. Selten nur findet sich hier Gewimmel. Nichts Überraschendes passiert, keine unerwarteten Begegnungen widerfahren dem Passanten. Die Bewegungen, ihre Ziele und Zwecke sind gleichförmig. Nur die Skateboard-Künstler bewegen sich quer zum Strom. Wie auch immer sie gestaltet sein mögen, diese Vorplätze können ihrer Funktion kaum entzogen werden: Sie bleiben zu den Aufzugsschächten hin mündende Trichter. Gelegentlich noch sind sie mit einer Skulptur bestückt zum Zeichen dafür, daß auch unter dem Regiment des Mammons die Kunst noch Platz hat. Den Künstlern und uns allen sei's gegönnt!

Auch die ‹Indoor-City›, jener Versuch, die scharfe Trennung von innen und außen durch die Öffnung der Sockelgeschosse zu Hallen und Galerien zu mildern, schafft kaum jene gesellschaftliche Dichte und Reibung, die ihren Vorbildern, den mediterranen Piazzas eigen ist. Jene sind tatsächlich Schnittpunkte des gesellschaftlichen Lebens, von der Geschäftigkeit bis zum Müßiggang, vom Klatsch bis zur Debatte. Die Innen-Städte der Wolkenkratzer tragen zu sehr Animationscharakter, geschaffen und gewährt von der darüber thronenden Korporation, als daß Gesellschaftlichkeit in ihnen zur Entfaltung käme. Auch Architekten läßt die Animation nicht kalt, wie man anläßlich einer öffentlichen Vorstellung des als ‹Campanile› bezeichneten Hochhausprojektes am Frankfurter Hauptbahnhof aus dem Munde seines Schöpfers hören konnte: «An der Passage, die auch im Baukörper ablesbar ist (und den als ‹öffentlich› charakterisierten Sockelbereich diagonal durchzieht; die Verf.), liegen Läden unterschiedlicher Nutzung» und – haste was, kannste was – «Kulturelle Einrichtungen, z. B. Ausstellungsräume, Café, Bistro, Theater, welches man Schumann-Theater nennen könnte (im Bahnhofsbereich existierte vor dem Krieg ein Varieté-Theater gleichen Namens; die Verf.), Vorraum,

Fitness-Center, Ballett- und Tanzschule, Swimming-Pool, Squash.»[27] Merke also, Städter, betrittst du diese bedeutenden Hallen, so habe nichts im Sinn, als Freizeit zu absolvieren!

Gegenüber dem totalen Anspruch der Moderne hat die Postmoderne der Vielfalt des ästhetischen Ausdrucks wieder Raum gegeben. Da sie jedoch – auch hier wieder im Unterschied zur Moderne – den ästhetischen Diskurs hermetisch anlegt, ohne Bezug zur Materialität und zur Gesellschaftlichkeit der Stadt, vermag sie keine urbanen Räume zu schaffen. Nicht Offenheit und Austausch prägt die postmoderne Hochhaus- und Stadtarchitektur, sondern die Enklave in der Stadt. Anstatt der Pluralität gesellschaftlicher und kultureller Milieus den Raum für eine produktive Auseinandersetzung zu schaffen, werden Symbole dessen plaziert, was das Juste-milieu für Urbanität hält. Man ist nicht urban, aber man fühlt sich so.

Das Leben mit instabilen Bezügen, die Auseinandersetzung mit Fremdem und Neuem ist die eine Seite städtischer Existenz. Die Verwurzelung in der vertrauten Umgebung und die stabilen Normen und Werte des eigenen gesellschaftlichen Milieus stellen die andere Seite der mit einem spezifischen Ort verbundenen Existenz dar.

Der Vorwurf an die Moderne lautet, daß sie diese Dimension sozialer Existenz in ihrer universellen Ästhetik, in ihrer Abstraktheit und Sachlichkeit, gänzlich ignoriere. Die Postmoderne dagegen rühmt sich einer einfühlsamen Rückbesinnung auf Geschichte. Von einer Architektur der Erinnerung etwa spricht der amerikanische Architekt Charles Moore, der auf der rückwärtigen Seite der Frankfurter Kulturschirn, an der Saalgasse, mit einem Stadthaus vertreten sein wird. Welche Vorstellung von Geschichte kommt in der postmodernen Architektur zum Ausdruck, was erinnert sie, und welche Identitäten stiftet sie? Frankfurt mag auch hier wieder als Beispiel dienen.

Da ist zunächst die Ostzeile des Römerbergs, jene origninalgetreue Replik mittelalterlicher Fachwerkhäuser an Frankfurts ‹guter Stube› zwischen Rathaus und Dom. Die politische Entscheidung für die historische Bebauung war noch kein Produkt des postmodernen Diskurses. Dazu lag sie zeitlich zu früh. Doch sie hat eine Rolle in ihm gespielt. «Das verlorene historische Zentrum der Altstadt wird als Umraum neu erfahrbar: Das alte Frankfurt wird aus der verblassenden Erinnerung oder aus dem Vergessen herausgeholt und der Wirklichkeit näher gebracht, ohne selbst Realität werden zu können», erklärt raffiniert und mit gebotener Distanz Heinrich Klotz, Direktor des Deutschen Architekturmuseums in Frankfurt und berufener Interpret der Postmoderne. Mißverständnissen vorbeugend, fügt er hinzu: «Zu dieser Form der Wahrnehmung gehört das Quantum Ironie, das sich mildernd in die Inszenierung einmischt.»[28] Reden Kommunalpolitiker über denselben Gegenstand, dann wird es schon

Helmut W. Joos, «Campanile». Modell eines Hochhauses, Frankfurt / M. (Bahnhofsviertel)

erhabener und verquaster: «Die Gesamtstadt gewinnt ihre Kraft aus dem Kernbereich. Deshalb war und bleibt wichtig, hier neue Angebote, neue Möglichkeiten zur Identifikation unter Wiederanknüpfung an die gebaute städtische Tradition zu schaffen.»[29] Vor kritischem Publikum könnte die Ironie zur Not auch hier apostrophiert werden, für den Marktgebrauch aber bleibt sie auf der Strecke. Mit Blick auf die «Alte Oper»[30] teilt die Stadt Frankfurt in ihrem Amtsblatt denn auch unumwunden mit: «Von den Superlativen modernster Architektur zum wiedererstandenen Glanz vergangener Zeiten sind es in Frankfurt nur ein paar Schritte.»[31] Ja, und ebenfalls nur ein paar Schritte brauchte es zum Börneplatz, wo die verschütteten Zeugnisse jener alten, noch gar nicht so lange vergangenen Schande sich unversehens zeigten. Die Rede ist von den Ruinen des jüdischen Gettos, die im Zuge der Ausschachtungsarbeiten für ein Kundenzentrum der Frankfurter Stadtwerke zutage gefördert wurden. Da schon eine zweistellige Millionensumme in den Untergrund verbetoniert war, ist der Beitrag, den sie zur Frankfurter Erinnerung beisteuern dürfen, eng bemessen. Nach Beseitigung eines Straßenzugs dieses ehemaligen Gettos wird der klägliche Rest durch eine gläserne Fußbodenplatte in der Eingangshalle des postmodern angehauchten Neubaus zu besichtigen sein, falls die eiligen Schritte der Stadtwerkskunden dies erlauben. Und damit die Geschichte auch stimmt, vergriff sich Oberbürgermeister Brück noch eilends in Worten am historischen Fund, indem er die elende Enge des Gettos in ein Zeugnis für die gern in Anspruch genommene Frankfurter Liberalität ummünzte: Da nach seiner Errichtung, mit Ausnahme des Fettmilch-Aufstandes, in Frankfurt keine Pogrome mehr stattgefunden hätten, habe das Getto ‹auch› eine Schutzwirkung entfaltet und sei Zufluchtsstätte für viele Juden aus anderen Städten geworden.[32]

Zweifellos wäre es demagogisch, wollte man solche Entgleisungen und die sie inspirierenden Geschichtsbilder geradewegs der postmodernen Architektur zurechnen. Doch ganz so unschuldig, wie sie sich naiverweise wähnt, ist sie nicht. Es gibt zu denken, wenn eine Architektur, die sich einer neuen Sensibilität für historische Bezüge rühmt und die sich der Relevanz des Symbolischen im Hinblick auf gesellschaftliche Identitätsbildung bewußt zu sein scheint, sich so gefügig zeigt für einen höchst zweifelhaften Aufbruch zu einer neuen Aneignung der Geschichte, wie er in der bundesrepublikanischen Gesellschaft seit einem knappen Jahrzehnt zu beobachten ist. An der Geschichte interessiert dabei vor allem das Schöne und Gute. Das Wahre und nicht selten Unangenehme wird, wo nicht ignorierbar, möglichst verkapselt. Hierfür stehen paradigmatisch der ‹Glanz› der Alten Oper, die folkloristische Ostzeile des Römerbergs, die geeignet ist, die selbstverursachte Geschichte der Zerstörung vergessen zu machen (es sei denn, der Beobachter hat ausreichend Ironie mitgebracht), und eben der Börneplatz, an dem ein wesentliches Kapitel deutsch-jüdischer Geschichte ‹eingesargt› und in die Geschäftigkeit der Gegenwart integriert ist. Der spielerische Umgang mit Geschichte, den die Postmoderne in ihrem Eklektizismus pflegt, erweist sich in solchem Zusammenhang als gedankenlos. «In der Vorstellung, alles sei machbar, haben sich viele angewöhnt, darunter die konsumierbare Aufbereitung von Geschichte zu verstehen, die leichte Benutzbarkeit und den Verbrauch vergangener Welten.»[33] In diesem Zug der Zeit bewegt sich die postmoderne Stadtarchitektur in Ermangelung eines geschichtlichen und ästhetischen Eigensinns.

Das ‹anything goes› der Postmoderne muß nicht immer zu gewichtigen Einwänden und tiefen Bedenken führen. Auch anhand von eher beiläufigen Beispielen erhebt sich die Frage, an welchem Stadt-Bild sie modelliert. Handelt es sich bei der Kulturschirn, die sich zwischen Römerberg und Dom erstreckt, und bei ihrer Rotunde aus Glas und Stahl, die zum guten Teil mit Steinquadern eingefaßt ist, um gebrochene Monumentalität oder um eine mit Monumentalität aufgeladene Konstruktion? Warum überhaupt darf und muß es immer etwas Monumentales sein? Vagabundiert da eine kleine Obsession in unserer Identitätssuche? Und – was sollen uns die an der Rückfront der Kulturschirn im postmodernen Stil entworfenen Stadthäuser anheimgeben? Etwas 19. Jahrhundert oder einfach ihren Witz? Weiterhelfen könnte da die Architektenkammer Hessen, die einen deutlichen Hinweis gibt, nach welchem Bild sich die Städte entwickeln sollten: Frankfurt ist für sie eines der besten Beispiele, wie Städte wieder «lebens- und liebenswerter» zu machen sind.[34] Städte zum Kuscheln also!

Recht eindeutig werden die von der Hochhausarchitektur geschaffenen Zeichen interpretiert. Für Frankfurt als weltoffene Stadt mit ausgeprägt internationalem Charakter bilde die Hochhaussilhouette schon längst ein identitätsbildendes Merkmal, erklärt Oberbürgermeister Brück. «Aber auch die Investoren sehen inzwischen in der architektonischen Gestaltung ein Instrument der Darstellung von Unternehmensidentität und Unternehmenskultur. Durch die Architektur ihrer Bauten können sie nicht nur ihrem Unternehmen ein Zeichen setzen, sondern auch einen Beitrag zur menschlichen Gestaltung unserer Stadt leisten.»[35] Hochhäuser also als Symbol für Internationalität und freies Unternehmertum. Diese Symbolkraft erbrächten auch Hochhäuser im Stil der Moderne spielend. Aber es ging ja auch noch um die «Unternehmenskultur» und um die «menschliche Gestaltung unserer Stadt». Deshalb wohl will der Oberbürgermeister keine «profillosen» Bauten zulassen.[36] Unbekannt ist, ob ihm dabei der «Dialog zwischen dem Bogen und dem rechten Winkel, der Symmetrie und Asymmetrie, der Schwere und der Leichtigkeit»[37] vorschwebte, mit dem die New Yorker Architekten Kohn, Pedersen und Fox für ihren im Auftrag einer städtischen Gesellschaft erstellten und vom OB begei-

Kohn/Pedersen/Fox, Dialog zwischen dem Bogen und dem rechten Winkel, Hochhausentwurf

stert präsentierten Hochhausentwurf warben. Liebhaber des postmodernen Symbolismus-Diskurses auch unter den Entscheidungsträgern der Stadt vermutend, dachten sie offenbar ‹doppelt hält besser› und nannten ihren Entwurf «ein sichtbares Zeichen besonderer symbolischer Bedeutung für die Skyline Frankfurts»[38].

Die Bilanz ist ernüchternd. Das Stadt-Bild, das sich aus der Konjunktur der postmodernen Architektur herausschält, rekurriert auf einige wenige Stereotype: Für Frankfurt als internationale Geschäftsstadt stehen die Wolkenkratzer. Insoweit ist seine Identität – nicht ohne klammheimlichen Neid – New York entliehen. Es menschelt auch in Frankfurt, deshalb die Verniedlichung der Hochhäuser durch postmodernes Formenspiel. Frankfurt soll eine Kulturstadt sein, zum Beispiel am Museumsufer, wobei an diesem Punkt noch am wenigsten mit Surrogaten gehandelt wird. Die Architektur dieser Stadt ist lesbar – aber nur noch für Flugreisende. – Frankfurt bekennt sich zu seiner Geschichte! Beweis: Alte Oper und historische Römerbergbebauung.

Ein solchermaßen aus den Großstadt-Trivialitäten des 20. Jahrhunderts montiertes Stadt-Bild muß durchaus nicht reizlos sein. Aber dieser Reiz dürfte schnell verbraucht sein, wenn sich zeigt, daß der Avantgardismus der Städte sich anderen Problemen und anderen Bildern zuwendet. Frankfurt als vergleichsweise kleine Großstadt, noch weit enfernt davon, im Chaos zu versinken, hätte einige Voraussetzungen, um sich ihrer beispielhaft anzunehmen. Gibt es zum Beispiel eine Existenzweise der Großstadt, die ihre Vorzüge, namentlich ihre gesellschaftliche Produktivkraft entwickelt, ohne sich fortwährend an Natur und Provinz zu versündigen? Kann die moderne Büroarbeit anders als in übereinandergetürmten Containern abgewickelt werden? Ist eine andere räumliche und soziale Anordnung von Arbeit und Privatleben denkbar, welche die rigide Trennung der verschiedenen Lebenssphären aufhebt? Und nicht zuletzt: Läßt sich das Auto als städtisches Verkehrsmittel überflüssig machen, ohne das heutige Bewegungsniveau zu reduzieren?

All dies sind die Materialität der Stadt betreffende Fragen, zu deren Lösung die postmoderne Stadtarchitektur bisher wenig Beiträge geleistet hat. Architektur ist Wirklichkeit und Abbild.[39] Dies gilt auch unter den Theoretikern der Postmoderne. Heinrich Klotz spricht einprägsam von Funktion und Fiktion. Dennoch hat sich die Postmoderne vergleichsweise wenig mit der Wirklichkeit beschäftigt. Verliebt in ihre Bilder und Histörchen, hat sie keine substantielle Kritik der Moderne zu leisten vermocht, sondern nur deren Schein aufs Korn genommen. Mehr noch: Durch ihre weitgehende Abstinenz von der *Materialität* der Stadt hat sie die Ästhetik der Stadt eines elementaren Bezugspunktes beraubt und diese entweder in einen hermetischen Diskurs über Bilder und Symbole gepfercht oder sie der Beliebigkeit und dem beliebigen Gebrauch preisgegeben. Heute ist sie fester Bestandteil des Stadt-Marketing[40] und eröffnet vor allem eine konsumistische Aneignung der Stadt. Dies ist eine noch recht harmlose Variante der Verfügbarkeit. Dennoch wäre ihr und unseren Städten mehr praktischer und ästhetischer Eigensinn zu wünschen.

Anmerkungen

1 Klage von Westendbewohnern in Frankfurt über spiegelnde Hochhäuser. Mitgeteilt von J. Riedl: Wolkenkratzer. In: «Die Zeit» Nr. 28 (3.7.1987), S. 11.
2 G. Knapp: Man stellt Denkmäler nicht auf den flachen Asphalt. Das Architektonische in den Stummfilmen Fritz Langs. In: «Süddeutsche Zeitung» Nr. 163 (19./20.7.1975).
3 Ebenda.
4 G. Rapisarda: Die Stadt und ihr Doppelgänger: «Metropolis» und «King Kong». In: «archithese» H. 17 (1976).
5 H.T. Lehmann: Die Raumfabrik – Mythos im Kino und Kinomythos. In: K.H. Bohrer (Hg.): Mythos und Moderne. Frankfurt/M. 1983, S. 579.
6 R. Barthes: Mythen des Alltags. Frankfurt/M. 1964, S. 113.
7 Ebenda, S. 112.
8 In: W. Benjamin: Erwiderung an Oscar A.H. Schmitz. Zitiert nach: D. Prokop (Hg.): Materialien zur Theorie des Films. München 1971, S. 63.
9 A. Hauser: Sozialgeschichte der Kunst und Literatur. München 1978, S. 1009.
10 W. Benjamin: Zur Lage der russischen Filmkunst. In: K. Witte (Hg.): Theorie des Kinos. Frankfurt/M. 1972, S. 83.
11 F. Choay: Semiotik und Urbanismus. In: A. Carlini/B. Schneider (Hg.): Die Stadt als Text. Konzept 3. Tübingen 1976, S. 46.
12 Ebenda, S. 47.
13 Ebenda, S. 50f.
14 Ebenda, S. 59.
15 M. Müller: Die Versöhnung der «theoretischen Kultur» mit der «praktischen Kultur» – Eine Vision der Moderne. In: H. Klotz (Hg.): Vision der Moderne. Das Prinzip Konstruktion. München 1986, S. 43.
16 R. Hamann: Wege zur «Sachlichkeit». In: F. Schumacher (Hg.): Lesebuch für Baumeister. Braunschweig 1977, S. 470.
17 P. Behrens: Einfluß von Zeit- und Raumausnutzung auf moderne Formentwicklung (ebenda, S. 428).
18 Vgl. Sigfried Giedion: Befreites Wohnen. Zürich 1929 (Neuauflage Frankfurt/M. 1985).
19 So etwa die Ausführungen von R. Hilferding zum «organisierten Kapitalismus» auf dem Kieler Parteitag der SPD 1927: Sozialdemokratischer Parteitag in Kiel. Protokoll mit dem Bericht der Frauenkonferenz. Berlin 1927.
20 Vgl. Norbert Messler: Wo viel glitzert im spiegelverglasten Zauber, fällt eben viel Schatten. In: «Die Stadt», Nr. 2/1984.
21 Hierzu Heinrich Klotz: Vision der Moderne (s. Anm. 15), S. 9ff. Klotz unterscheidet zwischen der in den USA sich durchsetzenden «Reduktionsstereometrie», einer Architektur glatter Primärkörper nach den Vorstellungen des

Bauhauses und Le Corbusiers einerseits und dem in den Hintergrund getretenen Expressionismus und Konstruktivismus andererseits.

22 Vgl. Robert Venturi: Complexity and Contradiction in Architecture. New York 1966. Venturi proklamiert in dieser Schrift, daß Architektur nicht vornehmlich Konstruktion, sondern ein Mittel der Kommunikation sei.

23 Zur städtischen Öffentlichkeit siehe auch: Hans Paul Bahrdt: Die moderne Großstadt. München 1960; Richard Sennett: Verfall und Ende des öffentlichen Lebens – Die Tyrannei der Intimität. Frankfurt/M. 1983; Frank Herterich: Urbanität und städtische Öffentlichkeit. In: Walter Prigge (Hg.): Die Materialität des Städtischen. Basel 1987.

24 Vgl. Dieter Bartetzko: Illusionen in Stein. Reinbek bei Hamburg 1985.

25 Helmut Jahn, Chicagoer Architekt von fränkischer Herkunft, hat den Messeturm entworfen, der an der Frankfurter Festhalle entstehen soll und nach seiner Fertigstellung Europas höchstes Bürohaus sein wird. Mit seiner «steinernen Spitzenklöppelei» (Bartetzko) suchen sich die Herren der Messegesellschaft und Frankfurts Prinzipale schon heute zu schmücken.

26 Vgl. Frank Herterich: Unsere Stadt – clean, kleinkariert oder kosmopolitisch? In: «Ästhetik und Komunikation» 16, Nr. 61/62 (1985), S. 115–125.

27 Helmut Joos: Vortrag auf einem Forum der Frankfurter SPD zum Hochhausbau. (Unveröffentlicht) 1986.

28 Heinrich Klotz: Das Neue Frankfurt. In: Jahrbuch für Architektur 1984. Braunschweig/Wiesbaden, S. 14.

29 Walter Wallmann: Die Zukunft der Stadt sicherstellen. Kommunalpolitischer Situationsbericht des Oberbürgermeisters für 1983. Frankfurt/M. 1984.

30 Die neuerrichtete «Alte Oper», heute Konzert-, Show- und Kongreßhaus, markiert den Beginn der umfangreichen Neugestaltung des Citybereiches durch die Kommune. Der 1977 von Walter Wallmann aus dem Amt des Oberbürgermeisters verdrängte Rudi Arndt (SPD) hatte sich seinerzeit, noch als hessischer Finanzminister, den Spitznamen ‹Dynamit-Rudi› eingehandelt, weil er die Ruine des in den Gründerjahren errichteten alten Opernhauses in die Luft gesprengt wissen wollte. Eine Bürgerinitiative, an deren Spitze der damalige Präsident der Industrie- und Handelskammer stand, trommelte und sammelte für den Wiederaufbau.

31 Aus: Mitteilungen der Stadt Frankfurt am Main, Nr. 32/1985.

32 Vgl. FAZ vom 23.9.1987, S. 39.

33 Thomas Kirn: Ein beschwerliches Stück Geschichte. In: FAZ vom 23.9.1987, S. 9.

34 Vgl. Mitteilungen der Stadt Frankfurt am Main (s. Anm. 31).

35 Wolfram Brück: Moderne Hochhauskultur in Frankfurt am Main. In: Frankfurt Magazin, Nr. 2, Mai 1987.

36 Ders. In: London und Paris als Konkurrenten. In: FAZ vom 7.9.1987.

37 Siehe FAZ vom 11.2.1987, S. 35.

38 Ebenda.

39 Vgl. Dieter Bartetzko (s. Anm. 24), S. 10.

40 Vgl. Hans-Erhard Haverkampf: Fernsicht auf Frankfurt – Entwicklungslinien der Main-Metropole bis zur Jahrhundertwende (Artikelserie des Frankfurter Baudezernenten, erschienen in der FAZ vom 9. bis 15. Oktober 1985).

Über die Autoren

Helmut Berking, geb. 1950, Studium der Soziologie und Philosophie in Göttingen und Berlin, arbeitet zur Zeit als Hochschulassistent am Institut für Soziologie der Freien Universität Berlin.

Veröffentlichungen: Masse und Geist. Studien zur Soziologie in der Weimarer Republik. Berlin 1984; Die veredelte Gesellschaft. Vom Verschwinden der Eliten und der Wiederkehr des Elitären (Mithg.). Würzburg 1988; Aufsätze zur Kultursoziologie.

Philip Fisher, geb. 1941, Professor für Englische und Amerikanische Literatur an der Harvard University, zuvor an den Universitäten von Brandeis und Yale, FU Berlin und Wissenschaftskolleg zu Berlin.

Wichtigste Veröffentlichungen: Hard Facts. Setting and Form in the American Novel. New York 1985; Making up Society: The Novels of George Eliot. Pittsburg 1981; zahlreiche Aufsätze zur Kunst und Literaturtheorie, zur Institutionalisierung von Kultur und Wissenschaft.

Eike Gebhardt, geb. 1942, lehrte 1970 bis 1983 an verschiedenen US-Universitäten (New York, Chicago, Yale), Gastprofessuren in Deutschland; arbeitet heute als freier Publizist und wissenschaftlicher Autor.

Wichtigste Veröffentlichungen: Kreativität und Mündigkeit. Weinheim 1988; Science as Behavior (Hg.). New York 1988; The Essential Frankfurt School (mit A. Arato). New York/Oxford 1978. – Mehrfach Gastherausgeber des International Journal of Sociology; zahlreiche soziologische Aufsätze, Hörfunkbeiträge, Moderationen, Features und Rundfunk-Essays.

Jost Hermand, geb. 1930, Professor für Neuere deutsche Literatur an der University of Wisconsin in Madison (USA). Gastprofessuren in Texas, Harvard, West-Berlin, Bremen, Gießen, Marburg und Essen.

Wichtigste Veröffentlichungen: Epochen deutscher Kultur, 5 Bde. (mit Richard Hamann). Berlin/München 1959–1976; Synthetisches Interpretieren. München 1968; Pop International. Frankfurt/M. 1971; Streitobjekt Heine. Frankfurt/M. 1975; Die Kultur der Weimarer Republik (mit Frank Trommler). München 1978; Konkretes Hören. Berlin 1981; Adolph Menzel. Reinbek bei Hamburg 1986; Kultur im Wiederaufbau 1945–1965. München 1986; Der alte Traum vom neuen Reich. Frankfurt/M. 1988; Kulturszene Bundesrepublik 1965–1985. München 1988. – Mitherausgeber der «Wisconsin Workshop Series» und der Reihe «Literatur im historischen Prozeß».

Frank Herterich, geb. 1943, Studium der Soziologie und Volkswirtschaft in Chicago und Berlin. Als Lehrbeauftragter für Stadtsoziologie und als Publizist in Frankfurt tätig. Aufsätze, Essays und Artikel zu Architektur, Stadt und Politik.

Heinz Ickstadt, geb. 1936, Professor für amerikanische Literatur am John-F.-Kennedy-Institut für Nordamerikastudien, Freie Universität Berlin.

Wichtigste Veröffentlichungen: Dichterische Erfahrung und Metaphernstruktur: Zur Bildersprache Hart Cranes. 1970; Ordnung und Entropie: Zum Romanwerk von Thomas Pynchon (Hg.). Reinbek bei Hamburg 1981. – Zahlreiche Aufsätze zum zeitgenössischen amerikanischen Roman, zu Literatur und Kultur des späten 19. Jahrhunderts in den USA sowie zur amerikanischen Moderne.

Harald Jähner, geb. 1953, Promotion mit einer Arbeit über Alfred Döblins «Berlin Alexanderplatz», Journalist, Redakteur für «750 Jahre Berlin» und «Berlin–Kulturstadt Europas 1988».

Veröffentlichungen: Erzählter, montierter, souffliierter Text. Zur Konstruktion des Romans «Berlin Alexanderplatz» von Alfred Döblin. Frankfurt/M. 1984. – Literaturkritiken und zahlreiche Reportagen zum Alltagsleben Berlins.

Lothar Müller, geb. 1954, lebt als Literaturwissenschaftler und freiberuflicher Journalist in Berlin.

Veröffentlichungen: Die kranke Seele und das Licht der Erkenntnis. Karl Philipp Moritz' «Anton Reiser». Frankfurt/M. 1987; Mitherausgeber von Leo Popper: Schwere und Abstraktion. Versuche. Berlin 1987. – Aufsätze und Essays zu literarischen und kulturhistorischen Themen in Sammelbänden, Zeitschriften und für Rundfunkstationen.

Sighard Neckel, geb. 1956, Diplomsoziologe, studierte Rechtswissenschaft und Soziologie in Bielefeld und Berlin; derzeit wissenschaftlicher Mitarbeiter am Institut für Soziologie der Freien Universität Berlin. Aufsätze zur politischen Soziologie und Kultursoziologie.

Walter Prigge, geb. 1946, zur Zeit Stadtsoziologe im Fachbereich Gesellschaftswissenschaften der Universität Frankfurt.

Veröffentlichungen: Zeit, Raum und Architektur. 1986; Ernst May und das Neue Frankfurt (Mitarbeit). 1986; Die Materialität des Städtischen (Hg.). Basel 1987.

Karl Prümm, geb. 1945, Studium der Germanistik und Geschichte in Marburg und Saarbrücken, seit 1986 Prof. für Theaterwissenschaft (Bereich Film und Fernsehen) an der Freien Universität Berlin.

Wichtigste Veröffentlichungen: Die Literatur des Soldatischen Nationalismus der 20er Jahre (1918–1933). 2 Bde. Kronberg/Taunus 1974; Die deutsche Literatur im Dritten Reich (Hg. zus. mit Horst Denkler). Stuttgart 1976; Fersehsendungen und ihre Fomen (Hg. zus. mit Helmut Kreuzer). Stuttgart 1979; Walter Dirks und Eugen Kogon als katholische Publizisten der Weimarer Republik. Heidelberg 1984. – Zahlreiche Aufsätze zur Literatur- und Mediengeschichte des 19. und 20. Jahrhunderts, Fernsehkritiken, Rundfunk-Essays.

Günter Samuel, geb. 1943, studierte Germanistik, Philosophie und Theaterwissenschaft an der Freien Universität Berlin. Magisterarbeit «Archäologie eines göttlich beschriebenen Körpers. Rilkes Sonett ‹archaischer Torso Apollos›»; Studien zu Franz Kafka und zur neueren Texttheorie.

Veröffentlichungen: Analyse von Kafkas Schreibtraum-Projekt in: J. Schütze, H.-U. Treichel, D. Voss (Hg.): Die Fremdheit der Sprache. Berlin 1988 (i. E.).

Klaus R. Scherpe, siehe Seite 2.

Hermann Schlösser, geb. 1953, Studium der Germanistik und Anglistik in Marburg und Sheffield, Promotion in Marburg, 1983 bis 1986 Lektor für Deutsch an der Universität Pisa. Seither freier Publizist.

Veröffentlichungen: Reiseformen des Geschriebenen. Selbsterfahrung und Weltdarstellung in Reisebüchern Wolfgang Koeppens, Rolf Dieter Brinkmanns und Hubert Fichtes. Wien/Köln/Graz 1987; Literaturgeschichte und Theorie der Literatur in der Gegenwart (Beitrag zu Hansers Sozialgeschichte der Literatur, in Vorbereitung). – Essays und Rundfunkbeiträge zur Ästhetik des Reisens und zur Literatur des 20. Jahrhunderts.

Dietmar Voss, geb. 1954, Studium der Germanistik, Politologie und Philosophie in Gießen und Marburg, Promotion 1982 mit einer Arbeit über Hegels Ästhetik und die literarische Moderne. Lehrtätigkeit u. a. an der Freien Universität Berlin.

Veröffentlichungen: Wahrheit und Erfahrung im ästhetischen Diskurs. Studien zu Hegel, Benjamin, Koeppen. Frankfurt/M. 1983; Die Fremdheit der Sprache (mit H.-U. Treichel und J. Schütze). Berlin 1988 (i. E.). – Aufsätze und Rezensionen zur Ästhetischen Theorie, zum Film und zur Gegenwartsliteratur.

Sigrid Weigel, geb. 1950, Professorin am Literaturwissenschaftlichen Seminar der Universität Hamburg.

Wichtigste Veröffentlichungen: Flugschriftenliteratur 1848 in Berlin. Stuttgart 1979; «Und selbst im Kerker frei!...» Schreiben im Gefängnis. Marburg 1982; Die verborgene Frau (zus. mit I. Stephan). Berlin 1983; Die Stimme der Medusa. Schreibweisen in der Gegenwartsliteratur von Frauen. Dülmen-Hiddingsel 1987; Weiblichkeit und Avantgarde (Hg. zus. mit I. Stephan). Hamburg 1987; Mitherausgeberin der Tagungsbände von «Frauen in der Literaturwissenschaft». – Aufsätze zum Thema Weiblichkeit/Frauen in Literaturgeschichte und -theorie, Beiträge zur Gegenwartsliteratur.

Bildquellennachweis

Holger André, Berlin, S. 239 unten; Archigram, Living City Exhibition, 1963, S. 52 links; Till Bartels, Berlin, S. 52 rechts, 199 unten, 214, 219, 237, 269 oben, 281, 291; Herbert Bayer, Morgen in Paris, 1925, S. 115; Bildagentur Mauritius, Mittenwald, (Luftbild Mexico City), S. 251; L. Binder, Berlin, S. 235; Gisela Breitling, Berlin, S. 186–188; J. S. K., Frankfurt/Braunschweig, S. 318; Landesbildstelle Berlin, S. 89; Laszlo Moholy-Nagy, Dynamik der Großstadt, 1923, S. 142; Roland Motz, Frankfurt/M., S. 252; Elke Nord, Berlin, S. 239 oben; Andreas Schoelzel, Berlin, S. 269 unten; Gerhard Seyfried, Berlin, S. 147; Stiftung Deutsche Kinemathek, Berlin, S. 144, 306; VG Bild-Kunst, Bonn, 1988, S. 77; WPV, S. 321.

Namenregister

(ohne Anmerkungen)